우리는 얼마나
우리의 목회자를 위하여
기도를 하는가?

위기의 목회자와 섬기는 리더십

미키 스토니어(Dr. Mickey Stonier) 박사 | **최선영** 박사 공저

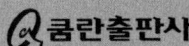
쿰란출판사

너희 중에 고난 당하는 자가 있느냐

저는 기도할 것이요

즐거워하는 자가 있느냐

저는 찬송할지니라

(약 5:13)

| 추천사 |

유진소 목사

    목회자와 리더십을 말하면서, 그 위기를 언급한다는 것이 쉽지 않습니다. 왜냐하면 그것은 너무나 부정적인 것처럼 보이고, 때로 너무 지엽적인 것으로 보이기 때문입니다. 그러나 실제로 목회자의 리더십에 있어서 가장 중요한 부분은 위기의 순간에 어떻게 이길 수 있는가에 달려 있습니다. 그 리더십이 성공을 하고 못하고는 바로 그 위기를 어떻게 극복하는가에 달려 있는 것입니다. 그래서 수많은 이상적이고 아름다운 리더십에 관한 책들을 읽을 때에 무엇인가 아쉽고 공허한 것이 아닌가 합니다.

    여기 《위기의 목회자와 섬기는 리더십》이라는 책은 그래서 아주 신선하고 그리고 실제적입니다. 특히 삶의 수많은 어려움 속에서 주님의 주권적인 부르심을 받아 조금 늦게 목회자의 길에 선 최선영 목사님께서 신학교 시절 강의를 들으면서 너무나 와 닿았던 것을 이렇게 책으로 정리해서 펴냈는데, 매우 실제적이고 실존적인 것들을 담고 있습니다.

    특히 이 책에서 최선영 목사님은 그야말로 적나라하게 상황을 그대로 드러냈습니다. 목회자의 심리적인 문제나 사역을 준비하는 데에서 오는 어려움뿐 아니라 언급하기 쉽지 않은 사례비의 문제와 가정의 문제, 목회자의 성적인 문제까지를 언급하면서, 이 모든 것이 바로 목회자의 위기인 것을 그대로 드러낸 것입니다. 그러면서 거기서부터 어떻게 이 위기를 이길 수 있는지를 말하기 때문에 이 책은 공허하지 않습니다. 아주 실제적인 고민과 대답이 됩니다. 직접적인 대답과 해결을 주지 않아도, 문제를 하나씩 열거하고 그것을 생각하게 하는 것만으로도 이미 대답과 해결의 실마리가 나옵니다. 그러기에 이 책은 큰 도움이 됩니다.

수많은 목회자들이 이 책을 통해서 도움을 받고 회복을 경험할 것입니다. 그리고 수많은 성도들이 어떻게 목회자들을 섬길 수 있는지 그 바른길을 알 수 있을 것입니다. 그렇게 쓰임 받기를 간절히 원한 저자 최선영 목사님의 소망대로 이 책은 꼭 필요한 자에게 가장 필요한 것을 줄 것이라고 그렇게 생각합니다.

ANC온누리교회 담임목사
유진소

| 추천사 |

김석웅 교수

최선영 박사님으로부터 '섬기는 지도자'(Pastoral Servant Leadership)에 관한 책을 쓰시겠다는 말을 들었을 때 참으로 좋은 생각이라 여기면서 매우 긴 여정을 보내시겠다고 생각했다.

사실 스토니어 박사님(Dr. Mickey Stonier, Ph.D.)과는 아주사 대학원(Azusa Pacific University, Graduate School)에서 두 학기에 걸쳐 이 과목을 강의할 때 통역자로 참여한 인연이 있으며, 그가 소속되어 있는 샌디에이고(San Diego)의 미국 교회가 멕시코 서해안에 위치한 한 중부 도시에서 3일간의 대형 부흥 전도 집회를 인도하였을 때도 함께하였다. 그래서 그의 목회에 대한 열정과 성실성과 함께 그의 바른 신학적 배경을 잘 알고 있다.

최선영 박사님은 1971년 1월 유학생으로 도미하여 이곳에서 대학을 마치고 보잉 사(Boeing North American Inc.)에서 28년간 엔지니어(Structural Stress Analysis Engineer)로 인공위성의 Space Shuttle Main Engine Program과 Space Station Power Program에 일생을 보내고 은퇴하였다. 그리고 투병 생활을 하며 어려운 가운데서도 다시 신학대학원에 들어와 공부를 했는데, 그때 만나서 인연을 맺게 되었다. 최선영 박사님은 그 학교에서 목회 신학 석사 학위를 마치시고 다시 아주사 대학(Azusa Pacific University)의 대학원(Graduate School)에 와서 또 다시 M. Div. 학위를 끝내고, 곧이어 박사 과정으로 들어가 D. Min., 졸업 후, 두 학위 논문을 모두 영문으로 완성하고 지금은 교수님으로 후학 양성에 매진하는 좋은 동료이시다.

    두 분은 모두 일선 목회자, 특히 개척 교회 목회자의 쓰라린 고통을 잘 알고 있으며, 목회자의 참된 위치는 섬기는 자리에 있다고 하는 것을 잘 알기에 이와 같은 책을 써서 목회자의 길이 어떤 것인지, 목회자의 올바른 위치가 어디인지를 제시해 주고 있다.

    누구나 목회 길에 들어서서 약간의 힘이 생기는 듯하면 신학교 시절의 절실했던 배움의 바탕에서 이탈하고 '소명감'을 저버린 채 자기를 내세우며 '사역'이란 미명으로 덮어버린다. 그러기에 오늘 우리나라 목회자들이 사람들로부터 외면당하고 손가락질을 받으며 설교가 먹혀들지 않는 현실에 직면하게 되었다고 생각한다.

    더욱이나 현대의 급속하게 발전하는 기술 혁신, 끊임없이 일어나는 경제 파동, 늘어나는 우울증, 그리고 증가하는 세계화의 현상들과 함께 포스트모더니즘(postmodernism)의 큰 영향 아래 있는 이때, 여러분은 사역 현장, 목회 현장에 들어서게 된다. 여기서 이 어려운 환경을 이기고 목회자, 사역자로 우뚝 서기를 바라는 사람은 이 길이 '섬기는 길', '내가 낮아지는 길', 곧 '섬기는 지도자'의 길에 서기 전에는 위에서 열거된 현 시대적 여건을 이길 수 있는 힘이 없다는 것을 알아야 할 것이다.

    그랬기에 우리 주님께서 이 땅에 오신 이유를 말씀하실 때 "인자의 온 것은 섬김을 받으려 함이 아니라 도리어 섬기려 하고 자기 목숨을 많은 사람의 대속물로 주려 함이니라"(막 10:45) 하신 것을 다시 생각하며 '섬기는 지도자'로서 각자가 하나님 앞에 바로 설 때 우리 한국 교회가 위기에서 벗어나 하나님께서 기뻐하시는 교회로 탈바꿈할 것이다. 그러기 위해서 이와 같은 책이 마련되도록 하나님께 역사하신 것으로 믿고 있는 사람으로서, 나는 누구나 이 책으로부터 귀한 교훈을 받아 실패하지 않는 일꾼의 길에 서기 바란다.

섬기는 지도자의 초점이 사람에게 있다는 것을 역설하면서 또한 섬기는 자의 목표가 하나님께 영광을 돌리는 데 있다고 밝히고 있는 저자들의 강조점을 기억하고, 목회 선상에 있거나 그 길을 향해 가는 일꾼들은 이 책을 길잡이로 삼아 많이 참조하고 도움을 받으면서 실패하지 않는 '섬기는 지도자'의 자리에 서서 그 길로 매진하는 강한 믿음의 사람들이 되기를 바라며 이 책을 추천한다.

California, Fullerton에서
Suk W. Kim, Ph.D. Professor,
Azusa Pacific University

| 추천사 |

대니얼 뉴먼 교수(Dr. Daniel Newman)

　하나님께서 한 인간의 삶을 하나님의 사역으로 부르신다는 것은 너무나 아름다운 일입니다. 하나님께서 아름답기 때문에 이 소명도 아름다운 것입니다. 하나님께서는 능치 못할 일이 없기 때문에 이 소명을 따르는 삶의 가능성은 너무나 충만합니다. 하나님 나라는 우리 안에 와서 우리를 통해서 이 세상에 임재하는 곳으로 기쁨과 소망이 넘칩니다. 전능하신 하나님은 취약하고 유한한 인간들을 사용하셔서 경이롭고 영원한 하나님의 목적을 이루시어 우리를 놀라게 하십니다.
　동시에 하나님의 소명은 모험적일 수도 있습니다. 하나님의 소명에 우리가 긍정적인 마음으로 반응하고, 하나님의 사람들을 위하고 하나님의 목적을 성취할 한 사람의 리더가 되도록 우리를 인도하시는 기나긴 여정에 동참할 때, 우리 인간들은 그 여정에서 겪어야 할 여러 종류의 도전들을 충분히 알지는 못합니다. 긴 여정에서 실족할 수 있는 기회는 언제나 있습니다. 그러므로 우리는 하나님과 사람 앞에 서서 우리가 받은 소명에 대하여 책임져야 합니다.
　모든 사람들이 우리에게 묻는 질문은 대동소이한데 최 박사는 이 책에서 '당신은 어떤 종류의 리더가 될 것인가?' 묻고 있습니다.
　가끔 우리가 리더십에 대해서 말을 할 때 우리는 경영 기술에 대해서 생각하곤 합니다. 우리는 비전이나 전략이나 자원에 대해서 말하곤 합니다. 우리는 프로그램 내용이나 하는 일에 대한 효율성에 대해서 점검도 합니다. 우리는 비범한 통솔력이나 행정은 어떠한지를 알아보곤 합니다. 우리가 리더십을 고려할 때, 우리는 너무나 외적인 요소에 초점을 둡니다.

그럼에도 불구하고 보이지 않는 리더십의 현실들이 지도자를 인도합니다. 내적인 것이 외적인 것에 앞서야 하고, 숨겨져 있는 것이 외부에 나타난 것보다 우선하여야 하고, 눈에 띄는 리더가 성공하기 전에 눈에 잘 띄지 않는 리더가 계발되어야 합니다. 제자도는 리더십보다 우선합니다. 리더십은 하나님과의 관계가 증진됨으로 하나님을 기쁘시게 합니다. 하나님과 우리의 관계성은 우리의 리더십이 인간들과 함께 할 때 강화됩니다.

최 박사는 이 책에서 값진 일을 보여주고 있습니다. 저자는 실족할 수 있는 가능성을 드러내고 설명합니다. 하나님의 가치관과 인간의 가치관이 상충하는 사실을 우리에게 보여줌으로 도움을 줄 수 있는 자원들을 발굴하고 있습니다. 인간은 권위를 적용하는 습관을 가리키고, 동시에 예수님께서 어떻게 권능을 적용하시며 어떻게 본이 되시는지를 보여주고 있습니다. 저자는 내적 리더를 키워서 외적 리더를 하나님과 사람 앞에 부끄럼 없이 설 수 있도록 가르칩니다.

그래서 최 박사의 글을 기쁨으로 추천합니다.

Daniel Newman, Ph.D. Professor
Azusa Pacific University

| 추천사 |

김화자 교수

　이 책은 저자가 얼마나 목회자들을 잘 이해하고 그들의 어려움에 공감하고 있는지를 잘 보여준다. 목회자들이 겪는 여러 가지 어려움에 대한 안타까운 마음과 그들을 지지하고 이해하려는 저자의 마음이 잘 전해진다.

　저자는 목회자들이 겪을 수 있는 현실적인 어려움을 사역의 면에서뿐만 아니라 개인적인 면에서도 세심하게 고려했다고 볼 수 있다. 특히, 사역의 현실에서 일어나는 구조적인 면에서의 생태학적 접근, 목회자들의 개인적이고 심리적, 그리고 관계적인 측면을 다루는 심리학적인 접근, 목회자의 영성에 관한 접근, 그러면서 그 모든 것들이 종합적으로 섬기는 리더십으로 귀결되고 있다.

　목회자가 되기 위해 받는 훈련의 기간에 비해 너무 많은 역할을 요구받는 한국 목회자들의 현실을 볼 때, 이 책은 목회자가 되기를 원하는 사람이나 목회의 길을 가고 있는 사람들은 반드시 참고하고 점검해 볼 필요가 있는 하나의 훌륭한 지침서가 되리라 믿는다.

Hwacha Christine Kim, Ph.D.
Licensed Psychologist
Director of M.A. in Christian Counseling
World Mission University

| 감사의 글 |

이 책을 마무리하기까지 건강을 허락하신 하나님께 감사드립니다. 별로 문장력도 없고 말주변도 변변치 못한 저를 도구로 쓰셔서 이 책을 완성하게 하셨으니 더더욱 감사드립니다.

이 책을 쓰도록 당신의 짧은 강의록을 허락하신 스승님이신 스토니어 박사(Dr. Mickey Stonier)께 감사를 드리고, 용기를 주시고 염려해 주시고 학문의 길잡이가 되어 주시고 기도해 주신 김석웅 박사께 진심으로 감사를 드립니다.

별로 뛰어난 책도 아닌 것을 아시면서도 추천을 해주신 온누리교회 담임이신 유진소 목사님, 아주사 대학에서부터 지금까지 저를 지도해 주시고 아껴 주신 뉴먼(Dr. Daniel Newman) 교수님, 동료 교수이며 심리학 분야의 권위자이신 박사 김화자 교수께 감사를 드립니다.

늦깎이로 새로운 학문을 새로 하는 동안 용기와 찬사를 아끼지 않은 딸 오드리(Audrey)와 10여 년의 오랜 투병 생활과 40여 년을 뒷자리에서 묵묵히 기도로 뒷바라지해 준 사랑하는 아내 순옥 님께 감사드립니다.

하나님, 사랑합니다. 감사합니다.

2015년 10월 어느 날

| 서문 |

　필자는 공동저자로서, 아주사 대학교(Azusa Pacific University)에서 Master of Divinity 과정 스승인 스토니어 박사(Dr. Mickey Stonier)로부터 배운 '목회의 섬기는 리더십'(Pastoral Servant Leadership) 가운데 요약된 40페이지 정도의 강의록을, 스승님의 허락을 받고 셰퍼드 대학(Shepherd University, School of Theology)에서 다년간 후학을 위해 강의를 했다. 그리고 그 내용과 앞으로 강의할 내용을 바탕으로 이 책을 쓰게 되었다.

　강의 때마다 많은 도전을 주었으며, 부제처럼 '우리는 우리의 목회자를 위하여 얼마나 기도를 하는가?'를 되돌아 물어보며 가슴이 아려 왔다. 목회자들이 얼마나 힘든 도전과 위기 속에서 사역을 하고 있으며, 과연 당신은 당신의 목회자를 위하여 얼마나 진심으로 기도하였는가를 이 책은 묻고 있다.

　이 책은 우리 목회자들의 위기를 말하고 있다. 신학도들에게는 '당신들도 이러한 도전을 받는다, 당신들에게도 이러한 위기가 온다'는 메시지가 담겨 있다. 깨어 미리 준비하라는 경고이다. 일반 신자들에게는 '여러분의 담임 목회자가 이러한 고난, 위기, 그리고 사탄과의 영적 싸움으로 인해 매일 매일 도전을 받고 있음을 알고 있는가?'를 일깨워, 그의 목회자를 위해 기도하도록 하는 데 그 목적이 있다. 당신은 당신의 목회자를 위해 기도해야 한다.

　목회자 자신만으로는 부족할 때가 있는 것이다. 기독교 공동체에서의 리더십은 성도들을 섬기는 리더십이어야 한다고 말하고 있다. 성도들을 섬기는 과정에서 파생되는 여러 문제점들과 이에 대한 해결책을 말하고 있다. 섬기는 지도력의 핵심은 인간이 만들어내는 원리가 아니라 하나님의 살아 있는 말씀에서 나오는 '섬기는 지도력의 원리'(Principles of Servant Leadership)가 핵심일 것이다.

한 가지 실수로 인해 수십 년 쌓아올린 사역 탑이 한순간에 허물어지는 것(One mistake can overshadow a thousand goods)은 아닌가 하는 두려움과 하나님을 경외하며 사역하고 있지만, 세상의 눈이란 조금도 허용이나 용서함이 없이 매섭게 질타를 하는 어려운 환경 속에서 사역하고 있다.

우리의 목회자를 위한 끝없는 기도 없이는 그들 홀로 사역하기에는 역부족인 경우가 허다함을 알게 된다.

"누군가 널 위하여 간절히 기도하네, 네가 홀로 외로워서 마음이 무너질 때, 누군가 널 위해 기도하네."

나는 이 노래를 모든 목회자들에게 드리고 싶다.

오늘도 목회자들이 영적 전쟁에서 승리하기를 기원하면서……

2015년 2월 7일
Sherman Oaks에서
최선영 교수

contents

추천사 – 유진소 목사(ANC온누리교회 담임목사) ⋯ **4**
김석웅 교수(Ph.D. Professor, Azusa Pacific University) ⋯ **6**
대니얼 뉴먼 교수(Ph.D. ProfessorAzusa Pacific University) ⋯ **9**
김화자 교수(Ph.D. Licensed Psychologist Director of M.A. in
　　　　　 Christian Counseling World Mission University) ⋯ **11**

감사의 글 ⋯ **12**
서문 ⋯ **13**

제1부 목회자의 위기들(Pastor in Crises)

바울의 외로움 **22**
목회자의 외로움 **25**
섬기는 지도력(Servant Leadership) **26**
목회의 잠재적인 위기들(Potential Crises) **33**
일어날 수 있는 충격적 사건들(Potential Traumatizing Events) **50**
목회자가 직면하고 있는 위험들(Hazards of the Ministry) **68**
목회자 성격의 유형들(Clergy Personality Profiles) **71**

제2부 사역의 도전들(Ministry Challenges)

사역으로부터의 도전들 I: 한인 목회자 중심(Ministry Challenges I) **76**
사역으로부터의 도전들 II: 미국 목회자 중심(Ministry Challenges II) **89**
　　A. 목회자와 교회사역 멤버들이 직면하는 열두 가지 도전들 **89**
　　B. 스토니어 박사(Dr. Stonier)가 말하는 사역으로부터의 도전들 **90**

제3부 생태학적 관계(Ecological Family Systems)

생태학적 가족관계(Ecological Family Systems) **132**
   끊임없는 변화와 상호 관계에서 발생하는
   각 구조에서 발생되는 스트레스들(Ministry Stresses) **132**
     소구조(Microsystem): 개인(Personal) **132**
     중간 구조(Mesosystem): 가족(Family) **136**
     외부 구조(Exosystem): 사역(Ministry) **139**
     부목사로 살아남는 법 **140**
     대규모 구조(Macrosystem): 교구(Congregation) **143**

제4부 사역의 원리들(Principles of Ministry)

사역 현장에서의 원리들(Principles of Ministry) **150**
워렌 위어스비가 말하는 섬기는 사역을 위한 10가지 원리
(Ten Power Principles for Christian Service by Warren W. Wiersbe) **161**

제5부 목회자의 성문제(Pastoral Marital Sexuality)

목회자의 결혼 외의 성문제(Pastoral Marital Sexuality) **190**
목회자들이 지켜야 할 규칙(The Rules for Ministers to voluntarily keep) **223**
간음으로 가는 12계단(12 steps to Adultery by Dr. Stonier) **226**
지도력을 위한 안전장치들(Leadership Safeguards by Dr. Stonier) **227**

제6부 건전한 영성 회복(Restoring Healthy Spirituality of Minister)

목회자의 건전한 영성 회복(Restoring Healthy Spirituality of Minister) **230**

그리스도인은 거룩하여야 한다(Christians Should Be Holy) **235**

하나님은 우리가 영적으로 성장하기를 원하신다
(God Wants People to Grow Spiritually) **237**

하나님은 우리가 영적인 삶을 살기를 원하신다
(God Wants People to Lead a Spiritual Life) **238**

제7부 스트레스와 소진(Stress & Burnout)

스트레스(Stress) **248**

소진(Burnout) **263**

아치볼트 하트(Archibald Hart)가 말하는 소진(Burn out)과
압박감(Stress)의 다른 점 **272**

목회자가 사역을 하는 동안에 발생하는 스트레스의 숫자적인 통계
(Statistics on Pastors' Ministry Stress) **274**

목회자의 감성적인 건강, 가정, 그리고 도덕성에 대한 통계
(Statistics on Pastors' Emotional Health, Family, and Morality) **276**

목회자의 영적 돌봄과 훈련의 부족에 대한 통계
(Statistics on Pastors' Lack of Soul Care and Training) **278**

제8부 영성 훈련(Spiritual Disciplines)

영성 훈련(Spiritual Disciplines) **282**

단순성(정직)(마 6:24) **287**

제9부 스트레스 관리(Stress Management)

위로와 회복에 대한 성서의 지침(Scriptures and Guidance) **316**

'R' 스트레스 관리(The "R's" of Stress Management) **331**

성경적 스트레스 관리(Biblical Stress Management) **334**

제10부 섬기는 리더십 I(Servant Leadership I)

섬기는 지도력(Servant Leadership) **346**

종(Servant)의 여러 표현 **347**

리더십의 정의들(Definitions of Leadership) **348**

영적 리더십의 정의들(Definitions of Spiritual Leadership) **350**

섬기는 지도력의 원리(Principles of Servant Leadership) **353**

성경적 지시(Biblical Directives) **365**

제11부 섬기는 리더십 II(Servant Leadership II)

리더들이 하기 쉬운 실수(Deadly Dozen-Ease to Mistake) **372**

맥스웰이 주장하는 5단계의 섬기는 리더십
(Maxwell's 5 Levels of Servant Leadership) **384**
섬기는 리더의 열 가지 특성들(Ten Characteristics of the Servant Leader) **391**
폴라드(C. William Pollard)의 인생 **395**
리더로 섬기는 자에게 주는 권면(Servant as Leader) **397**

제12부 멘토와 멘토링(Mentor & Mentoring)

멘토(Mentor) **414**

멘토링(Mentoring) **421**

제13부 행정(Administration)

행정의 원리들(Principles of Administration) **428**

교회 행정 **428**

기독교 공동체에서 **435**

시간 관리(Time Management) **439**

갈등 해소(Conflict Resolution Considerations) **440**

조직(제도) 중심주의(Institutionalism) **442**

후기 ··· 446

제1부

목회자의 위기들
(Pastor in Crises)

바울의 외로움

　디모데후서는 로마 감옥에 제2차로 투옥된 바울이 순교를 앞두고 에베소 교회의 젊은 목회자 디모데에게 보낸 서신으로, 디모데에게 보낸 두 번째 서신이다. 이 서신을 기록한 시기는 염려했던 상황이 현실적으로 다가와 있을 즈음이다. 상황은 매우 급박했다. A.D. 64년 로마시는 대화재로 인해 로마 황제(A.D. 54~68) 네로의 기독교 박해가 로마 제국 전역에서 산발적으로 시행되기 시작하였다. 교회 내에서는 핍박과 고난으로 배교자들이 생기고, 기독교의 진리를 해치는 이단의 미혹도 극에 달하고 있던 때이다.
　바울은 디모데후서 4장 9-18절에서 다음과 같이 심정을 토로한다.

"너는 어서 속히 내게로 오라 데마는 이 세상을 사랑하여 나를 버리고 데살로니가로 갔고 그레스게는 갈라디아로, 디도는 달마디아로 갔고 누가만 나와 함께 있느니라 네가 올 때에 마가를 데리고 오라 저가 나의 일에 유익하니라 두기고는 에베소로 보내었노라 네가 올 때에 내가 드로아 가보의 집에 둔 겉옷을 가지고 오고 또 책은 특별히 가죽 종이에 쓴 것을 가져오라 구리 장색 알렉산더가 내게 해를 많이 보였으매 주께서 그 행한 대로 저에게 갚으시리니 너도 저를 주의하라 저가 우리 말을 심히 대적하였느니라 내가 처음 변명할 때에 나와 함께한 자가 하나도 없고 다 나를 버렸으나 저희에게 허물을 돌리지 않기를 원하노라 주께서 내 곁에 서서 나를 강건케 하심은 나로 말미암아 전도의 말씀이 온전히 전파되어 이방인으로 듣게 하려 하심이니 내가 사자의 입에서 건지웠느니라 주께서 나를 모든 악한 일에서 건져내시고 또 그의 천국에 들어가도록 구원하시리니 그에게 영광이 세세무궁토록 있을지어다 아멘."

바울은 9절에서 디모데를 마지막으로 보고자 하는 애틋한 심정과 목회 사역에 대한 이야기를 함으로, 사역을 효과적으로 감당할 수 있도록 하는 바울 사도의 뜨거운 사랑이 엿보인다. 이 글 안에는 바울의 생의 시간이 얼마 남지 않은 긴급한 상황과 디모데를 그리워하는 사랑이 담겨 있다.

10절에서는 바울의 마음속 깊은 곳에서부터 북받쳐 오는, 사도로서의 외로움이 듬뿍 담겨 있다. 데마는 바울이 투옥되자 신변의 위협을 느껴 바울을 떠났다는 칼빈(Calvin)의 주석을 믿고 싶다. 그레스게와 디도, 두기고도 떠나 외로움은 바울을 몹시 슬프게 한다. 그의 외로움은 자신이 처해 있는 감옥이라는 환경이 주는 외로움이요, 같이 사역하던 동역자들이 떠남으로 인해 인간이 느껴야 하는 비애에 가까운 외로움이다. 죽음을 앞두고 느끼는 외로움도 무척 크다 하겠다. 점점 추워지는 겨울을 온몸으로 느끼면서 바울은 자기의 인생에도 겨울이 임박했음을 예감하고 있다. 그리고 둘레에 있던 사람은 언젠가는 곁을 떠나가고 마는 것을 우리는 본문을 통해 본다.

또 바울은 올 때에 가보의 집에 둔 겉옷을 가지고 오라고 한다. 춥기도 하고, 마음이 허전하기도 하고, 또 경제적인 어려움 때문이기도 했을 것이다. 그리고 바울은 가죽 종이에 쓴 책을 가지고 오라고 했다. 이 '책'에 대하여 주석가들은 '성경'이라고도 하고, 바울이 평소에 즐겨 읽던 책들 중에 하나였을 것이라고도 한다. 바울은 책을 통해서 자기의 외로움을 이겨 보려고도 했던 것 같다.

본문의 9절에서 16절까지의 분위기는 참으로 어둡고 답답하고 외롭고 침울하기 그지없다.

외로움을 극복한 바울

바울은 이러한 외로움을 어떻게 극복했을까? "주께서 내 곁에 서서 나를 강건케 하심은 나로 말미암아 전도의 말씀이 온전히 전파되어 이방인으로 듣게 하려 하심이니 내가 사자의 입에서 건지웠느니라 주께서 나를 모든 악한 일에서 건져내시고 또 그의 천국에 들어가도록 구원하시리니 그에게 영광이 세세 무궁토록 있을지어다"(17-18절)라고 바울은 힘 있게 말하고 있다. 이런 표현은 바울이었기에 가능했으리라. 바울 자신의 고백처럼 '주께서 내 곁에 서서' 함께하시고, 구원하시고, 힘을 주셨기 때문이라 생각된다.

바울은 감옥 속에 있었지만 주님이 그의 곁에 계셨다. 사람들은 모두 바울 곁을 떠났지만 주님은 떠나지 아니하시고 언제나 그의 곁에 계셨다. 죽음을 눈앞에 둔 춥고 어두운 상황이었지만 주님이 그의 곁에 서서 그와 함께하셨다. 이것이 바울에게 힘과 소망의 원천이었고 비결이었다.

목회자의 외로움

목회자도 인간이다. 목회자는 하나님이 아니다. 목회자에게도 사적 감정이 있다.

교회 담임목회자는 개인보다 교회를 더 중요시한다. 하나님의 종은 인간의 본성을 억제하면서 교회와 사회에서 봉사하는 사람이다. 어떤 교인보다 더 많이 성경을 읽고, 어떤 교인보다 더 많이 기도하는 자가 되려고 최선을 다한다. 말씀과 기도는 습관이 되지 않으면 안 된다. 새벽기도회가 끝남과 동시에 개인 기도를 충분히 하려고 최선을 다한다. 하나님과의 관계를 친밀하게 하려고 노력하고 있다. 기도가 이 관계를 돈독히 하는 첩경으로 알고 사역한다. 목회자의 머릿속에는 다음 주에 양 떼를 먹이기 위한 말씀 준비로 가득하다.

그런데, 그런데 왜 이다지도 외로움을 느끼는 걸까? 외로움이 더해 위기감을 느끼는 것일까? 이러한 위기감은 어디서 오는 것일까? 외로움이 더해 어깨를 짓누르는 스트레스는 어디서 오는 것일까? 모두 소모되었나(Burn out)? 혹은 제거되었나(Rust out)? 너무 지쳐 있는 것은 아닌가? 어느 부분이 부족한 것은 아닌가? 교회가 성장을 멈추고 있어서인가? 목회자의 외로움도 바울처럼 처해 있는 환경에서 오는 것일까? 적지 않은 신자들이 교회를 떠나서인가? 경제적인 문제가 마음 한구석을 차지해서 그런가? 매일의 영적 싸움에서 사탄에게 밀리는 상태인가? 말씀 준비가 부족한 것인가?

우리는 이 책에서 섬기는 목회자가 얼마나 많은 도전에 의해 위기감을 느끼는지를 공부하려 한다. 또한 성경 말씀을 기초로 하여 섬기는 영적 지도력의 원리, 그들의 기능들 등을 공부할 것이다.

섬기는 지도력
(Servant Leadership)

예수님은 섬기는 지도력을 원하고 계신다.

"너희 중에는 그렇지 아니하니 너희 중에 누구든지 크고자 하는 자는 너희를 섬기는 자가 되고 너희 중에 누구든지 으뜸이 되고자 하는 자는 모든 사람의 종이 되어야 하리라 인자의 온 것은 섬김을 받으려 함이 아니라 도리어 섬기려 하고 자기 목숨을 많은 사람의 대속물로 주려 함이니라"(막 10:43-45).

이와 같은 교훈은 제자들 사이에서 누가 큰 자인지에 대한 다툼이 일어났을 때 이미 주신 바 있다(막 9:35; 눅 22:25-27). 세속적인 질서와 하나님 나라의 질서는 같지 않을 뿐 아니라 오히려 정반대라고 말씀하신다. 남보다 으뜸이 되고 위대해지고자 한다면 오히려 남을 섬기는 종의 자세로 살아야 한다고 말씀하고 있다.

예수님의 전 생애는 철저히 섬기는 생애였다. 제자들이 섬기는 자가 되고 종이 되어야 할 것은, 예수님은 낮은 자를 위해 오셨고 가난한 자를 위해 오셨으며 사람을 섬기기 위해 세상에 오셨고 승천하시려고 오셨기 때문이다(Downward Mobility). 마지막으로 그 생명까지 바쳐 인류를 섬기고 구속하신 것이다.

또한 본 절은 그리스도의 대속을 논한 가장 중요한 구절이기도 하다. 본 절이 복음서의 일부로 그리스도 자신의 말씀이라는 데 그 의미가 크다. 주님은 우리에게 섬김의 삶을 강조하심과 동시에 우리에게 친히 본을 보이셨다.

"너희가 나를 선생이라 또는 주라 하니 너희 말이 옳도다 내가 그러하다 내가 주와 또는 선생이 되어 너희 발을 씻겼으니 너희도 서로 발을 씻기는 것이 옳으니라 내가 너희에게 행한 것같이 너희도 행하게 하려 하여 본을 보였노라"(요 13:13-15).

예수님이 제자들의 발을 씻겨 주심으로 섬김을 제자들의 의무로 간주하셨다. 이 사건을 통해서 으뜸이 되고자 하는 자는 종이 되어야 한다는 것을 몸소 보여주셨고, 우리의 삶이 바로 남을 돕고 섬기는 삶이어야 한다는 것을 가르쳐 주셨다.

어떻게 섬겨야 하는가?

1) 먼저 성령으로 거듭나야 한다(요 3:3)

"예수께서 대답하여 가라사대 진실로 진실로 네게 이르노니 사람이 거듭나지 아니하면 하나님 나라를 볼 수 없느니라"(요 3:3).

예수님은 선택받은 백성인 유대인들조차도 하나님 나라에 들어가려면 인간의 노력에 의해서가 아니라 하나님의 은혜와 능력에 의해서 거듭나야 한다고 말씀하셨다. 거듭난다는 것은 '거듭'이라는 말의 헬라어 '아노덴'(ἄνωθεν)에서 말하듯 어느 한 부분만이 개선되는 것이 아니라 '전체 본성'이 새롭게 되는 사건이며, '하나님께로서 새롭게' 되는 사건이라고 말씀하신다. 왜냐하면 중생이란 죄와 허물로 죽었던 영적 생명을 새로운 피조물로 다시 살리는(고후 5:17), 성령의 역사로(엡 2:5), 성령 혹은 말씀으로 거듭나는 것이기 때문이다.

'아노덴'의 또 다른 뜻인 '완전히' 혹은 '철저히' 거듭나지 않은 사람은 하나님 나라를 볼 수 없다고 말씀하시며, 하나님에 의해 새롭게 태어남을 하나님 나라를 볼 수 있는 자격으로 말씀하고 있다. 하나님 나라를 볼 수 없는 사람이 남을 진실로 섬기는 일은 있을 수 없을 것이다.

2) 하나님을 사랑하는 마음으로 섬겨라(롬 5:5)

'6131021'이라는 내용을 말하고자 한다. 유대 전승에 따르면, 구약성서 중에서 율법서라 불리는 토라(오경)에는 613개의 계명이 포함되어 있다. 이를 최초로 분류한 사람은 중세시대 유대의 저명한 랍비이자 사상가로 알려져 있는 마이모니데스(Maimonides)이다. 그 가운데서 '하라'는 긍정적인 형태로 된 계명은 248개이며, '하지 말라'고 하는 부정적인 형태로 된 금지 계명은 365개이다. 248이라고 하는 숫자는 사람의 몸을 이루고 있는 모든 부분 부분의 총합이라고 한다. 365라고 하는 숫자는 1년을 뜻한다. 유대인들은 613개라는 율법을 지키는 데 실패하여, 여호와 하나님은 다시 10개의 십계명(출 20:1-17)을 주셨다.

마태복음 22장 37-40절을 보면 한 율법사가 예수를 시험하여 묻는다(35절).

> "선생님이여 율법 중에 어느 계명이 크니이까 예수께서 가라사대 네 마음을 다하고 목숨을 다하고 뜻을 다하여 주 너의 하나님을 사랑하라 하셨으니 이것이 크고 첫째 되는 계명이요 둘째는 그와 같으니 네 이웃을 네 몸과 같이 사랑하라 하셨으니 이 두 계명이 온 율법과 선지자의 강령이니라."

가장 큰 계명은 10개의 십계명에서 두 가지로 압축된다. 요한일서 4장을 보면, "사랑하는 자들아 우리가 서로 사랑하자 사랑은 하나님께 속한 것이니 사랑하는 자마다 하나님께로 나서 하나님을 알고 사랑하지 아니하는 자는 하나님을 알지 못하나니 이는 하나님은 사랑이심이라"(요일 4:7-8)라고 하였다. 서로 사랑하지 못한다면 섬김은 아무 의미가 없고, 하나님은 하나님을 사랑하는 마음으로 남을 섬기라고 말씀하신다.

결국 613개의 율법을 주셨지만 10개의 십계명으로 줄어들고, 그것을 두 가지의 큰 계명으로 줄여 주시고, "하나님은 사랑"이라는 한 구절로 요약된다. 하나님을 사랑하는 마음으로 이웃을 섬겨야 한다.

3) 섬기되 기쁨으로 섬겨라

하나님은 기쁨으로, 즐거운 마음으로, 자발적으로 섬기는 사람들을 축복해 주신다. 시편 100편 1-2절은 "온 땅이여 여호와께 즐거이 부를 지어다 기쁨으로 여호와를 섬기며 노래하면서 그 앞에 나아갈지어다"라고 노래한다.

하나님을 섬기고 남을 섬길 때에는 기쁨으로 섬겨야 한다.

4) 겸손한 마음으로 섬겨라(빌 2:3)

"하나님은 겸손의 문을 통해 들어오십니다. 사탄은 교만의 문을 통해 들어옵니다"(최용우).

교만한 마음을 품고 남을 섬길 수 없음을 말하고 있다. 그리스도인의 삶에서 무엇보다 필요한 마음은 겸손이다. 교만한 마음을 버리는 것이다. 교만은 이기적인 것이다. 바울은 겸손을 강조함으로써 우리들로 하여금 이기적인 태도를 버리라고 강조한다(빌 2:3). 겸손한 마음을 가지기 위해 '다툼으로 말라, 허영으로 말라, 자기보다 남을 낮게 여기라'고 권한다.

5) 그러면 하나님의 의가 나타난다

"섬김의 삶이란 기본적으로 자기의 의를 드러내는 것이 아니라 하나님의 의를 드러내는 것이다"(양창삼).

자기의 의를 나타내지 않는 성경적인 방법이 마태복음 6장에 잘 기록되어 있다.

> "너는 구제할 때에 오른손의 하는 것을 왼손이 모르게 하여 네 구제함이 은밀하게 하라 은밀한 중에 보시는 너의 아버지가 갚으시리라"(마 6:3-4).

오른손이 하는 것을 왼손이 모르도록 은밀히 하는 것을 말하고 있는데, 이 말은 자신을 겉으로 내보이지 말고 섬기라는 의미일 것이다. 섬김은 은밀한 가운데 행해져야 한다.

6) 섬김을 습관화하라

습관(習慣)은 일상적으로 반복되는 행위다. 어떤 일을 반복하다 보면 그 행동이 습관으로 자리 잡는다. 그 행동이 무엇이든 간에 습관이 되면 평범한 행위가 된다. 스트레스를 전혀 받지 않고 할 수 있다. 섬김도 마찬가지다. 섬김이 습관화가 된다면 얼마나 하나님이 기뻐하실까?

7) 결단하라

망설임이 있어서는 안 된다. 그렇게 하기로 결심하라. 섬김은 결단으로부터 출발한다. 남을 섬기는 삶을 정기적인 부분으로 만들 수 있는 더 좋은 때를 기다리지 마라. 오늘 결단함으로 시작하라.

8) 결연히 행하라

그 무엇도 당신의 결심을 넘어뜨리게 놔두지 마라. 이것을 인생에서 (특히 처음 몇 달간) 영원한 습관으로 삼기로 결연히 다짐하라. 건너뛰는 날이 생기기 시작하면 남을 섬기는 일이 서먹서먹해지고 훨씬 어려워질 것이다.

참 지도자는 사랑으로 섬기는 사람이다. 사랑하는 사람은 행복하고, 섬기는 사람은 기쁨이 충만하다. 성령으로 거듭난 사람, 사랑의 기쁨이 충만한 사람이 섬길 때 하나님의 의가 나타난다. 목회자는 이러한 섬김을 생활화해야 한다.

섬기는 자(목회자)에게 주시는 하나님의 당부

"우리가 이 보배를 질그릇에 가졌으니 이는 능력의 심히 큰 것이 하나님께 있고 우리에게 있지 아니함을 알게 하려 함이라 우리가 사방으로 욱여쌈을 당하여도

싸이지 아니하며 답답한 일을 당하여도 낙심하지 아니하며 핍박을 받아도 버린 바 되지 아니하며 거꾸러뜨림을 당하여도 망하지 아니하고 우리가 항상 예수 죽인 것을 몸에 짊어짐은 예수의 생명도 우리 몸에 나타나게 하려 함이라 우리 산 자가 항상 예수를 위하여 죽음에 넘기움은 예수의 생명이 또한 우리 죽을 육체에 나타나게 하려 함이니라 그런즉 사망은 우리 안에서 역사하고 생명은 너희 안에서 하느니라"(고후 4:7-12).

1. 목회자의 능력은 하나님으로부터 온다(7절)

하나님은 하나님과 그의 백성을 도공과 질그릇으로 비유하신다. 질그릇은 깨지기 쉽다. 그리고 우리는 깨끗한 그릇이 되어야 한다. 예수 그리스도로 말미암는 구원의 복음을 질그릇에 담고 있기 때문이다. 질그릇의 가치는 형편없이 낮다. 구원이라는 복음의 무한한 영광과 숭고함과 비교하여 인간의 상대적 무가치성을 의미한다. 7절에서 섬기는 자에게 하나님이 주시는 당부는 다음과 같다.
- 복음의 능력이 오직 하나님께 있음을 깨닫게 하고 있고
- 우리 인간의 연약함을 통해 하나님의 완전한 능력이 나타남을 보여주며
- 인간의 교만과 자랑을 하지 말라는 당부이다.

목회자의 능력은 목회자의 교육 수준이나 오랜 신앙생활이나 재정 정도에서 나오는 것이 아니라 하나님으로부터 나오며, 목회자는 섬기는 일에 교만해서는 안 된다는 교훈을 주고 있다.

2. 목회자는 하나님께서 함께하신다(8절)

목회자들에게 엄청난 고난이 있는 것은 필연적이다. 풀기 어려운 난제들로 한곳에 몰리더라도 이러한 난제들이 목회자가 움직일 틈이 없도록 궁지에 몰아넣지는 못한다고 말씀하신다. 바울은 자신이 빠져나

갈 곳이 없을 정도로 궁지에 몰리는 상태에 있었지만 하나님께서 항상 바울과 동행하셨고 돌보아 주셨듯이 목회자들도 마찬가지로 하나님은 그들이 사역하고 하나님 나라를 확장하는 일을 하는 동안에 항상 함께하시고 돌보아 주신다고 말하고 있다.

3. 목회자는 패배하지 않는다(9, 10절)

바울은 9절에서 성도들이 당하는 혹독한 육체적 고통을 사실화하면서, 그러나 어떠한 고난도 성도들을 궁극적으로 패배시키지 못한다는 사실을 말하고 있다. 바울은 고린도후서 6장 4-10절에서 자신은 누구보다도 많은 환난과 핍박과 고난을 받았다고 말하고 있다. 환난(들립시스, θλίψις), 궁핍(아낭게, ἀνάγχη), 곤란(스테노코리아, στενοχωρία), 매 맞음(πληγαις, 다섯 번은 유대인들로부터, 세 번은 이방인들로부터. 고후 11:24-25), 갇힘(φυλακαῖς, 빌립보에서, 예루살렘에서, 가이사랴와 로마에서), 요란한 것(아카타스타시아이스, ἀκαταστασίαις), 수고로움(κόποις), 자지 못함(ἀγρυπνίαις, 고후 11:27), 그리고 먹지 못함(νηστείαις, 고후 11:27)은 그가 당했던 어려움들이다.

하나님께서 항상 함께하셔서 바울은 패배하지 않았다. 그리스도인의 고난은 패배의 표징이 아니라 그리스도의 생명을 소유하게 되는 승리의 표징이라고 성경은 말하고 있다. 사역자는 항상 어려움 속에서 사역하게 마련이다. 그러나 하나님께서 항상 함께하심을 기억하자.

4. 목회자의 고난과 시련은 성도들에게 유익하다(11, 12절)

예수님께서 만인에게 생명을 주시기 위해 고난과 십자가의 죽음을 감내하셨던 것처럼, 바울 자신도 자신의 고난과 시련이 고린도의 성도들에게 유익하게 되었다고 말하고 있다. 이 사실은 사역자들에게 하시는 말씀이다. 목회자들이 많은 고생과 어려운 환경 속에서 사역하고 있음은 목회자 자신과 성도들에게 귀감이 되며 성도들에게 유익함을 보여준다.

목회의 잠재적인 위기들
(Potential Crises)

목회자들은 다음과 같은 문제를 당면하게 되면 위기감을 느낀다.

1. 영적 전쟁(Spiritual warfare)[1]

그리스도인에게 주어진 싸움은 혈과 육에 대한 것이 아니다. 그것은 정사와 권세와 어두움의 세상 주관자들과 하늘에 있는 악한 영과 벌이는 전투다(엡 6:12). 우리 믿음의 대상인 하나님은, 성령의 권능으로 무소부재하며 전능하신 영적 존재다. 그러므로 이 싸움에서 승리하기 위해 우리가 들어야 할 무기는 물리적인 것이 아니라 영적인 것이어야 한다. 매일 매일 펼쳐지는 시간과 삶들이 다 영적 전쟁 한가운데 놓여 있음을 알 수 있다.

그리스도인들은 이 영적 전쟁에서 반드시 승리해야 한다. 사탄은 우리 안에 있는 상처를 이용해서 우리를 자신들이 원하는 대로 움직이게 하고 우리 삶을 파괴하려 한다. 이 공격은 지금도 계속되고 있으며 이것이 곧 영적 전쟁이다.

사탄

"창세기를 보면 악은 이미 바깥에 존재하고 에덴동산은 완벽하다. 그런데 에덴동산 밖에 있는 악이 지구로 우주로 들어올 수 있는 유일한 길은 인간을 통하는 것이다. 인간이 막으면 막힌다. 사탄은 스스로 일하지 못한다. 사탄은 인간을 통해서만 일을 할 수 있다. 사탄은 뱀의

---

[1] 딘 셔먼, 《영적 전쟁》(*Spiritual Warfare for every Christian*), 이상신 역(서울: 예수전도단, 2010), 6.

모양으로 접근해 왔다. 사탄은 다른 동물에게는 안 간다. 인간이 모든 악이 들어올 수 있는 유일한 문이기 때문이다."[2]

사탄의 존재 확인

딘 셔먼은 그의 저서《영적 전쟁》에서, 다음과 같은 일이 인간 마음에서 생긴다면 우리는 영적 전쟁을 해야 하는 순간임을 알 수 있다고 한다.

'죽겠네' 하는 말을 할 때 이미 죽음의 영인 사탄이 마음에 들어와 있으며, 근심의 영, 불안감의 영, 우울의 영, 복수의 영, 근심의 영, 분노의 영, 교만의 영, 짜증과 신경질의 영(이는 우리를 지치게 하는 영이다), 졸음과 혼미의 영(예배를 시작만 하면 졸리기 시작하고 성경을 읽거나 기도가 시작되면 딴 생각을 하게 하는 영), 고집의 영, 폭력의 영, 도박의 영, 질병의 영, 불면의 영 등, 이 많은 사탄의 영들이 인간 마음에 들어와 인간을 파멸로 인도한다.

영적 전쟁에서 이기는 방법(1)

딘 셔먼의《영적 전쟁》제12장을 통해 영적 전쟁에서 이기는 방법을 다음과 같이 말하고 있다.

1) 영적 전쟁으로서 회개하는 것

"회개는 사탄을 대항하는 주요한 무기이다. 그것은 단순하다. 내가 회개하면 어둠의 세력은 무너진다. 그러나 불순종하면 원수 마귀가 활동하도록 내버려 두는 것이다. 하나님께 순종하면 원수 마귀를 쫓아내는 것이다. 하지만 불신앙으로 행동하면 마귀에게 몸을 주는 것이다. 믿음을 사용하면 마귀는 물러간다."[3]

---

2) 딘 셔먼, "인간은 영적 전쟁을 하기 위해 창조된 존재"(뉴저지 조이플 교회 세미나, 뉴저지, 미국, 2014년 9월 29일).
3) 딘 셔먼,《영적 전쟁》(*Spiritual warfare of every Christian*), 이상신 역(서울: 예수전도단, 2010), 247.

2) 직접 가서 하나님의 주권을 주장하기(순종)

어둠의 세력을 깨뜨리기 위해 순종하며 나아가는 것이다. 여호수아 6장 1-5절 말씀에서, 여리고 성은 아무것도 이루어지지 않는 6일을 순종함으로 7일째 성벽이 무너지는 역사가 일어났다. "순종으로 말미암아 하나님의 백성인 이스라엘은 보이지 않는 세계에서 어둠의 세력을 물리쳤던 것이다."[4]

3) 지역을 위해 기도하기

"하나님께서는 교회들이 영적 전쟁을 함으로써 지역을 위해 더욱더 기도하도록 인도하신다. 우리가 해야 할 일은 그 장소에 대한 속박을 깨뜨리고 그 지역에 사는 사람들에게 미치는 부정적인 영향을 차단하는 것이다. 우리가 사는 도시나 나라, 제도들을 위해 파수꾼으로 있으면서 우리는 사회 내에 작용하는 악의 세력을 매일 끊어야 한다."[5]

4) 전도하는 것은 영적 전쟁이다

전도는 영적 전쟁과 분리될 수 없다. 복음을 전파하는 것은 어둠 가운데 불을 켜는 것과 같다. 우리는 여러 다양한 형태와 다양한 방법을 통해 복음을 전해야 한다.

5) 의로운 마음으로 반응하는 것이 영적 전쟁이다

우리가 겪는 고통과 혼돈을 이해할 수 없지만 믿음으로 나아가야 한다. 사탄은 하나님께서 우리를 저버리셨다는 생각을 주려고 애를 쓴다. 우리가 하나님을 원망하는 순간 사탄에게 승리를 넘겨주는 것이다.

6) 포로를 자유케 하는 것

"구원은 언제나 회개와 치유와 함께 연결되어 있다. 귀신은 마치 파

---

4) Ibid., 250.
5) Ibid., 253.

리와 같아서 상처 난 부위에 몰려와서 부패하게 한다. 부패한 삶을 회개하고 상처를 치유 받아야 한다. 새로 구원받은 사람이 계속해서 자유를 누리기 위해서는 하나님의 말씀으로 양육 받아야 한다. 그래야만 어려움이 닥치더라도 이겨 나갈 수 있는 힘을 얻을 수 있으며 승리의 생활을 할 수 있다."[6]

7) 금식을 통한 영적 전쟁

금식은 마귀에 대항할 수 있는 강력한 무기다. 금식은 기도를 강해지게 하여 우리가 다른 방법으로 깨달을 수 없는 것들을 깨달을 때까지 우리의 영을 가장 깊은 곳까지 이르게 한다. 금식은 개인적인 예배 행위로 은밀히 행해져야 한다. 또한 금식은 영적 전쟁의 효과적인 무기가 된다.

8) 영적 전쟁으로 나누어 주기

"사탄은 재정에 관심이 많다. 사탄은 사람의 이기심이 돈에 의해 조장된다고 잘 알고 있다. 성경은 돈을 사랑하는 것이 일만 악의 뿌리라고 말하고 있다(딤전 6:10). 돈을 사랑하는 것은 인간 실존의 모든 영역에 영향을 미친다. 나누어주면 이기심으로 사람을 옭아매려는 사탄의 시도가 완전히 좌절되고 만다. 주는 것은 쉽게 파급된다. 한 사람의 주는 행위가 커져 마귀의 역사를 꼼짝하지 못하게 만든다."[7]

9) 연합하여 영적 전쟁하기

연합은 확실히 영적 전쟁의 강력한 무기이다. 우리는 자신을 낮추고 옳은 일을 행하며 이웃을 용서하고 함께 걸어가며 인내해야 한다. 영적 전쟁은 혼자 하지 않도록 해야 한다. 단독으로 싸우는 것은 아주 위험하다. 예수님은 마태복음 18장 19절에서 "너희 중에 두 사람이 땅에서 합심하여 무엇이든지 구하면 하늘에 계신 내 아버지께서 저희를 위

---

6) Ibid., 256.
7) Ibid., 258.

하여 이루게 하시리라"라고 말씀하고 있다.

10) 성령의 은사

성령의 은사를 구하여 영적 전쟁에 무장해야 한다. 이는 영적 전쟁을 도와주며 어둠의 세력을 물리친다. 우리는 성령의 놀라운 권능의 역사가 일어나도록 구하는 것을 주저해서는 안 된다.

11) 섬기는 것이 영적 전쟁이다

"사랑의 섬김은 영적 전쟁에서 이기는 또 하나의 무기다. 마귀의 본성은 도둑질하고 죽이고 멸망시키는 것이다(요 10:10). 만일 우리가 전쟁과 재난과 다른 비극적인 일로 재산과 건강과 집을 잃은 사람의 필요를 채워 주려고 와 있는 것은 마귀의 일을 꼼짝 못하게 하는 것이다."[8]

12) 믿음

우리가 하나님이 어떤 분인지 믿고 그분의 말씀을 전적으로 신뢰하는 것이다. 믿음은 하나님 말씀에 근거할 때 견고해진다. 말씀을 구하고 계시하시는 말씀을 기다리며, 말씀을 듣고, 믿음으로 행할 때 어둠의 세력이 물러간다.

13) 찬양

예배와 말씀은 영적 전쟁을 이기게 하는 무기다. 말씀 선포를 통해 어둠의 세력을 결박하고 퇴치하는 절대적인 무기다. 성도들이 찬양을 하고 성가대가 찬양을 할 때 마귀는 우리 마음으로부터 달아난다.

14) 마지막 무기(끈기)

포기는 금물이다. 끈기를 가지고 견디며 마귀를 쫓아야 한다.

---

8) Ibid., 262.

영적 전쟁은 삶이다. 진리를 품으면서 원수를 분별하고 하나님께 헌신하는 매일의 삶이다. 어둠의 세력을 몰아내지 않는다면 우리는 그들의 손아귀에 놓이게 된다. 우리는 그들을 제거해야 한다.

영적 전쟁에서 이기는 방법(II)

영적 전쟁에서 이기는 방법(I)에서는 딘 셔먼의 생각을 집중적으로 기술했다. 이 내용은 어디까지는 인간의 깊은 사고력에 의해 집대성되었다고 본다. 우리는 항상 성경 말씀으로 돌아가야 한다. 알다시피 성경은 하나님의 말씀이기 때문이다. 필자는 인간들이 풀어야 할 문제의 대부분은 그 해결 방법들이 성경에 기록되어 있다고 생각한다.

에베소서 6장 10-20절을 보면 바울 사도가 에베소 교인들에게 권면한 말씀이 있다. 특히 그리스도인들이 겪어야 하는 영적 전쟁에 대하여 자세히 기술해 놓았다. 이 성경 말씀을 《그랜드 주석》을 참고하여 다음과 같이 독자들에게 영적 전쟁에서 승리하는 방법을 서술하려 한다.

바울은 에베소서 6장 10-20절에서 그리스도인들이 새 생활을 온전히 영위하기 위해서 반드시 수행해야 할 마귀와의 영적 전쟁에 관하여 언급하고 있다.

이 본문은 셋으로 나눌 수 있다. 첫째는 영적 전쟁의 성격, 둘째는 영적 전쟁을 위한 준비, 셋째는 영적 전쟁의 수행 방법이다.

1) 영적 전쟁의 성격

우리들이 직면하게 되고 수행해야 할 영적 전쟁의 상대는 연약한 인간이 아니라 마귀이다. 이 영적 전쟁은 우리가 하나님의 자녀로 부름받은 그 순간부터 장차 하나님의 나라에 들어갈 때까지 계속된다.

마귀의 목적은 다음과 같다.
- 기회만 주어지면 하나님의 영광을 방해한다.
- 성도들을 유혹한다.
- 성도를 실족하게 한다.

- 성도와 하나님의 관계를 끊는다.
- 성도들을 자기 수하에 둔다(고후 11:4; 벧전 5:8; 유 1:3).

2) 영적 전쟁을 위한 준비

바울은 마귀의 궤계를 대적하기 위하여 '하나님의 전신 갑주'로 무장해야 한다고 주장한다(13-17절). 마귀는 인간의 힘을 훨씬 능가하는 능력을 소유한 영적 존재이다.

3) 영적 전쟁의 수행 방법

바울은 성령 안에서 항상 깨어 기도하라고 권한다(18-20절). 이를 종합해 볼 때 우리는 하나님께 속해 있다. 하나님의 일을 감당하는 동안 마귀로부터 우리 자신을 보호해야 한다. 그러기 위해서는 하나님의 능력을 힘입어 마귀와 대적해야만 한다. 우리가 하나님의 능력을 의지할 때 비로소 마귀를 대적하여 승리할 수 있다.

두 번째에서 언급한, 우리가 무장해야 하는 것은 고대 로마 병사가 전투에 임하기 위해 갖추어야 할 장비에 비유했다. 모든 무장을 갖춘 후에는 깨어 기도함으로 마귀의 공격을 대비해야 한다.

그러면 어떤 무장을 말하고 있는가?

- 당당히 맞서라(14절).
- 진리의 허리띠를 띠라(14절).
- 의의 흉배를 붙여라(14절).
- 복음의 신발을 신어라(15절).
- 믿음의 방패를 가져라(16절).
- 구원의 투구를 써라(17절).
- 성령의 검(하나님의 말씀)을 가져라(17절).

이러한 무기들로 무장하고 깨어 기도함으로 마귀와의 영적 전쟁에서 이길 수 있다.

2. 재정적 위기(Financial crisis)

교회 현황

재정적인 문제는 사실 잠재적인 문제는 아니다. 모든 목회자는 이 재정 문제를 안고 살고 있다. 재정 문제는 항상 마음 한복판에 자리 잡고 있다. 재정 문제에서 마음 편안한 목회자는 거의 없다고 보아야 한다. 성도 수가 적은 교회의 목회자는 그 적은 성도로부터 오는 작은 재정 문제를 안고 있고, 성도 수가 많은 교회의 목회자는 교회의 규모나 씀씀이의 크기에서 오는 재정 문제를 좀 더 크게 느끼게 마련이다. 교회는 특별한 경우를 제외하고는 수입원은 교인들의 헌금에 전적으로 의존하고 있다.

다음 데이터는 유의영 박사께서 월드미션 대학교에서 '남가주 한인교회의 현황'이라는 주제의 강연으로 발표하신 내용이다.

표1 한인교회들의 성도 수(Number of Korean Churches Members)[9]

교인 수(Church Members)	교회 수(No. of Churches)	%
20명 이하	9개	6.1
20~49명	26개	17.7
50~99명	41개	27.9
100~249명	45개	30.6
250~499명	14개	9.5
500~999명	7개	4.8
1,000명 이상	5개	3.4

표2 한인교회의 연간 예산(Annual Budget of Korean Churches)[10]

연간 예산(Annual Budget, $/yr.)	교회 수(No. of Churches)	%
50K 이하	23개	17.3
50K~100K	39개	29.3
100K~250K	44개	30.1
250K~500K	19개	14.3
1,000K 이상	8개	6.0

---

9) 유의영, "한인사회와 한인교회"(월드미션 대학교 특별 세미나, 로스앤젤레스, 캘리포니아, 2009년 7월 8일).
10) Ibid.

성도의 수가 50명 미만(23.8%)에 연간 예산이 5만 달러 미만(17.3%)인 경우는 미자립 교회로 보아야 한다. 이는 남가주 한인교회의 실태이며, 미자립 교회에서 사역하는 사역자들은 최소한의 생계비마저 제때에 받을 수 있는지 의문이 든다. 이는 매우 심각한 재정의 위기라 할 수 있다.

어떻게 재정 위기를 벗어날 수 있을지 그 방법을 연구하는 일은 목회자에게 또 하나의 크나큰 부담으로 다가온다.

생활비로부터 오는 도전

목회자도 인간이다. 한 가정의 가장이고, 자녀들에게는 아버지요, 한 여인에게는 지고한 남편이다. 한 가정의 가장은 경제적으로 가정을 지켜야 할 의무를 가지고 있다. 자녀들에게 아버지는 그 자녀들을 양육해야 할 의무가 있다. 한 여인에게 지고한 남편은 그 여인을 행복하게 할 책임을 가지고 산다. 그래서 목회자도 돈이 필요한 것이다. 이러한 이야기는 별로 자극적이지 않다. 새로울 것도 없다. 왜냐하면 너무도 당연한 일이기 때문이다. 금전적인 문제로 목회자가 받는 도전은 그 어느 것보다 더 심각하고 절실하다. 왜냐하면 세상에서는 돈이 유능과 무능을 가르는 잣대이기 때문이다.

한국에서의 목회자의 사례비[11]

2014년 우리나라 최저생계비는 보건복지부 기준으로 2인 가족 102만 7,417원, 3인 가족 132만 9118원, 4인 가족 163만 820원이다. 뉴스앤조이의 취재 결과, 부목사 중 80%가 100~250만 원 사이의 사례비를 받았다. 결혼한 목사들 중 60% 남짓이 최저생계비도 안 되는 사례비를 받는다는 의미이다. 최저생계비 기준으로는 배우자와 아이 하나가 있으면 200만 원이 있어야 한다. 하지만 취재한 목회자 중 200만 원 이하의 사례비를 받고 있는 목회자가 60% 남짓이었다. 맞벌이를 하지 않으면 생활 자체가

---

11) http://blog.donga.com/jonk78/archives/5261, 2012 1월 27일 by 사막의 향기

불가능하다. 교회가 맞벌이에 대해 부정적인 반응은 보이지 않았으나, 맞벌이를 한다는 이유로 부목사에게 지출되어야 할 예산을 지출하지 않는 경우, 즉 맞벌이를 악용하는 경우가 종종 있었다.

'높은뜻숭의교회' 김동호 목사님의 경우를 예로 들어 보자.

김 목사와 교인들은 목사 연봉에 대한 토론을 전개했지만 결론이 나지 않았다. 김 목사가 자신의 연봉을 합리적으로 도출해 달라고 제안하면서 세법(稅法) 전문가 등 9명으로 '목회자 사례(謝禮) 연구회'가 구성되었다. 3개월간 목사 연봉을 연구한 목회자 사례 연구회(이하 연구회)는 사례비(연봉)의 정의를 "바르고 건전한 목회에 전념할 수 있도록 교회가 목회자에게 지급하는 생활비"로 정의했다. 또한 "목회자도 가정을 이루고 있는 생활인이므로 부족하지 않게 정하되 교회 안팎의 공동체와 조화로운 수준이어야 한다"고 주문했다.

연구회는 목회자의 연봉을 이 교회가 예배 장소로 사용 중인 숭의대학 교수 연봉을 기준으로 삼았다. 다만 사택이 제공되는 점을 감안해 이 대학 교수 연봉의 85% 수준으로 정하고, 35단계의 호봉제를 도입했다. 1호봉(31세 목회 경력 1년)의 연봉을 2,520만 원으로 정하고 매년 1호봉(10만 원)씩 늘도록 했다. 특히 목회자도 교인과 봉급 생활자처럼 근로소득세를 납부하도록 했다. 이 같은 연구 결과에 따라 김 목사의 연봉은 5,700만 원(23호봉)으로 결정됐다. 이는 애초 연봉 7,372만 원에서 1,672만 원 (23%) 삭감된 액수이다.

미주 한인교회 목회자의 사례비

미국의 한인교회치고 담임목사에게 넉넉한 사례를 할 수 있는 교회는 별로 없다. 그래서 목사는 당장의 생활을 꾸려 가기 위해 부업을 해야 한다(second job). 결혼한 가정이라면 사모의 직장 생활은 당연시된다.

한국에서의 목회나 미국의 이민 목회나 근본적으로 다른 점은 없다. 주일예배를 준비해서 인도하고, 가정과 병원 등지로 심방을 다니고, 성경 공부와 기도 모임 등 여러 프로그램들을 진행하는 것은 거의 같다. 대부분의 목회자들은 대학 4년을 이수하고 신학교에서 대학원(목회학 석사)을 마친 분들이다. 대학원 재학 시절에 학교 인근의 교회에서 전도사로 3~4년간 고된 사역을 한다. 거의 마당쇠 수준의 일을 한다. 토요일과 주일, 이틀 일하는 조건으로 담임목사를 잘 만나면 월 3천 달러 정도의 사례를 받는다.

그러는 가운데 '그래도 개척을 해야지' 하면서 집에서 성경 공부 하던 그룹을 5~6명을 데리고 창립하게 된다. 물론 창립은 만만치가 않다. 들어가는 비용도 엄두가 나지 않는다. 적어도 1,000sqft 3개(하나는 본당, 하나는 주일학교, 하나는 중고등부실)를 얻어야 한다. 변두리로 나가면 교인들이 오지 않는다. 그래서 LA 중심지로 모여든다. 적어도 1.50$/sqft면 월 4,500달러이다. 사무실을 개조하는 대신에 교회다운 교회를 얻으려면 월 7,000달러는 있어야 할 것이다. 거기에 목사 자신의 생활비는 최소 4인 가구에 월 4,000달러는 족히 든다. 건강 보험료는 계정에 넣지도 못한다. 목사의 건강은 곧 재산이다. 그래서 새로 개척하는 목회자는 부업을 한다.

계산을 해 보면 새로 개척하는 데 드는 비용은 월 8,000달러 정도다. 엄두가 나지 않는다. 필자의 친구를 예로 들어 보겠다. 개척 10년이고 교인이 50명 정도인데 지난 10년간 사례비를 받아 본 적이 없다. 내 친구는 주중에는 심방과 교회 일은 뒤로하고 월요일부터 금요일까지 풀타임(full time)으로 자그마한 소매상을 하는데, 자신을 돌아보면서 실망할 때가 너무 많다고 말한다. '내가 장사를 하는 것인가, 사역을 하고 있는가?' 이 두 명제를 오가며 하나님을 붙든 지가 10년이란다. 그래도 이 목회자는 지난 10년간 주일예배와 매일 있는 새벽예배와 매주 금요 성경 공부를 하루도 빠뜨리지 않았다니, 정말 하나님의 은혜이다. 들어오는 헌금은 교회 운영비로 모두 지출된다. 이 목회자의 기도 제목은 다음의 성경 말씀을 붙드는 일이라고 말한다.

"곧 허탄과 거짓말을 내게서 멀리하옵시며 나로 가난하게도 마옵시고 부하게도 마옵시고 오직 필요한 양식으로 내게 먹이시옵소서 혹 내가 배불러서 하나님을 모른다 여호와가 누구냐 할까 하오며 혹 내가 가난하여 도적질하고 내 하나님의 이름을 욕되게 할까 두려워함이니이다"(잠 30:8-9).

3. 시련, 시험 및 유혹을 당할 때(Assistance with trial, testing and temptation)

목회자들뿐만 아니라 일반 신도들도 사회생활을 영유하는 동안 시련과 시험과 유혹을 당할 때가 허다하다. 시련이나 시험이나 유혹에 빠진 목회자들은 자신의 취약점을 너무 과소평가하는 경향이 있다.[12] 많은 목회자들은 여성들이 목회자에게 느끼는 성적 매력과 목회자의 영향력에 대해 고지식한 면이 있다. 다른 사람보다 훨씬 더 매력적인 요소를 갖고 있는 사람들이 종종 있다. 그 매력은 단순히 외모에서 오는 것이 아니며, 간혹 외모적으로 아름답다거나 매력적인 사람에게서 느끼지 못하는 성적 매력을 느끼는 경우가 있다.

목회자는 유혹 받기 아주 쉬운 위치에 서 있다. 목회자는 목회 시간 대부분을 여성도들과 지내게 된다. 그중에는 여러 형태의 여성들이 있게 마련이다. 결혼한 여성, 미혼인 여성, 이혼한 여성, 행복한 여성, 경건한 여성 등 다양하다.

목회자는 강단에서 하나님 말씀을 대변하는 일뿐 아니라, 상담하기 위해 사무실로 찾아오는 여러 성도들에게 은혜롭고 이해심이 많고 온화한 모습을 보여주며 그들의 고민을 들어 주는 경우가 허다하다. 바로 이러한 모습은 여성 성도들이 남성에게서 찾고자 하는 모습들이다. 그래서 은혜 받은 여성 성도들은 목회자에게 매료되고 목회자의 사랑에 감사하게 된다. 따라서 목회자들이 조심하지 않는다면 이런 열렬한 사모함이 결국에는 탈선으로까지 이어지기도 한다.

---

12) 팀 라헤이, 《목회자가 타락하면》, 황승균 역(서울: 생명의 샘, 1995), 35.

여성들은 남성들의 사랑의 행위에 대해서는 매우 방어적이지만 목회자에게만은 예외이다. 여성 성도들은 목회자를 하나님의 종으로 존경하며 그를 전적으로 믿고 목회자의 월등한 영적 생활을 존중하기 때문에, 도덕적으로 자신을 지나치게 방어하려 하지 않는다. 하나님의 사람도 남성이라는 사실을 잊는 것이다.

여기서 말하는 시련, 시험과 유혹이라는 단어에 대하여 생각해 보자. 야고보서 1장에는 '시험'이라는 단어가 여러 번 언급되고 있다. 그렇다고 이 '시험'이라는 단어가 모두 같은 의미는 아니다.

1장 2-3절에서 "내 형제들아 너희가 여러 가지 시험을 만나거든 온전히 기쁘게 여기라 이는 너희 믿음의 시련이 인내를 만들어 내는 줄 너희가 앎이라"고 말했는데, 여기에서 사용된 '시험'은 '페이라스모스'(πειρασμός), 즉 '시련'이라는 말이다. 야고보는 하나님께서 성도들에게 이러한 시련을 허락하시는 것은 우리 인격을 연단하여 부족함이 없게 하기 위한 것이라고 말한다(약 1:4). 그러므로 1장 2절에 나오는 '시험'이라는 말은 '시련'(trial)이라고 번역할 수 있고, 이 의미는 '하나님으로부터 오는 일로서의 시련으로 하나님께서 성도들의 인격을 연단하여 성숙한 자녀로 삼기 위해서 주시는 믿음의 시련'을 말한다.

1장 3절에 나오는 '시련'(도키미온, δοκίμιον)이라는 말은 금은 등을 불 속에서 제련하여 순수한 것으로 만드는 것과 관련하여 사용되던 말로, 이는 성도들에 대한 하나님의 시험의 목적이 성도들을 실족하게 하는 것이 아니라 믿음을 더욱 연단하여 성도들로 하여금 하나님 앞에서 거룩하고 흠이 없게 하고자 하는 것을 의미한다.

1장 13절 "사람이 시험을 받을 때에 내가 하나님께 시험을 받는다 하지 말지니 하나님은 악에게 시험을 받지도 아니하시고 친히 아무도 시험하지 아니하시느니라"에서의 '시험'은 사탄으로부터 오는 유혹으로서의 시험(Temptation)인 '페이라조'(πειράζω)로 분명히 구분하고 있다. 사탄의 시험에 빠진 경우에 있어서 그 책임을 하나님께 돌리지 말라는 말이다.

14절에는 '시험'(Temptation, 페이라조, πειράζω)의 출처에 대한 언급을 한다. 이 시험의 출처가 하나님이 아니요 자기 자신이며, 밖에서 오는 것이 아니라 자기의 마음에서 일어나는 것임을 밝히고 있고, 자신들이 유혹을 받고 죄를 짓는 근원이 하나님께 있는 것이 아님을 말하고 있다.

목회자들이 당면하게 되는 유혹은 근원이 하나님께 있는 것이 아니라, 자신의 마음으로부터 오는 것임을 알아야 한다.

4. 하나님의 뜻을 분별하는 것(Discerning of God's will)

목회자는 순간순간 목회적인 일에 대하여 결심이나 결단을 내려야 할 때가 있다. 물론 당회원들과의 깊은 의논과 제직회와 공동회의를 거쳤다 하더라도 목회자의 의지는 많은 영향력을 발휘한다. 이러한 결단을 내리기 위해서 목회자는 많은 갈등을 하게 된다. '이러한 결단이 과연 하나님 마음에 맞는 결정인가? 혹은 너무 무리하게 당회원들을 설득하여 목회자 개인의 의지대로 결정된 것은 아닌가?' 많은 망설임이 있게 마련이다. 잘못된 결단을 하고 당회원들을 설득하여 일을 진행하다가 교회의 중대사를 그르치는 경우를 우리는 종종 보아왔다. 특히 교회 건축 문제라든지, 교회 이전 문제 같은 문제는 과히 일생에 한 번 있을 수 있는 결단이기 때문이다. 특히 요즈음 많이 회자되는 동성 결혼으로 인한 교단의 잔류냐 혹은 탈퇴냐를 결정하는 문제는 매우 심각한 문제이다.

이런 때에 목회자는 모든 의논과 결정의 과정을 거치기 전에 먼저 하나님의 뜻을 들어보는 일이 매우 중요하다.

다음에 제시된 내용은 조이 도우슨(Joy Dawson)이 쓰고 방원선이 번역한 《하나님의 음성을 듣는 삶》(Forever ruined for the ordinary)[13]에서 요약된 내용이다.

목회자들이 하나님의 뜻을 알기를 원할 때마다 도우슨 박사가 안내

---

13) 조이 도우슨, 《하나님의 음성을 듣는 삶》, 방원선 역(서울: 예수전도단, 2012).

하는 길을 택함으로 목회의 위기에서 벗어나기를 바란다. 도우슨은 하나님의 음성을 듣기 위한 조건으로 다음 몇 가지를 제시한다. 이 내용은 저자의 강의 시간에 학우들에게 도우슨의 이름을 인용하여 제시하였던 내용임을 밝힌다.

1) 겸손함

하나님의 음성을 듣기 위한 우리의 가장 큰 필요 중 하나는 '겸손함'을 입으며 겸손함 안에서 걸어가되 점점 더 깊은 단계까지 들어가는 것이다. 하나님의 인도하심을 받고자 할 때 겸손함이 없이는 아무런 진보도 있을 수 없음을 성경은 분명히 말해 주고 있다.

> "온유한 자를 공의로 지도하심이여 온유한 자에게 그 도를 가르치시리로다"(시 25:9).
> "하나님이 하늘에서 인생을 굽어 살피사 지각이 있는 자와 하나님을 찾는 자가 있는가 보려 하신즉"(시 53:2).

또한 겸손의 모본이 되신 예수님께서도 크든 작든 모든 문제를 갖고 나아가 하나님의 얼굴을 구하셨다.

> "내가 진실로 진실로 너희에게 이르노니 아들이 아버지의 하시는 일을 보지 않고는 아무것도 스스로 할 수 없나니 아버지께서 행하시는 그것을 아들도 그와 같이 행하느니라"(요 5:19).

2) 믿음

'믿음'은 하나님의 음성을 듣기 위한 두 번째 필요조건이다. 우리는 하나님께서 우리에게 말씀하시는 분임을 믿어야 하는데, 그 믿음의 가장 중요한 근거는 하나님의 성품이다.

"여호와께서 백성을 사랑하시나니 모든 성도가 그 수중에 있으며 주의 발 아래에 앉아서 주의 말씀을 받는도다"(신 33:3).
"이 하나님은 영영히 우리 하나님이시니 우리를 죽을 때까지 인도하시리로다"(시 48:14).
"너희가 우편으로 치우치든지 좌편으로 치우치든지 네 뒤에서 말소리가 네 귀에 들려 이르기를 이것이 정로니 너희는 이리로 행하라 할 것이며"(사 30:21).
"너희의 구속자시요 이스라엘의 거룩하신 자이신 여호와께서 가라사대 나는 네게 유익하도록 가르치고 너를 마땅히 행할 길로 인도하는 너희 하나님 여호와라"(사 48:17).

3) 마음을 깨끗하게 하는 일

하나님의 음성을 듣기 위한 세 번째 조건은 '우리의 마음을 깨끗하게 하는 것'이다.

"내가 내 마음에 죄악을 품으면 주께서 듣지 아니하시리라"(시 66:18).

우리는 잠잠히 있어 주께서 우리 자신의 죄를 깨닫게 해주실 시간을 드려야 한다. 때때로 하나님의 침묵은 우리의 삶 가운데 다루어지지 않은 죄 때문일 수 있다. 서기관들이 예수님 앞에서 정직하지 않았을 때 예수님은 그들에게 대답하기를 거절하셨다.

4) 자신의 의지를 포기

하나님의 음성을 듣기 위한 네 번째 조건은 '자신의 의지를 포기하는 것'이다. 우리가 예수 그리스도를 우리의 주로 모심으로써 우리의 의지를 하나님 앞에 온전히 내려놓을 때에야 비로소 그분은 우리의 삶 가운데 역사하기 시작하신다. 자신을 하나님 앞에서 얼마나 포기했는가 하는 것이 하나님이 우리를 어느 방향으로 인도하시는가를 결정한다. 자신의 의지를 포기한다는 것은, 계시된 하나님의 뜻을 위해 성경적인 원칙들을 따르는 것을 말한다.

5) 하나님 앞에서 기다리기

하나님의 음성을 듣기 위한 조건들 가운데 가장 어려운 것은 '하나님 앞에서 기다리는 것'이다. 우리는 그분께 말씀하실 수 있는 충분한 시간을 드려야 한다. 그리고 그분의 음성을 듣되 우리의 관심의 초점을 우리의 문제가 아닌 그분께 맞추도록 해야 한다. 우리 문제에 대한 대답을 듣기 위해서가 아니라 하나님이 우리에게 말씀하고 싶으신 것은 무엇이든 말씀하실 수 있는 시간을 드려야 하는 것이다.

6) 우리의 마음 가운데 인상을 불러일으키는 세 가지 근원지에 대한 인식

하나님의 음성을 듣기 위한 여섯 번째 조건은 '우리 마음 가운데 인상을 불러일으키는 세 가지 근원지에 대해 인식하고 분별하는 것'이다. 그중 하나는 하나님의 음성이요, 두 번째는 자기 자신의 음성이며, 세 번째는 사탄의 음성이다. 성경은 자신의 생각을 의지하는 것이 얼마나 어리석은 것인지 분명히 말해 주고 있다.

> "자기의 마음을 믿는 자는 미련한 자요"(잠 28:26).
> "너는 마음을 다하여 여호와를 의뢰하고 네 명철을 의지하지 말라 너는 범사에 그를 인정하라 그리하면 네 길을 지도하시리라"(잠 3:5-6).

또한 사탄도 우리 마음 가운데 어떤 인상을 불러일으킬 수 있다는 사실을 알아야만 한다. 사탄의 목소리는 강하고 급하며 강요한다. 사탄은 늘 어떤 위기 상황으로 우리를 몰고 가서는 우리로 어떤 행동을 급히 하도록 만든다. 반면 하나님의 음성은 조용하지만 일관성이 있고, 우리에게 잠시 물러나 조용히 기다리며 듣도록 권면한다.

일어날 수 있는 충격적 사건들
(Potential Traumatizing Events)

자주 일어나는 상황은 아닐지라도 다음과 같은 사건들은 목회자들에게 충격적으로 다가온다.

1. 결혼생활의 어려움/이혼(Marital disruption/divorce)

창세기 2장 23-24절에 의하면, 확실히 결혼은 신성하고 아름다운 일이다.

"아담이 가로되 이는 내 뼈 중의 뼈요 살 중의 살이라 이것을 남자에게서 취하였은즉 여자라 칭하리라 하니라 이러므로 남자가 부모를 떠나 그 아내와 연합하여 둘이 한 몸을 이룰지로다"(창 2:23-24).

하나님은 남자를 창조하시고 그 후에 '아담의 뼈'로 여자를 창조하셨다. 하나님은 아담의 갈비뼈 중의 하나를 취하셨다(창 2:21-22). 갈비뼈는 히브리어로 '사람의 옆'을 의미한다. 그러므로 이브는 아담의 측면에서 취하여졌고, 이브는 다른 곳이 아닌 바로 아담의 옆에 속한다는 뜻이다. 이브는 아담의 곁에서 아담의 다른 반쪽으로 창조된 것이다.

그래서 신약성경에서는 이런 하나 됨에 대해서 강하게 주장한다.

"이러한즉 이제 둘이 아니요 한 몸이니 그러므로 하나님이 짝지어 주신 것을 사람이 나누지 못할지니라 하시니"(마 19:6).

하나님은 우리들에게 이렇게 당부하셨건만 결혼생활이란 녹록하지가 않다. 검은 머리 파뿌리가 되도록 사랑하고 동고동락하려고 맹세했건만 여러 해 동안 풍랑과 풍파를 지나면서 첫사랑과 약속은 희미해지고 결국은 다른 짝을 찾게 되는 경우가 허다하다. 세상 사람들이 이러할진대 목회자라고 예외는 아니다.

표3 목회자 통계(Statistics on Pastors)[14]

질문 내용 (Inquiry, 총 1,050명에게 질문)	응답한 목회자 수 (Number of Pastors Who Responded)	%
소진, 도덕적 실패 (Burnout or Moral Failure, Not Adultery)	1,050	100
불행한 결혼생활(Unhappy Marriage)	808	77
피로(Fatigue)	802	72
간음(Adultery)	315	30
영성 결함(Deficiency of Spirituality)	780	74

결혼생활을 유지하는 데 가장 중요한 요소는 사랑과 존경심이다. 남편과 아내에게 주는 교훈을 바울은 에베소서 5장 33절에서 말씀했다.

"그러나 너희도 각각 자기의 아내 사랑하기를 자기같이 하고 아내도 그 남편을 경외하라."

바울은 남편과 아내의 결혼생활에 필요한 요건을 말하고 있다. 그러나 어느 한쪽이 부정에 개입되어 있다면 사랑과 존경심은 깨어지게 된다. 존경심을 회복하기 힘들어진다. 그래서 결혼생활은 행복하지 못하게 된다(77%). 목회자 부부의 결혼생활은 모든 교인들의 모범이 되어야 하는데 결국은 갈라서는 경우가 된다.

2. 가족의 죽음/자살(Family death/suicide)

---

14) Richard J. Krejcir, "목회자들에 대한 통계수치들," 쉐퍼 연구소(Schaeffer Institute), 2012년 2월 22일. http://www.truespirituality.net/

어느 누구에게나 가족 가운데 한 사람을 잃는다는 것은 매우 슬픈 일이다. 이 예는 매우 드문 경우일 수 있다. 새들백 교회(Saddleback Church & Rick Warren)는 캘리포니아 로스앤젤레스에서 남쪽 방향으로 100마일 정도 떨어진 새들백 지역인 레이크 포레스트 시에 위치하고 있다. 새들백 교회 릭 워렌 목사의 막내아들 매튜 워렌(당시 27세)이 정신질환으로 자살했다. 릭 워렌 목사는 아들의 죽음을 이메일로 교회에 알렸다고 한다. 그는 아주 가까운 지인들은 아들 매튜 워렌이 태어날 때부터 정신질환을 앓았으며 우울증과 자살 충동에 시달렸다는 것을 알고 있었다며, "미국 최고의 의사들과 의료진들, 상담가들의 도움과 치유를 위한 기도에도 불구하고, 정신질환의 고통은 결코 가라앉지 않았다"고 말했다.

사랑하는 자식을 갑자기 먼저 보내고 그 무너지는 가슴은 그 부모만이 알 것이다. 부모는 죽으면 땅에 묻지만 자식은 죽으면 가슴에 묻는다는 말로도 부족할 만큼 괴롭고 힘들 것이다. 그 놀라움과 충격과 아픔은 이루 말할 수 없을 것이다. 릭 워렌 목사가 슬픔을 잊는다는 것은 거의 불가능한 일이라고 생각한다. 그도 목사이기 전에 한 아이의 아버지요 인간이기 때문이다.

3. 지속적인 아픔과 병(Terminal illness)[15]

이 항목에서는 몇 년 전 하나님의 부르심을 받은 하용조 목사님에 대하여 서술하지 않을 수 없다. 사역하며 병마와 싸우느라 인간적으로 얼마나 힘이 들었을까?

하용조(河用祚, 1946년 9월 20일~2011년 8월 2일)는 대한예수교장로회(통합) 소속의 대형 교회인 온누리교회의 담임목사로, 건국대학교(B.A.)와 장로회신학대학교 신학대학원(M.Div.)을 졸업했다. 또한 미국 트리니티 복음주의 신학대학원을 비롯한 몇몇 대학에서 명예박사

---

15) http://ko.wikipedia.org/wiki/

학위를 수여받기도 하였다. 한국 독립 교회 및 선교단체 연합회의 병설 신학교인 횃불 트리니티 신학대학원 대학교의 총장을 겸임하였다. 또한 기독교출판사 두란노서원의 원장 직책을 맡아 활동하였다. 그는 2011년 8월 2일 오전 8시 40분, 향년 66세에 뇌출혈로 사망하였다.

그의 병력을 살펴보자. 그는 대학교 3학년 때 처음 앓기 시작한 폐결핵을 시작으로 당뇨, 고혈압 등 평상시에도 건강이 안 좋았으며, 2000년대 중반 이후에는 신부전증이 악화되어 1주일에 네 번씩 투석을 할 정도였다. 간염으로 시작된 간질환은 간암으로 발전하여 간암 수술을 일곱 차례에 걸쳐서 받았다.

그의 사역은 또 어떠했는가. 1946년 평안북도 진남포에서 하대학의 아들로 태어난 하용조 목사는 한국전쟁을 통해 경기도 이천을 거쳐 전라남도 목포까지 피난을 간 실향민이다. 유소년 시절을 목포에서 지낸 그는 대광고를 거쳐 건국대에 진학한 뒤 한국대학생선교회(CCC)에 들어갔고, 고 김준곤 목사의 지도 아래 고 옥한흠 목사(사랑의교회), 홍정길 목사(남서울은혜교회), 이동원 목사(지구촌교회) 등과 함께 영성 훈련을 받았다. 이후 7년간 CCC 간사로 활동했으며, 1972년 장로회신학대학에서 공부하고, 1976년 목사 안수를 받았다.

목사 안수 이전부터 섬기던 마포교회의 장로인 김경태 PD의 도움으로 가수 윤복희, 코미디언 구봉서 등과 함께 연예인교회를 개척하고 부흥시켰지만 연예인교회 성전을 완공할 무렵 지병인 간경화가 재발해 교회를 사임하고, 치료와 휴식을 위해 1980년 영국으로 떠났다. 1984년 영국에서 돌아온 하용조 목사는 1985년 서울 용산구 서빙고동에 온누리교회를 설립했다.

4. 지진(Earthquake)

2015년 현재 이곳 로스앤젤레스(Los Angeles) 근교에는 30여만 명의 한국 교포들이 살고 있고, 1,500여 개의 교회가 있다. LA에는 지난 45

년간 세 번 정도 매우 큰 지진이 있었다.

1971년 2월 9일 아침에 산 페르난도에 지진(San Fernando earthquake)이 있었는데 보통 the Sylmar earthquake라 부른다. 이 지진은 M 6.5 크기의 지진이었고 5억(500million) 달러의 손해와 65명의 희생자를 냈다. 1994년 1월 7일에는 노스리지(Northridge) 지진이 발생하였고 M 6.7 크기였으며, 2억(200million) 달러의 손해와 60명의 인명 손실이 있었다. 고속도로(Freeway)가 내려앉았고, 주차 빌딩(Parking Structure)이 파손되고, 많은 사무실용 빌딩(office Building)과 엄청난 숫자의 아파트가 파괴되었다.

로스앤젤레스는 아니지만 교포들이 많이 살고 있는 샌프란시스코(San Francisco)에서 1906년 4월 18일에 발생한 M 7.7 크기의 지진은 초특급의 재앙이어서 3,000명의 인명 피해가 났다. 당시만 하더라도 한인들이 얼마나 그곳에 살았는지에 대한 데이터는 아직 없어서 기술할 수 없지만 엄청난 재앙임에 틀림없다.

이러한 재앙이 발생할 때마다 목회자들은 자신들의 권속들을 챙기기에 바빴다. 지진 발생 후에 도움을 요청하는 많은 교인들이 있었기에 LA 카운티(LA County)로부터 도움을 받는 일에 앞장서서 그들을 돕고, 어떻게 하면 도움을 받을지에 대한 세미나도 개최하였고, 특별 기도회를 하며 어느 하룻밤을 편하게 쉰 날이 없었던 기억이 난다. 단시일에 복구가 되고 단시간에 도움이 오는 일도 아니어서 많은 교인들이 오랫동안 아픔을 목회자들과 같이하였던 그날들을 기억하게 된다.

5. 사회적인 대재앙(Terrorism)

이곳 LA에서 1900년 이후 사는 교포들 대부분은 1992년 4월 29일에 있었던 4·29 폭동을 기억한다. 약 2,300여 개의 한인 업소가 화염에 휩싸이는 폭동의 직접적인 동기는 '로드니 킹'이라는 흑인이었다. 경찰의 음주운전 측정을 거부하고 달아나던 그는 백인 경찰들에게 붙잡혀 집단 곤봉 세례와 발길질을 당했으며, 이 장면이 비디오에 찍혔고, 흑인이 두들겨 맞는 장면이 TV에 여러 차례 방송되었다.

경찰들이 기소되었지만 정당한 공무 집행이었다면서 무죄 판결을 내리자, 울분을 참지 못한 흑인들이 거리로 뛰쳐나와 폭동을 일으키기 시작했다. 백인들에 대한 분노로 시작된 폭동이 일부 미국 언론들에 의해 흑인들을 무시하는 한인들로 인해 촉발된 것으로 오도되었고, 와전된 폭동은 한인들이 많이 영업을 하는 올림픽 가와 웨스턴 애비뉴(Western Avenue) 일대의 한인 업소에 대한 약탈과 방화로 이어졌다. 결국 한인 타운을 중심으로 LA를 불바다로 만든 폭동이 되고 말았다.

한인 타운의 상점들은 불에 타고 약탈되었으며 한인 청년이 폭도들의 총을 맞고 죽어갔다. 아메리칸 드림을 이루며 살던 많은 한인 동포들이 삶의 터전을 잃고 폭동 이후 미국 전역을 떠돌며 후유증에 시달렸고, 더러는 고국으로 역이민을 가기도 했으며, 신체적 정신적 고통에 시달려야만 했다.

이 폭동으로 해서 무려 58명이 희생되었으며, 2,300여 명이 중상을 당했고, 7억 8,500만 달러의 재산상 손실을 입었으며, 약 2,300여 개의 한인 업소들이 전소되거나 약탈당했다고 한다(〈한국일보〉, "4·29 폭동 20주년 교훈과 의의", 차형권 민주평통 하와이 자문위원, 2012-04-28).

6. 여러 가지 상해와 치명적 사고(세월호 사건)(Community-wide disasters)

세월호 침몰 사고와 같은 대형 참사는 영원히 다시는 발생해서는 안 되는 사건이다. 영원히 돌아오지 못하는 295명과 9명의 실종자들의 명복을 빌고 가족과 친지들의 아픈 마음을 같이하면서 곽제엽(Jeyup S. Kwaak) 님이 〈한국 월드스트리트〉 지에 기고한 내용을 이곳에 옮겨놓는다.

이 사고는 2014년 4월 16일 8시 48분경 대한민국 전라남도 진도군 조도면 부근 해상에서 청해진해운 소속의 인천발 제주행 연안 여객선 세월호가 전복되어 침몰한 사고이다. 2014년 4월 18일에 세월호는 완전히 침몰하였다. 이 사고로 탑승인원 476명 중 295명이 사망하고 9명이 실종되었다.

사고 1년 후

텅 빈 단원고 교실 내 책상 위에는 지난해 4월 발생했던 세월호 참사로 인해 희생된 학생들의 사진과 꽃다발이 여전히 놓여 있다. 이 사고로 목숨을 잃은 학생들은 모두 단원고 2학년생이었다. 75명의 학생만이 살아 돌아왔다. 최근, 수학여행을 가지 않아 세월호에 승선하지 않아 화를 면했던 13명의 학생 가운데 한 명이 텅 비어 있는 교실에 들어와 사망한 친구의 유품을 살펴보았다. 그 학생은 친구에 대한 기억이 문득 떠오른다며 그 친구가 보고 싶다고 말했다.

세월호 참사가 발생한 이후, 희생자들의 시신이 수습돼 비탄에 잠긴 가족들에게 인계되는 모습이 전국적으로 방영되었고, 온 나라는 깊은 슬픔에 잠겼다. 그러나 참사 1주기를 맞은 현재 대한민국은 여전히 사고를 잊고 새출발하고 재발을 방지하는 데 어려움을 겪고 있다.

지난달 세월호 참사 특별 조사위원회가 설립됐지만, 진상 규명 업무의 범위를 놓고 정치적 교착상태에 빠지면서 아직까지 진상 규명 작업을 개시하지 못한 상황이다. 아직까지 시신이 수습되지 않은 9명의 실종자에 대한 수색 작업은 지난해 11월 중단되었고, 세월호 선체(6,825톤) 인양에 대한 결정도 내려지지 않았다.

이처럼 진전이 더디자 희생자 유가족들은 분노했다. 유가족 가운데 많은 이들은 전면적인 조사가 미흡하다며 가두시위를 벌였다. 일부는 자신들의 결연한 의지를 표현하기 위해 삭발을 감행하기까지 했다.

세월호 참사로 전 국민이 입은 정신적인 충격과 정부의 대응 실패는 2005년 미 남동부를 강타했던 허리케인 카트리나에 대한 미 정부의 대응에 비유됐다. 참사 발생 후에 박근혜 대통령은 눈물을 흘리면서 사과하고 공공 안전을 대폭 강화하겠다고 공약했다. 그 후 규제 당국이 선박에 대한 관리 감독 및 긴급 재난 대응 절차를 강화했다. 안전 규정을 제대로 준수하지 않은 이들에 대한 처벌이 강화됐고, 구조 훈련이 보다 일상화됐다.

한 조사에 따르면 세월호 전복은 과적, 무리한 증축에 따른 복원력 저하 등 여러 안전 규정 위반이 맞물려 나타난 결과다. 세월호 운영 해운사 임직원 몇 명과 세월호 선장을 포함해 살아남은 승무원들에게는 업무상 과실에 따른 형이 선고됐고, 이들은 항소했다(By Jeyup S. Kwaak, 〈한국 월스트리트저널〉 2015년 5월 11일).

세월호 단상

2014년 4월 16일 진도 앞바다에서 발생한 세월호 침몰 사건은 우리 시대의 비극이다. 무엇보다 사건의 원인조차도 제대로 파악하지 못하고 있고, 인명 구조와 관련한 정부의 무책임한 행위에 대해서도 책임 소재가 정확하게 규명되지 못하고 있는 상황이 피해 가족과 국민들의 마음을 더욱 안타깝게 만들고 있다.

기독교인으로서 세월호 사건을 이해하려 할 때 겪는 어려움은 말로 다할 수 없다. 우리를 끊임없이 괴롭히는 질문은, 비극적인 사건을 하나님의 뜻으로 볼 수 있느냐 하는 것이다. 이런 질문이 드는 이유는, 몇몇 목회자들을 통해 세월호 사건이 하나님의 뜻이라는 의미의 발언을 들을 수 있었기 때문이다. 그들이 말한 내용은 좋게 이해해서 섭리 가운데 세상을 통치하시는 하나님을 말하는 것이라고 볼 수 있다.

그러나 사건 자체를 마치 하나님이 일으키신 것처럼 말하는 것은 오해를 사기에 충분하다. 이것은 신학적인 성찰이 부족한 발언이다. 왜냐하면 하나님의 뜻은 공의와 사랑에 있지 결코 불의한 사건을 일으키는 것에 있지 않기 때문이다. 불의한 사건은 하나님을 대적하는 인간이 탐욕을 부린 결과일 뿐이다. 하나님이 불의한 사건을 일으킨 주체라고 말할 수는 없다.

한편, 인간의 탐욕에 의해 일어난 사건을 하나님이 막지 않으신 것은 사실이다. 왜 그런지는 도무지 알 수 없다. 어쩌면 인간의 탐욕과 그 결과를 인간 스스로 볼 수 있게 하시려는 것일 수 있다. 모세가 태어날 당시에 애굽 왕 바로가 아이들을 죽인 것이나 예수께서 태어나실 때 헤롯 왕이 아이들을 죽인 것은 하나님의 뜻을 막으려는 인간의 욕망이 일으킨 결과이다. 막지 않으셨다고 해서 그것이 하나님의 뜻이라고 말하면 안 된다. 하나님의 뜻은 선한 의지에서 나오기 때문에, 이런 사건들이 하나님의 선한 의지에서 나왔다고 결코 말할 수 없다.

사건 자체를 막지 않으셨고 또한 세월호 안에 갇힌 아이들을 왜 구해내지 않으셨는지는 정말 알 수 없는 일이다. 이것을 설명하지 못해서 받는 비난을 굳이 피할 생각은 없다. 지혜와 통찰의 부족이니 단지 하나님의 위로를 기도할 수밖에 없다. 그러나 이런 상황에도 불구하고 우리의 믿음은 결코 흔들리지 않아야 한다.

여기서 기독교인이 명심해야 할 중요한 일이 있다. 하나님은 비록 인간의 탐욕 때문에 발생한 사건을 막지 않으셨으나, 하나님은 배 안에 갇혀 고통당하는 사람들과 그들을 잃은 유족들의 슬픔과 고통을 결코 외면하지 않으신다는 사실이다. 불의에 의한 희생, 그것은 십자가 사건이 환기하는 메시지이다. 그래서 우리는 고통당하는 사람들을 하나님이 외면하지 않으셨음을 믿을 뿐만 아니라 또한 주님이 그들과 함께 고통당하셨다고 믿는다. 왜냐하면 십자가에 대한 믿음 때문이다.

다시 말해서 예수 그리스도의 십자가 사건은 불의한 세력에 의해 희생당하는 사람들을 하나님이 결코 외면하시지 않음을 입증한다. 그리고 그들과 함께 고통당하셨음을 알게 한다. 이것이 예수 그리스도의 십자가 사건이 주는 깨달음이다.

하나님이 외면하시지 않는다는 사실이 오늘 우리에게 무슨 의미가 있을까? 세월호 안에 갇혀 있는 사람들은 더 이상 살아나지 못했고, 유족은 깊은 슬픔에 젖어 있을 뿐이다. 도대체 하나님이 고통받는 자들과 함께 계셨다는 사실은 무엇을 의미하는 것일까? 하나님은 결코 이 일을 일으키지 않으셨다는 확신이다. 하나님이 이 일을 일으키셨다면, 굳이 성자께서 그들과 함께 고통을 당하실 이유가 없다. 성자께서 함께 고통을 당하셨다는 사실은 이 일이 하나님의 뜻이 아니라는 것이다. 하나님은 결코 불의를 행하지 않으신다.

그러므로 이 사건을 계기로 인간의 탐욕이 어떠함을 알고 우리 자신도 예외적이지 않음을 돌아보며 회개해야 한다. 하나님의 공의와 사랑을 인정하고 받아들이며 세상 가운데 고통당하는 자들과 함께하면서 하나님의 공의와 시사랑을 나타내기 위해 애써야 한다. 비극적인 사건을 계기로 회개하고 또 새로운 삶을 결단하는 사람들에게 하나님은 위로하시고 또한 새로운 역사를 일으키실 것이다. 이 일을 하시는 분이 성령 하나님이시다. 깨닫는 자에게 성령 하나님의 역사가 일어나는 것이다. 그러나 이 사건에도 불구하고 여전히 탐욕에 사로잡혀 살아가고 여전히 불의한 세력으로 남아 있다면, 성령 하나님의 심판을 면하지 못할 것이다. 성령은 심판을 하기도 하시는 분이기 때문이다.

불의한 사건 자체를 두고 이것이 하나님의 뜻에 따라 일어났다고 보는 것은 너무 성급한 판단이며 또한 신학적인 판단에 있어서 오류이다. 욥의 고난을 보면서 인과응보의 관점에서 설명하려 했던 욥의 친구들을 생각해 본다. 그들은 결국 하나님에 대해 잘못 말했다는 책망을 들어야 했다. 이런 오류에 빠지지 않기 위해선 비극적인 사건을 만날 때, 사건과 관련해서 하나님을 말하는 일에서 우리는 조심해야 한다. 이해하고 싶은 사람들의 기대를 충족시키기 위해 성급하게 말하기보다 오히려 숨어 계신 하나님이 당신의 뜻을 분명하게 드러내시길 기대하면서 고통당하는 사람들과 함께하고 또 그들을 위로하는 일에 최선을 다해야 한다.

사건의 진실이 밝혀지도록 촉구해야 한다. 하나님은 불의한 사건을 일으키지 않으셨다. 오히려 불의한 사건 자체를 통해서 믿는 자들에게 공의와 사랑으로 살 것을 경고하는 하나님의 메시지로 받아들여야 한다. 기독교인은 슬픔을 당한 자들을 위로하고 또한 다시는 이런 일이 재발하지 않도록 하는 일에 최선을 다해야 할 것이다[최성수 / 하늘땅사람교회 담임목사. 서강대 철학과, 독일 본(Bonn) 대학교 신학석사·신학박사, 영화 및 문화 평론가, 시인, ssccl1963@hanmail.net 2015.01.23., http://www.ewsnjoy.or.kr/news/articleView.html].

7. 교내 총격 사건들(Large scale school incidents)

버지니아 공대 총기 난사 사건(Virginia Tech massacre)은 미국 버지니아 주 블랙스버그(Blacksburg)에 위치한 버지니아 공대(Virginia Polytechnic Institute and State University, 약칭 Virginia Tech) 캠퍼스에서 2007년 4월 16일 오전 7시 15분에서 9시 45분 사이(미국 현지 시간, 잠정) 벌어진 총기에 의한 살인 사건이다. 교내의 웨스트 앰블러 존스턴 기숙사(West Ambler Johnston Hall)와 노리스 홀(Norris Hall)에서 두 차례에 걸쳐 발생한 사건으로, 범인을 포함하여 33명이 총상에 의해 목숨을 잃었고 29명이 부상을 입었다. 이는 미국 역사상 최악의 총기 살인 사건으로 언급되고 있다.

이 사건의 범인은 재미 한국인 조승희로, 그는 범행 당시 대한민국 국적을 가진 미국 영주권자였으며 8세(만 7세) 때 미국에 이민을 간 이민 1.5세대였다. 그는 사건 당시 버지니아 공대에서 영어를 전공하는 4학년생으로 사건 직후 난사하던 총기로 자신의 얼굴을 쏴 자살하였다.

동기

현재까지는 사건의 동기에 대해서 여러 가지 추측이 나오고 있을 뿐, 구체적인 동기는 아직까지 파악하지 못했다고 미국 현지 경찰이 발표했다. 현장의 목격자들은 범인이 교실 문으로 누구를 찾듯이 두세 차례 들여다본 뒤 총을 난사했으며, 기숙사와 노리스 홀을 옮겨 다니며 범행을 저질렀다고 밝혔다. 이로 인해 누군가를 찾으려 했을 가능성이 제기되고 있다. 목격자들은 또 범인이 보이스카우트같이 이상한 차림을 했으며 아주 치밀하고 침착한 모습을 보였다고 전하고 있다. 그는 총격을 가하는 동안에도 '아주 조용했다'고 한 목격자는 전했으며, 한 차례 총격을 가한 뒤 얼마 후 뒤돌아와 다시 총을 난사하는 등 '아주 치밀한' 면모를 보였다고 다른 목격자는 말했다.

한편, 미국 연방수사국(FBI)과 버지니아 경찰서장은 4월 17일 최승현 주미대사관 워싱턴 지역 영사와의 면담에서 "버지니아 공대 총기 난사 사건의 동기는 치정이나 이성과 관련된 것으로 본다"는 입장을 밝혔다. ABC 방송에 따르면, 범인은 먼저 기숙사에서 2명을 살해하고 자기

방으로 돌아와 권총에 총탄을 장착한 뒤 "너 때문에 이 일을 저질렀다" (You caused me to do this)라는 내용의 노트 메모를 남겼다고 보도했다.

언론에 새로 밝혀진 내용은 다음과 같다. 치정에 의한 살인은 아니며, 일종의 정신병적인 살인이었다.

(1) 그는 자신을 영웅시했다.
"나는 모세처럼 바다를 가르고 나의 백성, 모든 시대의 연약하고 무방비인 어린이들을 이끈다."

(2) 세상을 증오했다.
"너 때문에 이 일을 저질렀다." 여기에서 '너'는 배신한 여자친구가 아니라 세상이었다. 그는 메르세데스 벤츠(Benz), 금목걸이, 보드카 등을 언급하며 쾌락주의에 빠진 사람들에 대한 적개심을 드러냈다. 버지니아 대 상담심리학자 듀이 코넬(Cornell)은 "이들은 자신이 상상한 타인의 모습과 실제 모습, 자신이 원하는 대우와 실제 받는 대우의 차이 같은 것을 통해 계속해서 우울감과 분노를 증폭시킨다. 결국, 자신과 타인과 세상을 한 번에 끝장내려 하는 심리 상태에 빠진다"라고 했다.

(3) 억눌린 자살 욕구를 가졌다.
성격장애와 살인범에 대한 전문가인 마이클 스톤(Stone) 박사는 "모욕당하고, 굴욕을 느끼고, 화가 나는데, 대화의 기술도 모자란 사람이 극단에 몰리면 자살 시도에서 살인 시도로 옮겨 가게 된다. 총격 사건 범인들의 궁극적 목표는 자살이다"라고 했다.

(4) '스승'을 찾으려고 했다.
조승희는 1999년의 미국 컬럼바인 고등학교 총기 난사 사건의 범인들을 '순교자'(martyr)로 표현했으며, 대학과 항공사를 잇달아 테러한 시어도어 카친스키(Kaczynsky)를 따라 한 것으로 보인다. 클린트 반 잔트(Zandt)

전(前) 미국 연방수사국(FBI) 분석관은 "그는 죽음 이후 자신의 생각이 세상에 알려지는 것을 '궁극적 승리'로 여겼을 것이다"라고 말했다.

(5) 다양한 무기를 동원했다.

범인은 탄창이 주렁주렁 달린 조끼를 입고 있었다. 공개된 사진에서 그는 야전용 나이프를 목에 가져다 대거나 망치를 든 모습도 보였다.

(6) 전문 킬러처럼 행동했다.

생존자들은 범인이 엄청난 양의 총탄을 쏟아냈으며, 감정의 변화를 보이지 않는 상태에서 시종 침착하게 범행을 진행했다고 말한다. 강의실 문을 열고 들어와 "안녕, 잘 지냈니?"(Hi, how are you?)라고 인사하는 것을 들었다거나, 심지어 '미소를 띠고 있었다'라는 증언도 잇따르고 있다. 로빈 코왈스키(Kowalski) 클램슨 대 심리학과 교수는 "범인 조승희는 매우 조직적이고 계산적으로 행동했다. 뭘 하고 싶은지 너무도 분명히 알고 있었다"라고 말했다(2015년 4월 19, 20일 〈조선일보〉 본문 인용, 재편집).

한국인들의 집단 자책감[16]

이 사건을 접한 현지 한인사회는 큰 충격에 빠졌다. 연합뉴스의 기사에 따르면, 한인사회는 이 사건으로 인하여 한국인의 이미지가 실추되지 않을지, 또한 현지 한인들에 대한 보복살인의 가능성이 있지 않을지 걱정하였다. 아울러 4월 19일 예정되었던 일본군 위안부 결의안 통과를 위한 로비 활동이 취소되었다. 혹시 한미 간의 사증 면제 프로그램(VWP)에 대한 악영향이 있지 않을까 걱정하는 사람들도 있었으며, 한편으로는 자녀교육에 대한 중요성을 일깨우고 한국 교민 사회가 자성하는 계기가 되어야 한다는 목소리도 있었다.

한국인들은 조승희가 한국인이라는 이유로 집단적으로 자책감을

---

16) http://ko.wikipedia.org/wiki

느꼈다. 하지만 미국의 지도층에서조차 "한국과는 무관한 일"이라며 전혀 신경 쓰지 않았고 조승희 한 개인의 문제로 인식하였다. 언론들도 "자책감은 삼가야 한다"고 지적했다. 그럼에도 불구하고 한인들은 이 사건의 피해자들을 위해 물품을 제공하였으며 피해자들을 위로하기 위해 노력했다. 〈LA 타임스〉는 "참사 직후 한인들이 촛불 예배를 여는 등의 과민 반응이 오히려 혼란을 야기하며, 심지어 어떤 면에서는 조롱거리가 되고 있다"고 지적했다. 이러한 한국인들의 집단 자책감은 문화적 차이에서 온 것으로 '극단적 집단주의'라는 비판도 존재했다.

총기 사건으로 본 미국[17]

미국에서는 총격에 피살되는 사람만 해도 하루에 24명씩 발생해 연간 1만 명 안팎을 기록하고 있다. FBI의 통계에 따르면 총격 피살자들은 2005년부터 2007년까지는 매년 1만 명 이상, 2008년과 2009년에는 9,500명과 9,000명 이상을 기록했다가 2010년에는 8,775명으로 약간 줄었다. 그래도 하루에 24명씩이나 총에 맞아 목숨을 잃는 비극이 끝없이 지속되고 있는 것이다. 게다가 오발과 자살자까지 포함하면 총기 폭력 사망자는 매일 95명씩, 한 해에 3만 5천 명에 달하고 있다.

미국의 총기 폭력 피해자는 인구 10만 명당 5.5명꼴로 계산돼 어느 선진국보다 높은 것으로 나타났다. 미국에 비해 독일은 10만 명당 1.1명, 영국은 1.4명, 프랑스는 1.6명, 이웃 캐나다는 1.9명에 불과한 것으로 집계됐다. 미국 내에는 현재 3억 정의 총기들이 범람해 있는 것으로 추산된다. 이는 미 국민들 10가구 중에서 거의 4가구(37%)가 총기를 소지하고 있다는 수치이다. 미국 시장에는 한 해에 평균 350만 정의 각종 총기들이 쏟아져 나와 매매되고 있다.

그럼에도 미국에서는 총기 소유권이 수정헌법 2조에 권한의 하나로 규정돼 있고 연방 차원의 총기 규제는 거의 성공하지 못하고 있는 데다

---

17) http://wktvusa.com

가, 그나마 있는 총기 규제 조치도 허술해 총기 폭력을 막아내지 못한 다고 지적받고 있다. 총기 비극이 벌어질 때마다 워싱턴 연방의회나 지역의회에서는 총기 규제법이 고개를 들지만 반대로 총기를 더 많이 보유해 자신을 지켜야 한다는 목소리에 묻히고 있다. 미국의 총기 비극은 멈추지 않을 것임을 예고해 주고 있다.

8. 건강치 못한 아이의 출산(Birth of special needs child)

내 주변에는 건강치 못한 아이를 기르는 분들이 너무나 많다. 강의를 하면서 이러한 내용을 접하게 되어 신경을 써서 그런지는 모르겠으나 지체장애 자녀를 키우는 분들이 많다. 가끔씩 부모들은 어떻게 지체 부자유 아동을 키우고 있는가를 생각하게 된다. 어쩌다 장애를 가진 아이가 태어났을까를 생각하면서, 우리의 심금을 울리는 김신애 씨의 이야기를 옮긴다.

"엄마라는 사실 감사하며 산다" - 기적의 주인공 김신애 씨[18]
지난해 2월 급성패혈증 발병, 임신 4개월 된 태아 사산, 괴사로 인한 수술로 두 손과 두 발 절단, 5개월간의 대수술 끝에 죽음의 문턱에서 살아 돌아온 '기적의 주인공' 김신애(31) 씨의 이야기다. 한인사회의 응원과 후원 끝에 고통을 극복하고 김 씨가 퇴원한 지 어느새 1년이 됐다. 그러나 김신애 씨 가족에게는 올해 초 다시 한 번의 청천벽력과 같은 선고가 있었다. 김 씨 부부의 외아들인 백세인(3) 군이 지난 1월 뇌성마비 판정을 받은 것이다.
김 씨 부부는 올해 초 세인 군의 왼손이 약하다고 느끼고 병원을 찾았다. 병원에서는 MRI를 찍어 보자고 했다. 김신애 씨는 덜컥 겁이 났다. 자신에 이어 아들까지 병이 있을지도 모른다는 두려움 때문이었다. 그

---

18) 권순우, "엄마라는 사실 감사하며 산다", 〈중앙일보〉, 2015년 5월 8일.
http://www.koreadaily.com/news/read.asp?art_id=3366865

는 "MRI를 찍으러 들어가는 아들의 뒷모습을 보며 울음을 참을 수 없었다"고 말했다. 검사 결과 세인 군은 경미한 뇌성마비를 앓고 있었다. 의사는 "태어날 때 우뇌가 손상돼 왼쪽 팔과 다리에 마비 증상이 있다"고 설명했다. "왜 우리에게만 이런 일이 일어나······." 김 씨 부부의 입에서 절로 나온 외침이었다.

김 씨는 "나도 몸이 많이 불편한데, 아이도 몸이 불편하면 내가 많이 도와주지 못할 텐데······. 어쩌나 싶은 마음에 눈물부터 났다. 하나님도 원망스러웠다"고 말했다. 김 씨의 남편 백성인 씨는 "평소에도 세인이가 왼손이 좀 약하다고 생각했지만, 어머니 투병에 따른 것이라고 생각했다. 하지만 병원에서 뇌성마비 진단을 받고나서는 심적으로 참 힘들었다"고 담담하게 말했다. 두 부부는 절망스러웠다. 아들의 아픔이 자신의 탓인 것만 같았다. 그러나 포기할 수는 없었다. 아들을 더욱 사랑하고 보살피는 일이 그저 할 수 있는 일이라고 생각했다. 김 씨 부부는 그래서 더욱 힘을 내기로 했다고 말했다.

김신애 씨 가족은 작은 희망도 놓지 않기로 했다. 백 씨에 따르면 세인 군의 뇌성마비는 6단계 가운데 가장 경미한 1단계 수준이다. 백성인 씨는 "일단 지능 발달에 큰 문제가 없다고 한다. 상태도 악화되지 않고 있다"면서도 "앞으로 세인이가 운동을 활발하게 하기는 쉽지 않을 것 같다"고 말했다.

김 씨 가족은 다시 일어서고 있다. 김신애 씨는 현재 절단된 팔에 최신형 의수를 착용하고 재활에 전념하고 있다. 조지아텍 의공학과 롭 키스텐버그 교수의 도움으로 조지아 프로스데틱스라는 업체로부터 고가의 의수를 받았다. 아들 세인 군도 왼손과 왼발의 물리치료와 재활치료를 병행하고 있다. 신학교 재학 중인 남편 백성인 씨는 졸업을 앞두고 있다.

김신애 씨는 "하나님이 주신 새 삶을 생각하면서, 세인이의 엄마로 세상에 있다는 사실에 감사하기로 했다"며 "아픈 엄마의 모습을 같은 눈으로 바라봐 주는 아들에게 늘 고맙다"고 말했다. 그는 이어 "아들을

더욱 잘 보살펴야겠다는 마음으로 하루하루를 살고 있다"며 "아낌없이
돕고 기도해 주시는 분들을 위해서도 다시 한 번 감사하는 마음으로
살아가겠다"고 말했다(권순우 기자).

그러면 하나님은 성경에서 우리에게 지체 부자유함에 대하여 무슨 말씀을 하시는지 찾아보자.

지체 부자유에 대한 하나님의 말씀
요한복음 9장 2절의 말씀이다.

"제자들이 물어 가로되 랍비여 이 사람이 소경으로 난 것이 뉘 죄로 인함이오니이까 자기오니이까 그 부모오니이까."

요한복음 9장을 보면 예수님의 제자들이 장애인들에 대한 모욕적인 말을 하고 있는 것을 발견하게 된다. 요한복음 9장 1절에 "예수께서 길 가실 때에 날 때부터 소경 된 사람을 보신지라"고 한다. 그때 예수님과 함께 동행하고 있는 제자들이 예수님께 말을 건넨다.
제자들의 편견에 관해서 예수님께서 즉시 답변해 주신 말씀이 요한복음 9장 3절에 기록되어 있다.

"예수께서 대답하시되 이 사람이나 그 부모가 죄를 범한 것이 아니라 그에게서 하나님의 하시는 일을 나타내고자 하심이니라"(요 9:3).

우리들은 예수님께서 답변한 말씀을 통해서, 무슨 의도로 주신 말씀인가를 주의 깊게 살펴야 한다.
'그에게서 하나님의 하시는 일을 나타내고자 하심이니라.' 왜 태어나면서부터 소경이었다고 하시는가? 본인의 죄도 아니요, 부모의 죄도 아니라 무엇 때문이라고 하시는가? 그 소경에게서 하나님의 하시는 일 때

문이라고 하신다. 그러면 여기서 태어나면서부터 소경이 된 자에게서 보여주신 '하나님의 일'이란 무엇인가? 그 답을 예수님께서 말씀해 주셨다.

> "때가 아직 낮이매 나를 보내신 이의 일을 우리가 하여야 하리라 밤이 오리니 그때는 아무도 일할 수 없느니라 내가 세상에 있는 동안에는 세상의 빛이로라"
> (요 9:4-5).

4절에 '나를 보내신 이의 일'이란 '하나님의 일'이다. 예수님께서 이제 이 '하나님의 일'을 해야 한다고 하신다. 밤이 곧 올 터인데 그때는 아무도 일을 할 수 없다. 그러나 예수님이 계신 동안은 낮이다. 예수님이 세상의 빛이다. 세상의 빛과 구원자로 오신 예수 그리스도는 하나님의 아들로서 하나님의 일을 하러 오셨다. 예수 그리스도의 복음이 선포되는 것이 곧 하나님의 일이다.

소경을 통해서 하나님의 일을 보여주고 계시는데, 예수님이야말로 구약이 예언하고 있는 하나님의 아들이라는 것이다. 그래서 예수님은 하나님의 일을 위해서 오셨다. 그 하나님의 일이란 하나님의 택하신 백성들에게 믿음을 주기 위한 것이다. 그래서 요한복음 9장 38절에서 고침 받은 소경이 "주여 내가 믿나이다 하고 절하는지라"고 했다. 하나님의 일을 소경에게서 나타내셨다.

요한복음 9장에서 태어나면서부터 소경 된 자가 누구를 만남으로 인생이 바뀌었는가? 예수님을 만남으로 가능했다. 문제는 1절을 보면 소경이 예수님을 찾아온 것이 아니라 예수님이 그 소경을 먼저 보셨고 찾아와 주셨다는 사실이다. 그렇다. 하나님께서 우리들에게 먼저 찾아와 주셨다. 절망하고 낙심하고 있을 때 우리 주님은 우리들에게 찾아와 주셔서 이렇게 말씀하신다.

> "수고하고 무거운 짐 진 자들아 다 내게로 오라 내가 너희를 쉬게 하리라"
> (마 11:28).

목회자가 직면하고 있는 위험들
(Hazards of the Ministry)

메디나 침례교회(Medinah Baptist church)에서 시무하고 있는(2014년 5월 현재) 크레이그 자비스(Craig Jarvis) 목사님이 조사한 "목회자가 직면하고 있는 위험들"을 인용한다. 다음과 같은 통계 자료가 오랫동안 변화가 없다는 것은 놀랄 만한 사실이다. 하나님 나라 확장을 위하여 몸 바쳐 사역하는 많은 목회자들이 이러한 위험성을 안고 산다는 사실은 정말로 가슴 아프고 놀라운 일이다.

- 현재 사역하고 있는 목회자의 80%가 목회자로서의 역할에 낙담하고 있다.
- 현재 사역하고 있는 목회자의 40%가 목회자의 자리를 3개월 내에 사임을 고려하고 있다.
- 목회자의 50%가 성도들이 원하고 바라는 요구에 만족감을 주지 못하고 있고, 될 수 있으면 목회자의 자리를 사임하고자 한다.
- 목회자의 25%가 자의든 타의든 한 번쯤은 사직을 강요받았거나 면직을 받은 경험이 있다.
- 목회자의 45%가 사역에서 소진되거나 우울증세로 휴가를 받은 경험이 있다.

스토니어 박사(Dr. Stonier)의 조사 결과를 살펴보자.

- 목회자의 70%가 하루에 겨우 7시간 미만의 수면을 취하고 있다.
- 목회자는 매주 50~60시간을 근무한다.

- 목회자의 80%는 교회 사역이 가정에는 부정적으로 영향을 끼친다고 믿는다.
- 목회자의 67%는 주일에 한 번 혹은 전혀 운동을 못한다.
- 목회자의 75%는 밀려오는 스트레스가 매우 심각하다고 느낀다.
- 목회자의 40%는 최소한 한 달에 한 번은 교인들과의 심각한 의견 충돌을 실감한다.
- 목회자의 50%는 자신이 목회자로서의 직종에서 요구되는 사항에 부족함을 느낀다.
- 목회자의 90%는 목회자들이 목회에 요구되는 필요한 사항에 대하여 훈련이 부적절하게 되어 있다.
- 목회자의 70%는 매우 가까운 친구는 한 사람도 없다고 느낀다.
- 목회자의 37%가 같은 교회 내에서 교인과의 부적절한 성적인 관계를 유지하고 있다.
- 목회자의 70%는 목회를 시작한 후에 자신에 대한 자존감이 매우 낮다고 믿고 있다.

목회자들이 이러한 어려움에 직면하고 있는 것이 처음 있는 일은 아니겠지만, 현실적인 수치로 접한 독자들이, 자신이 참석하고 있는 교회의 목회자를 어떻게 생각할까 하는 것이 매우 궁금하다.

아무리 하나님의 소명을 받고 목회를 하고 있지만 그들도 역시 인간이다. 그들도 쉼이 필요하고, 즐거움을 가질 자격이 있다. 그들도 휴가를 가야 하고, 인생을 즐길 자격이 있는 한 인간이며, 한 가정의 가장이다.

목회자는 하나님의 소명의식을 가지고 하나님 나라를 확장하는 의무를 가진 것은 말할 나위 없지만 시시때때로 마귀들과 사투를 영적으로 벌이는 자리에 놓여 있다. 더군다나 성도들로부터 오는 중압감, 충분치 못한 수면, 항상 해야 하는 설교 준비에서 오는 중압감 등등 말할 수 없는 심각한 현실에 매일 매일 직면하고 있다.

과연 목회자들에게 어떠한 위로를 해야 하는가?

인간들로부터 오는 위로는 뒤로하고 하나님은 목회자들에게 다음과 같은 직무 수행 명령을 하신다. 아무리 처절한 입장에 직면해 있더라도 낙망하지 말고 복음 전파에 더욱 힘쓰라 하신다. 그러면서 디모데후서 4장 1-8절의 말씀을 주신다.

1, 2절에서는 목회자에게 2대 직무로서 복음 전파와 성도들에 대한 신앙 교육 직무를 힘써 수행할 것을 명하고 있다. 목회자로서 어떠한 어려움이 닥쳐오더라도 낙망치 말고 복음 전파에 더욱 힘쓰며 일생을 전도자로서 선한 싸움을 싸워온 바울 자신의 삶을 회고하면서, 모든 목회자들에게 틀림없이 하나님께서 주시는 천국의 면류관이 주어질 것임을 확실히 언급하고 있다.

목회자들은 자신의 생명이 다하기까지 주께서 맡기신 지상 명령(the Great Commission)을 수행하고 주의 복음의 말씀으로 다른 사람들을 교육해야 할 사명(마 28:19-20) 수행에 최선을 다함으로써 하나님 나라 확장이 속히 이루어지고 궁극적으로 천국이 완전히 도래할 수 있게 해야 한다.

목회자 성격의 유형들
(Clergy Personality Profiles)

성격의 정의[19]

사람들은 성격에 대해 말하기 좋아하면서도 정작 '성격이 무엇인가?' 하고 물으면 어물쩍거리기 일쑤다. 이제 우리는 이 사람의 성격이 어떻고, 저 사람 성격은 어떠하니 어떻게 행동할 것이라고 말하기 전에 성격이란 무엇인지에 대한 정확한 정의부터 알아야 할 것이다.

성격에 대한 정의는 다양하다.

가령 성격을 연구하는 학자가 성격의 내적 요소에 초점을 맞출 경우 성격이란 '한 인간이 선천적으로 가지는 정신적, 정서적, 사회적 특질의 동일체'라고 정의할 수 있다. 이와는 달리 외적 요소에 초점을 맞출 경우 성격이란 '사회 속에서 이루어지는 개인의 조직화된 행동 패턴'이라고 정의할 수 있다. 이러한 정의와는 달리 사람마다 다른 성격의 독특성, 즉 개인차에 초점을 맞춘다면 성격이란 '다른 사람과 구분되는 독특한 특성'이라고 정의할 수도 있다. 그리고 시간과 상황의 변화에도 불구하고 변하지 않는 성격의 안정성에 초점을 맞춘다면 '비교적 일관된 개인의 심리사회적 특성'이라고 정의할 수 있을 것이다.

성격은 어떻게 결정되는가

성격은 선천적으로 어느 정도 결정되지만 최종적으로 어떤 성격을 갖느냐 하는 것은 사회라는 테두리 안에서 어떤 환경을 경험하느냐에 달려 있는 것이다.

---

19) http://www.aistudy.com/psychology/personality.htm

선천적 요소란 주로 생물학적인 요인을 말한다. 유전, 부모, 체형과 같은 요소들로 특성과 기질 같은 내적 요소가 관련된다. 성격을 결정하는 선천적 요소의 증거는 주로 쌍생아 연구에 근거하고 있다. 정서성, 활동성, 사교성 등과 같은 다양한 성격 차원을 연구한 결과를 보면 일란성 쌍생아의 경우 60% 정도 일치했다. 이에 비해 이란성 쌍생아의 경우에는 0~20% 정도만 일치했다.

후천적 요소란 다양한 사회문화적 영향, 가정환경, 부모의 성격, 교육 등과 같은 환경적 요인들을 말한다. 후천적 요소에는 앞서 사람을 사람답게 만드는 데 필요한 요소인 사회적 요소도 포함된다. 성격을 결정하는 후천적 요소의 증거는 일란성 쌍생아라도 같은 환경에서 자란 경우의 성격 일치율이 다른 환경에서 자란 쌍생아의 성격 일치율보다 두 배 이상이나 높다는 연구들에 근거하고 있다.

이는 성격을 결정하는 데 있어서 선천적인 요소도 중요하지만 후천적인 요소도 중요하다는 사실을 보여준다. 심리학은 성격을 결정하는 데 있어서 선천적 요소를 무시하지는 않지만 그보다 후천적인 환경 요소를 더 강조하고 있다. 사람의 성격을 결정하는 요소와 결정 방식을 공식으로 나타내면 다음과 같다.

성격 = f(H·E)

※ f는 함수, H는 유전, E는 환경

(이 관계에서는 어느 한쪽이 0이면 모든 값이 0이 됨)

스토니어 박사(Dr. Stonier)가 강의록에 제시한 10개의 목회자 성격의 유형이 김태형이 발표한 성격 분류 16가지 중 어디에 속해 있는지를 보았다.[20]

---

20) Sourses: http://www.artnstudy.com

김태형[21]이 http://www.artnstudy.com에 발표한 "심리학 마음을 디자인한다"에서 16가지 성격 분류에 의하면, 사람은 내향(I)-외향(E), 감각(S)-직관(N), 감정(F)-사고(T), 계획(J)-즉흥(P)이라는 대비되는 유형들 중에서 한 가지씩을 가질 수 있다고 말하고 있다.

	성격	별명	기본 특징	건강	불건강
사람 지향주의 (People oriented)	ISFJ	봉사자	동정심, 인내심, 따뜻함, 성실성, 겸손함	헌신적이고 희생적인 봉사자	궁상맞게 당하며 사는 사람
확언이 필요함 (High need for affirmation)	ISTJ	모범생	꼼꼼함, 정확성, 논리성, 성실함, 무미건조함	신뢰할 수 있는 성실한 일꾼	고지식하고 지루한 사람
전적으로 헌신함 (Highly dedicated)	ISFJ	봉사자	동정심, 인내심, 따뜻함, 성실성, 겸손함	헌신적이고 희생적인 봉사자	궁상맞게 당하며 사는 사람
섬기는 데 몰입 (Service oriented)	ISFJ	봉사자	동정심, 인내심, 따뜻함, 성실성, 겸손함	헌신적이고 희생적인 봉사자	궁상맞게 당하며 사는 사람
무료함을 쉽게 느끼는 사람 (Easily bored)	INFP	몽상가	의미를 찾아서, 상상력, 공감능력, 단기간의 몰입, 다양한 관심, 유약성, 비현실성	자기 세계를 추구하는 사람	끝내 현실에 발을 못 붙이는 사람
항상 필요함을 느끼는 사람 (Need to be needed)	INFJ	순교자	의미를 찾아서, 진지함, 성실함, 공감능력, 몰입, 열정, 이타성, 정신적 지도력	윤리적, 정신적 지도자	세상으로부터 도망친 은둔자
거절을 못함 (Difficulty say "no")	ESFJ	인심 좋은 주인장	활동성, 사교성, 예의, 매너, 친절함, 배려심, 정서적	타인을 위할 줄 아는 친절한 사람 (영업왕)	조화 속의 불의를 택하는 겁쟁이

---

21) 김태형: 심리학자. 고려대학교 심리학과를 졸업하고 동 대학원에서 임상심리학을 공부했다. 연구, 집필, 교육, 강의 활동 등을 통해 심리학 연구 성과를 사회에 소개해 왔다. 심리학에 관심 있는 사람들을 위하여 만든 장 http://cafe.naver.com/psykimcafe에서 김태형을 더 가까이 만날 수 있다.

성격		별 명	기본 특징	건 강	불 건강
관리인 같은 성품 (Caretakers)	ENFJ	지도자	활동성, 열정, 생동감, 창의력, 정서적 리더십, 실천력, 온화함, 공감 능력	따뜻하고 열정적인 교육자	과다한 상상 속의 행동가
가족 중심 (Family oriented)	ESFJ	인심 좋은 주인장	활동성, 사교성, 예의, 매너, 친절함, 배려심, 정서적	타인을 위할 줄 아는 친절한 사람 (영업왕)	조화 속의 불의를 택하는 겁쟁이
내성이 강한 (High tolerance for stress)	INTF	전략가	이론능력, 전략 수립 능력, 강인성, 불굴의 의지, 단호함, 실천력	뛰어난 이론가, 전략가	위험한 고집불통

    목회자들의 성품 유형에 의하면, 목회자들은 매우 다양한 성품을 소유하고 있다. 어느 성품이 목회에 가장 적합하다든지 어떤 성품을 가져야 한다든지 하는 결정은 또 다른 문제이다. 성경에서 말하는 목회자의 자질은 디모데전서 3장 1-7절에 나와 있는 13가지를 들 수 있다.

제2부

사역의
도전들
(Ministry Challenges)

사역으로부터의 도전들 I:
한인 목회자 중심(Ministry Challenges I)

어떤 공동체에서 사역하는가(공동체의 종류), 어디에 있는 공동체인가(공동체의 위치)에 따라 사역장으로부터 사역자에게 오는 도전이 다를 수 있다. 예를 들어 한인 목회자가 서울에서 목회할 때와 이곳 LA에서 한인들을 상대로 목회할 때에 받는 도전들은 조금씩 다를 수 있다. 또한 목회자의 인종에 따라서도 도전이 확연히 다를 것이다. 이를 그룹으로 나누어 생각한다면 그 도전들이 좀 더 확연히 구분된다.

예를 들어 한국 목회자가 이곳 LA에서 사역하고 있다면 다음과 같은 도전들이 있을 수 있다.

1) 설교 준비에서 오는 도전들

목회자에게 주어진 시간은 누구에게나 똑같이 24시간이다. 일주일에 해야 하는 설교 횟수를 세어 본다면, 주일예배 설교 3회(3부 예배까지 있다는 가정), 수요예배 설교 1회, 새벽기도회 설교 6회 등 10회이다. 여기에 생일, 결혼, 장례 등등 경조사까지 합하면 최소 15번 정도 설교를 해야 한다. 그러므로 설교를 하는 데 어마어마한 시간과 노력을 하지 않으면 무능한 사역자로 낙인찍힌다. 설교도 아무렇게나 하는 것이 아니요 하나님의 말씀을 전달하되, 성도들이 감화를 받아 매 설교마다 하나님을 만나는 장을 만들어야 한다는 중압감은 엄청나다.

2) 언어 장벽

이곳 LA에서 목회하는 목회자들은 서울에서 대학과 신학을 전공한 분들이 대다수이다. 한국에서 배운 영어인데다, 미국인들과는 접촉이 많지 않은 데서 오는 영어의 미숙함은 자라나는 2세들과의 대화도 제한되게 만든다. 그래서 하나님 말씀을 영어로 그들에게 전달한다는 것은 거의 불가능하다.

3) 교인들과의 관계성

이곳 이민 생활은 누구나 바쁘고 고단하다. 또한 많은 스트레스가 쌓인다. 성도들의 생활이 영세성을 벗어나지 못한 채 소규모의 사업장(small business)을 운영하며, 주일에도 상가를 열어야 하는 어려운 환경에서 생활한다. 완전한 성수주일에 어긋나는 것을 알면서도 목회자는 주일에 상가를 닫도록 권할 수 없는 어려움이 있다. 목회자는 그들의 생활을 잘 영위하도록 위로하며 주일을 지키도록 돕기 위해 1부 예배를 십분 활용한다. 일찍 1부 예배를 드리고 일터로 갈 수 있도록 배려하는 것이다.

4) 인성, 지성, 그리고 영성

표4 바람직한 목회자의 자질(Desirable Qualifications of a Minister)[22]

응답(Answer)	(%)
깊은 영성(Deep spirituality)	33.4
훌륭한 인격과 품성(Good personality and character)	24.3
성도 관리와 돌봄(Management and care for church members)	14.9
훌륭한 설교(Good sermons)	12.2

위의 표에서 보는 바와 같이 성도들이 목회자에게 요구하는 사항은 인성과 지성과 영성이다.

---

22) 교회성장연구소(소장 홍영기)는 2003년 7월부터 3개월 동안 서울, 부산, 인천, 대구, 대전, 광주, 울산, 경기, 강원 지역의 만 18세 이상 개신교인 1,088명을 대상으로 1대 1 개별 면접을 통해 '교인 수평 이동' 현황에 대해 조사했다. 조사 결과 성도들의 수평 이동을 확인했으며, 목회자의 자질 문제가 교회를 옮기는 중요한 이유인 것으로 드러났다.

인성은 어떻게 하면 변화를 일으킬 수 있을까?

"내가 그리스도와 함께 십자가에 못 박혔나니 그런즉 이제는 내가 산 것이 아니요 오직 내 안에 그리스도께서 사신 것이라 이제 내가 육체 가운데 사는 것은 나를 사랑하사 나를 위하여 자기 몸을 버리신 하나님의 아들을 믿는 믿음 안에서 사는 것이라"(갈 2:20).

갈라디아서 2장 20절 말씀을 통해 알 수 있다.

'내가 그리스도와 함께 십자가에 못 박혔나니'는 우리 인간들을 구원하시기 위해서 율법의 요구대로 십자가의 고난을 감당하신 예수님을 자기 구주로 영접했다는 의미이다. '그런즉 이제는 내가 산 것이 아니요 오직 내 안에 그리스도께서 사신 것이라'의 의미는 내가 그리스도와 함께 십자가에 못 박힌 결과이며 그리스도인의 거듭난 생활을 율법으로부터의 자유함 얻은 바울이 그리스도와 인격적으로 일치하고 있다는 것이다. '이제 내가 육체 가운데 사는 것은 나를 사랑하사 나를 위하여 자기 몸을 버리신 하나님의 아들을 믿는 믿음 안에서 사는 것이라'는 바울 자신의 삶의 목적을 뚜렷하게 말하고 있다. 자기를 위해 십자가에 돌아가신 그리스도를 위해 산다는 뜻이다. 하나님 말씀대로 살고 하나님의 영광을 위해 산다는 의미가 되겠다.

이러한 삶을 살아가는 목회자는 반드시 그의 인성이 그리스도와 일치할 것이다.

에리히 프롬(Erich Fromm)[23]은 목회자는 먼저 '무엇이 되어야 하는'(to be) 것이 중요하다고 말한다. '무엇을 행하는'(to do) 것보다 어떤 존재가 되느냐 하는 인격적인 완전이야말로 목회의 기초가 된다고 말하고 있

---

[23] Erich Fromm, *To Have or to Be?*(New York: Bloomsbury Academic, 2013). 에리히 셀리그만 프롬(Erich Seligmann Fromm, 1900년 3월 23일~1980년 3월 18일)은 세계적으로 유명한 유대인 독일계 미국인 사회심리학자이면서 정신분석학자, 인문주의 철학자이다. 비판이론 영역의 프랑크푸르트 학파에서 활동하였다.

다. 인격이란 '행하는 것'과 '가르치는 것'보다 더욱 중요한 조건이 된다.

또한 다간(E. C. Dargan)은 영국 청교도의 지도자였던 리처드 박스터에 대해 "박스터가 전형적인 지도자가 된 것은 지성이나 혹은 학문적 탁월성이라기보다 오히려 덕스러운 그의 인격에 의한 것이다"라고 평했다. 이와 같이 교회 생활에서 그 영향력의 근거는 목회자의 인격이며 덕 있는 생활이라고 할 수 있다.[24]

지성에 대한 하나님의 말씀

목회자는 하나님의 말씀을 전달하는 메신저이다. 모든 분야의 지식을 골고루 갖추어야 하는데, 그중 가장 기본적인 지식이 신학적인 지식이다. 신학교에서 기본적인 신학에 대한 골격을 배우고 나오지만 지속적인 노력과 연구가 부족하면 목회 현장에서 도태될 수 있다. 성도들의 성경에 대한 지식은 날로 일취월장하는데 목회자의 성경 연구가 부족하여 성도들의 입에 오르내린다면 말씀 전달자로서는 미달이라 하겠다.

성경은 참 교사로서 목회자가 힘써야 하는 분야를 디모데전서 4장 6-16절에서 가르치고 있다.

> "네가 이것으로 형제를 깨우치면 그리스도 예수의 선한 일꾼이 되어 믿음의 말씀과 네가 좇은 선한 교훈으로 양육을 받으리라 망령되고 허탄한 신화를 버리고 오직 경건에 이르기를 연습하라 육체의 연습은 약간의 유익이 있으나 경건은 범사에 유익하니 금생과 내생에 약속이 있느니라 미쁘다 이 말이여 모든 사람들이 받을 만하도다 이를 위하여 우리가 수고하고 진력하는 것은 우리 소망을 살아 계신 하나님께 둠이니 곧 모든 사람 특히 믿는 자들의 구주시라 네가 이것들을 명하고 가르치라 누구든지 네 연소함을 업신여기지 못하게 하고 오직 말과 행실과 사랑과 믿음과 정절에 대하여 믿는 자에게 본이 되어 내가 이를 때까지 읽는 것과 권하는 것과 가르치는 것에 착념하라 네 속에 있는 은사 곧 장로의 회에서 안수 받을 때에 예언으로 말미암아 받은 것을 조심 없이 말며 이 모든

---

24) 이주영, 《현대 목회학》(서울: 성광문화사, 1985), 81.

일에 전심전력하여 너의 진보를 모든 사람에게 나타나게 하라 네가 네 자신과 가르침을 삼가 이 일을 계속하라 이것을 행함으로 네 자신과 네게 듣는 자를 구원하리라."

바울은, 성도들이 이단에 빠지지 않도록 목사가 참 교사로서 힘써야 할 교육적인 측면에서의 목회 지침에 관하여 언급하고 있다. 목회자 자신이 먼저 주께로부터 선한 교훈을 받으며 경건에 이르기를 힘쓸 뿐 아니라(6-10절), 매사에 다른 사람들에게 본이 되며, 말씀 연구에 힘쓰고 그것으로 사람들을 잘 가르치라는 것이다(11-16절). 다시 요약해 보면 다음과 같다.[25]

① 삶의 본을 보여라: 목회자 자신의 삶을 본으로 보임으로 성도들이 자발적으로 따르도록 한다. 그러기 위해서는 목회자 스스로 항상 경건한 생활에 힘써야 한다.

② 깊은 말씀 연구: 하나님의 말씀을 성도들에게 가르쳐야 한다. 그러기 위해서는 목회자 자신이 먼저 말씀을 깊이 연구해야 한다.

③ 말씀의 권위를 세워라: 말씀을 가르칠 때 하나님의 말씀의 권위를 나타내어 성도들이 순복하도록 한다. 인간적인 권위보다는 말씀의 권위를 앞세워라.

④ 가르침에는 쉼이 없다: 계속적으로 가르침으로 성도들이 그 말씀을 따라 실천에 옮기도록 해야 한다.

영적 생활에 대하여

"망령되고 허탄한 신화를 버리고 오직 경건에 이르기를 연습하라 육체의 연습은 약간의 유익이 있으나 경건은 범사에 유익하니 금생과 내생에 약속이 있느니라"(딤전 4:7-8)

---

[25] 성서 아카데미 편, 《그랜드 종합주석》 제18권: 갈라디아-빌레몬(서울: 성서 아카데미, 1999), 579.

목회자로서 하나님의 사명을 잘 감당하기 위해서 영적 생활은 필수적이다. 목회자에게 일상생활은 영적인 생활이어야 한다.

1) 기독교 영성이 필요하다

목회자나 평신도들에게 영성의 필요성은 아무리 강조한다 해도 지나침이 없다. 대부분의 목회자가 매번 설교 때마다 기독교 영성의 필요성을 강조하는 이유는, 지금의 시대가 그만큼 영성이 결핍되어 있기 때문이다. 너와 나 할 것 없이 모두가 영성이 부족하기 때문일 것이다. 특별히 목회자는 하나님이 택하신 자이며 우리 사회의 지도자이다. 이스라엘의 제사장이 백성의 '어른'이었던 것과 마찬가지이다(레 21:4). 어른이나 지도자는, 더욱이 종교지도자는 엄격하게 자기 몸을 관리해야 한다. 스스로를 더럽혀 욕되게 해서는 안 된다(레 21:4). 목회자는 사회의 공인으로서(레 21:4) 그의 말과 행동을 조심함으로 하나님의 영광을 세워야 한다.

(1) 그리스도인은 거룩하여야 한다.

우리는 목회자에게 가정을 주신 이유를 점검해 보아야 한다. 우리의 몸이 그리스도의 지체임(고전 6:15)을 항상 기억하고 몸소 이에 준하는 행위를 보여야 한다. 목회자 부부는 에덴 동산에서 아담과 하와가 함께 한 가정을 이루었던 진리를 다시 확인해야 한다. 택하심을 받은 자로서의 목회자는(성도도 마찬가지이다) 거룩해야 할 이유가 있는 것이다.

우선은 하나님이 거룩하시기 때문이며(레 11:44-45, 19:2), 성막에서 하나님을 섬기기 위함이며(레 21:6), 예수님이 거룩하시기 때문이며(롬 11:16), 거룩한 산 제사를 드려야 하기 때문이고(롬 12:1), 성도의 몸은 거룩한 하나님의 성전이기 때문이며(고전 3:16-17), 거룩하지 않은 자는 하나님의 나라를 유업으로 받지 못하고(엡 5:5), 하나님이 성도를 부르신 목적이 거룩하게 하시는 것이기 때문이며(살전 4:7), 하나님이 쓰시는 합당한 그릇이 되기 위함이고(딤후 2:21), 거룩하지 않은 자는 주를 보지 못하기 때문이며(히 12:14), 경건한 자로서 하나님의 재림의 날을 맞기 위해서 목회자(성도)는 항상 거룩히 지내야 한다.

이러한 하나님의 말씀의 요구를 모르는 목회자는 드물 것이다. 그러나 목회자도 한 사람의 인간이다. 그 한 사람의 인간이 머물고 있는 곳은 이 세상이다. 이 사악하고 유혹이 많은 세상에서 풍성한 영성을 소유하기는 그리 쉽지 않다.

(2) 세상을 본받지 말아야 한다.
사도 요한은 요한일서 2장 16절에서 다음과 같이 권면한다.

"이는 세상에 있는 모든 것이 육신의 정욕과 안목의 정욕과 이생의 자랑이니 다 아버지께로 좇아 온 것이 아니요 세상으로 좇아 온 것이라."

또 요한일서 2장 15절에서 "이 세상이나 세상에 있는 것들을 사랑치 말라 누구든지 세상을 사랑하면 아버지의 사랑이 그 속에 있지 아니하니"라고 권하고 있다. 바울 사도는 '이 세대를 본받지 말라'(롬 12:2), 또 이 세상의 풍속(엡 2:2)과 세대(롬 12:2)라는 말씀으로 경계해야 할 세상을 표현하고 있다.

다시 말해서 성경은 이 세상을 이중적인 의미로 사용하고 있는데, 하나는 중립적인 개념으로 하나님의 피조세계를 지칭할 때 '세상'이라고 표현한다(요 1:10). 또 다른 하나는 악한 개념으로 아담의 원죄로 말미암아 타락하여 마귀의 지배를 받는 이 세상을 지칭할 때 '세상'이라고 표현한다(눅 12:30; 요 7:4, 8:23). 위에 서술된 본문에서는 악한 개념에서의 세상을 말하고 있다. 인간은 두 가지의 세상을 동시에 소유할 수 없다. 둘 중 하나를 택하여야 하는 운명에 놓이게 된다. 그래서 우리 주님은 '한 사람이 두 주인을 섬기지 못한다'고 선언하신다(마 6:24).

본래 세상에 있는 모든 것은 하나님께부터 온 것이다(요 1:3). 그러나 인간은 하나님께서 유익하고 선하게 쓰라고 주신 그것들을 사탄의 유혹으로 범죄한 후 그릇되게 사용하였다. 따라서 하나님의 피조물을 그릇되고 악하게 사용하는 육신의 정욕이나 안목의 정욕, 이생의 자랑과 같은 것들은 하나님께로부터 온 것이 아님이 분명하다.

(3) 하나님은 우리가 영적으로 성장하기를 원하신다.

하나님은 "우리가 다 하나님의 아들을 믿는 것과 아는 일에 하나가 되어 온전한 사람을 이루어 그리스도의 장성한 분량이 충만한 데까지"(엡 4:13) 영적으로 장성하기를 원하시며, "망령되고 허탄한 신화를 버리고 오직 경건에 이르기를 연습하라"(딤전 4:7)고 권하시며, 경건하기를 원하시며, 경건은 범사에 유익하다고(딤전 4:8) 가르쳐 주신다. 또한 오직 거듭난 자만이 하나님을 볼 수 있다고(요 3:3) 하신다. 이렇게 우리를 거듭나게 하시는 이는 오직 성령(롬 8:15)뿐임을 강조하신다.

(4) 하나님은 우리가 영적인 삶을 살기를 원하신다.

기독교 영성의 의미는 첫째는 예수님의 삶의 방식을 따르는 삶, 예수님의 정신을 따르는 삶, 예수님과의 지속적인 교제의 삶, 하나님의 형상을 본받는 삶을 말하는데, 이를 통틀어 그리스도의 삶을 구현하는 일이라고 정의할 수 있다. 둘째는 성령 안에서만 그리스도의 삶이 가능하기 때문에 성령의 능력으로 사는 삶이라 할 수 있다. 셋째는 예수님과 인격적인 교제의 삶이다. 넷째는 인간의 의지나 노력으로는 그리스도의 삶을 살 수 없기 때문에 우리가 의롭다 함을 얻는 것은 우리의 행위로 말미암지 않고 하나님의 은혜의 선물로만 가능함(롬 5:15-17)을 알기 때문에, 영성은 하나님의 선물이라고 정의한다.

그리스도인이 이러한 영성의 정의를 알고 이해하는 수준에 머문다면 이는 세상의 지식에 머물 뿐이며, 이를 몸소 실천에 옮기고 익숙해지기 위해서는 훈련이 필요하다. 이 훈련을 우리는 영성 훈련(the Spiritual Disciplines)이라 부른다. 이 훈련은 그리스도인을 그리스도 안에서 성령으로 거듭나게 하여 하나님의 자녀로 성장시켜 십자가의 삶을 살게 하는 훈련이다. 많은 영성가들은 여러 가지의 영적 훈련을 제시하며, 이 훈련은 오랜 세월 뼈를 깎는 자신의 인내를 요구한다고 말한다. 여러 영적 훈련 중 다음 몇 가지를 제시한다.

2) 영성 훈련이 필요하다

영성의 대가인 달라스 윌라드(Dallas Willard)와 리처드 포스터(Richard J. Foster)는 여러 형태의 영적 훈련을 제시하고 있다. 이 모든 훈련들 가운데 가장 우선적인 훈련 몇 가지를 제시하며 목회자들에게 권하고 싶다. 이런 훈련은 우리를 자유함으로 인도하기 때문이다.

(1) 경건한 묵상(Meditation)과 학습(Study) 생활

경건한 묵상 생활에 대하여 목회자들은 이론적으로 너무나 잘 알고 있으며 모든 성도들에게 매일 권하고 있다고 본다. 그러나 정작 자신에게 이 훈련이 부족함을 느끼는 때는 이미 시간이 지난 상태라 할 수 있다. 통계에 의하면 그들은 바쁜 일정에 시달리며(16.2%, 표14), 성도들로부터(8.1%, 표14) 온갖 상담이라는 명분으로 그들과 대화에 많은 시간을 할애하고 있다. 사실 사람과의 면담 그 자체가 목회자들에게 엄청난 양의 스트레스를 주는 일이다. 그들이 일주일에 쉬는 시간이라고는 겨우 하루인데 이날마저도 교회의 행정이나 성도의 방문으로 시달리고 있다.

다음의 '아가서'(Song of Solomon)의 진술은 목회자들을 슬프게 하는 교훈이다.

> "내 어미의 아들들이 나를 노하여 포도원지기를 삼았음이라 나의 포도원은 내가 지키지 못하였구나"(아 1:6).

이 말씀은 아가서에 나오는 솔로몬(Solomon)과 술람미(Shulammite, 아 6:13-14) 여인 간의 격정적인 연애 사건을 노래한 것인데, 술람미 여인이 오라비들이 시키는 대로 포도원(the vineyards)에 나가서 일하다 보니 자기의 포도원, 즉 여인으로서 가꾸어야 할 자기의 외모를 제대로 가꾸지 못한 것을 비유적으로 나타내는 표현이다. 곧 과중한 업무 때문에 자신의 경건한 묵상 생활을 게을리했음을 암시한다.

묵상은 하나님의 말씀에 귀를 기울이고, 하나님의 일만을 생각하며, 하나님께서 하신 행위를 생각해야 하는 자신만의 시간이다. 많은 믿음의 조상들은 이 묵상의 생활을 잘 알고 실천에 옮긴 분들이다. 이삭은 들에서(창 24:63) 묵상하였으며, 엘리야(Elijah)는 이세벨(Jezebel)의 협박에 혼쭐이 나 도망하다 호렙 산(Horeb, the mountain of God) 굴(cave)에 숨어 있는 동안 "또 지진 후에 불이 있으나 불 가운데도 여호와께서 계시지 아니하더니 불 후에 세미한 소리가 있는지라"(왕상 19:12)는 말씀처럼 묵상 중에 세미한 하나님의 음성을 듣는다.

이사야는 높이 들린 보좌에 앉으신 예수님을 보고 "내가 누구를 보내며 누가 우리를 위하여 갈꼬" 하시는 음성을 들었다(사 6:1-8). 또한 예수님은 '한적한 곳'으로 물러나 묵상을 습관화하셨다(마 14:13).

이와 같이 하나님께서 그들에게 말씀하신 것은 그들에게 특별한 능력이 있어서가 아니라 그들이 귀를 기울여 들을 준비가 되어 있었기 때문이다.[26] 여기에서 준비되어 있다는 것은, 목회자 자신이 마음문을 열고 하나님 말씀을 갈급해하는 심정일 것이다. 아무리 하나님께서 우리를 먼저 찾아 주신다 한들 마음 문을 열지 않고 갈급해하는 마음이 없다면 하나님은 하나님의 세미한 음성을 들려 주지 않으실 것이다. 또 듣는다 하여도 그 말씀에 순종함이 없다면 모든 것이 무위로 돌아간다. 예수님께서는 하나님과 친밀한 교제를 통해서 항상 듣고 순종하는 삶을 사셨다(요 5:19, 30, 14:10).

그리고 묵상의 생활을 통해 우리는 인간 마음속 깊이 잠재적으로 항상 존재하는 일곱 가지의 악한 것들(쾌락, 과욕, 물욕, 게으름, 분노, 시기, 교만)을 비우고, 일곱 가지의 선한 것(순결, 절제, 나눔, 부지런함, 인내,

---

26) 리처드 포스터, 《영적 훈련과 성장》, 권달천, 황을호 역(서울: 생명의 말씀사, 2006), 33.

친절과 온유, 겸손)으로 채워야 한다. 채우지 않아 나중이 처음보다 더 나빠진 사람에 대한 예수님의 말씀이 그것을 보여준다(눅 11:24-26).

바울은 이 악한 세대에서 밀려오는 유혹을 이기는 길을 우리들에게 제시하고 있다.

"너희는 이 세대를 본받지 말고 오직 마음을 새롭게 함으로 변화를 받아 하나님의 선하시고 기뻐하시고 온전하신 뜻이 무엇인지 분별하도록 하라" (롬 12:2).

우리가 변화를 받는 길은 마음을 새롭게 하는 데 있다고 말한다. 또한 일상생활에서 우리가 가져야 할 마음의 자세도 말하고 있다.

"종말로 형제들아 무엇에든지 참되며 무엇에든지 경건하며 무엇에든지 옳으며 무엇에든지 정결하며 무엇에든지 사랑할 만하며 무엇에든지 칭찬할 만하며 무슨 덕이 있든지 무슨 기림이 있든지 이것들을 생각하라"(빌 4:8).

그러므로 학습 훈련은 우리들로 하여금 '이것들을 생각하도록' 만드는 근본적인 수단이다.[27] 순전히 자신의 은혜를 위하여 경건하게 성경을 읽는 시간(The Discipline of Study)을 매일 매일 가져야 한다. 자신이 영적인 열매를 맺지 못하는 상태에 이르지 않도록 부단하고 경건하게 성경을 공부하는 시간을 가져야 한다.

(2) 기도 생활

목회자들에게 기도에 대하여 논한다면 모두가 웃을 것이다. 왜냐하면 그들은 많은 시간과 장소와 성도들 앞에서 기도한다. 그들에게 기도 생활은 습관화되어 있다. 그러나 많은 목회자들이 목회에서 실패하

---

27) Ibid., 96.

는 원인이 참다운 기도의 부족에 있다는 사실을 간과해서는 안 된다. 공부는 우리의 지성을 변화시키고, 묵상은 우리를 내적(inward) 삶으로 인도하며, 기도는 우리를 하나님과의 영원한 교제 가운데로 인도하기 때문에 목회자는 매일 기도를 위한 규정된 시간을 가져야 한다.

그렇다면 어느 정도로 하나님과 가까이 지내야 할까? 이사야 58장 9절을 소개한다.

> "네가 부를 때에는 나 여호와가 응답하겠고 네가 부르짖을 때에는 말하기를 내가 여기 있다 하리라……"(사 58:9).

이 말씀에 우리는 용기를 내어 기도 생활을 하려는 끊임없는 노력이 필요하다. 항상 우리가 하나님을 부를 때에 '여기 있다' 하고 하나님이 대답하실 수 있고 부르짖을 때에 '나 여기 있다' 하고 대답을 해주시는 나와 하나님의 관계를 유지하도록 하라.

기도함으로 하나님은 우리를 변화시키신다. 기도할수록 우리는 우리의 부족함을 더욱 선명히 알게 되며, 부족함을 인식할 때 우리는 더욱 그리스도와 일치하기를 원하게 되므로 외적인 유혹을 물리칠 수 있다. 우리는 기도를 통해서 하나님의 세미한 음성을 들을 수 있고, 하나님은 이를 통해 우리에게 하나님의 뜻을 전달하신다. 하나님과의 의사소통을 원한다면 기도의 끈을 놓아서는 안 된다. 기도 없이는 하나님과의 대화도 없는 것이다. 하나님과의 대화는 하나님과의 인격적인 관계의 삶을 형성할 수 있으며, 기도만이 하나님과 인격적으로 만날 수 있는 길이다.

그로 인해 하나님이 이 세상을 보시는 눈으로 우리도 세상을 볼 수 있고, 하나님이 사랑하시는 것을 우리도 사랑할 수 있는 것이며, 우리의 더러움과 죄성을 보게 되고(사 6:5), 하나님의 마음과 뜻을 알게 되며, 이 기도 중에 하나님의 음성을 들음으로써 새로운 인생의 문이 열리고, 새로운 삶의 관점(Belief)을 가지게 되며, 새로운 인격의 가치(Value)와 사명(Call)을 가지게 된다.

예수님께서도 구속사역을 위하여 광야에 나가 40일간의 금식기도를 하셨다. 사역 중에도 항상 하나님과의 기도를 통해 그의 뜻을 헤아리셨다. 새벽 미명에 기도하시고(막 1:35), 사도들을 세우기에 앞서 기도하셨으며(눅 6:12), 습관을 좇아 감람산에서 기도하시며(눅 22:39) 우리에게 모범을 보이셨다. 사도 바울은 젊은 목회자 디모데에게 다음과 같이 권면한다.

"그러므로 내가 첫째로 권하노니 모든 사람을 위하여 간구와 기도와 도고와 감사를 하되 임금들과 높은 지위에 있는 모든 사람을 위하여 하라 이는 우리가 모든 경건과 단정한 중에 고요하고 평안한 생활을 하려 함이니라 이것이 우리 구주 하나님 앞에 선하고 받으실 만한 것이니"(딤전 2:1-3).

요한복음 17장에서 예수님의 기도가 우리에게 주는 교훈은 지대하다. 예수님께서는 예수님 자신과 성부를 위한 기도(17:1-5), 제자들을 위한 기도(17:6-19), 그리고 모든 성도를 위한 기도(17:20-26)를 하셨다. 예수님께서 군대(troops)와 대제사장들(officers from the chief priests)과 바리새인들(Pharisees)에게 끌려가 결국은 십자가에 달려 돌아가실 것을 예견하고 하신 그의 마지막 기도인데, 15절은 바로 성적인 유혹을 받는 우리에게 하시는 말씀이다. 예수님은 다음과 같이 말씀하신다.

"내가 비옵는 것은 저희를 세상에서 데려가시기를 위함이 아니요 오직 악에 빠지지 않게 보전하시기를 위함이니이다."

우리를 악으로부터 보전하기 위함이라고 절규하신다. 세상에서 몰려오는 유혹을 이기기 위해 완전히 자신을 비우고, 하나님의 현존하심과 성령의 뜻과 예수 그리스도께 의탁하며, 자기 자신도 십자가에 못 박아 버리는(갈 2:20) 기도 생활은 목회자들에게는 필수적이다.

사역으로부터의 도전들 II:
미국 목회자 중심(Ministry Challenges II)

성도들을 섬기는 과정에서 알게 모르게 목회자들과 성도들과의 관계성에서 파생되는 많은 도전들이 있을 수 있다. 많은 학자들은 자신의 견해를 표현하는데, 이 가운데 톰 레이너(Tom Rainer)와 스토니어 박사(Dr. Stonier)의 견해를 들어보자.

A. 목회자와 교회사역 멤버들이 직면하는 열두 가지 도전들
["The 12 Biggest Challenges Pastors and Church Staff Face" by Thom S. Rainer(Jun 26, 2013]

근년에 트위터를 통해서 목회자와 교회 직원들을 상대로 여론조사를 했다. 사역에서 가장 힘든 도전은 무엇인지를 물었다. 많은 답들 중에서 가장 대표적인 열두 가지 도전을 정리했다.

① 무관심과 내적인 일(Apathy and internal focus): 나는 20여 년을 넘게 사역했는데 성도들은 무관심하고 내적인 일에 중점을 두지 않았다.
② 직원 문제(Staff issues): 나는 전임 목회자로부터 직원들을 인수받았다. 나는 인수하는 일에 아무 일도 할 수 없었다.
③ 인도하고 봉사자들을 돌보기(Leading and keeping volunteers): 자원봉사자들을 인도하거나 돌보는 일이 힘들었다. 모든 일들이 주당 40시간을 일해야 하는 직종이기 때문이다.
④ 시간에 얽매이다(General time constraints): 일주일을 죽어라고 열심히 일하고 일주일에 한 일들을 점검해 보면 해놓은 일이 별로 없었다.

⑤ 동료로부터 되사다(Getting buy-in from members): 나는 대부분의 시간을 평범한 일에서부터 매우 중요한 일들을 결정하는 일에 대하여 성도들로부터 합의를 이루는 일에 내 시간의 절반 이상을 소모시킨다.

⑥ 세대 차에서 오는 도전(Generational challenges): 연로한 분들은 새로운 아이디어나 어떤 즐거운 일이라도 젊은 세대의 성도로부터 거저 얻는 것처럼 보였다.

⑦ 금전 문제(Finances): 네 가지 단어로 요약해 보면 '항상 돈은 더 필요했다.'

⑧ 전통 지키기(Holding on to traditions): 성도들이 그들의 전통을 지키려는 노력처럼, 예수 그리스도를 위하여 인간들의 마음을 움직이는 일에 더 한층 노력했으면 한다.

⑨ 비평하기(Criticism): 어떤 성도들은 매주마다 나를 비판하는 일이 그들의 주 업무인 것처럼 보인다.

⑩ 리더십 개발(Leadership development): 우리는 사역에서 너무나 많은 기회를 놓치는데, 문제는 준비된 충분한 리더들이 없기 때문이다.

⑪ 사소한 일에 열중(Majoring on minors): 가끔 우리는 게시판에 필요한 글자 크기를 정하는 등 사소한 일에 시간을 다 보내곤 한다.

⑫ 진정한 친구 부족(Lack of true friends): 진정한 친구가 부족하다.

목회자들과 직원들은 예수님의 사역에 필요한 에너지를 쏟지 못하고 자신들의 필요나 좋아하는 일에 너무나 많은 에너지를 쏟고 있다.

B. 스토니어 박사(Dr. Stonier)가 말하는 사역으로부터의 도전들

1. 사역은 위기에 의해 끌려간다(Ministry is crisis driven)

한국 개신교의 100년이 조금 넘은 역사는 세계사에서 볼 때 그 역사가 짧은 것이라고 할 수 있다. 그러나 교회 수나 교인 수는 짧은 역사에 비해 대단한 성장을 이루었다고 할 수 있다. 이민 역사도 마찬가지이다. LA 근교에 산재해 있는 교회 숫자를 보면 알 수 있다(미 전국에 4,135개, 캘리포니아에 1,219개).

이러한 성장은 많은 신학자들의 연구대상이 되기도 하고 많은 신자들의 걱정거리이기도 하다. 그러나 그러한 성장을 긍정적으로 바라보기에는 너무나 많은 문제점을 안고 있다. 혹자는 한국교회의 위기설을 이야기하기도 한다. 이기주의, 상업주의, 권위주의가 세계에서 가장 심하며, 성도들이 역동적인 것은 좋으나 역동성이 지나쳐 쉽게 조장되는 교회의 분열, 성경의 복은 하나님께 속한 것인데 이를 벗어나 개인적인 복을 지나치게 갈구하는 기복신앙, 신학교의 난립으로 인해 뒤따르는 목회자의 자질 문제, 소수계층에 대한 무관심으로 인한 사회 참여의 결핍, 양적 팽창으로 미자립 교회의 영양실조 등 이러한 상황들이 교회를 위기로 몰아넣는다.

감소하는 교인, 증가하는 목회자

교회 다니는 사람이 줄고 있다는 이야기는 10여 년 전부터 계속되었다. 1970년대부터 1990년대까지 급속한 외적 팽창을 이룬 한국교회는 2000년대 들어와 확연하게 침체 현상을 보였다. 출산율이 떨어져 자연스럽게 교인이 줄었다는 견해보다는 개신교가 신뢰를 잃어 교인들이 이탈했다는 의견이 더 설득력 있다. 실제로 한국교회의 신뢰도는 가면 갈수록 하락 일변도다.

인구 센서스에 의하면 1960~1980년대 신자 수 증가율은 20~40% 대였다. 90년대 들어 성장률이 둔화되더니 2005년 조사에서는 95년에 비해 15만 명이 줄어든 861만 명이었다(참고: 2014년 9월 말 한국 주요 장로교단들의 총회 회의자료인 '총회보고서'에는 교단의 교세 현황이 담겨 있다).

표5 개신교 신뢰도 변화[28]

연도	2008	2009	2010	2013
(%)	18.4	19.1	17.6	19.4

표6 목회자의 언행에 믿음이 간다[29]

연도	2008	2009	2010	2013
(%)	22.9	25.8	22.2	21.1

표7 개신교인 언행에 믿음이 가는가?[30]

연도	2008	2009	2010	2013
(%)	14.0	19.6	16.5	14.1

신뢰도의 하락 원인으로는 교회 리더들과 성도들의 언행불일치를 들고 있다. '총회보고서'에 의하면 교인 수는 줄어들고 있는 추세다. 교인은 줄어들고 있는데 목사와 교회는 오히려 지난 10년간 계속 증가하는 추세를 보인다.

목사와 교회가 늘고 있는 이유는 간단했다. 신학교가 계속해서 신학생을 받고 목사를 배출하고 있기 때문이다. 한 해 수천 명의 목사가 쏟아지니 개척 교회도 덩달아 증가한다. 10여 년 전부터 교세가 감소할 것이라는 예측이 있었고, 실제로 수년 전부터 교인은 줄고 있는데, 신학교는 이런 현상에 아랑곳하지 않고 있는 듯하다. 청어람 아카데미 양희송 대표는 "통계는 목회자 수급 문제가 얼마나 현실과 맞지 않는지를 보여준다. 교단의 인식이 절박하지 않으니 발빠르게 대처하지 못하는 것이다"라고 말했다.

---

28) 기독교윤리실천운동. '한국교회 사회적 신뢰도 여론조사', LA중앙일보, 2014/02/11미주판 26면.
29) Ibid.
30) Ibid.

앞으로 신학교가 강제로라도 줄어들 것이라는 게 일반적인 추론이다. 실제로 신학생들 사이에서 가장 인기가 많다는(?) 총신대학교 신학대학원도 지원자가 4년째 계속 줄고 있다. 2010년 입시 때는 4.17:1의 경쟁률이었지만 지금은 3:1도 되지 않는다. 지방 신학교는 정원도 채워지지 않는 경우가 많다. 한국복음주의교회연합 구교형 총무는 "목사와 교회가 줄어드는 건 시간 문제다. 교단 및 신학교 지도자들은 이런 문제를 수년 전부터 알고 있었는데도 이렇다 할 조치를 취하지 않고 있다"라고 말했다.

정원을 감축하는 등의 조치가 없는 이유가 교수들의 '밥그릇' 때문이라는 의견도 있다. 전 웨스트민스터 신학대학원 교수이자 교회개혁실천연대 집행위원 남오성 목사는 "정원을 못 채우면 당장 신학교 교수들은 직장을 잃을 위기에 놓인다. 교인 수가 계속 줄어드는 게 분명한데도 한 유명 신학교 교수는 집회를 다니면서 여전히 '개척이 답'이라고 말하며 신학교 입학을 독려한다"라고 말했다(참고: 2014년 9월 말 한국 주요 장로교단들의 총회 회의자료인 '총회보고서').

2. 억압된 감정들(Suppressed emotions)

우리의 삶은 관계성을 형성하며 살아간다. 나와 자연, 나와 나, 나와 너, 그리고 나와 하나님의 관계성을 형성해가며 살아간다. 관계성이 원만하지 못할 때 우리는 마음에 상처를 받는다. 이러한 상처는 우리 내면에 평강을 잃게 한다. 이는 심각한 현실적인 문제로 대두된다. 내면에 상처를 받은 사람은 이기적이거나 자기중심적으로 변화하며 우리 자신을 억누르게 하고, 이러한 감정은 우리의 삶에서 자유함을 잃게 한다. 억압된 감정은 관계성을 회복함으로 해결된다.

나와 자연
인간은 자연의 구성 요소 가운데 하나다. 인간은 자연으로부터 왔다가 자연으로 돌아간다. 시편 8편은 모든 우주 만물을 창조하신 창조주 여호와께 찬양으로 승화시킨 다윗의 감사 예배시이다. 만물에 담긴 주의 영광을 찬양하고 놀라운 하나님의 창조 솜씨와 능력을 찬양한다. 실로 자연 만물은 그 자체로도 충분히 우리들에게 감동을 주는 아름다운 것이다. 하나님 자신도 "하나님이 그 지으신 모든 것을 보시니 보시기에 심히 좋았더라"(창 1:31)고 감탄하셨다.

그런데 인간은 끊임없이 완전한 자연 체계의 균형을 깨뜨리고 있다. 인간은 환경을 이용하고, 남들의 고통 속에 기쁨을 얻고, 다른 이들의 불행을 자신들의 행복의 기회로 삼는다. 그리하여 하나님은 한탄하신다.

"하나님이 사람을 정직하게 지으셨으나 사람은 많은 꾀를 낸 것이니라"(전 7:29 하).

우리는 우리와 자연의 관계를 되살려야 한다. 자연에 성실하고 솔직해야 한다. 하나님이 지으신 자연을 하나님이 원하셨던 생각대로 유지하고 다스려야 한다(창 1:28).

나와 나

자아상에 대한 내용이다. 아침에 일어나 거울을 보면서 자신의 얼굴을 사랑하는 사람은 거의 없다고 한다. 자신의 외모에 대한 부정적인 자아상이다. 그래서 성형의술은 붐을 타고 있다. 어느 한 부분이라도 마음에 들지 않으면 의술로 마음에 맞게 고친다. 그러나 자기 자신에 대해서는 과대평가하거나 과소평가한다. 혹은 스스로 자신을 죄인으로 몰아가면서 자신을 낙오자로 취급하기도 한다. 대부분의 사람들이 부정적인 자아상으로 일그러져 있다. 우리가 우리 자신을 좋아하지 않는다면, 다른 어떤 사람이 우리를 좋아한단 말인가? 그것은 참으로 어려운 일일 것이다.

우리 믿음의 조상 가운데 건전한 자아상을 가진 사람들이 있다. 대표적이고 충격적인 건전한 자아상을 가진 사람들 가운데 대표적인 사람이 바로 다윗 왕이다. 그는 모든 점에 있어서 인간적이었다. 그는 죄를 지었다. 그리고 속히 죄를 인식하고 고백하고 용서를 구했다. 그는 자신을 솔직히 보았다. 솔직함으로 여호와께 나아갔다. 있는 모습 그대로. 그리고 그는 하나님으로부터 용서를 받았다.

다윗은 그러한 경험을 통하여 하나님께서 자신의 인생에서 무엇을 성취하고자 하시는지 이해하게 되었으며, 그 자신에 대해 훨씬 좋게 느끼기 시작했다. 시편 139편에서, 인생의 주관자이시자 모든 것을 감찰하시고 낱낱이 알고 계시며(하나님의 全知性), 무소부재하시고(하나님의 偏在性), 전지성과 편재성을 증명할 수 있는 창조자 하나님의 전능성(全能性)을 찬양하고 악을 철저히 배격하며 하나님으로만 얻을 수 있는 영원한 생명과 구원을 간절히 염원하고 있다.

나와 너

많은 사람들이 이 관계에 문제점을 갖고 산다. 대부분의 사람들은 자신의 눈높이는 고정해 놓고 그 높이를 기준으로 삼아 누구든 사귀며, 상대를 사랑하기보다 미워하거나 무시한다. 그러나 실은 상대방보다 나에게 문제가 있다. 마음을 닫고 생활하기 때문에 인격적인 교제를 하지 못한다. 때때로 상대를 이용하려 든다. 이익을 위해 교제한다.

십자가만이 나와 너 사이에 놓여 있는 담을 헐고 하나로 만든다. 십자가를 통해서만 해결된다. 십자가는 사랑의 실현을 말한다(롬 5:8). 십자가는 화해를 의미한다. 십자가는 하나님과 인간의 관계 회복을 의미한다. 십자가는 너와 나의 화해를 의미한다. 십자가는 절대 복종과 순종을 말한다. 예수님은 종의 형체를 입으시고 사람이 되사 죽기까지 하나님 아버지께 복종함으로써 구원의 길을 여셨다.

바울은 데살로니가전서 5장 13-15절에서 다음과 같이 권면한다.

"저의 역사로 말미암아 사랑 안에서 가장 귀히 여기며 너희끼리 화목하라 또 형제들아 너희를 권면하노니 규모 없는 자들을 권계하며 마음이 약한 자들을 안위하고 힘이 없는 자들을 붙들어 주며 모든 사람을 대하여 오래 참으라 삼가 누가 누구에게든지 악으로 악을 갚지 말게 하고 오직 피차 대하든지 모든 사람을 대하든지 항상 선을 좇으라."

바울은 대인관계에 있어서 사랑과 겸손으로 이웃과의 화평을 유지하라고 권면하고 있다.

나와 하나님
관계성 중에서 가장 먼저 해결해야 하는 부분이다. 하나님과의 관계를 개선하지 않고서는 그 어떤 관계도 회복할 수 없다. 하나님과의 관계성을 회복하기 위해서는 하나님의 이미지(The Image of God, the imago Dei)를 회복해야 한다. 이는 무슨 의미인가?

하나님의 이미지에 대한 견해는 세 부분으로 보아야 한다. 구조적인 면, 기능적인 면, 그리고 관계성에 대한 면이 그것들이다.

① 구조적인 면(Structural view, Who people are): 하나님의 이미지에 대한 구조적인 견해는 '인간의 속성(human attributes)이 하나님 것과 비슷하게 구성되어 있다'는 의미이다. 이러한 속성은 육체적인 것(Physicality), 정신적인 것(Psychology), 합리적인 것(Rationality), 의지에 관한 것(Volition), 그리고 인간에게 있어서 영적인 특성(Spirituality)을 포함한다. 합리성은 동물들과는 창조 순서에 있어서 다르게 창조되었다. 인간은 그들의 삶에 영적인 면을 가지고 있다.

② 기능적인 면(Functional views, What people do): 하나님의 이미지에 관한 기능적인 면으로 보는 견해는, 인간은 도덕적으로 행동하게 되어 있고 공정하게 행하도록 되어 있다는 것이다. 하나님은 인간들에게 하나님이 창조하신 모든 세계를 지배하기를 원하신다(창 1:26-28).

③ 관계성(Relational view, How people relate): 하나님의 이미지에 관한 관계성에 대한 면으로 보는 견해는, 가장 중요하게 여기는 부분으로 하나님과의 관계를 말하고 있다. 하나님이 창조하신 창조물인 인간은 다

른 사람과도 관계를 맺도록 되어 있다.

하나님과의 관계성을 회복해야 한다는 말은 세 부분 모두를 회복해야 한다는 말이다. 이 세 부분을 온전하게 완성할 수 있는 이는 예수 그리스도 한 분뿐이다. 그는 오직 살아 있는 온전한 인간인 동시에 신이시기 때문이다. 하나님과의 관계를 회복하기 위해서는 예수 그리스도를 닮아가는 길(The Imitation of Christ) 이외에는 없다.

그리스도를 닮은 모습으로 변화된 자들의 모습은, 사고 생활(a thought life)은 선(goodness)하고 크신(greatness) 하나님 중심이고, 진리(truth)에 중심을 두고 산다. 또한 그들의 감정(feelings)은 풍성한 긍정적 감정(positive feelings)에 지배당하고 있고, 거기에는 기초 상태(foundational conditions)인 믿음(faith)과 소망(hope)과 아울러 자연적으로 사랑(love)과 기쁨(joy)과 평안(peace)이 뒤따른다.

3. 불면증(Hyper-vigilance)

목회자들이 평소에 당면하는 문제가 불면증 증세이다. 수면을 이루지 못하는 수면 장애 증세를 말한다. 정확히 말해, 적어도 1개월 이상 잠들기가 어렵거나, 잠이 들더라도 자주 깨는 일이 한 주에 3번 이상 나타나며, 이러한 까닭에 낮 동안 매우 피곤함을 호소하는 등 수면 부족으로 인한 장애들이 나타나는 경우를 일컫는다. 목회자들에게 이러한 증세가 나타나는 원인은 대개 대부분 과다한 업무량에서 오는 중압감이나 성도들에게서 오는 스트레스 혹은 다른 사역자들과의 관계 때문일 것이다.

불면증을 해소하기 위해서는 자신만이 해결할 수 있다는 것을 명심해야 한다. 잠자리에 들 때는 모든 걱정 근심 잡생각을 뒤로하고 들어가야 한다. 자기 체력이나 자신에 맞는 운동을 주기적으로 해야 한다. 잠들기 전에 하는 샤워도 숙면에 도움을 줄 것이다. 잠들기 전 걸려오는 전화에 대한 일정한 통제도 필요하다.

4. 보통 사람들보다 더 부정적으로 본다(See more negative than average person)

기독교윤리실천운동과 여론조사 기관인 글로벌 리서치는 '2013년 한국교회의 사회적 신뢰도 여론조사' 결과(표5)를 발표했다. 개신교의 사회적 신뢰도가 20%에도 못 미치는 현실은 오늘날 교회를 향한 또 다른 경고이다. 표에 의하면, 지난 2008년부터 6년간 4번에 걸쳐 2013년까지 신뢰도는 변함이 없이 20% 미만이다.

신뢰하지 않는 이유
언행의 불일치와 부정부패가 개신교 신뢰 하락의 주요 원인으로 꼽혔다. 개신교를 신뢰하지 않는 응답자의 24.8%(표10)는 "교회가 언행일치하지 않는다"고 대답했다. '교회 비리' 및 '부정부패'가 많아서(21.4%, 표10)는 두 번째를 차지했다.

신뢰를 회복하려면
교회가 신뢰 회복을 위해 당장 필요한 사회적 활동은 '윤리와 도덕 실천'(45.4%, 표8)이 가장 높았다. '봉사 및 구제활동'(36.4%, 표9)은 두 번째를 차지했다.

향후 한국교회가 개선해야 할 점[31]

표8 윤리와 도덕 실천 운동

연도	2008	2009	2010	2013
(%)	29.1	19.9	28.1	45.4

---

31) Ibid.

표9 봉사 및 구제활동

연도	2008	2009	2010	2013
(%)	47.6	60.3	48.2	36.4

표10 개선할 점과 신뢰하지 않는 이유들

목회자가 개선해야 할 점		개신교를 신뢰하지 않는 이유	
언행의 불일치	14.2%	언행의 불일치	24.8%
신앙 핑계로 부를 축적하는 것	13.9	교회 비리 및 부정부패	21.4
모범이 되지 않는 삶	13.3	타 종교에 대해 배타적	10.2
도덕적 윤리적 문제	12.7	강압적 전도, 무리한 선교	10
교회 세습	8.3	믿음을 주지 못함	5.9
영리에 치우치는 행위	5.8	목회자의 부도덕 및 윤리 문제	5.8

(주: 5% 미만 항목은 기재하지 않음)

사회는 온통 개신교에 대한 불신으로 가득하다고 해도 과언이 아니다. 이러한 결과가 여러 매체를 통해서 널리 퍼져 있는 것이 사실이어서 목회자들의 이미지는 부정적일 수밖에 없다.

5. 감정들의 대상(Target of emotion)

사분오열되는 교회

교회의 분란의 원인은 여러 형태가 있을 수 있다. 분란의 중심에는 목회자가 있는 경우가 허다하다. 감정의 마지막 목표물은 항상 목회자 몫이다. 목회자가 어떤 비리를 범했다든지, 이 비리가 명백하지는 않지만 목회자의 윤리에서 벗어난 듯한 일로 인해 장로(들)와 장로(들)의 대립이 가장 흔하다. 목회자는 어느 한쪽을 택해야 하는 어려움에 처한다. 혹은 창립 목회자가 은퇴하고 후임 목회자가 온 후에 은퇴한 창립 목회자의 부족한 처신으로 인해 두 그룹으로 갈라서는 경우를 흔히 본다.

어떤 경우이든 서로 하나님을 위하고 교회를 위하며 교인들을 위한다는 명목으로 자기가 속한 그룹이 선한 싸움에서 이기게 해달라고 하나님께 기도하며 하나님을 난처한 입장으로 몰아간다. 두 그룹이 타협하는 데 실패하여 사회의 법정으로 가 10년간이나 법정 싸움을 벌이는 경우도 보았다. 싸움의 중심에는 '아집'이 서려 있고, '재물'이 포함되는 싸움은 더욱 처절하게 변해가서 세상 사람들의 법정 싸움 못지않은, 아니 더 못한 경우도 우리는 본다.

이러한 경우 교회의 성도들은 보통 세 종류의 사람으로 갈린다. 온건파, 중도파, 그리고 강경파이다.

온건파

온건파는 주로 목회자를 두둔하는 여당파에 속한다. 이 그룹은 하나님께서 용서 못할 죄가 없다는 반응을 보이면서, 성경에 특별히 이를 금지시키는 구절이 없다고 주장하며 목회자를 두둔하는 그룹이다. 예수께 간음하다 잡혀온 여인을 향하여 "너희 중에 죄 없는 자가 먼저 돌로 치라"는 구절(요 8:7 하)을 인용하며 전적으로 목회자를 두둔한다. 반대 그룹에게 너는 죄가 없느냐고 물으면서 두둔한다.

그들은 성경 말씀을 인용하면서 목회자를 두둔하지만, 그 속셈이 다른 데 있는 경우도 있다. 반사이익을 얻기 위한 성도들도 상당수 그 속에 끼어 있기 때문이다. 목회자를 두둔하여 성공적으로 목회자가 교회에 남게 되고 반대하던 사람들이 밀려 나간다면 내게도 한자리(?)가 보장될 것이라는 계산을 한다.

> "하나님이 그 아들을 세상에 보내신 것은 세상을 심판하려 하심이 아니요 저로 말미암아 세상이 구원을 받게 하려 하심이라"(요 3:17).

'하나님께서도 심판하시기 위해서가 아니라 모두를 구원하시기 위해서 예수님을 보내셨다. 하물며 감히 우리 인간이 어찌 다른 형제자매를 심판할 수 있는가? 우리는 그저 사랑할 뿐……'이라고 말한다. 또

'가슴에 손을 얹고 반성해 봐. 지금 네 마음속에 사랑이 있는가?'라고 따져 묻기도 하는데, 이런 말을 들으면 왠지 그렇다고 답하기 곤란해진다. '일흔 번씩 일곱 번이라도 용서하라는 말씀대로 우리가 할 일은 용서'라는 말은 단골 메뉴다.

그들은 교회의 덕을 고려하라는 충고를 하기도 한다. '만일 네 비판이 교회 전체에 유익이 되지 않는다면 침묵해야 한다'고 말하기도 한다. 개중에 좀 너그러운 사람은 '네 말 뜻은 옳다. 하지만 네 태도는 옳지 않아'라며 알 듯 모를 듯한 말을 하기도 한다. 아직 인격이 성숙하지 않아서, 혹은 아직 어려서 그렇게 비판적인 태도를 갖는다는, 기분 나쁘지만 점잖은 충고를 하기도 한다. 또 '나는 네 말을 이해하지만 교회는 분명 네 말을 이해하지 못할 것이다. 별 효과도 없는 말을 해서 너에게 도움 될 일이 없으니 그냥 조용히 지내라'는 진심 어린 조언을 하기도 한다. '다른 목회자를 모셔와도 기껏 4~5년, 그다음은 다 그저 그래. 그들도 인간이니까'라고 말하면서 '구관이 명관이다'라고 조언한다. 이들의 주장을 한마디로 요약하면, 비판하지 말고 조용히 입 다물고 지내라는 것이다.

강경파

이 그룹은 성직자가 비성경적이고 불미스러운 일에 조금이라도 연루된 사실을 낌새라도 알게 되면, 성스러운 성직자가 하나님이 위임하신 사명을 배반하고 성도들을 인간적으로 배신했으니 목사로서 다시는 강단에서 하나님 말씀을 선포할 수 없다는 그룹이다. 이들은 성경 잠언 말씀(6:26-29, 32-33, 7:21, 25-27)을 예로 들면서 그는 반드시 처벌되어야 한다고 주장한다. '심판이 불가피하다. 성도들을 파괴했다. 저주와 치욕의 운명이다. 자기 영혼을 망하게 한다'(잠 6:32)는 구절을 인용한다. 이쯤 되면 이미 장로(들)와 장로(들)의 다툼이 아니다. 모든 다툼의 중심에는 목회자가 서 있다.

이들은 목회자의 회복 자체를 부정한다. 교회를 떠나라고 주장하는 그룹이다. 또한 '복음은 불의를 두둔하고, 악을 권장하는가? 정죄 없는 복음을 복음이라 할 수 있으며, 회개 없는 용서가 십자가라고 할 수 있는가? 그러한 악을 간과한다면 교회가 어찌 세상 가운데서 빛과 소금의 역할을 감당할 수 있는가? 교회가 교회답지 못한 것이야 말로 진짜 하나님의 영광을 가린다는 사실을 어찌 알지 못하는가? 암세포는 수술해서 도려내야지 그렇지 않으면 삽시간에 암세포가 온몸에 퍼지고 말 것이다. 자, 이제야말로 수술 칼을 들이댈 때다'라고 주장한다.

이들은 마치 사건을 기다렸다는 듯이 목회자를 강경하게 몰아붙인다. 이들은 목회자는 절대 그러한 죄를 범해서는 안 된다는 신성함을 주장한다. 제2의 예수여야 하며 성도들의 모범이 되어야 할 사람이 범죄(?)했으니 마땅히 교회를 사직해야 한다는 주장이다. 성경 말씀은 전혀 인용하지 않고, 자신이 모든 기준의 잣대가 된다. 그들은 문제에 대해서 예민하게 반응하는 일종의 선지자적인 기질의 소유자다. 그들은 교회가 세상보다는 더 낫고 세상의 본이 되어야 하는데 그렇지 못한 것 때문에 답답해하고 안타까워한다. 그러면서 그들은 말하기를, 〈PD 수첩〉 같은 시사 프로그램을 보라. 세상의 TV 프로그램도 감추어져 있던 비리를 고발하고 공론화함으로써 사회를 개혁하고 개선하는 역할을 감당하고 있지 않은가? 그런데 왜 교회는 그러한 세상만도 못하는가?'라며 슬퍼한다. 교회가 세상보다 더 비리와 범죄, 부조리에 민감해야 한다는 것이 그들의 주장이다. 그러나 이 그룹에 속한 사람들 가운데에는 그동안 목회자로부터 홀대를 받은 분들이 많이 섞여 있음을 알아야 한다.

중도파

LA에 오래 산 나로서는 제3의 그룹을 언급하지 않을 수 없다. 이 그룹을 나는 중도파라 명명한다. 그들의 색깔은 가려져 있다. 앞에 말한 두 그룹 중 어느 쪽에도 끼지 않으면서 숫자로 대결할 때 두 그룹의 핵심 멤버들의 마음을 괴롭힌다. '나는 그런 구질구질한 싸움에 끼지 않는다. 까마귀 싸움에 백로는 안 간다'는 식이다. 교회가 한 목회자의 범죄(?)로 바람 잘 날이 없는 동안 묘하게도 이쪽저쪽 그룹을 왕래하며 자신의 색깔을 나타내지 않는 그룹이 꽤 많다는 데 놀랄 것이다. 이들은 자신의 의견을 말하기를 자제한다. 회색분자에 가까운 사람들이다.

이 중도파 안에도 묘한 성도들이 끼어 있다는 사실을 알아야 한다. 이러한 목회자의 범죄(?)로 교회가 시끌시끌한 동안 이쪽저쪽을 기웃거리다가 아예 교회를 떠나는 사람들이 그 속에 끼어 있다. 또 끝까지 남아 관망만 하다가 대세가 유리한 쪽으로 붙는 사람들도 이 중도파에 있다. 어느 쪽이 기세를 잡든 자신은 아무 관계가 없다. 어느 쪽이든 시간이 흐르면서 교회가 어느 한편으로 기울어 평정이 되면 자연스럽게 그 그룹에 흡수되어 내가 언제 중도였느냐는 듯이 행동한다. 살기도 바쁜데 나는 그런 흙탕물에 끼지 않는다는 얌체족들이다.

목회자와 그룹들

필자의 경험에 의하면, 교회가 평정이 되고 죄(?)를 범한 목회자는 교회를 떠나고 새 목회자가 와서 교회가 틀이 잡혀갈 때에는 새 목회자가 강경파와는 같이 사역하기를 꺼리는 경우가 많다. 새 사역자는 이들 그룹을 다루기가 힘들며, 그들을 개국공신으로 받들어 모시는 일이 쉽지 않기 때문에 강경파들과는 서서히 거리를 두게 된다. 새 목회자가 온건파나 중도에서 어슬렁대던 이들과 사역을 하는 경우를 나는 무수히 봐 왔다. 교회가 사분오열되는 형국에서 이 범죄(?)한 목회자를 어떻게 처리할 수 있겠는가?

강경파와 온건파의 갈등이 가장 큰 문제가 된다. 서로 자신들의 주장이 옳다고 우긴다. 교회는 점점 혼란에 빠지고 깊은 상처를 서로 주고받으면서, 하나님께 예배드리러 오는 것이 아니라 상대 그룹을 넘어뜨리려는 전략을 가지고 전투하러 거룩하고 신성한 교회에 온다. 교회 구조상으로 재정권을 가지고 있는 그룹이 자신과 반대 그룹이면 헌금은 아예 하나님께 바치지도 않고 다음으로 넘기면서 교회에 재정적으로 압박을 주기 시작한다. 이러한 문제를 세상의 법으로 해결하려는 일이 허다하다. 변호사만 배부르게 한다. 어느 그룹이 세상 재판에서 이기든 상대는 또다시 문제를 들고 일어나 다시 세상 법정으로 가곤 한다. 이것은 하나의 '악순환'(惡循環)을 낳는다. 악순환이란 악(惡)이 점차 개선되기보다는 점점 더 악의 공고한 세력을 만들어 서로를 옴짝달싹 못하게 하는 굴레가 된다는 뜻이다.

자신을 아나뱁티스트 침례교인(Anabaptist Baptist)이라고 부르는 풀러 신학교의 글렌 스타센(Glen H. Stassen)은 그의 저서 《하나님나라의 윤리학》(*Kingdom Ethics*)에서 이를 '악순환'(a vicious cycle - the cycle of revengeful retaliation)이라 부른다. 분명한 것은 마태복음 5장 39절을 보면 예수님께서 "나는 너희에게 이르노니 악한 자를 대적지 말라 누구든지 네 오른편 뺨을 치거든 왼편도 돌려 대며"라고 말씀하셨다는 것이다. 사실 그동안 한국교회에서 벌어졌던 여러 가지 문제와 갈등은, 성적인 문제와 재정 문제를 포함해서 대체로 스타센 교수가 말하는 악순환의 형태로 고착되는 경우가 많았다.

이 시점에서 '한국교회가 지난 500년간 주류 교회로부터 외면을 받아 왔고 비난받아 왔던 아나뱁티스트로부터 귀한 가르침을 얻을 수 있지 않을까' 하고 생각해 본다. 왜 하필 아나뱁티스트(Anabaptist)인가? 그것은 그들이 중단 없는 개혁을 추구했기 때문이다. 그들은 로마 가톨릭 교회로부터 개혁을 촉구했던 종교개혁자들보다 훨씬 더 급진적인 개혁을 추구했다. 그래서 그들의 노선을 가리켜 '급진 종교개혁'(radical reformation)이라고 부르는 것이다. 그들은 성서의 가르침으로 돌아가고자 했고, 자신들의 교회를 초대교회의 전통 속에 위치시키고 싶어 했다. 이러한 그들의 열정과 노력이 주류 교회에게 밉보였으며, 아직까지도 주류 교회로부터 '재세례파'라고 경멸적으로 불리며 멸시당하고 있다. 하지만 바로 그들의 그러한 열정과 그들의 긴 고난의 체험이야말로 위기에 처한 우리 한국교회로 하여금 우리가 돌아갈 곳은 어디인지, 어떻게 그것이 가능한지를 알려 줄 수 있지 않을까 싶다.

제3의 길

아나뱁티스트(Anabaptist)들은 이러한 문제에 대해서도 제3의 길을 추구한다. 제3의 길이라고 했을 때 이는 완전히 새로운 주장이 아니다. 위의 두 그룹에서 주장하는 것 중에서 좋은 것들만을 가려 뽑아서 만드는 대안이라고 할 수 있을 것이다. 아나뱁티스트의 제3의 길은 한마디로 '구속적 길'(Redemptive Way)이라고 할 수 있다. 구속적 길은 모두가 사는 길을 말한다. 서로 상충되는 두 그룹 간의 갈등에서 어느 한쪽이 이기고 다른 쪽이 패하는 윈-루즈(Win-Lose) 모델이 아니라 할 수만 있으면 두 그룹 모두 살리는 윈-윈(Win-Win) 모델을 택하는 것이다. 그리고 그것이 성서의 가르침이고, 이러한 제3의 길이야말로 현실성이 있는 진짜 대안이라는 것이 아나뱁티스트의 생각이다.

글렌 스타센은 그의 《하나님나라의 윤리학》(Kingdom Ethics)에서 이러한 제3의 길을 '변혁적 주도 행위'(Transformative Initiative)라고 이름 붙였다. 이는 팽팽하게 맞서는 두 그룹의 적대 세력이 충돌할 때, 문제가 해결되기보다는 오히려 파괴적인 열매를 맺는 악순환에 빠지게 되기 때문이다. 이때 이러한 악순환을 깨부수고 주도적으로 진정한 대안을 창조해내는 행위가 필요한데, 이것이 바로 '변혁적인 주도적 행위'라는 말이다.

물론 이 모델은 구원하시는 하나님의 성품으로부터 나왔다. 디도서 2장 14절을 보면 "그가 우리를 대신하여 자신을 주심은 모든 불법에서 우리를 구속하시고 우리를 깨끗하게 하사 선한 일에 열심하는 친 백성이 되게 하려 하심이니라"라고 말하고 있으며, 아담과 하와가 범죄했을 때 그들에게 저주를 내리시면서도 그들에게 옷을 만들어 입혀 주신 하나님의 성품이 바로 아나뱁티스트가 강조하는 구속적 길이다. 그것은 모두가 사는 구원의 길을 찾으려는 노력이다.

더 나아가 가해자와 피해자의 원수 관계를 다시 이어 주고, 화해와 치유가 가능한 길을 모색하려는 시도다. 하나님께서 진정으로 원하시는 것은 죄인에게 벌주는 것이 아니라 그를 다시 살리는 것이다. 분명한 것은 이것이다. 하나님께서는 모두를 살리기 원하신다는 것이다.

글렌 스타센은 제3의 길을 '변혁적 주도 행위'(Transformative Initiative)로 설명하면서 마태복음 5장 40-42절을 인용하였는데, 39절 "악한 자를 대적지 말라……왼편도 돌려 대며"에서 '대적지 말라'는 말은 구약에서의 '눈에는 눈'(출 21:24; 레 24:20)과 대응하는 표현으로 '복수하다'라는 의미가 있다. '복수'는 복수를 낳는 악순환(a vicious cycle - the cycle of revengeful retaliation)을 거듭하게 된다. 이 구절의 의미는 '악한 자를 정죄하지 않는 마음의 태도를 가리킨다'고 설명하고, 42절에서 '이웃에 대해 열린 마음을 가지라고 요구'하고 있다.

교회가 어떤 이유에서든 간에 갈라서는 일은 없어야 하겠다. 목회자는 어느 한쪽에 서야 하는 어려운 입장에 놓이게 된다. "너희가 짐을 서로 지라 그리하여 그리스도의 법을 성취하라"(갈 6:2)라는 가르침을 토대로 볼 때, 어떤 조건하에서 화합할 수 있고 서로 마음의 상처를 회복할 수 있다고 생각한다. 갈라디아서의 말씀은 회복에 대한 말씀이지 어떤 특정한 죄나 특정 인물을 열거하지 않았다. 그리스도인을 회복시키기 위한 말씀이다. 그래서 하나님이 우리를 용서하신 것처럼 우리도 서로 용서해야 한다.

6. 개인적인 불편/불안정감(Personal inadequacies/insecurities)

목회하면서 목회자를 가장 힘들게 하는 것은 목회자 자신이다. 목회자 자리에 대한 불안정감, 은퇴에 대한 보장이 없음, 아내에게는 남편으로서 또 아이들에게는 아버지로서, 한 가정의 가장으로서, 교인들에게는 목회자로서 감당해야 할 책임감, '나는 진정 하나님 앞에 진정한 목회자인가' 등등 많은 문제들 앞에 나 목회자는 왜 이다지도 작아지는가?

목회자는 영적 결핍을 스스로 느끼게 된다. 목회자는 업무 과다로 쉽게 탈진하며 지치게 된다. 많은 일들과 같은 일들이 주마다 반복되기 때문이다.

엘리야의 모습을 보면서 목회자 스스로 탈진으로부터의 회복을 시도해야 한다. 열왕기상 18장에 나오는 엘리야의 모습은 다음과 같았다.

① 하나님을 전적으로 의지하고 당당한 엘리야: 850명의 바알 선지자들과 싸워 대승을 거둔다. 이들을 몽땅 다 죽여버린다. 전적으로 하나님을 의지하였다. 참 여호와가 누구인지 자신도 놀랄 정도로 진실로 살아 계신 여호와 하나님을 확신하였다.

② 실의에 빠지는 엘리야: 19장 1-8절에서는 엘리야가 실의에 빠지는 모습을 본다. 18장에서 아합을 비롯한 우상숭배자들에게 엄청난 충격과 놀라움을 주었다. 그러나 이세벨이 엘리야의 생명을 노린다는 소식에 유다 지역으로 도피의 길을 갔다. 극심한 좌절과 허탈감 속에 죽기를 구한다(3-4절). 엘리야의 모습에서 보듯이, 인간인 목회자는 투철한 신앙의식을 가지고 있다 해도 하루아침에 흔들릴 수 있는 연약한 존재이다. 목회자가 바라는 대로 일이 진행되지 않을 때 깊은 좌절과 실의에 빠진다.

③ 위로해 주시는 하나님: 실의에 빠져 죽기를 구했던 엘리야에게 하나님은 찾아오셔서 엘리야를 어루만지고 용기를 불어넣어 주신다(5-8절). 허탈해하고 지친 목회자들에게도 하나님은 찾아오신다. 찾아와 어루만져 주시고 용기를 불어넣어 주시기 때문에 목회자들은 오늘도 승리하는 삶을 위해 굳건히 선다.

④ 엘리야를 찾아 주신 하나님(19장 9-18절): 엘리야가 브엘세바 로뎀나무 아래서 비탄에 잠겨 있을 때 하나님의 사자의 도움을 받고 40일을 주야로 행한 끝에 하나님의 산 호렙에 이르러 그곳 한 굴에 유한다(9절). 그곳에서 새로운 힘과 사명을 부여받는다(15-18절). 목회자는 하나님과의 깊은 교제를 통해서 하나님의 뜻을 조금이나마 분별하며 하나님이 주시는 새로운 힘으로 좌절과 낙망되는 일도 극복할 수 있어야 한다.

7. 공인으로서 관찰의 대상(Public scrutiny)

목회자는 한 교회를 담당하고 있는 목사이며 한 공동체를 대표하는 공인이다. 오늘날 많은 한국의 목회자는 사회의 관심의 대상이 되고 있다. 대형 교회이든 소형 교회이든 그 교회가 속해 있는 지역사회에서는 더욱 그렇다. 목회자들이 지역공동체에 끼치는 영향력이 지대하기 때문이다. 목회자의 말 한마디, 일거수일투족이 지역사회와 교회 성도들에게는 초미의 관심사와 관찰의 대상이 된다.

지역사회에서 간행되는 일간지에 칼럼이라도 쓰고 있다든지 여러 미디어를 통해 설교가 방영되고 있다면 더욱 그러하다. 이러한 관심이 목회자들에게는 엄청난 부담을 줄 수 있다. 일반인들이나 교회 성도들의 눈을 피해 마음 놓고 사모와 같이 상점 한 번 가는 일도 나가기 전 많은 것들을 생각해야 한다. 머리 모양, 옷매무새, 어떤 종류의 색깔의 옷을 입을까 등등 외모에 신경을 엄청 써야 하는 곤욕을 치른다. 목회자는 항상 단정해야 한다는 강박관념이 있기 때문이다. 어떤 보이지 않는 울타리에 갇혀 있는 기분일 것이다. 많은 긴장을 준다.

가정이 지나치게 노출되기도 한다. 목회자 구성원 하나하나가 관찰의 대상이 되며, 때로는 기대치에 미치지 못했을 경우 비난의 대상이 되기도 한다.

8. 영웅/유혹으로부터 구해 주는 사람-메시아 콤플렉스(Hero/rescuer temptation-Messiah complex)

목회자들에 대한 기대치가 높아 때로는 목회자는 무엇이든지 잘 해결한다는 잘못된 생각을 하곤 한다. 다음 세 가지로 요약하며 우리들이 가지고 있는 목회자에 대한 사고방식을 어느 정도 수정했으면 한다.[32]

첫째, 목회자를 만능선수로 생각하는 것이다.

역사를 통해 볼 때, 목회자만큼 수많은 과제들을 동시에 수행하도록 요청된 직종도 없었다. 그러나 역사적으로 볼 때 목회자의 역할은 전문가라는 의미로 정의되어 왔다. 리처드 백스터(Richard Baxter)는 교리문답 교수였으며, 찰스 스펄전(Charles Haddon Spurgeon)은 설교가였고, 조

---

[32] 송대근, "목사란 누구인가"(이상준 재인용, 2015년 5월 25일, http://leesangjun.org/?page_id=565)

지 휫필드(George Whitefield)는 부흥사였다. 물론 이들은 다른 일도 수행하였지만, 그들의 명성은 그들이 집중한 전문 영역에서의 탁월성으로 인해 얻어진 것이다. 간단한 문장으로 표현해 보면, '많은 목회자들이 너무 많은 일을 하려고 하기에 결과적으로 하나도 잘하지 못한다.'

둘째, 목회자를 최고경영자(CEO)로 생각하는 것이다.

목회 사역에 관해서 오늘날 발간되는 많은 책들이, 은연중에 현대 교회의 쇠퇴에 대한 해결책으로 효과적인 최고경영자적 목회방법론을 제시하고 있다. 그리고 이러한 책들은 대형 교회의 성공 비결이 우수한 최고경영자들에 의한 것이라고 암시한다. 물론 목회 행정의 중요성을 인정하지만, 영적인 능력 없이 교회에서 조직 운영과 경영의 탁월함만을 추구하는 것은 껍데기에 불과하다.

셋째, 오늘날의 목회자들은 심리치료사로 여겨진다.

과거의 일대일 목회는 사람들이 하나님과 관계를 맺으면서 갖게 되는 사람들의 영적인 필요에 그 초점을 맞추었다. 그러나 오늘날 목회자들은 공동체와 개인의 문제를 풀어 주는 사람으로 인식이 바뀌어 갔다. 물론 상담은 틀림없이 중요한 사안이다. 그럼에도 불구하고 목회자의 사역에 있어서 가장 중요한 일로 상담을 꼽는다거나 많은 시간을 상담 사역에 투자하는 것은 비성경적이다.

9. 한 가지 실수로 모든 것을 잃어버린다(One mistake can overshadow a thousand goods)

목회자가 관리해야 하는 부분은 너무 많다. 영성 관리, 목회 관리, 인품 관리, 지적 관리, 재물 관리, 그리고 가정 관리 등이다. 모든 관리를 완벽하게 하는 목회자는 드물 것이다. 그러나 대부분의 목회자들은 사역하면서 최선을 다한다고 보아야 한다. 어느 한 분야가 부실하여 성도들에게 과하게 노출되었을 경우는 잘 관리된 나머지 분야도 덤으로 묶여서, 관리가 매우 부족한 목회자로 내몰린다.

이 많은 분야의 관리를 자세히 서술하는 것보다는 외부로 노출(?)되기 쉬운 분야 몇 가지를 좀 더 심도 깊게 다룬다.

인품 관리

(1) 반드시 시간을 엄수하라.

시간을 지킨다는 것은 사회적인 계약의 이행이다. 그러므로 시간 개념에 대한 정확성은 현대사회에 인격의 기준처럼 여겨지고 있다. 특별히 교회의 지도자로서 시간 엄수는 기초상식이며 필수적인 것이다.

(2) 심방도 계획을 세우고 규칙적으로 하라.

성경적 연원은 어디에 있는가? 잠언을 보면 "네 양 떼의 형편을 부지런히 살피며 네 소 떼에 마음을 두라"(잠 27:23)고 하였고, 예레미야는 다음과 같이 기록하고 있다.

> "그러므로 이스라엘 하나님 나 여호와가 내 백성을 기르는 목자에게 이같이 말하노라 너희가 내 양 무리를 흩으며 그것을 몰아내고 돌아보지 아니하였도다 보라 내가 너희의 악행을 인하여 너희에게 보응하리라 여호와의 말이니라"(렘 23:2).

여기에서 '돌아본다'는 히브리어에는 '방문하다'라는 의미가 있다. 이것이 구약성경에 나타나는 '심방'이다. 이 심방의 핵심 관심은 서로를 기억하거나 생각하는 것과 동일한 것으로 행동화하는 것이다. 목사가 심방한다는 것은 예레미야 선지자처럼 상처를 치료해 주고, 그들을 간호하며 모으는 것과 같은 것들로서 양 떼를 돌보는 것을 의미한다.

(3) 토요일은 주일을 준비하는 날이므로 외출을 삼가라.

토요일은 목회자에게 매우 중요한 날이다. 다음 날 예배를 준비하며 묵상과 기도와 전달할 말씀을 상기하며 만반의 준비를 하는 날이다. 위급한 일이 아니라면 부목사에게 일임해도 되리라 본다. 목회자는 단지 다음 날 예배를 위해 마음을 가다듬고 준비하는 날로 삼아야 한다.

(4) 언행일치에 전념하라.

리처드 백스터는 '개혁된 목회자'(The Reformed Pastor)라는 원제를 가진 《참 목자상》(생명의 말씀사)에서 목사직에 대한 철저한 자기 점검이 전제되어야 함을 강조하고, 언행일치를 강조하고 있다.

> "아, 목회자들 중에 설교는 무척 조심스레 하면서 그 삶은 부주의하게 사는 사람을 나는 많이 보았습니다. 그들은 설교를 매우 세심하고 정확하게 준비하기 때문에 설교에는 흠잡을 데가 거의 없습니다. 그러나 일단 실천의 문제로 오면 상황이 달라집니다. 저들은 교회 밖으로만 나오면 부주의해져서 언행에 신경을 쓰지 않습니다. 이로 인해 얼마나 큰 불명예가 초래됩니까"(51쪽, 표10에 있는 '목회자가 개선해야 할 점'과 '개신교를 신뢰하지 않는 이유'를 참고하라).

설교는 정확하게 하려고 애쓰면서 삶은 정확하게 살려고 하지 않는다. 우리가 진정한 그리스도의 종이라면, 언어로뿐만이 아니라 우리의 행위로도 그를 섬겨야 한다. 우리는 설교를 잘하는 법뿐 아니라 생활을 하는 법도 열심히 공부해야 한다. 만약 영혼 구원이 그대의 목적이라면, 그대는 강단 위에서뿐만 아니라 강단 밖에서도 이를 위해 살아야 한다. 설교를 잘하는 목회자뿐 아니라 행동을 잘하는 목회자가 되어야 한다.

(5) 어떤 실수가 있었을 시에는 즉시 사과하라(개인에게든 교회에게든). 실수를 깨달았을 때에는 즉시 사과하라. 실수 자체는 잘못이 아니다.

(6) 아무리 출석교인 수가 많은 교회라도 교인들의 이름을 기억하기 위

해 노력하라.

교인들에게 전 교인의 이름을 기억하지 못하는 사실을 말하고, 목회자와 만났을 경우 교인이 먼저 '저는 어느 구역 소속 누구입니다'라고 말하도록 훈련시킨다.

(7) 홀로 사는 가정의 심방은 신중하게 하라.
홀로 계신 분의 가정 방문이 필요할 때에는 사모를 동행하고, 여의치 못할 경우는 남자 부교육자와 동행하라.

(8) 여신도와 홀로 있지 않도록 주의하라
여신도에게 어떤 우선권이나 편의를 주지 마라. 공연히 의심을 살 만한 일을 하지 마라. 신도들은 가십 란에 오르는 일에 대하여 민감하다. 단둘이 있었다는 자체가 입에 오르내리기 쉬운 일이 된다.

(9) 상담자와의 치유적인 관계 속에서 일어날 수 있는 역학 관계를 이해해야만 한다.
사무실에서 두 사람이 홀로 있고, 또한 상담자의 삶 속에서 일어난 공개되지 않은 사적인 비밀들을 나누는 대화 속에서는 누구에게나 성적 욕구가 쉽게 일어나게 되어 있다. 따라서 상담을 위해서 찾아오는 사람들은 목회자를 가장 믿을 수 있고, 친절하고, 이상적이고, 정서적으로 안정되어 보이며, 지혜롭고, 차분한 사람으로 받아들이기 쉽다.
또한 상담을 위해서 남성 목회자에게 찾아오는 70% 정도의 여성들은 과거에 어떤 형태로든 학대 경험을 가지고 있다는 점도 잊지 말아야 한다. 이 말은 단순한 위로 차원의 만남을 위해서 목회자에게 찾아오는 것이 아니라는 뜻이고, 전문가들에 의한 전문적인 상담 치료를 필요로 한다는 뜻도 된다. 물론 목회자들이 섣부르게 접근할 수 있는 영역이 아니라는 뜻도 된다.

(10) 예방책을 강구하기를 바란다.

목회 현장에서 이성과의 상담은 피할 수 없는 것이다. 그러므로 성적 타락에 빠지지 않으려면 목회자 스스로의 경계가 필수이다. 목회자 스스로 상담에 관한 수칙을 미리 만들어서 교인들에게 공고하고, 찾아오는 상담자들에게는 미리 상담의 횟수를 4~5회로 제한하는 것을 알리는 것도 한 지혜이다. 목회자 스스로도 상담 중에 발생하는 자신의 감정의 변화에도 민감하게 대처해야 함은 물론이다.

(11) 성령의 능력에 의지하여야 한다.

무한한 성적 유혹에 맞서야 하는 것이 목회자의 몫이다. 그리고 이 유혹을 완전히 피할 길은 없다. 그러나 목회자가 성령의 힘에 의지함으로 목회자 자신의 힘을 의지하는 것이 아니라 하나님의 능력의 보호를 얻을 수 있다. 성령께 의지함 속에서 이성과의 목회적인 관계를 건강하게 만들어 갈 수 있다.

(12) 목회자들이 이성과의 상담에 필요한 수칙들을 지켜라.

① 의심을 살 수 있는 교회의 이성과의 흠잡힐 만한 만남은 삼가야 한다. 한 예로, 자기 자신을 보호하는 차원에서라도 차 안에서 이성과의 개인적인 대화를 하거나, 아무리 동정이 가는 과부라도 절대로 혼자서 그분의 집을 방문하지 말아야 한다.

② 아무도 비난이나 의심을 할 수 없도록 상담실의 문을 열어 놓는 방침을 실행해야 한다. 전도자 빌리 그레이엄이 좋은 예로, 그는 목회 초기 시절부터 이 방침을 실행해 왔다고 한다.

③ 이성과의 상담이 있을 경우 당신의 배우자나 동성의 다른 사람이 반드시 같이 있어야 한다.

④ 상담 내용은 절대 비밀로 한다는 것을 상담자에게 주지시켜야 한다. 기독교 상담의 어려운 점은 상담 받는 자가 자신이 상담한 내용이 목회자를 통해서 다른 사람에게 알려질 것을 두려워한다는 것이다.

따라서 목회자는 절대로 상담 내용에 대해서 확실하게 비밀을 보장해 주어야 하며, 어떤 내용도 설교나 성경 공부 등을 통해서 누설되지 않도록 해야 한다.

⑤ 상담에 너무 많은 시간을 할애하지 말아야 한다. 목회자는 전문 상담자가 아니다. 자신의 영성 관리, 지나친 감정적인 결합의 위험성, 효과적인 시간 관리 면에서 도움이 되지 않는다.

⑥ 상담 처음부터 목회자에게 상담을 받으러 오는 사람은 반드시 스스로 그의 마음속에 상담의 필요성을 인식해야 하고, 하나님만이 진정한 상담자이심을 인식하고 주지시켜야 한다. 목회자는 해결사가 아니다.

⑦ 또한 상담 받는 사람은 교회에 반드시 출석해서 하나님의 능력을 예배를 통해서 발견할 수 있도록 해주어야 한다. 목회상담은 성경적이어야 하며, 상담 받는 사람 스스로 실생활과 밀접한 연결과 적용이 있는 설교를 통해서 보다 깊은 하나님과의 만남을 통한 치유가 있도록 해야 한다.

⑧ 상담이 지속되다 보면 목회자와 상담 받는 자 간에 감정적인 연결이 깊어지게 마련이다. 또한 상담에 있어서 목회자는 비전문가이다. 한 사람을 상대로 네 번 이상 만나는 것은 목회자 자신의 정서 관리에도 도움이 되지 않는다.

⑨ 목회자들도 지역 내의 전문 상담가들의 연락처들을 가지고 있어야 한다. 한국어가 가능하고, 기독교 신앙을 갖고 있고, 전문 면허를 가진 정신과의사들이나 상담 전문 훈련을 받은 상담가들은 목회자 자신이 가진 비전문성의 한계를 해결해 줄 수 있다. 또한 목회자와 상담 받는 자의 감정적인 결합을 방지할 수도 있고, 목회자의 시간 관리에도 큰 도움이 된다.

⑩ 개인적으로 목회자들은 자신의 배우자들에게 어디에 있으며, 무엇을 하는지에 대해서 충실히 알려 주어야 한다고 생각한다. 이는 전통적인 한국적인 사고에 젖은 목사님들에게는 부당하게 들릴지 모르지만 사모에게도 자신의 배우자가 어디서 무엇을 하는지 알 권리가 있음을 인식해야 한다.

⑪ 목회자는 자신의 상담 목표를 상담 받는 자의 문제를 해결해 주는 것에 두지 말고 상담자 스스로 문제의 해결(답)을 발견하도록 돕는 것에 두어야 한다. 한마디로 상담자의 문제는 상담자가 스스로 풀도록 그가 가진 인격을 존중해 주어야 한다는 뜻이다.

(13) 현재 사역지는 하나님이 허락하신 종착역임을 알고 목회에 임하라.
목회자 자신이 개척한 교회에서는 대부분의 목회자는 너무나 열심히 목회를 한다. 그곳에 자신의 열정과 사랑과 애착이 있으며 비전을 가지고 사역한다. 그러나 중앙집권체제를 갖추고 있는 감리교 계통의 교회에서 가끔 목회자의 나태한 모습을 볼 수 있음은 가슴 아픈 사실이다. 이곳에서 적당히 하다 교인들의 배척을 받으면 중앙부에서 다른 곳으로 전출을 시키기 때문은 아닌지 궁금하다. 다시 말해서 다음 사역지가 보장되어 있을 시에는 전력투구를 하지 않는다는 말이다. 목회자는 하나님의 기름 부음을 받은 자이다. 어느 곳이나 사역장에서는 최선을 다하여야 한다.

(14) 당신을 여러모로 괴롭히는 성도가 있다면 사모와 같이 6개월 정도 매주 한 번씩 식사를 같이 해 보라.
그는 결국 변할 것이고, 당신 편이 되며 교회에 좀 더 참여할 것이다. 임동선 목사님(LA동양선교교회 원로목사)의 경험을 예로 들어 보자. 개척 초창기에 한 안수집사가 제직회 때마다 오랫동안 교회의 불만을 토로하곤 하여 교인들도 지치고 임 목사님도 그를 귀찮은 존재로 생각하게 되었다. 그래서 목사님은 그 집사의 부부를 6개월 동안 격주로 점심에 초대하였다. 서로 만나면 가족 이야기, 건강 이야기 등등 교제를 나누었다. 그러면서 정이 들기 시작하여 그 집사가 점점 변하여 장로가 되고, 25년간 교회를 잘 섬기고 은퇴 후에도 아직 교회를 잘 섬기고 있다. 목회자가 먼저 마음문을 열고 사랑하기 시작하면 어떤 성도라도 변하게 마련이다.

(15) 부사역자들을 사랑하라.

부교역자는 당신의 경쟁자가 아니라 당신을 돕는 이들이다. 그들을 인간적으로 대하도록 노력하라. 그들도 언젠가는 담임목사와 마찬가지로 단독 목회의 꿈을 꾸고 있다. 좋은 스승 밑에서 좋은 제자가 길러진다.

(16) 대인관계를 원활히 하라.

목회자의 대인관계가 악화되어 발생하는 목회자의 상한 감정은, 기간이 길어질수록 혹은 목회자 자신이 느끼는 좌절의 골이 깊어질수록 당사자는 심리적 불안정 혹은 공황 상태를 경험하게 마련이다. 이는 인간의 본능에 연관된 것으로, 본인이 아무리 감정을 스스로 절제한다 해도 발생할 수 있고 신앙 안에서도 발생할 수 있다. 이런 불안감은 모든 목회자에게 매우 위험한 요소가 될 수 있다.

이런 상태가 지속적으로 유지되는 경우, 목회 당사자는 비이성적 사고와 오해, 분노와 우울함 등의 감정에 노출될 수 있다. 이런 현상이 일시적일 수도 있지만 경우에 따라서는 무기력증과 의욕 상실을 함께 불러올 수도 있고, 심한 경우에는 피해의식이 깊어지면 파괴적이거나 편집증적 증세를 보일 수도 있다. 이런 상태에서 받는 압박감을 회피하려다 보면 자신도 모르게 자기의 정신적 육체적 학대, 성 도착증과 같은 이성 문제, 도박이나 중독성 약물 등의 문제들로 비약되기도 한다. 이때의 최대 피해자는 목회자의 배우자와 자녀, 그리고 교회가 된다.

(17) 자기 변화를 위해 실천하라.

자기 변화에 적극적인 목회자는 사회에서나 교회 목회에서 성공할 확률이 높다. 자기 변화를 위하여 성경적이라면 해야 할 것을 해라. 바로 실천하라.

(18) 자신만의 비전을 가져라.

비전(Vision)이란 높고 올바른 꿈을 말하며 원대한 목표가 된다.

(19) 항상 자신감을 가져라.

자신을 존중하는 마음과 자신감을 가지고 목표를 향해 최선을 다하라. 그러면 최상의 결과가 주어질 것이다. 하나님은 항상 당신과 같이 동행하시므로.

(20) 신념을 가져라.

하나님은 인간이 무한한 가능성을 지니도록 창조하셨다. 늘 하나님과 동행하며 관계를 유지하는 신념을 가져라. 하나님은 당신을 통해 그의 사역을 이루시리라.

(21) 긍정적인 사고방식을 가져라.

긍정적인 사고방식은 희망차고 밝은 미래를 가져다줄 것이다. 긍정적인 마음은 오늘의 실패도 승리로 전환시키는 힘을 가지고 있다.

(22) 말을 조심하라.

한 번의 말실수로 돌이킬 수 없는 후회를 하는 경우가 많다. 한 번 내뱉은 소리는 다시는 주워 담지 못한다. 듣는 상대방의 입장을 생각하여 말하는 지혜를 하나님께 구하라.

(23) 일에 몰두하는 습관을 들여라.

자신에게 조금의 빈틈도 주지 않도록 일에 몰두하라. 자신에게나 옆에서 보는 사람이나 모두에게 아름답게 보인다. 모든 잡념을 버릴 수 있다.

(24) 여성도와는 개인석상에서나 공개석상에서나 가벼운 신체적 접촉도 삼가라.

사모 아닌 여성과의 악수와 가벼운 포옹(Hug)은 개인석상에서든 공개석상에서든 절대 금물이다. 오해를 살 여지가 많을 뿐더러 좋지 못한 관계는 이성 간의 터치(Touch)가 시작이라는 사실을 잊지 마라.

재물 관리

(1) 심방 대가로 돈을 받지 마라.
심방 대가로 돈이 든 봉투를 주면 겸손하게 거절하라. 그 돈은 심방 감사헌금으로 다음 주일 하나님 앞에 헌금으로 내는 것이 은혜롭고 목회자도 떳떳하다. 예화 한 가지 말한다면, A교회 담임이었던 K목사가 국가 연금으로 살아가는 어느 권사님 집을 심방하고 나오는데 권사님이 100달러가 들어 있는 봉투를 목사에게 건넸다고 한다. 그는 얼른 봉투를 열어 보고 "내가 이렇게 가난한 줄 알았습니까? 그냥 이 돈은 용돈으로 쓰세요"라고 말하고 봉투를 그 연로하신 권사님께 돌려주었다. 이에 권사님이 너무 마음이 상하여 한동안 기도하며 울었다고 한다.

(2) 금전에 대해서는 철두철미하게 정직해라.
아무리 적은 액수의 영수증이라도 회계부에 제출하라.

(3) 교회 헌금을 사유재산이라 생각하지 마라.
목회자들의 윤리 문제에 있어서 가장 넘어지기 쉬운 것이 성문제와 더불어 '물질 문제'이다. 교회 헌금을 사유재산으로 생각하는 것은 잘못이다. 최근 목회자들 중에는 사역하면서 교회를 자신의 기업처럼 운영하는 이들이 있어 교회 및 목회자의 부패의 원인이 되기도 한다. 이런 목회자들은 교회 재정의 투명성을 흐리며, 성도들이 교회 헌금이 어디에 어떻게 사용되는가를 전혀 알지 못하게 함으로 교회 헌금을 사유재산처럼 사용하게 된다.

사례비 외 도서 구입비, 차량 유지비, 사택 유지비 등 판공비가 많은 대형 교회 목회자들의 경우 얼마든지 교회 헌금을 유용할 수 있는 공백이 있으며, 교회 내 견제기구가 따로 없고 담임목회자의 권한이 강한 경우는 교회 헌금의 유용을 막을 방패가 허술하다. 그래서 일부 한국 대형 교회 목회자들이 교회 헌금을 빼돌려 초호화 주택이나 자동차를 구입하고, 선교여행을 빌미로 한 외국 여행 등을 하고 있어 문제가 야기되기도 한다. 이뿐 아니라, 목회자가 은퇴할 때가 다가오면 교회를 분열시켜 은퇴비 및 교회 개척비 명목으로 수천만 원에서 수억 원까지 챙기는 목회자들도 있어 문제가 심각하다. 다음과 같은 영어 문구를 기억하자.

Do not leave your fingerprints on what belongs to God alone.
(하나님께 속한 것에 당신의 지문을 남기지 말라.)

(4) 부흥회에서 받은 사례비는 교회에 반납하라.
대부분의 목회자는 부흥회를 갈 때에 목회자의 품위비로 다소 얼마간의 돈을 교회로부터 받는다. 그리고 부흥회를 하는 교회로부터 부흥강사비로 돈을 받는다. 그리고 본 교회로부터 그달의 봉급을 받는다면, 본 교회의 입장으로 보아 설교와 교회를 비웠음에도 그달 봉급은 지급되는 것이다. 그러면 목회자는 두 곳에서 돈을 받는 것이다. 봉급을 받는 한 강사료로 받은 강사료는 의당 교회 회계과에 내놓아야 한다.

(5) 예산 편성에는 참여하되 실행에는 관여하지 마라.
예산 편성 시에는 적극적으로 참여하고 다음 회계 연도에 교회의 비전 실행에 필요한 금액을 반영토록 하라. 그러나 예산 실행에 대하여는 보고만 받아라.

(6) 교인들의 헌금 내역을 알려고 노력하지 마라.
대부분의 목회자는 헌금액수의 크기를 믿음의 크기로 보는 경향이 있다. 교인들의 헌금 내역을 알게 되면 그를 볼 때마다 그 성도가 내는 헌금의 액수만큼 그를 대하는 잘못을 저지른다.

지난 이야기 한마디 하자. 내가 1970년경 이곳 나성에 있는 A장로교회에서 서리집사로 회계 파트에서 봉사할 때에 C목사님이 교회로 부임하셨다. 부임하여 첫 주일 예배가 끝난 후, 구석에서 헌금을 정리하고 있는 곳으로 와서 내 이름이 무엇이냐고 물었다. 내가 "최 집사입니다" 하고 대답하자 내게 부탁이 있다고 했다. '헌금이 정리되면 성도들의 헌금 내역을 가져다 달라'는 요구였다. 왜 그런지 물어보았더니 정중하게 "내역을 알면 목회에 도움이 됩니다. 협조해 주세요"라고 대답하였다. 그래서 나는 단호하게 말했다.

"저는 임명된 서리집사지만, 제가 서리 회계집사로 있는 동안은 각 항목 집계만 보고하겠습니다. 알려고 하지 마십시오. 알기를 원하시면 회계집사를 바꾸십시오."

그랬더니 C목사는 내 손을 덥석 잡으면서 "최 집사, 내가 생각이 짧았네요. 당신 말이 맞아요. 내가 이 교회에 시무하는 동안은 각 성도들의 헌금 내역을 알려고 하지 않겠습니다. 내 생각이 짧았던 것을 용서하시고, 열심히 봉사해 주십시오"라고 말씀했다. 그리고 그 목사님은 그 후 18년간을 무사히 교회에서 사역하시고 명예롭게 은퇴하셨다.

(7) 교인들의 대접에 보답하라.

교인들로부터 개인적으로 대접을 받았을 시에는 반드시 당신의 돈으로 대접하라. 그렇지 않을 경우 '목사는 받아먹기만 즐긴다'고 소문난다. 속된 말로 목회자를 비아냥거리며 목사라 부르지 않고 '먹사'라 부른다. 한국의 목회자는 성도들의 사랑을 너무 쉽게 받는 경우가 많다. 가급적이면 지나친 정도의 것은 과감히 사양하거나 받아서 교회 회계과에 반납하여야 한다. 그리고 그 내용이 본인에게 전달될 수 있는 방법을 찾아 청빈의 의미를 알려 주어야 한다. 그리고 감사의 표현을 위하여 전화 또는 서신을 활용하는 습관을 키워야 한다.

가정 관리

(1) 월요일은 목회자의 휴식일이다.

목회자의 휴식일인 동시에 사모와 자녀들을 위한 날이기도 하다. 가족과 같이 즐겨라. 가족들은 매일매일 남편이자 아이들의 아버지인 목회자 한 사람만 바라보고 산다. 그들은 남편, 아버지와 조용하고 즐거운 시간을 갖기를 갈망하고 있음을 잊지 마라. 사모의 불만을 희석시킬 수 있다. 월요일은 전화도 받지 마라. 위급한 경우에는 받은 메시지를 선별해서 답하라.

(2) 가정에서도 언행일치를 하라.

가정에서도 언행일치를 하는 것을 원칙으로 하라

(3) 사모와의 사랑을 공개하라.

사랑을 교인들에게 알릴 필요가 있다(설교 시간에 아주 잠깐씩).

(4) 사모와의 성생활을 최대한 즐겨라.

하나님이 당신에게 주신 사모는 영원한 동반자요, 사모는 당신에게 가장 아름다운 사람이며 하나님께서 주신 배필이다. 사모도 여자이고 당신도 남자다. 남자로서의 기능을 다하라.

다음은 1993년 6월호 〈목회와 신학〉에 게재되었던 장동섭 교수의 기사 "목회자의 부부관계를 위협하는 요인들"에서 부분적으로 발췌했음을 알린다. 장 교수의 '성' 문제에 관한 글에 대하여 논란이 있음을 알지만 용기를 내어 싣는다.

목회자의 부부관계를 위협하는 요인들은 여러 가지 각도에서 분석해 볼 수 있으나 ① 방치된 사모 신드롬, ② 부부 갈등에서 오는 분노, ③ 성에 대한 마찰로 범위를 좁힐 수 있을 것이다. 성은 결혼 만족도를 알려주는 온도계와도 같다. 성생활의 만족과 불만족은 부부생활 전체의 질을 가늠해 주기 때문이다.

목회자 부부의 성생활에 직접적으로 영향을 미치는 요인은 무엇인가?

첫째로, 교회 사역의 늘어나는 요구 때문에 목사 사모는 소홀히 취급되기가 쉽다.

스티넷과 디프레임(Stinnett & Defram)이 조사한 바에 의하면, 모든 건강하고 행복한 가정은 가족이 시간을 함께 보내는 것을 특징으로 하고 있다. 건강한 가정의 특징을 연구한 큐란(Curran, 1983)도 행복한 가정은 "식구들 사이에 대화가 많으며 피차 경청할 줄 안다. 특별히 식탁이나 잠자리에서 대화가 많다. 책임을 함께 공유하고 함께 일하고 함께 여가를 보내며, 함께 웃을 줄 안다"고 보고하고 있다.

그런데 목회자 가정은 어떠한가? 다른 모든 직업에는 출근과 퇴근이 있다. 그러나 목회자 부부에게는 출퇴근이 없다. 저녁시간을 식구끼리 함께 보내려고 하는데 급한 전화가 걸려온다. 평신도 가족이 주말 계획을 세우고 있을 때 설교 준비 등 교회 일로 바쁜 것이 목회자 가정이다. 항상 못다 한 일이 기다리고 있다. 주일 아침, 저녁 예배, 금요철야 기도회, 새벽기도 외에도 예상치 못한 시간에 걸려오는 전화, 제직회, 심방, 병원에 입원한 성도의 문병, 장례, 결혼 집례……일 년 열두 달 끝없는 일의 연속이다. 한 사모는 끊임없이 계속되는 일에 대한 요구를 '무저갱'(bottomless pit)이라고 표현했다. 사모가 큰 소리로 "나에게도 시간을 주세요"라고 외치지 않는 한 사모의 '신음하는 소리'는 목회자에게 인지되지 않은 채 사모의 외로움과 공허감은 깊어만 간다.

사모의 불평은 남편이 가족과 보내는 시간이 적을 뿐만 아니라 가족과 보낼 수 있는 시간을 예측할 수 없다는 데 있다. 목회자 사모는 극히 난처한 상황에 처해 있다. 사모는 목회자의 사모이기 전에 한 사람의 아내와 어머니로서 남편의 시간과 사랑을 필요로 한다. 개척 교회나 중형 교회에서 남편은 점점 더 교회 사역에 바쁘다. 그럴수록 사모는 남편을 원한다. 사모는 목사에게 자신에게 주의를 더 기울여 달라고 요구하면서도 죄책감을 느낀다. 그러지 않고 참고 있으면 사모는 버림받은 느낌을 받는다. 이러나저러나 사모의 자리는 어렵다.

목사님의 시간과 관심을 독차지하고 있는 교인들에 비해 사모님과 아이들은 버림받은 심정을 느끼며 살 때가 많다. 어떤 목사님은 젊은 집사님과 어울려 심방을 다니면서 사모는 가정에 방치하기도 한다. 목회 성격상 목사는 늘 많은 여성에게 둘러싸여 생활한다. 남편으로부터 받아야 할 관심과 사랑을 박탈당한 사모님은 속으로 분노와 좌절감을 되씹게 마련이다. 그렇다고 해서 터놓고 화를 낼 수 없는 사모님은 자신에게도 시간을 달라고 잔소리를 하게 된다.

솔로몬은 다투며 성내며 바가지 긁는 여인과 함께 사는 것보다 광야나 움막에서 혼자 사는 것이 더 낫다고 했지만, 목회자는 사모가 자신의 기본적 욕구가 채워지지 않음으로 인해 생기는 분노를 간접적으로 표현하고 있음을 알아야 한다. 직접적인 대화로 분노의 감정이 해소되지 않으면 사모님은 자기도 모르는 사이에 목사님을 비판하는 사람이 되고, 좌절감과 분노가 누적되면 이것이 심장병, 당뇨병, 위궤양, 시력 감퇴와 같은 신체적인 증상으로 나타난다.

방치된 사모는 결국 공개적인 장소에서도 목사의 사역을 비판하기도 하는데, 좋은 뜻으로 목회를 돕는다고 하는 말이지만 목사는 그런 비판에 상처를 받고 낙심하며 사모에게서 더 멀어지고 교회 일에만 더 몰두하게 된다. 필요로 하는 것은 격려와 칭찬의 말인데 사모는 계속 충고만 한다. 사모는 도움을 주었다고 느끼지만, 목사는 무시를 당했다고 느낄 뿐이다.

지난 20년 동안 600명 이상의 목사와 선교사만을 전문적으로 상담해 온 루이스 맥버니(McBurney, 1986) 박사는 억압된 분노와 스트레스가 목이 뻣뻣해지거나, 두통이나 허리통증, 피로감과 같은 근육통 증세로 나타나거나, 위궤양, 변비, 당뇨병과 같은 소화기 계통의 질환으로 나타나거나, 아니면 불감증, 발기불능, 성교 통증, 월경 불순과 같은 생식비

뇨기 장애 등 각종 정신 신체 질환으로 나타난다고 경고하고 있다.

아픈 사모는 주의와 관심의 대상이 된다. 병세 초기에는 몸져누워 있는 사모님이 사랑을 받지만, 부부관계가 호전되고 병세가 호전되지 않으면 목사는 제 기능을 못해 주는 사모에게 적개심을 느끼게 된다.

남편에게 버림받은 사모는 무의식적으로 보복할 수도 있고 의식적으로 남편의 무관심에 맞대응할 수도 있다. 남편이 사모를 계속 등한시하면, 사모는 집안 살림을 소홀히 하거나, 목회에 비협조적이거나, 돈을 이기적으로 사용하거나, 성생활을 거절하거나, 남편을 멀리하거나, 심하면 아예 바람을 피움으로 보복 심리를 나타낼 수도 있다.

둘째, 부부 갈등으로 부정적인 감정이 생겼을 때 이를 원만한 대화로 해소하지 못하면 이것이 침실의 마찰과 불만으로 이어진다.

자녀 양육에 대한 의견 차이로 갈등을 일으키고, 재정 관리도 문제가 된다. 외식을 할 때 어떤 음식점을 택할 것인가, 몇 시에 잠자리에 들고 몇 시에 일어날 것인가, 누가 먼저 목욕을 할 것인가를 놓고 갈등과 싸움이 일어날 수 있다. 사랑이 넘치는 목회자 가정에서 이것은 견딜 수 없는 불협화음을 자아낸다.

우리는 어떤 가정 분위기에서 성장했는가에 따라 갈등을 해소하는 방식을 달리한다. 만일 한 사람이 지배하고 타협하는 방식으로 갈등에 대응하지 않고 회피하고 순응하는 방식으로 반응한다면 문제는 해결되지 않은 채로 남아 있게 된다.

수동적으로 순응하는 사람은 결단력 있고 강력한 사람에게 매력을 느끼고 상대적인 성격에 끌리게 마련이다. 결혼을 하면, 침착하고 인격적으로 보이던 성격이 무기력과 무능으로 부각된다. 교인들의 관점에서 보면, 목사의 수동적 성격은 온유한 장점으로 비치고 사모의 결단성은 목사의 부드러움에 잘 어울리는 특성으로 찬사를 받을 수도 있다. 그러나 이러한 긴장이 계속되면, 목사는 무능하고 항상 지배당하는 기분이고 사모는 빈틈을 메우느라 정신이 없게 된다.

이러한 상황에서 연약한 배우자는 싸움이 벌어졌다 하면 '내가 잘

못했다. 미안하다'고 말함으로 반응한다. 이렇게 반응하는 쪽은 상대방에게 심리적으로 의존해 사는 쪽이고, 폭력을 두려워하는 쪽이다. 사랑 가운데 진실을 말하지 않기 때문에, 분노와 원한은 누적되게 마련이고 부부관계는 손해를 본다.

사모의 인식은 부부관계가 분노와 갈등으로 가득 차 있다는 것이다. 대화를 통해 해소되는 것이 아무것도 없는데, 목사는 침실에서 성교를 원할 때 사모가 열정적으로 반응하기를 기대한다. 사모는 목사가 저녁식사 후에 소리를 지르고 화를 낸 것이 얼마 되지 않았는데 어떻게 잠자리에서 갑자기 성교를 원하는지 이해할 수가 없는 것이다. 목사는 성애를 통해 화해를 시도하려 하지만, 사모는 정서적인 친밀감과 화해가 선행될 때 성애의 축제가 가능한 것이다.

사모와 목사가 직접 대화로써 분노의 감정과 갈등을 해소하지 못하면, 그들은 간접적으로 상대방을 공격하게 된다. 쉽게 할 수 있는 일을 뒤로 미루거나, 모임에 늦게 참석하거나, '깜박' 잊어먹거나, 고집을 부리거나, 태운 밥을 차려 주거나, 잠자리에서 등을 돌리는 것 등은 모두 수동적 공격(passive aggression)에 해당한다.

목회자 가족의 정신건강에 영향을 미치는 문제 분야는 여러 가지가 있지만, 데이비드 메이스(David Mace) 부부가 321명의 목회자 부부를 대상으로 조사한 바에 의하면, 분노와 억울함, 슬픔, 원한 감정과 같은 부정적인 감정을 다스리는 법을 알지 못해 갈등하고 있다는 것과 부부간에 대화가 통하지 않는다는 것이 가장 흔한 문제로 드러나고 있다.

셋째, 성기능 장애가 성생활의 불만을 가중시킬 수 있다.

성생활의 어려움은 결혼생활의 다른 문제들 때문에 오랜 시간에 걸쳐 발전할 수 있다. 배우자의 부정적인 태도나 경험 또는 정서적인 문제 때문에 결혼 초부터 성적인 문제가 생길 수도 있다. 성적 접촉이 줄어들면 부부관계가 소홀해질 수가 있다. 부부는 종종 성을 공격의 수단이나 상대에게 상처를 주는 수단으로 사용하기를 배운다.

성기능 장애의 원인은 신체적일 수도 있지만 심리적 정서적 요인에

기인할 때가 많다. 성생활은 성기의 만남이 아니다. 부부의 성관계는 두 인격의 종합적인 만남이다. 그래서 성을 위한 신체의 가장 중요한 기관은 남근(penis)이나 질(vagina)이 아닌 대뇌(brain)라고 하는 것이다.

성기능 장애의 원인은 지적인 무지나 심리적인 불안, 신체적인 결함으로 나누어 생각할 수 있다. 남녀의 성 반응에 대한 기본적 무지로 인해 부부가 갈등을 겪을 수가 있다. 근본주의적이거나 보수주의적인 성향이 강한 가정에서 성장한 목회자나 사모 가운데는 성에 대해 가르침을 받을 기회가 전혀 없었던 가운데 결혼하기도 한다. 이들은 남녀의 성 차이를 알지 못하기 때문에 상대방의 요구에 대해 오해하기가 쉽다. 상대방의 성적인 요구를 이기적인 요구로 받아들일 수가 있다.

성생활에 대한 접근이 남자와 여자는 판이하게 다르다는 것도 모른 채 결혼할 수도 있다. 남성과 여성은 성 반응에 커다란 차이가 있다. 남자는 충동적이고 짧은 시간에 흥분하기 때문에 쉽게 달아오르는 주전자와 같다고 할 수 있다. 그래서 남자는 사정한 후에는 금방 식어버린다. 그런데 여자는 정서적인 친밀감을 중요시하기 때문에 점진적으로 달아오르는 다리미와도 같다. 이런 기본적인 차이를 알지 못하면 아내는 오르가슴에 다다르자마자 곯아떨어지는 남편을 이기적이라고 오해할 수도 있을 것이다.

그러면 어떻게 목회자 부부는 성생활의 위기를 극복할 수 있는가?
첫째, 목사는 사모의 외로움을 이해하고 사모가 자기를 개발할 수 있도록 격려해야 한다.

목사는 '자기 가정을 다스릴 줄 모르면서 어떻게 하나님의 교회를 돌볼 수 있겠습니까?' 하고 묻던 바울의 권면을 기억해야 한다. 사모가 사모 다락방 같은 모임에 나가서 다른 교회의 사모와 친교를 갖는 것도 좋다. 또한 이웃 교회 사모들끼리 또는 목회자 부부가 테니스나 탁구 같은 운동을 함께 하는 것도 건전한 스트레스 해소책이 될 수 있다.

목사가 진정으로 사모를 그리스도 안에서 동등한 가치를 지닌 인격체로 인정하고 생명의 은혜를 유업으로 함께 받을 자로 여긴다면(벧전 3:7), 아내가 받은 은사를 개발해서 선한 청지기로 봉사할 수 있는 길을 열어 주어야 한다.

목사는 또한 지적인 면에서나 성숙 면에서 상호 공감할 수 있는 대화를 하도록 사모의 은사 개발과 교육을 장려하여야 한다. 그 교육이 신학교의 정규 과정이든지 혼자서 하는 독서이든지간에 목사의 아내는 성장, 발전하고 있다고 느낄 수 있어야 한다.

신뢰할 수 없는 목사의 시간 때문에 사모는 우울증에 빠질 소지가 충분하다. 목사는 이를 감안하여 적어도 2주일에 한 번 정도라도 '여왕의 날'을 정하여 교회와 가정을 떠나 사모와 외식을 하거나 별도로 '낭만적인 시간'을 갖는 것도 좋은 방법이다.

둘째로, 목사와 사모는 사랑 안에서 진실을 말하는 대화법을 개발할 필요가 있다.

많은 목회자들은 분노에 대해 그릇된 신학을 가지고 있다. 분노와 두려움을 비롯해 슬픔, 사랑, 행복감 등 우리가 매일 느끼는 감정은 하나님께서 우리에게 선물로 주신 감정이다. 우리는 분노를 느끼는 것과 분노를 파괴적으로 표현하는 것을 구분할 필요가 있다. 분노는 하나님이 주신 정서적 반응이다. 상대방의 비판이나 잔소리가 위협적으로 느껴지면 우리는 두려움이나 분노를 느끼는 것이다. 그래서 사도 바울은 '화를 내더라도 죄는 짓지 마십시오. 해가 지도록 노여움을 품고 있지 마십시오'(엡 4:26) 하고 권면하고 있는 것이다. 우리가 상처를 받으면 화가 나는 것은 배가 고프면 속이 쓰린 것과 같다. 문제는 분노를 파괴적으로 표출하면 그것이 죄가 된다는 데 있다.

분노를 건강한 방법으로 해결하기 위해서는 먼저 성숙해져야 하며 자신감을 가질 필요가 있다. 자존감이 낮은 사람은 쉽게 위협을 느끼고 사소한 자극에도 화를 낸다. 우리 자신에 대해 안정감을 느끼는 만큼 우리는 위협을 덜 받는 것이다. 맥기니스(McGinnis, 1989) 목사는 자신감이 최대의 정력제라고 했다. 성경은 우리가 예수님을 닮을수록 오래 참음과 친절과 절제와 같은 성령의 열매를 나타낼 것이라고 가르친다. 목회자일수록 사모와 대화할 때에 듣기는 속히 하고 말하기와 노하기를 더디 하는 것을 배울 필요가 있다.

다음으로 유의할 것은, 파괴적이지 않은 방법으로 분노를 표현하는 법을 배우는 것이다. 나는 화가 날 때 이를 안전하게 해소하려고 노력한다. 나와 가깝지 않거나 그다지 중요한 관계가 아니면, 아내에게 단순히 나에게 상처를 준 제3자에 대해 화가 났다고 말해 줌으로 분노를 해소한다. 그러나 분노를 느끼는 대상이 아내처럼 가까운 관계일 경우, 나는 직접 그에게 말함으로 해결한다. "여보, 지금 당신이 한 말은 너무 억울해. 나는 당신을 한 대 때리고 싶은 심정이야. 그러나 그렇게 하고 싶지 않기 때문에 내 심정을 알리는 거야. 나는 무시당한 기분이고 거부당한 기분이야." 사모는 남편에게 "당신이 며칠째 계속 늦게 들어오니까 불안하기도 하고 마치 버림받은 듯한 기분이 들어요" 하고 자신의 기분을 목사에게 털어놓으면 된다. 이런 식으로 상대를 공격하지 않고 내 심정을 알리면 아내도 방어적 반응을 보이지 않아서 자유롭게 대화를 통해 서로의 기분을 이해하고 용서를 빌게 된다.

감정을 나누는 대화를 나눌 수 있다면 분노는 더욱 친밀함을 느끼도록 만들어 주는 촉매제가 될 수도 있다. 그리고 화가 나는 일이 있은 후 서로 화해하고 침실로 아내를 유도할 때 갈등과 분노는 만족한 성생활의 원자재가 될 수도 있다.

활기차게 사랑하는 부부는 대화를 게을리하지 않는다. 사랑과 의사소통의 관계는 몸과 피의 관계와 같다. 대화가 없이는 결혼생활이 지속될 수 없다. 행복한 결혼은 우정에다 성애를 가미한 것이라고 했다. 잠들기 전에 매일 5~10분씩이라도 그날에 있었던 중요한 사건을 나누는 습관을 갖는 것도 만족한 성생활의 비결이 될 것이다.

셋째로, 만족한 성생활은 행복한 결혼을 유지하기 위한 하나의 기본요소라는 것을 알고, 목사와 사모는 둘만의 낭만적 시간을 개발하는 데 부단한 노력을 해야 한다.

목회에 아무리 어려움이 많다고 해도 견고한 성생활만 유지된다면 결혼생활은 걱정할 것이 아무것도 없다. 만족한 성생활은 오락과 휴식의 효과가 있어 부부에게 새로운 활력소가 된다.

성(sex)은 하나님의 아이디어이다. 하나님은 우리를 남자와 여자로, 성적인 존재로 만드셨다. 하나님은 여러 가지 목적으로 성을 만드셨는데, 우선 종족 보존을 위해 주신 것이 사실이지만 또한 하나님은 남녀가 친밀감을 누리고 서로 즐기고 상대의 필요를 채우도록 하려고 만드셨다는 것도 확신할 필요가 있다. 투르니에(Tournier)는 하나님께서 부부의 오락과 휴식을 위해서도 성을 우리에게 선물로 주셨다고 간파하였다.

성생활의 만족도는 목사와 사모의 전체적인 상호관계의 질(quality)에 영향을 받는다. 평소의 친밀한 관계가 만족한 성생활로 이어진다. 평소의 내외관계는 긴장과 갈등으로 가득 차 있는데 성관계는 만족한다는 것은 있을 수 없는 일이다. 만족스런 성관계는 만족스런 상호관계의 결과이지 원인은 아니다. 성을 그들의 관계를 지탱해 주는 유일한 끈으로 생각하는 부부는 곧 성만으로 관계를 유지할 수 없다는 것을 발견하게 된다. 성과 사랑, 성애와 친밀감은 불가분의 관계에 있다.

"남성은 여성에 비해 신체적 섹스를 더 원하는 편이고 여성은 남성에 비해 정서적 섹스, 즉 친밀감과 사랑을 더 필요로 한다"(Hart, 1990, 180). 성생활은 남녀 간의 생리적인 결합이 아닌 두 인격이 만나는 종합예술임을 잊어서는 안 될 것이다.

옛부터 내려오는 말 가운데 "남자는 성(sex)을 목표로 관계를 참아내며, 여성은 관계를 누리기 위해 성(sex)을 견딘다"는 말이 있다. 남자는 성을 위해서 사랑을 팔고, 여성은 사랑을 위해서 성을 판다는 말도 있다. 우정과 성적인 사랑이 남녀 모두에게 필요하다. 남편과 아내는 상대방에게 자기의 성감대가 어디인지를 알려 주고 또 상대방에게 원하는 것이 무엇인지를 솔직하게 말할 수 있어야 한다.

다음은 부부가 만족한 성행위를 위해 타고 올라가야 할 성생활 사다리(sexual ladder)이다. 특별히 충동적인 성향의 목사는 밑에서부터 점진적으로 올라가야 함을 되새길 필요가 있다.

사랑은 상대방의 욕구를 알아서 채워 주는 것이다. 사모는 목사로부터 사랑한다는 말을 듣고 싶고, 목사인 남편이 대화 상대가 되어 주기를 원하고, 투명하게 마음을 나누며 가정에 자상한 관심을 가져주기를 원한다. 반면에 목사는 사모가 자신을 격려하고, 칭찬해 주기를 바라고, 매력 있는 인격으로 즐거운 성애를 나눌 수 있기를 바라고 있다.

지혜로운 남편이라면 충동적으로 잠자리에서 아내를 요구할 것이 아니라, 감정을 알아주는 대화를 통해서 아내의 정서적 긴장을 풀어주고, 아내를 애정 어린 눈으로 바라본다든가, 아내의 말에 귀를 기울여 들어 준다든가, 손을 잡고 산보를 한다든가, 함께 농담을 주고받으며 웃는다든가, 사랑을 고백하는 등의 과정을 거쳐서 아내를 침실로 유도할 것이다.

목사와 사모가 만족한 성생활을 누리는 것과 경건을 추구하는 목회생활은 어떤 관계가 있는가? 성애(sexuality)와 영성(spirituality)은 원수 지간이 아닌 친구 관계이다. 한 가지를 잘하면 다른 것이 부인되는 것이 아니다. 두 가지 다 인간 생명의 핵심에서 우러나는 것이다. 우리의 목표는 두 가지 중 하나를 택하는 것이 아니라 동시에 신령하고 성적이기 위해서, 그리고 동시에 거룩하고 육감적이 되기 위해서 둘을 통합시키는 것이다.

제3부

생태학적 관계
(Ecological Family Systems)

생태학적 가족관계
(Ecological Family Systems)

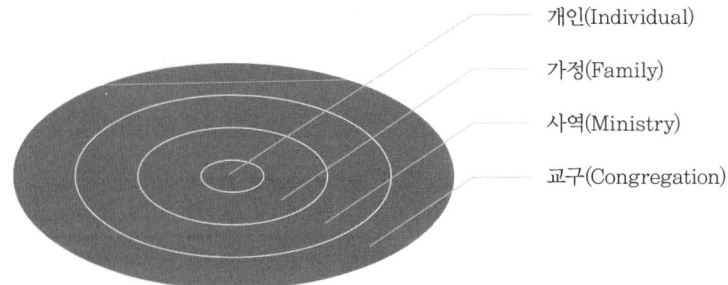

개인(Individual)
가정(Family)
사역(Ministry)
교구(Congregation)

한 인간 개체는 믿음 안에서 끊임없이 변화하는 주위 환경에 적응하며 성장한다(Individual). 한 개체는 한 가정의 멤버로서 상호 관계를 맺으며 일생을 성장한다(Family). 또한 한 믿음의 공동체의 일원이 되며(Ministry), 이 믿음의 공동체는 더 큰 규모의 새 환경과의 사이에서 얻어지는 관계에 의해 영향을 받으며 성장한다(Congregation).

끊임없는 변화와 상호 관계에서 발생하는 각 구조에서 발생되는 스트레스들(Ministry Stresses)

소구조(Microsystem): **개인**(Personal)

사역하는 동안 목회자 자신으로부터 오는 스트레스는 다음과 같다.

1) 기도 부족(Prayerlessness): 96쪽 참조

2) 억눌린 감정(Suppressed emotions): 104쪽 참조

3) 불면증(Hyper-vigilance): 108쪽 참조

4) 개인적인 불확실성(Personal insecurities): 118쪽 참조

5) 준비의 부족(Inadequate preparation)
목회자가 목회 준비에 있어서 부족함을 느끼는 것은 어쩌면 당연한 일이라고 생각된다. 신학교 학부 4년, 대학원 3년 동안은 학문 자체가 1차 목표이지 교회 전반에 걸친 행정이나 프로그램을 준비하는 것은 아니다. 소형 교회에서는 당면하고 시급한 성경 공부부터 시작할 것이다. 성경 공부에서 준비 부족을 느낀다면 사역은 접는 편이 낫다. 반면에 대형 교회의 프로그램은 적어도 10개 이상, 20개에 가깝다. 이들을 위해 모든 분야에 완전 숙달된 담임목사는 별로 없을 것이다. 한 가지 한 가지 가르치고 준비하는 사이에 연륜이 쌓이고 교회 운영 전반에 대한 운영의 묘도 배울 것이다. 주어진 환경과 조건에서 충실하고 최선을 다하는 일이 우선일 것이다.

6) 반복되는 이슈들(Life cycle issues)
교회에서 일어나는 일들은, 사소하지만 중요한 일들이 일주일 단위로 반복되는 이슈들이 대부분이다. 그래서 목회자는 매일 매일 최선을 다해야 한다.

7) 비밀, 외로움을 털어놓을 사람들의 부족함(Lack of people to confide in loneliness)
목회자도 자신의 신상에 대한 여러 가지 일들에 대해 허심탄회하게 의논할 멘토가 필요하다. 그러나 목회자가 사역하고 있는 교회 내에서 멘토를 구하지 않는 현명함이 필요하다. 릭 워렌 목사님은 "모든 목회자

는 한 사람의 멘토가 필요하다"라는 글에서 다음과 같이 말하고 있다.

> "모든 목회자는 멘토가 한 사람 필요하다. 목회자의 목회가 어떤 단계에 접어들었든 간에 목회자 당신은 당신을 지도할 멘토가 필요하다. 대부분의 단체에서 지금 하는 일보다 더 잘하기 위해 멘토링 과정을 유용하고 있다. 의사들을 보더라도 선임 의사들은 젊은 의사들을 지도한다. 음악과 관련된 사회에서도 음악가들은 제자 음악가들을 지도한다. 왜냐하면 멘토링은 효과를 내기 때문이다. 우리가 우리의 삶이나 사역에 대하여 말할 수 있는 사람을 멘토로 가지고 있다는 것은 우리가 최선을 배우고 있음이기 때문이다."

잠언 19장 20절을 보면 "너는 권고를 들으며 훈계를 받으라 그리하면 네가 필경은 지혜롭게 되리라"고 말씀한다. 우리 자신도 항상 코치가 필요하다. 얼마나 우리가 경험이 많은지, 혹은 얼마나 우리가 성공적으로 사역을 하였든지 간에 우리에게는 코치가 필요하다.

현재 클리블랜드에서 농구선수로 뛰고 있는 레브론 제임스(LeBron James)는 이 세상에서 가장 뛰어난 현역 농구선수다. 그럼에도 불구하고 그도 코치가 필요하다. 저자가 학교를 마치고 직장생활 새내기 엔지니어였던 1970년 후반부터인 1979년도부터 1991년도까지 미국 농구를 풍미하고 LA 레이커스(Lakers) 농구팀를 미국 최상급으로 올려놓은 매직 존슨(Magic Johnson)을 기억할 것이다. 항상 저자의 눈을 TV에 고정토록 만든 장본인이다. 항상 천진하게 웃는 그의 얼굴, 그가 개발한 패스(No look pass), 가드이면서도 훤칠한 키, 코트에서의 리더십 등, 이 모두가 저자의 눈을 TV에 고정시키기에 충분했다.

그에게는 제리 버스(Dr. Jerry Buss)라는 친구이자 구단주였던 멘토가 있었다. 매직 존슨은 늘 이렇게 말하곤 하였다. "제리 버스가 없었으면 나, 매직도 없었다"라고. 우리는 "나는 다 배웠어, 나는 이제는 더 이상 도움이 필요없어"라고 말할 수는 없다.

멘토는 다음 세 분야에서 당신을 최상으로 만든다.

- 당신의 역할
- 당신의 목표
- 당신의 영혼

멘토들은 우리에게 관점을 제공한다. 그들은 우리 자신을 보도록 돕고, 외부로부터 우리의 사역을 볼 수 있도록 우리를 도와준다. 우리의 시야는 제한되어 있게 마련이다. 우리 생애에 다음과 같이 말해 줄 수 있는 사람이 필요하다. "당신은 이것을 생각해 보았소? 저것은? 이것은?"

그러면 당신은 멘토를 어떤 기준으로 찾아야 할까? 다음 세 가지 특징을 제안한다.

첫째, 당신이 존경하는 가치와 성품을 가진 사람이다. 당신도 미래에는 그렇게 되기를 원하는 사람을 멘토로 모셔라. 둘째, 당신이 원하는 경험과 기술을 가진 사람이다. 당신이 사역에서 개선해야 할 필요성을 가진 자를 멘토로 모셔라. 리더십을 향상시키고자 한다면 그 분야의 권위자를, 혹은 설교하는 법을 향상시키기를 원한다면 그 분야의 탁월한 목회자를 멘토로 모셔라. 셋째, 당신이 믿을 수 있는 사람이다. 만일 당신이 멘토를 믿을 수 없다면 당신은 아무것도 얻을 수 없다는 사실을 알아라. 아무리 학식이 많은 사람이라도 그분이 아니다.

좋은 멘토링을 받기를 원하면 그에게 마음 문을 열어라. 그와 같이 있는 시간 내에 최상의 것을 얻어내라. 멘토를 만나기 전 준비한 질문을 다시 점검하고 잘 생각해 보아야 한다. 질문에 있는 내용을 잘 파악하라. 시간을 절약하도록 시간을 유용하게 써라. 만나기 전 질문을 조리 있게 정리하고 질문의 초점을 잘 다루도록 하라.

이상은 워렌 목사님이 말한 내용을 간추린 것으로 신학교를 마치고 현재 사역하는 목회자들을 위한 내용이다. 필자는 여기에 다음을 보충하고 싶다.

대학 시절에 멘토를 만나라

여러분이 하나님의 소명을 받고 신학교에 첫발을 딛는 순간부터 멘토에 대하여 심각하게 생각해야 한다. 신학교 재학 중에 멘토를 만나야 한다. 왜냐하면 신학생들의 앞날이 그리 녹록하지 않기 때문이고, 먼 길을 혼자 걸어간다는 것은 위험천만한 일이기 때문이다. 필히 멘토가 필요하다. 학창 시절에 대면할 수 있는 분들은 대개 대학교 교수님들이다. 이들은 인성, 지성, 그리고 영성을 거의 갖춘 분들이라고 믿어도 좋다. 이 많은 교수님들 가운데 인생 경험, 학문의 깊이, 그분의 평판 등을 고려해서 그 교수님과 좋은 인격적인 교제를 시작하는 일이 옳다고 본다.

내게도 그런 멘토가 있다. 신학대학원 시절 훌륭한 교수님을 만나 15년이 지난 지금까지도 학생 생활, 앞날의 사역에 대한 설계, 학위 논문에 대한 조언, 목회자로서의 외로움 등등에 대해 조언을 받아왔다. 아직도 일주일에 2번 이상 전화로 혹은 방문으로 교제를 하고, 가끔 만나 점심을 같이 나누기도 한다. 그분으로부터 받은 사랑은 이루 말할 수 없다. 좀 더 자세한 멘토에 대한 내용은 '멘토 찾기'에서 기술할 것이다.

중간 구조(Mesosystem): 가족(Family)

중간 체계로서 소구조와의 관계로 구성되어 이들간의 상호작용을 포함한다. 예를 들어, 신자와 가정 멤버들과 원만한 협력 관계를 이루고 있을 수도 있지만, 그렇지 못한 관계를 이루고 있을 수도 있다. 이러한 관계에서 오는 스트레스를 말한다.

1) **결혼생활과 가정**(Marriage and family pressures)

2) 가정 위기/건강 문제(Family crisis/health issues)
3) 시간 개입/잦은 방해(Time Intrusion/frequent interruption)
4) 불규칙한 휴일(Irregular days off)
5) 메마른 감정(Emotional drain)
6) 재정적인 압박(Financial pressures)
7) 공휴일을 놓치는 경우(Holiday missed)

가정은 기쁨의 공동체이다. 가정은 은혜가 가득한 공동체이다. 또한 소명의 공동체이다. 목회자의 가정도 마찬가지다. 그런데 기쁨이 넘치고, 은혜가 가득하고, 하나님으로부터 소명을 받은 목회자의 가정에 빨간불이 켜졌다. 목회자 가정이라고 해서 항상 행복하지만은 않다는 소식이다. 목회에서 오는 스트레스를 이유로 불화를 겪는 목회자 가정도 상당히 많다. 이는 목회자가 사역에서 오는 중압감을 가정으로 가져오기 때문이다. 이런 경우에는 가정과 교회 사역장이 구분이 되지 않고 혼돈상태에 놓이기 때문이다. 이런 혼돈상태가 매일 계속된다면 가족 구성원인 사모나 자녀들은 말할 수 없는 중압감에 시달리며 아버지의 눈치, 남편의 눈치를 봐가면서 하루하루를 생활하게 된다. 엄청난 중압감(Family Pressure)은 가정 전체를 침울하게 만든다.

때로 목회자는 이 중압감을 해소할 곳이 없어, 가장 사랑해야 하고 아껴 주어야 할 사모에게 인격적으로 모독하는 발언이 지나쳐 폭력으로 가는 일도 있다고 하니 가슴 아픈 일이다. 결국은 가정불화(Family and Marriage Crisis)의 씨앗을 낳는다. 부부 사이에 갈등이 시작된다.

사모의 입장에서는 종종 목회자들에게서 오고가는 이야기지만 "여보, 당신은 하나님의 소명을 받아 이 고생을 하며 사역을 하지만, 난 아니야" 하는 사모의 볼멘소리를 우리는 듣는다.

가정을 흔들어 놓는 가장 해결하기 힘든 일은, 시도 때도 없이 걸려오는 성도들의 전화상담(Frequent interruption/Time Intrusion)이다. 전화벨은 아침이건 저녁이건 자꾸 울어댄다. 물론 성도의 입장에서 보면 긴급한 사항일 수도 있다. 그러나 목회자가 아무리 통근카드(Time card)를 찍고 출퇴근하는 직업이 아니더라도 나름대로 성도들은 목회자의 가정을 지켜 주어야 한다. 목회자에게도 아침 식탁이 평화스럽게 이루어져야 하고, 저녁 만찬 시간만이라도 조용히 가족들과 함께 즐길 수 있는 권리가 그에게 있음을 알아야 한다. 저녁 식탁은 화목이 이루어지는 만찬이며 화해와 용서가 이루어지는 목회자 가족만의 시간이다.

저자가 한 교회에서 전도사로 사역하던 시절, 구역장들을 위해 토요일마다 성경을 가르친 일이 있었다. 12명의 구역장 대부분이 장로님들이고 안수집사님들이었다. 내가 항상 "제발 긴급사항이 아니면 목사님께 전화 삼가해 주십시오"라고 간청하던 생각이 난다. 또 하나 중압감을 보태는 일은 목회자는 정규적인 휴가가 없다(Irregular days off)는 사실이다. 물론 대형 교회에서는 교회법에 명문화되어 있어 1년에 두 주 혹은 그 이상의 휴가가 있다. 아무리 대형 교회 목회자라 해도 나 몰라라 하고 두 주일이나 여행을 떠나는 목회자를 본 적이 없다. 중간 중간 교회에 와서 행정 업무, 예배의 전체적인 흐름 등을 이유로 두 주마저 온전히 즐기지 못하고 교회 인근에서 어물어물 맴돌다 오곤 하는 모습을 나는 무수히 보았다(Holiday missed).

미자립 교회는 연중 무휴이다. 목회자 건강이 무한한 자산이다. 몸으로 다 때운다. 언제 자립할지도 모르고 어린아이 걸음마를 하는 미자립 교회의 목회자는, 오늘도 쓰라린 마음으로 강대상을 붙들고 눈물을 뿌린다. "휴가! 저도 알지요. 참 좋은 단어입니다만 책에서나 봅니다"라고 말하는 목회자가 내 둘레에는 무수히 있다. 이러다 보면 목회자의 감정은 매우 메말라(Emotional drain) 있다. 항상 웃는 모습으로 성도들을 대하고 악수하고 성도들을 상담하고 독려하지만 그 웃음 뒤에는 많은 쓰라림이 도사리고 있음을 성도들은 알아야 한다.

여기에 경제적인 문제(Financial Pressure)가 더해지면 세상 다 산 느낌이다. '다음 주일에는 성수주일을 못하는 성도가 있을까? 언제 나는 사례비를 정규적으로 받아 볼까? 나는 남편으로서의 제 기능을 제대로 하고 있는 것일까? 자녀들에게 훌륭한 아빠인가? 나는 그들에게 충분히 경제적으로 돕고 있는 아버지인가? 나도 자식들을 SAT학원에 보내야 하는데, 어떻게 해야 하나?' 이런 자괴감을 어찌 이기고 감당할 수 있겠는가?

"성도들이여, 큰 집 샀다고 자랑하며 집들이하는 일(Open House)은 자제합시다. 자녀들 SAT 성적 좋다고 자랑도 마시오. 나도 가슴이 아픕니다. 나도 학창 시절에는 잘나가는 놈이었소. 어쩌다 보니 하나님이 나를 이곳으로 불러 놓고 이 지경으로 만드셨다오. 나도 큰 집 사서 여러분을 초대도 해 보고 싶고 자랑도 하고 싶소"라고 읊는 목회자는 없는지 주변을 살펴보라.

다음의 하나님 말씀을 되새기며 오늘도 목회자는 강단 밑에 엎드려 하나님께 나를 드리는 기도를 드린다.

"누구든지 자기 친족 특히 자기 가족을 돌아보지 아니하면 믿음을 배반한 자요 불신자보다 더 악한 자니라"(딤전 5:8).

목회자는 교회, 목회, 가정의 우선순위를 두고 균형(balance) 있는 삶을 살아야 한다. 사역을 위한 시간과 가정을 위한 시간을 엄격히 구분하라. 아침 시간을 현명하게 활용하라. 월요일은 완전히 쉬어라. 월간 계획(monthly schedule)과 주 계획(weekly schedule)을 상세히 기록하라. 식사 도중에는 전화를 자동 응답으로 해 두고(Recording) 식사 후에 점검하도록 하라. 이상은 필자의 진정한 충고이다.

외부 구조(Exosystem): 사역(Ministry)

목회자는 자신과 가족 간의 상호관계를 유지할 뿐만 아니라 목회 현장과의 상호관계를 유지하면서 지낸다. 목회자의 성장에 영향을 미치는 관계이다. 이 상호관계에서 발생하는 스트레스는 다음과 같다.

1) 은사에 따라 사역을 하지 못함(Not serving according to giftedness)
2) 여러 가지 다른 역할을 요구(Multiple role demands)
3) 길고 불규칙적으로 일함(Long and irregular hours)
4) 동정적인 피로감(Compassion fatigue)
5) 잠재력의 소진(Burnout potential)

부목사로 살아남는 법

자신이 직접 개척하지 않는 한 대부분의 목회자들은 부목사로 사역한 경험이 있다. 대형 교회일수록 부목회자가 많다. 서로의 학문 배경도 다르고 배운 신학에 대한 정도도 다르게 마련이다. 다시 말하면 경쟁의 대상자는 바로 부목사 자신들끼리라는 것이다. 여기에서 살아남아야 한다. 지금은 경쟁의 시대이기 때문이다. 저자의 경험을 살려 후배 사역자들에게 다음과 같은 조언을 하고 싶다.

1) 준비된 2인자가 되라
  ① 학창 시절(7년)에 신구약 30회 이상 통독하기
  ② 학창 시절 설교 30편 만들어 놓기
  ③ 하루 30분 이상 기도하기

2) 학부·학창(BABS) 시절
  ① 학문(신학)에 대한 기초 확실히 다지기
  ② 내가 받은 은사가 무엇인지 확실히 파악 발전시키기
  ③ 내 성품이 사역에 부합하는지 당신이 7년간 공부하면서 판단하기
  ④ 학부 시절 4년간 유년부, 중고등부 학생들을 지도하는 경험을 쌓아두기
  ⑤ 컴퓨터를 잘 다루도록 공부해 두기. 회계(Accounting)에 대한 기본 상식 알아두기

⑥ 항상 국내외 소식을 접하기
⑦ 멘토 한 사람 정하기

3) 대학원(M.Div.) 시절
① 학문을 특성화하기
② 멘토와의 유대 강화
③ 내가 존경할 만한 목사님 휘하에서 부목사로서 훈련 받기
④ 45세까지는 부목사로 충분한 경험을 쌓아가기

대형 교회에서 사역하든 소형 교회에서 사역하든 모든 목회자는 학부 4년, 대학원 3년의 학창 시절을 보낸다. 7년이 길다면 길지만 사실 그리 긴 여정은 아니다. 읽고, 리포트 쓰고, 중간고사 보고, 학기말 시험 보면 한 학기씩 빠르게 지나간다. 진정한 목회자가 되기 위해서는 그리 길지도 않다. 이 학창 시절은 장차 목회를 준비하는 과정이어서 매우 중요한 시기가 된다.

대부분의 학생들은 7년간 여러 가지 사역을 하며 학창 생활을 한다. 이 기간은 목회자가 되기 위한 준비 기간이다. 이러한 과정을 '준비된 2인자로 남기 위한 기간으로 잡아라. 신구약성경 30회 통독하고, 설교 30편 만들어 놓아야 하고, 하루 30분 이상 하나님과 깊은 교제의 기도를 하라고 권면한다.

좀 더 자세히 들여다보면, 먼저 학부 시절 4년을 들 수 있다. 이 4년간 학생은 부지런해야 한다. 학문을 넓고 깊고 다양하게 접하게 된다. 어느 과목 하나 소홀히 해서는 안 된다. 특히 신약에 관한 과목, 구약에 관한 과목, 조직신학들은 매우 중요하며 학문의 근간이 된다. 학문을 하는 동안 학생은 자신에게 진솔하게 물어보아야 한다. '나는 하나님의 소명을 확실히 받은 자인가? 나의 성품이 하나님 앞에 합당한가? 지금의 성품을 변화시켜 하나님께 일생을 바칠 수 있는가? 나는 나를 온전히 하나님께 드릴 수 있는가?(갈 2:20)' 만일 그렇지 않다면 늦기 전

에 공부를 중단하는 것이 현명하다. 학부는 이러한 여러 가지 하나님과 학생 사이의 관계가 결정되고 각오를 해야 하는 기간이다. 당신의 은사는 과연 무엇인가? 이러한 질문에 확신하고 결정하였을 때 당신을 온전히 하나님께 바치기를 권한다.

또한 4년의 학부 시절에는 자신의 은사가 어디 있는지 알기 위해 여러 분야의 사역을 감당하며 수련을 쌓아야 한다. 예를 들면, 찬양사역, 양육사역, 선교사역 등 가운데 전문가답게 특성화한 분야가 있어야 할 것이다.

담임목사님과 부목사님들과 어울려 사역을 할 터인데, 컴퓨터를 능숙하게 쓰도록 습득해 두고, 기본적으로 회계(Accounting)에 대하여 알아야 다양한 분야에서 쓰임을 받을 수 있다.

4년의 세월 동안 가장 중요하게 여겨지는 분야가 있다면 '멘토'를 정하는 일이다. 긴 여정을 멘토의 가이드라인이 필요하기 때문이며, 학문의 미래를 위해 필히 한 분을 정하여 인격적인 교제를 하는 일이 매우 중요하다. 이 멘토는 학교를 졸업하고 난 후에도 항상 당신의 인생의 반려자 역할을 할 것이다.

대학원 과정은 당신의 학문을 특성화하는 과정이다. 무엇을 중점으로 할 것인지, 즉 설교학인지 상담학인지 혹은 선교학, 영성학인지 등을 결정하고 그 길로 넓고 깊게 학문에 매진하는 기간이다. 동시에 멘토와의 유대를 강화하라는 조언을 하고 싶다. 항상 교제의 길을 열어 놓고 허심탄회하게 학문과 앞날을 의논하길 바란다. 또한 당신이 존경할 만한 목사님 밑에서 부목사로 훈련 받기를 권한다. 물론 원하는 목회자 밑에서 훈련 받기가 녹록하지 않을 것이다. 그러나 훌륭한 목회자 밑에서 훌륭한 제자가 양성되는 법이다.

이렇게 훈련이 완성되는 과정 중에 당신의 은사와는 거리가 있는 분야에서 사역하는 경우도 있을 것이다(Not serving according to giftedness). 사역에 관해 여러 가지 다양한 일이 주어진다. 특히 미자립 교회인 경우는 말할 나위가 없다(Multiple role demands). 하루 근무 시간이 너무

길고 출퇴근이 불규칙(Long and irregular hours)하여 일상생활에 지대한 영향을 줄 수도 있다. 많은 피로 때문에 건강에도 해가 올 수도 있다(fatigue). 이러한 상황이 길게 진행될 때 아무리 준비된 이인자이지만 소진된다(Burnout potential).

그럴 때면 다음의 성경 구절을 되뇌며 하나님을 찾아라.

"그러므로 우리가 낙심하지 아니하노니 겉사람은 후패하나 우리의 속은 날로 새롭도다 우리의 잠시 받는 환난의 경한 것이 지극히 크고 영원한 영광의 중한 것을 우리에게 이루게 함이니 우리의 돌아보는 것은 보이는 것이 아니요 보이지 않는 것이니 보이는 것은 잠깐이요 보이지 않는 것은 영원함이니라"
(고후 4:16-18).

대규모 구조(Macrosystem): 교구(Congregation)

목회자는 자신, 가족, 사역지와 상호관계를 유지할 뿐만 아니라 목회 현장과 노회 혹은 사역지가 속해 있는 지역(community)과의 상호관계를 유지하면서 지낸다. 목회자의 성장에 영향을 미치는 관계이다. 이 상호관계에서 발생하는 스트레스는 다음과 같다.

1) 배은망덕(Ingratitude)
2) 비평(Criticism)
3) 전이/역전이(Transference / counter - transference)

1) 배은망덕(Ingratitude)

다른 사람으로부터 받은 은혜를 고맙게 여기지 않고 잊어버림을 배은망덕이라 한다. 세상에서나 있을 법하지만 교회 공동체에서도 매우 자주 듣는 단어가 되어버렸다. 담임목사가 한 전도사의 영주권을 신청하도록 당회원들을 힘들게 설득하여 신청 후 영주권이 나오면, 전도사가 나 몰라라 교회를 등지고 봉급이나 대우가 더 나은 다른 교회로 날아가는 경우를 두고 배은망덕이라 하겠다. 실제로 필자는 이러한 전도사들을 너무나 많이 보았다.

필자가 전도사로 사역하던 교회의 일화를 소개하려 한다. 담임목사는 부목사로 성장하기를 원해 전도사를 앞장세워 부지런히 훈련을 시키고 그에게 단상을 맡겨 설교도 시키는 모험을 했다. 그런데 담임목사가 서울로 전출되어 가고, 이 전도사는 이 교회의 노회에 소속된 사역자가 아닌데도 교회를 깨고 70여 명을 데리고 나가 가까운 곳에 교회를 버젓이 세우고 사역을 하고 있다. 그는 한국에 소속되어 있는 노회에 가입하여 어엿한 담임목사로 행세하고 있고, 나머지 남은 교인들은 마치 미자립 교회처럼 작은 교회로 머물며 깊은 상처를 안고 있다. 소위 목사가 이런 배은망덕한 사역자로 추락해도 아무 양심의 가책도 없이 사역하고 있다. 성도들이 그에게 기대하였던 희망은 물거품이 되고 좌절감을 남겼다. 이를 배은망덕이라 하겠다.

2) 비평(Criticism)

남의 일에 대한 이야기는 할수록 재미가 있나 보다. 남의 일에 대해 유난히 즐겁게 말하는 사람들을 종종 본다. 서울에서 발행되는 어느 기독교 일간지를 보면, 즐겁고 흥미가 있고 교육적인 기사보다 목회자들의 비리, 교회의 비리들을 너무 많이 부각시켜, 마치 온 기독교 교인들, 교회 전체가 모두 같은 비리와 부정을 일삼는 것처럼 보이는 기사가 많이 실려 있다.

이러한 일들을 너무 부각시키는 것은 좀 생각해 볼 일들이다. 정확하고 속히 독자들에게 비평하고 알리는 일은 신문 본래의 기능일 수 있다. 목회자들의 비리, 교회의 비리를 이 땅에 발붙이지 못하게 하는 사명의식에는 동감이지만 좀 더 신중을 기함이 옳을 줄 안다.

3) 전이와 역전이(Transference and counter-transference)

성도가 자신의 신앙에 관한 문제를 가지고 목사님께 상담 오는 경우가 빈번히 있다. 상담 과정에 일어날 수 있는 상황을 '전이'와 '역전이'라는 정신분석에서 사용되는 전문용어로 설명이 가능하다. 상담을 의뢰 받는 목회자와 상담을 원하는 성도 간에 간간이 일어나는 상황이다. 사랑하는 성도가 아픈 상처를 목회자와 상담을 할 때에는 목회자는 성도가 가지고 고민하는 그 고민을 충분히 듣고 이해하는 과정에서 여러 형태의 마음가짐을 가질 수 있다. 마치 예수님께서 환자나 죄인들을 보면서 느끼셨던 그런 마음일 것이다.

성경에 나오는 예수님의 마음
성경에도 예수님의 여러 마음이 나온다.

첫째, '민망히 여기시다'(εσπλαγχνίσθη).
적극적인 동정 혹은 연민의 정을 의미한다. 인간 육체 속에 있는 오장 육부가 다 움직인다는 의미다. 고통을 당하고 있는 사람을 보고 같이 고통을 느낀다는 의미이다. 또한 그 고통을 없애 주고 싶다는 간절한 욕망을 포함한다.

> "무리를 보시고 민망히 여기시니 이는 저희가 목자 없는 양과 같이 고생하며 유리함이라"(마 9:36).
> "예수께서 민망히 여기사 저희 눈을 만지시니 곧 보게 되어 저희가 예수를 좇으니라"(마 20:34).
> "예수께서 민망히 여기사 손을 내밀어 저에게 대시며 가라사대 내가 원하노니 깨끗함을 받으라 하신대"(막 1:41).

둘째, '체휼하시다'(συμπαθέω).
사랑의 예수님을 표현할 때 '체휼(體恤)의 주님'이라고 말하곤 하는데,

여기의 '체휼'은 '자신이 직접 겪어 보았기 때문에 상대방을 깊이 이해하여 가지는 동정심과 불쌍히 여기는 사랑의 마음'을 뜻한다. 그저 머리로만 알고 있는 지식이나 이론으로서가 아니라 나 자신이 직접 그 모든 고통과 갈등과 좌절, 낙심 등을 겪어 보았기 때문에 내 마음(가슴)으로 그 누군가를 이해하고 그와 같은 심정이 되는 것을 곧 '체휼'이라고 한다.

우리 인간들을 향한 주 예수님의 사랑이 바로 체휼의 사랑이다. 그분은 우리가 이 땅에서 겪을 수 있는 정신적, 육체적 모든 고통의 경험자이시다. 그러므로 우리는 우리의 어떤 문제를 가지고서도 그분께 나아갈 수 있으며, 그분은 우리의 하소연과 넋두리를 들어주실 수 있는 자격이 있으신 것이다(사 53:3).

"우리에게 있는 대제사장은 우리 연약함을 체휼하지 아니하는 자가 아니요 모든 일에 우리와 한결같이 시험을 받은 자로되 죄는 없으시니라"(히 4:15).
"마지막으로 말하노니 너희가 다 마음을 같이하여 체휼하며 형제를 사랑하며 불쌍히 여기며 겸손하며"(벧전 3:8).

셋째, '동정하다'(φιλανθρωπία).
남의 어려움을 딱하고 가엾게 여기며 남의 어려운 사정을 이해하고 정신적으로나 물질적으로 도움을 베풂을 말한다.

"너희가 갇힌 자를 동정하고 너희 산업을 빼앗기는 것도 기쁘게 당한 것은 더 낫고 영구한 산업이 있는 줄 앎이라"(히 10:34).
"선한 일을 행하고 선한 사업에 부하고 나눠 주기를 좋아하며 동정하는 자가 되게 하라"(딤전 6:18).

넷째, '긍휼히 여기다'(ἔλεος).
긍휼은 문자 그대로 '함께 고난을 겪는 것'을 의미한다. 그것은 또한 타인에 대한 동정, 연민, 자비를 보이는 것을 의미한다.

"이웃과 친족이 주께서 저를 크게 긍휼히 여기심을 듣고 함께 즐거워하더라"(눅 1:58).

"긍휼에 풍성하신 하나님이 우리를 사랑하신 그 큰 사랑을 인하여"(엡 2:4).

"믿음 안에서 참 아들 된 디모데에게 편지하노니 하나님 아버지와 그리스도 예수 우리 주께로부터 은혜와 긍휼과 평강이 네게 있을지어다"(딤전 1:2).

전이(Transference)

정신분석에서 전이는 성도가 목회자를 부모처럼 여길 때 발생한다. 목회자와 함께 마치 원래의 소아-부모 관계에 있는 것처럼 느끼면서, 주요 유아기의 갈등이나 트라우마를 재경험할 수 있다. 성도가 어린 시절에 부모를 비롯한 주요 인물들과의 관계에서 체험한 감정을 목회자에게 옮기는 현상을 말한다.

해결방안으로는, 상담자(목회자)는 내담자(성도)에 대하여 중립적이고 객관적이며 비교적 수동인 자세를 취함으로써 내담자(성도)의 전이를 유도하고 해석하는 것이다. 전이에 대한 해석은 내담자(성도)의 인생 갈등을 해결하는 계기가 되며, 내담자(성도)의 왜곡된 관계를 재편성하는 데 도움이 된다.

역전이(Counter-transference)

내담자(성도)에 대한 상담자(목회자)의 무의식적 감정반응으로, 내담자(성도)를 마치 상담자(목회자)가 겪은 과거의 어떤 중요한 인물로 느끼게 되는 현상을 말한다.

다른 말로 표현하자면, 정신분석에 있어서 내담자의 경험이나 문제와 동일시함으로써 또는 자신에 대한 내담자의 사랑이나 또는 증오감에 대해 바로 그런 것으로 반응함으로써 상담자 자신의 억압되었던 느낌이 표면화되는 경우를 말한다.

효과적인 상담을 위해 상담자(목회자)는 내담자(성도)의 분노, 사랑, 아첨, 비판 등의 강력한 감정을 받을 때 발생하는 역전이를 객관적으로 처리할 수 있어야 한다. 전이가 내담자(성도)에게서 상담자(목회자)쪽으로 향해지는 무의식적인 감정, 태도 등이라면 역전이는 상담자(목회자)가 내담자(성도)에게 갖는 무의식적인 반응을 뜻한다고 볼 수 있다.

교회에서 신앙 생활을 하는 성도들은 목회자를 최고의 상담가로 인식하게 되며, 전이와 역전이 현상이 발생할 가능성은 얼마나 오랫동안, 자주 상담이 진행되느냐가 관건이 된다. 상담하는 동안 목회자는 상담자의 아픈 마음을 이해하며 위로하는 동안 네 가지 아픔을 느끼는 것 중 한 가지일 것이다.

제4부

사역의 원리들
(Principles of Ministry)

사역 현장에서의 원리들
(Principles of Ministry)

올바른 관계가 종종 옳게 행하는 것보다 더 중요하다(Right relationships are often more important than being right). 그렇다면 사역 현장에서의 기본 원리는 무엇일까? 다음의 몇 가지를 제시한다.

1) 서로 사랑하라
사역 현장에서는 관계성을 유지하게 된다. 올바른 관계가 종종 옳게 행하는 것보다 더 중요하다(Right relationships are often more important than being right).

요한은 요한복음 13장 34-35절에서 우리에게 사역의 가장 기본을 권면한다.

> "새 계명을 너희에게 주노니 서로 사랑하라 내가 너희를 사랑한 것같이 너희도 서로 사랑하라 너희가 서로 사랑하면 이로써 모든 사람이 너희가 내 제자인 줄 알리라."

구약에 율법에 나타난 옛 계명이 이웃 사랑의 기준을 인간의 자기 사랑(이웃을 네 몸과 같이 사랑하라)에 두고 있는 데 비하여, 예수님께서 주신 새 계명은 그 같은 이웃 사랑의 기준을 넘어 주님 자신의 희생적 사랑(내가 너희를 사랑한 것같이 너희도 서로 사랑하라)에 두고 있다. 사역장에 있는 사역자가 지녀야 할 참사랑이 무엇인지를 말하고 있다. 사역자들이여, 사역은 사랑이다.

2) 낙심하지 마라

타서 없어지는 것(burn out)이나 혹은 녹슬어 없어지는 것(rust out) 중에 어느 것이 더 좋은 것인가? 둘 중 어느 것이라도 네가 속했다면 네가 없어지는 것이다(Is it better to burn out or rust out? Either way you're out!).

> "그러므로 우리가 낙심하지 아니하노니 겉사람은 후패하나 우리의 속은 날로 새롭도다 우리의 잠시 받는 환난의 경한 것이 지극히 크고 영원한 영광의 중한 것을 우리에게 이루게 함이니"(고후 4:16-17).

바울이 낙심하지 않는 이유는 다음의 세 가지로 요약할 수 있다. 첫째는 하나님의 은혜로 말미암아 새 언약을 전하는 고귀한 직분을 받았기 때문이다. 둘째는 죽음에서 부활하신 그리스도의 승리에 동참하리라는 소망 때문이다. 셋째는 고린도 교회 성도들의 영혼을 윤택하게 하고 하나님께 영광을 돌려야 하기 때문이다.

고린도후서 4장 17절에서는 두 가지 사항을 강조하고 있다. 하나는 영광을 얻기 위해서는 환난을 피해갈 수 없다는 것이고, 다른 하나는 환난을 당한다 하더라도 미래에 받는 영광에 비하면 그 환난은 오히려 가볍다는 것이다. 이것은 바울이 하늘에서 받을 영원하고도 영광스러운 축복에 대한 소망(골 1:5)을 확신하고 있기 때문이다.

여기서 바울이 목회자들에게 주는 말씀을 상기해 보자.

- 목회자들은 하나님의 은혜로 말미암아 새 언약을 전하는 직분을 가졌다.
- 목회자들은 그리스도의 부활하심으로 승리에 동참하는 직분을 받았다.
- 목회자들은 성도들의 영혼을 윤택하게 하는 사명을 부여 받았다.
- 목회자들은 하나님께 영광 돌리는 사역과 사명을 받았음을 말하고 있다.

- 목회자들은 복음을 통해 그리스도를 믿음으로 말미암아 중생한 영적 실존이다.
- 목회자들은 하나님께 드리는 영광을 얻기 위해서 환난을 피해갈 수 없다.
- 목회자들이 지금 당하고 있는 환난은 오히려 가볍다.
- 목회자들은 하늘에서 받을 영원하고도 영광스러운 축복에 대한 소망을 가지고 오늘도 사역하고 있다.

목회자들이 고난과 환난을 받을 때에 어떻게 처신하여야 하는가를 달라스 윌라드는 '영성 형성을 위한 골든 삼각형'으로 설명한다(493쪽을 참조).

3) 섬김

종으로서의 진정한 테스트는 당신이 종으로 취급당할 때 어떻게 반응하느냐에 달려 있다(The true test of a servant is how you react when treated like a servant).

> "너희가 나를 선생이라 또는 주라 하니 너희 말이 옳도다 내가 그러하다 내가 주와 또는 선생이 되어 너희 발을 씻겼으니 너희도 서로 발을 씻기는 것이 옳으니라 내가 너희에게 행한 것같이 너희도 행하게 하려 하여 본을 보였노라" (요 13:13-15).

예수님께서 제자들의 발을 친히 씻기시면서 겸손과 섬김의 도(道)에 관하여 교훈하시는 장면이다. 그리스도를 본받아 성도들을 섬기는 봉사는 성도들의 삶 가운데 반드시 구현되어야 한다. 15절은 매우 특이한 구절이다. '그리스도가 보이신 본'이라는 의미로는 본 절이 유일한 용례이다. 세족식이 이 당시만 행해진 특별한 사건이 아니라 후대에도 성례전으로 시행된 적이 있음을 교회사를 통해 알 수 있다. 어거스틴 시대에 이미 고난 주간 가운데 목요일에 행해진 세족식을 기념하는 세족 목요일(Maundy Thursday)에 이 의식이 행해졌고, 지금까지도 로마 교황에 의해 실행되고 있다. 한동안은 영국 교회와 모라비안 교도들도 시행했고, 일부 침례교를 비롯한 개신교 일각에서 지금까지도 시행하고 있다.

하지만 여기서 예수님의 강조점은 세족식의 반복적 성례전화에 있지 않은 것이 자명하다. 이 세족식에서 우리는 다음 두 가지의 의미를 상기할 필요가 있다. 첫째는 죄 씻음의 상징이다. 그리고 둘째는 섬김의 실천적 행동이라는 측면인데, 먼저는 그리스도 예수 아닌 그 어떤 사람(교황이라도)에 의해 실행될 수 없고, 둘째로는 반드시 발을 씻기는 섬김만이 아니라 다양한 방법으로서의 섬김의 행동이어야 한다고 확대 해석해야 한다. 그래서 이 '그리스도가 보이신 본'의 실천은 그 의식을 반복하는 것이 아닌 신자들 서로간의 모든 관계에 계속적으로 적용되어야 한다(A. Robertson).

4) 사역은 하나님의 이미지
사역은 하나님의 이미지이지 우리의 이미지가 아니다(Ministry is in God's image not ours).

때를 기다리라
부사역자로 사역을 한다는 것은 여러 의미가 있다. 훌륭한 담임목사님 밑에서 사역하며 많은 실전을 경험한다는 이점이 있고, 너무 안이하게 머물면 홀로 설 수 있는 시기를 놓칠 수 있다는 단점도 있다.

담임목회자 밑에서 사역하는 동안 많은 프로그램에 참여할 수 있어서, 단독 목회를 준비하는 2인자로서 많은 이점이 있다. 인간과 인간의 대인관계에서 관계성을 배우고 많은 성도들과의 교제도 나눌 수 있다. 대신 낮은 임금으로 인해 가정이 재정적으로 힘든 점도 감안하여야 한다. 이 기간은 부족했던 학문을 깊이 있게 연구할 수 있는 좋은 기회이

기도 하다. 기회를 잘 활용하는 지혜가 필요하다. 이런 때에 하나님은 이들에게 혹은 기도에 대한 응답을 애타게 기다리는 평신도들에게 너무나 훌륭한 말씀으로 우리를 권면하신다.

"네 입을 악에게 주고 네 혀로 궤사를 지으며 앉아서 네 형제를 공박하며 네 어미의 아들을 비방하는도다 네가 이 일을 행하여도 내가 잠잠하였더니 네가 나를 너와 같은 줄로 생각하였도다 그러나 내가 너를 책망하여 네 죄를 네 목전에 차례로 베풀리라 하시는도다"(시 50:19-21).

이 말씀은 시편 50편 1-23절 중에 있는 구절로서, 전반적으로 하나님이 원하시는 참 제사는 무엇인가를 말하고 있다. 하나님은 우상과 구별되며, 하나님은 절대자요 초월하시는 창조주이시다. 예배의 자세는 우상에게 하듯 동물 희생제물만으로 되는 것이 아니라 하나님이 기뻐하시는 산 제사(롬 12:1)를 드려야 하고, 하나님께 감사하는 마음으로 드리는 예배여야 한다고 권하고 있다.

특별히 21절에서 악인들이 행할 때마다 하나님이 잠잠하여 즉각적으로 징벌을 아니하시니 하나님이 그들의 죄를 용납하시는 줄로 알고 있다. 하나님은 때가 있음을 말씀하고 계신다. 하나님은 하나님대로의 때가 있음을 말씀하고 있다.

"이 묵시는 정한 때가 있나니 그 종말이 속히 이르겠고 결코 거짓되지 아니하리라 비록 더딜지라도 기다리라 지체되지 않고 정녕 응하리라"(합 2:3).

'하박국'이라는 이름은 '가슴에 품는 자'라는 뜻을 갖고 있다. 이를 다시 말한다면 '하나님과 친밀한 관계'를 의미한다. 이 책은 북왕국 이스라엘이 앗시리아에 의해 멸망하고(BC 722년) 신생 왕국인 바벨론이 통치하던 시기에 기록되었다. 구체적으로 말한다면 BC 605년 유다가 바벨론의 침입을 받고 비참하게 포로로 잡혀갔고, BC 597년에 다시 바벨론이 침범했다. 그리고 BC 586년의 침범은 마침내 유다가 멸망하는 계기가 되었다. 따라서 BC 625년과 유다가 멸망하기 전인 BC 586년 사이에 이 책이 기록되었다고 볼 수 있다.

하박국 선지는 두 가지 질문을 가지고 있었다.

첫째, 하나님께서 이스라엘 백성들의 범죄를 왜 그냥 묵과하시는가 하는 질문이다(합 1:1-4). 이 질문에 대하여 하나님께서는 곧 바벨론을 통해서 유다를 징계하실 것이라고 대답하셨다(합 1:5-11). 둘째, 그러자 유다보다 더 악한 바벨론을 통해서 유다를 징계하신다면 공의는 어디에 있는가라는 질문이 생겼다(합 1:12-17). 이에 대한 답이 2장에서 주어졌다. 이렇게 하박국서는 하나님께서 과연 불의를 심판하시겠는가, 아니면 그대로 두시겠는가에 대하여 질문하고 있다. 이에 대한 하나님의 대답은 명료하다.

하나님께서는 반드시 불의를 심판하시고, 또한 하나님과 언약한 백성들을 끝까지 보존하실 것이다. 그러면 그때가 언제인가?

- 정한 때가 있다(2:3).
- 종말은 속히 이른다(2:3).
- 결코 거짓이 아니다(2:3).
- 더디지만 기다려라(2:3).
- 정녕 응하리라(2:3).
- 그러나 의인은 믿음으로 말미암아 살리라(The Just shall live by his faith).

이 말씀을 통해서 오늘날 우리에게도 공의를 사모하는 백성들, 부사역자로 너무 많은 시간을 뺏겼다고 한탄하는 부사역자들, 개척하였으나 인간의 노력과 교회 부흥에 한계를 느끼는 개척 교회 사역자들 모두 끝까지 실망하지 말고 오직 하나님을 믿는 믿음 안에서 믿음으로 살아야 한다는 교훈을 준다. 하나님 장중에 있는 세상만사에 하나님의 때가 있음을 제시한다.

편협하고 배타적인 자세를 버려라

"요한이 예수께 여짜오되 선생님 우리를 따르지 않는 어떤 자가 주의 이름으로 귀신을 내어쫓는 것을 우리가 보고 우리를 따르지 아니하므로 금하였나이다 예수께서 가라사대 금하지 말라 내 이름을 의탁하여 능한 일을 행하고 즉시로 나를 비방할 자가 없느니라 우리를 반대하지 않는 자는 우리를 위하는 자니라"(막 9:38-40).

예수님께서는 제자들의 편협하고도 배타적인 자세를 책망하신다. 결코 독선에 빠지지 않도록 조심하라고 교훈하신다. '내 이름을 이용하여 선한 일을 한 자가 너희 제자 집단에 소속되지 않았다 할지라도 막지 마라. 우리를 반대하지 않는 자는 언젠가는 우리 편이다' 하는 것이다.

기독교 신앙의 순수성을 보전하는 것과 이웃에 대해 배타적인 태도를 취하는 것은 전혀 별개의 문제이다. 그런데도 우리는 종종 자기 교파의 교리만 정통적이라고 주장하면서, 믿음의 표현 차이나 다소 사소한 신학상의 차이로 인해 다른 교파의 사람들을 매도하는 경우가 있다. 이것이야말로 주님이 꾸짖으시는 잘못된 배타의식이 아닐 수 없다. 사역자는 하나님을 섬기는 일에 있어 한 지체인 자를 자기 신앙 표현과 다소 다르다 하여 반목하는 일을 지극히 조심해야 한다.

오직 그리스도만 전하라

"어떤 이들은 투기와 분쟁으로, 어떤 이들은 착한 뜻으로 그리스도를 전파하나니 이들은 내가 복음을 변명하기 위하여 세우심을 받은 줄 알고 사랑으로 하나 저들은 나의 매임에 괴로움을 더하게 할 줄로 생각하여 순전치 못하게 다툼으로 그리스도를 전파하느니라 그러면 무엇이뇨 외모로 하나 참으로 하나 무슨 방도로 하든지 전파되는 것은 그리스도니 이로써 내가 기뻐하고 또한 기뻐하리라"(빌 1:15-18).

바울은 옥에 갇힌 자신을 사랑하는 순수한 마음에서 복음을 전하는 자들과 자신을 시기하는 마음에서 복음을 전하는 자들이 생겨났음을 밝히고 있다. 여기서 말하는 '이들'은, 15절의 착한 뜻으로 그리스도를 전파하는 자들로서 끝까지 바울과 함께 복음을 옹호하고자 하는 거룩한 열심을 가진 자이다. 그리고 '저들'은 15절의 투기와 분쟁으로 복음을 증거하는 자들을 가리킨다. 이들은 그리스도를 전파하되 그리스도를 위하는 순수한 마음이 아니라 복음을 이용하여 자신의 지위를 확고히 하고자 하는 사람들이었다.

바울은 복음을 증거하는 자들이 동기가 자신에 대한 투기와 분쟁으로 인한 것이든 존경과 사랑으로 인한 것이든 전혀 개의치 않는다. 바울은 어떤 방법으로든 오직 복음이 증거된 사실을 기뻐하고 있다. 바울이 오직 그리스도만 전파되기를 바라고 있듯이 우리의 사역 또한 그리스도만 전파해야 한다.

믿음의 순수성을 지켜라

"그리스도의 은혜로 너희를 부르신 이를 이같이 속히 떠나 다른 복음 좇는 것을 내가 이상히 여기노라 다른 복음은 없나니 다만 어떤 사람들이 너희를 요란케 하여 그리스도의 복음을 변하려 함이라 그러나 우리나 혹 하늘로부터 온 천사라도 우리가 너희에게 전한 복음 외에 다른 복음을 전하면 저주를 받을지어다 우리가 전에 말하였거니와 내가 지금 다시 말하노니 만일 누구든지 너희의 받은 것 외에 다른 복음을 전하면 저주를 받을지어다"(갈 1:6-9).

바울은 당시 갈라디아 지방의 교회들 사이에 증가되고 있는 이단적

사상에 대하여 매우 분개하고 있음을 볼 수 있다. '다른 복음은 없나니'라는 표현은 '복음은 결코 다른 복음이 될 수 없다'는 의미이다. 이는 바울이 먼저 갈라디아 지방의 교인들에게 전한 복음 외에는 결코 이와 비교할 수 있는 다른 복음이 있을 수 없다는 의미이다.

당시 갈라디아 사람들은 그리스도의 구속(救贖)의 은혜를 저버리고 '다른 복음', 곧 할례와 율법을 지켜야만 구원을 얻을 수 있다는 유대 율법주의자들의 그릇된 가르침에 매우 강하게 미혹되었다(6절). 바울은 이러한 잘못된 가르침을 전하는 자들에 대해 강하게 견책할 뿐 아니라 죄를 대속하기 위해 자신을 희생하신 그리스도의 은혜의 복음 안에서 믿음의 순수성을 간직해야 하는 당위성을 갈라디아 교회에게 주지시키고 있다.

사역은 직업이 아니라 부르심이다

"나를 능하게 하신 그리스도 예수 우리 주께 내가 감사함은 나를 충성되이 여겨 내게 직분을 맡기심이니"(딤전 1:12).

바울은 신앙 간증을 하고 있다. 자신의 모든 능력의 근원이 오직 하나님께 있다는 사실과(빌 4:13), 자신이 살아온 과거와 현재와 미래, 그리고 자신이 소유한 모든 것들이 하나님의 은혜에 의한 것임을 밝히고 있다. 또 자신이 복음 전파자요 또한 사도로서 봉직할 수 있었던 것은 자신이 뛰어나기 때문이 아니라 그 일의 주관자이신 하나님으로부터 말미암은 것임을 강조하고 있다.

'직분'은 '봉사'(디아코노스, διόκονος)란 뜻으로 하나님께 충성함은 물론 다른 사람을 유익하게 하는 헌신, 봉사의 직분을 뜻한다. 그래서 바울은 에베소와 그 주변에 있는 교회를 위해 디모데도 그와 같은 일을 행하라고 권면하고 있다. 하나님의 사역을 하고 있는 사역자들에게 당부하고 싶다. '사역자'라는 직종이 세상이 말하는 직업이 아님을 잊지 마라. 당신은 부르심을 받은 하나님의 거룩한 종이다!

5) 하나님의 것을 탐하지 마라

하나님께 속한 것에 당신의 지문을 남기지 말라(Do not leave your fingerprints on what belongs to God alone).

> "저희가 나곤의 타작 마당에 이르러서는 소들이 뛰므로 웃사가 손을 들어 하나님의 궤를 붙들었더니 여호와 하나님이 웃사의 잘못함을 인하여 진노하사 저를 그곳에서 치시니 저가 거기 하나님의 궤 곁에서 죽으니라"(삼하 6:6-7).

다윗이 수도를 헤브론에서 예루살렘으로 옮기고(삼하 5:6-9), 블레셋을 이스라엘 땅에서 완전히 축출하였으며(삼하 5:17-25), 이스라엘이 정치적 군사적으로 안정되었다. 그리고 다윗이 본 장에서 법궤를 바알레유다(Baale-Judah, Kiriath-jearimah)에 있는 아비나답(Abinadab)의 집에서 예루살렘으로 옮기려 한다. 아비나답의 아들 웃사와 아효(Uzzah and Ahio, the sons of Abinadab, 삼하 6:3)가 그 새 수레를 몰았다(삼하 6:3). 다윗의 첫 번째 시도이다.

그런데 법궤를 옮기는 도중에 운반 책임자 웃사(Uzzah)가 법궤에 손을 대 죽임을 당하고 말았다. 운반하는 방법이 하나님의 지시 사항에 어긋났기 때문이다. 법궤는 레위 지파 중 고핫 자손(the sons of Kohath, 민 4:15)이 어깨에 메고 운반해야 했다. 그들도 법궤에 직접 손을 대면 죽음을 면치 못하도록 되어 있다(민 4:15). 그런데 다윗은 이를 무시하고 법궤를 수레에 실어 운반하려 했던 것이다. 새 수레에 법궤를 실어 운반하려 했던 열심만은 높이 살 만하다(3절). 그러나 그 어느 것도 하나님의 뜻에 어긋난 것을 정당화할 수는 없다. 그래서 법궤 운반 계획은 웃사의 죽음을 초래한 채 실패로 돌아갔다.

이 사건은 우리에게 중요한 교훈을 준다. 아무리 선한 동기와 열심을 가졌다 할지라도 그것이 하나님의 뜻에 합당하지 않은 방법으로 추진된다면 결코 하나님께서 기뻐하지 않으신다는 것이다. 그러므로 사역자들은 하나님의 것에 당신의 지문을 남기지 말아야 한다.

6) 충성

사역에 있어서 성공은 성취감에 있지 않고 충성됨에 있다(Success in ministry is faithfulness not accomplishment).

> "그 주인이 이르되 잘하였도다 착하고 충성된 종아 네가 작은 일에 충성하였으매 내가 많은 것으로 네게 맡기리니 네 주인의 즐거움에 참예할지어다"(마 25:21).

다섯 달란트 남긴 종의 보고에 주인의 기쁨과 만족이 컸음을 보여주는 구절이다. 주인에게 있어서 충성된 종을 만난다는 것보다 더 큰 기쁨은 없을 것이다. '잘하였도다'라는 말은 '우수하다' 또는 '훌륭하다'라는 말로서 지난날의 종의 노력에 대한 주인의 만족과 인정의 표시이다. '충성되다'라는 말은 '성실성'을 나타내는 말이다. 충성된 종에게 최고의 극찬을 아끼지 않았음을 말하고 있다. 하나님 나라의 영원한 영광에의 참여를 보장하셨다. 사역자들이여, 사역에 충성할지어다.

워렌 위어스비가 말하는 섬기는 사역을 위한 10가지 원리(Ten Power Principles for Christian Service by Warren W. Wiersbe)[33]

워렌 위어스비는 《건강한 사역자입니까?》(역본)에서 섬기는 사역을 위한 10가지 기본원리를 말하고 있다.

1. 사역의 기본은 인격(The foundation of ministry is character)[34]

인격은 삶의 원자재이다. 인격은 예수님이 팔복의 가르침에서 묘사하신 것인 동시에 자신의 삶과 복음 전도 사역에서 친히 보여주신 것이다. 인격은 바울이 갈라디아서 5장 22-23절에서 '성령의 열매'로 칭한 아름다운 자질과 디모데전서 3장과 디도서 1장에 언급한 직무를 맡기에 적합한 자격들로 이루어진다. 인격을 갖춘 사람들은 정직하다. 그들이 하는 말과 행동은 전적으로 하나님께 헌신된 마음에서부터 비롯된다. 정직은 내적으로 완전함을 뜻한다.

인격은 요셉이 보디발의 아내에게 '아니오'라고 말하고 정직과 순결을 지키기 위해 감옥에 간 것이다. 인격은 모세가 유대인들의 대변자로서 온갖 위험과 문제들을 감당해내기 위해 애굽의 왕자로서의 특권을 포기한 것이다. 인격은 예레미야가 일생 동안 자기 백성을 위해 성실하게 하나님께 간청한 것이자 바로 눈앞에서 나라가 망한 것을 지켜본 것이다.

인격에 대한 바울의 정의를 살펴보자. "바울이 공회를 주목하여 가로되 여러분 형제들아 오늘날까지 내가 범사에 양심을 따라 하나님을

---
33) 워렌 위어스비,《건강한 사역자입니까?》, 김모루 역(서울: 도서출판 디모데, 1997), 23.
34) Ibid., 23.

섬겼노라 하거늘"(행 23:1)이라고 말하며 자신은 흠이 없음을 의미하고 (빌 3:6), 또한 자신의 행위에 대해 분명한 자의식과 책임의식을 가지고 있음을 천명하여 인격의 정의를 말하고 있다.

인격은 공적 사역에서의 놀라운 일들을 통해서뿐 아니라 일상의 은밀한 일들에서도 드러난다.

예를 들면, 거짓말을 하면 위기를 모면할 수 있을 때에 진실을 이야기하는 것, 누군가 맡아야 할 책임을 대신 지는 것, 아무도 조사하지 않겠지만 일을 대충대충 하지 않는 것, 당신이 아무렇게나 대해도 개의치 않을 사람들을 돕기 위해 불필요한 희생을 감수하는 것이다.

인격은 당신이 어떻게 생각하든 다른 사람이 뭐라 말하며 행동하든 개의치 않고 하나님 앞에서 진실된 삶을 사는 것을 의미한다.

인격을 연마하는 것은 온갖 삶의 경험을 체득하는 힘든 과정이다. 인격이란 커다란 교회당처럼 인내하고 숙고하며, 하나님의 단계적인 계획을 좇는 중에 서서히 완성되는 것이다.

인격의 타락은 '내적 역사'의 결과이다. 우리는 하나님을 떠나 방황하며 죄에 빠진다. 사람들은 대개 잠언 4장 23절 말씀에 유의하지 않기 때문에 타락한다.

"무릇 지킬 만한 것보다 더욱 네 마음을 지키라 생명의 근원이 이에서 남이니라."

우리는 모든 죄악된 생각과 상상은 인격을 훼손하며 결국에는 드러나고 만다는 것을 잊어서는 안 된다.

- 당신은 생각의 씨앗을 뿌리고 행동의 열매를 거두고,
- 당신은 행동의 씨앗을 뿌리고 인격의 열매를 거두고,
- 당신은 인격의 씨앗을 뿌리고 운명의 열매를 거둔다.

2. 사역의 본질은 섬김(The nature of ministry is service)[35]

사역의 본질은 섬김이다. 예수님은 "나는 섬기는 자로 너희 중에 있노라"(눅 22:27)고 말씀하셨다. 마지못해 예수님이 행하신 일을 수행하는 자는 그 누구도 참된 크리스천의 사역을 감당해낼 수 없다. 예수님은 친히 수건을 들고서 남의 발을 씻겨 주는 종이 되셨다(요 13:4-14).

신약성경에 나오는 '종'을 가리키는 단어들은 다음과 같다.

- 오이케테스(oketes, οἰκέτης): 집안의 종
- 둘로스(doulos, δοῦλος): 다른 사람에게 예속되어 있는 종
- 휴페레테스(huperetes, ὑπηρέτης): 수하의 종, 부하
- 디아코노스(diakonos, διάκονος): 하인, 수행원 또는 사역자

바울은 자신을 '예수 그리스도의 종'(둘로스)이라고 칭하기를 즐겼다(롬 1:1; 고후 4:5; 갈 1:10; 빌 1:1; 딛 1:1). 그는 종종 자신을 가리켜 '예수 그리스도의 사역자'(디아코노스)라고 칭했다(고전 3:5; 고후 3:6, 6:4; 엡 3:7; 골 1:23). 바울은 사역자란 하나님과 하나님의 백성의 종임을 조금도 의심하지 않았다. 하나님의 참된 종들은 남을 섬기며 살아간다. 따라서 그들은 항상 올바른 생각, 성경적인 사고를 한다. 예수님은 다음과 같이 말씀하셨다.

"예수께서 이르시되 나의 양식은 나를 보내신 이의 뜻을 행하며 그의 일을 온전히 이루는 이것이니라"(요 4:34).

지역 교회와 목사 장로의 사역자들에게 종의 개념을 적용해 보면, 그들은 양들에게 영적 자양분을 제공하고 원기를 되찾도록 하기 위

---

[35] Ibid., 35.

해 양들을 하나님의 말씀에로 인도하고, 그들은 사탄의 세력이 양 떼를 노략질하지 못하도록 경계하며(행 20:28-31), 양들이 하나님 나라에서 쓰임 받도록 훈육한다(엡 4:11-12). 또한 양들이 옆길로 빗나갈 때, 목자는 그들을 사랑하는 마음에서 뒤따라간다(약 5:19-20). 양들이 다쳤을 때, 목자는 속히 낫게 해주는 하나님의 말씀이란 약을 공급한다(시 107:20). 양들을 돌보는 일은 희생이 요구되는 힘든 사역이다.

모든 양 떼가 다 보호받은 것은 아니다. 에스겔 34장에서 유다의 목자들에 관해 한 말을 읽어 보면, 유다의 목자들은 자기 본위적이었고, 자신을 살찌웠으며, 양 떼를 돌보지 않았다. 그들은 자신이 원하는 것을 갖기 위해 양 떼를 이용하고 착취했다. 이러한 일을 볼 때, 그들은 양 떼를 위해 사역하지 않았다. 그들은 대적들로부터 양들을 보호하지 않고, 양들이 죽임을 당하는 것을 막지 않았다. 그들은 잃어버린 양을 찾거나 병들고 다리를 저는 양들을 치료하지 않았다. 아무도 돌보는 이가 없었으므로 그 양들은 다 흩어져 버렸다.

예수님이 베드로의 사도권을 회복시켜 주셨을 때 베드로는 양들을 먹이고 치며 돌보는 사역을 위임받았다(요 21:15-17). 본래 어부였던 그가 목자가 된 것이다. 그러나 베드로가 삼중의 위임을 받기 전에, 예수님은 그에게 세 번이나 물으셨다. "시몬아, 네가 나를 사랑하느냐?"라고.

목자장이신 주님에 대한 사역자들의 사랑은 가장 중요한 사역 요소다. 우리가 선한 목자이신 주님을 사랑한다면, 우리는 그분의 양들을 사랑하고 그들을 사랑으로 돌볼 것이다.

우리가 진정으로 예수 그리스도를 사랑하지 않는다면 자기 자신을 사랑할 것이다. 그리고 우리가 다른 사람을 위해 무엇을 할 수 있는지가 아니라, 다른 사람이 우리를 위해 할 수 있는 일이 무엇인지만을 생각하는 '자기 본위적인 목자가' 되기 쉽다.

3. 사역의 동기는 사랑(The motive of ministry is love)[36]

사랑이 결여된 진실은 무자비하며, 진실이 결여된 사랑은 위선이다. 주님의 종은 마음속에 갈등하는 여러 동기들을 지니고 있을 경우 효과적으로 사역할 수 없다. 바울은 "그리스도의 사랑이 우리를 강권하시는도다"(고후 5:14)라고 증언했다. 바울이 자신에 대한 그리스도의 사랑을 말했는지, 아니면 그리스도에 대한 자기 자신의 사랑을 말했는지는 중요하지 않다.

"우리가 사랑함은 그가 먼저 우리를 사랑하셨음이라"(요일 4:19).

중요한 것은 예수 그리스도께서 먼저 우리를 사랑하셨다는 사실이다. 찰스 스펄전(Charles Spurgeon)은 "만일 그리스도의 사랑이 당신을 강권한다면 당신은 다른 사람을 사랑하게 될 것이다. 왜냐하면, 주님의 사랑은 다른 사람들을 사랑하는 것이기 때문이다. 그리고 더욱이 주님의 섬김을 받거나 그분에게서 무엇이든 받을 만한 가치가 없는 자들을 사랑하는 것이기 때문이다"라고 말했다.

왜 그리스도의 사랑이 우리 사역의 동기여야만 하는가? 그 이유 중 하나는, 우리가 사랑이 없으면 우리가 사랑하는 목자이신 그리스도를 대변할 수 없기 때문이다. "하나님의 일꾼과 인간의 필요가 하나님의 영광을 위하는 사랑스러운 경로를 통해 서로 만날 때에야 사역이 이루어진다." 우리가 사람들을 사랑으로 섬기지 않으면 우리의 사역은 고된 일이 되고 만다. 그럴 경우, 우리는 요나처럼 되고 만다.

그리스도의 사랑이 우리를 주장할 때 우리는 '사랑 안에서 참된 것'을 할 수 있다(엡 4:15). 앞서 말한 '사랑이 결여된 진실은 무자비하며, 진실이 결여된 사랑은 위선'이라는 말은 매우 적절하다. 하나님의 종들은

---

[36] Ibid., 59.

이 중 어느 죄도 범하기를 원치 않는다. 이러한 사랑으로 잃어버린 죄인이나 잘못에 빠진 신자를 대하는 것이 바로 예수님이 행하신 사역을 하는 것이다.

사랑은 아무 조건 없이 도와주는 것이다. "사랑은 오래 참고 사랑은 온유하며"(고전 13:4), 사랑은 희생과 봉사를 인정받지도 제대로 평가받지도 못하더라도 희생하고 섬기는 것이다. 사랑은 악을 선으로, 다치게 하는 것을 고쳐 주는 것으로, 저주를 축복으로 갚는 것이다. 사랑은 우리를 물을 가둬놓는 저수지에서 물을 흘려보내는 수로로 변화시켜 준다. 그리고 우리가 "내 것이 곧 네 것이야, 같이 나누자" 하고 말할 수 있게 해준다.

성 이그나티우스(St. Ignatius Loyola)의 기도는 그런 사역을 잘 요약해서 보여준다.

> 주되 값을 계산치 아니하고
> 싸우되 상처에 개의치 아니하며
> 일하되 휴식을 구하지 아니하고
> 내가 주님의 뜻을 행함을 아는 것 외에는
> 아무런 보상도 바라지 아니하나이다.

사역의 동기는 사랑이다. 만일 우리가 행하는 모든 일이 일단의 규칙들을 준수하는 것이라면 사역하기가 보다 쉬울 것이다. 그러나 그럴 경우, 우리는 결코 성장하지 못하거나 다른 사람의 성장을 돕지 못할 것이다. 자신의 교회를 위한 하나님의 목표는 '그리스도의 장성한 분량이 충만한 데까지 이르는 것'이다(엡 4:13). 그리고 그러한 목표에 이르기 위해서는 사랑이 요구된다.

"오직 사랑 안에서 참된 것을 하여 범사에 그에게까지 자랄지라 그는 머리니 곧 그리스도라"(엡 4:15).

4. 사역의 척도는 희생(The measure of ministry is sacrifice)[37]

하나님의 모든 종들은 다음 두 구절 중 어느 한 유형을 좇아 산다.

"이는 내게 사는 것이 그리스도니 죽는 것도 유익함이니라"(빌 1:21).
"저희가 다 자기 일을 구하고 그리스도 예수의 일을 구하지 아니하되" (빌 2:21).

모세는 하나님의 심판으로부터 이스라엘을 구하기 위해 기꺼이 죽으려 했다(출 32:30-35). 바울은 자기 백성을 구원하는 일이라면 기꺼이 저주를 받으려 했다(롬 9:1-3). 사실 바울은 교회를 섬기기 위해 하늘이 아닌 이 땅에 기꺼이 머물렀다(빌 1:19-24). 하나님의 신실한 종은 자신의 상처를 자랑하기 위해 일부러 시련이나 고통을 구하지 않는다. 또한 그는 축복 받으려고 희생을 일삼지도 않는다. 베드로는 "보소서 우리가 모든 것을 버리고 주를 좇았사오니 그런즉 우리가 무엇을 얻으리이까"(마 19:27)라고 기도했다.

헨리 나우웬(Henri J. M. Nouwen)은 "오늘날의 사회에서 사역자가 된다는 것은 무엇을 의미하는가?"라고 묻고, "그것은 상처 입은 치유자가 되는 것을 뜻한다"라고 답한다. 우리가 자신의 상처를 깨닫지 못하고 하나님의 치유를 체험하지 못하는 한, 우리는 상처 입은 다른 사람들을 위해 사역할 수 없다. 즉 우리가 자신의 상처를 깨닫고 하나님의 치유의 경험을 하면 상처 입은 다른 사람들을 위해 사역할 수 있다.

성경은 하나님을 다음과 같은 분이라고 증거한다.

"우리의 모든 환난 중에서 우리를 위로하사 우리로 하여금 하나님께 받는 위로로써 모든 환난 중에 있는 자들을 능히 위로하게 하시는 이시로다 그리스도의 고난이 우리에게 넘친 것같이 우리의 위로도 그리스도로 말미암아 넘치는도다"

---
37) Ibid., 67.

(고후 1:4-5).

바울이 고린도서에서 언급한 자신의 체험들(고전 4:9-13, 9:19-27; 고후 4:7-18, 6:1-10, 11:23-12:10)을 열거해 보면 다음과 같다.

- 힘들게 일하고 제대로 인정받지 못했다.
- 비방당하고 스스로 변호할 기회를 얻지 못했다.
- 오해받지만 해명할 수 없었다.
- 혼란스럽고 어디로 향해야 할지 알지 못했다.
- 슬프지만 항상 기뻐했다.
- 잠 못 이루는 밤과 고생하기만 하는 낮, 그리고 하나님의 백성을 위하는 우리의 애정 때문에 항상 접하는 모든 일들.

목회자는 자신이 어떤 사람인지, 또는 어떻게 자신이 사역자가 되었는지에 대해 만족스럽더라도 항상 다른 사람들로 인해 속을 끓인다. 왜냐하면 교회가 어떤 일을 해야 하는지 잘 모르는 사람들 때문이다.

예수님은 자기 자신의 희생과 섬김을 다음 두 가지로 비유하셨다.

첫째, 씨를 뿌리는 것이다.

"내가 진실로 진실로 너희에게 이르노니 한 알의 밀이 땅에 떨어져 죽지 아니하면 한 알 그대로 있고 죽으면 많은 열매를 맺느니라"(요 12:24).

둘째, 가라지 비유이다. 예수님은 하나님의 자녀들을 씨로 비유하셨다. 즉 지혜로운 파종꾼인 자신이 이 세상에서 기뻐하시는 곳에 뿌린 씨에 비유하신 것이다. '밭은 세상'(마 13:38)이라고 하셨다. 무엇을 택할지 잘 생각하고 사역을 위한 완벽한 장소를 추구하는 것은 우리의 권한이 아니다. 우리의 권한은 씨 뿌리는 사람인 주님을 온전히 의지하며 그분이 우리를 심은 곳에서 열매를 맺는 것이다.

사역의 척도가 희생이라면, 하나님을 기쁘시게 하기 원하는 사역자는 고난을 당할 때 다음과 같은 모습들을 보여야 한다.

첫째, 고난을 예견하라.

"사랑하는 자들아 너희를 시련하려고 오는 불시험을 이상한 일 당하는 것같이 이상히 여기지 말고"(벧전 4:12).
"세상이 너희를 미워하면 너희보다 먼저 나를 미워한 줄을 알라"(요 15:18).
"내가 너희더러 종이 주인보다 더 크지 못하다 한 말을 기억하라 사람들이 나를 핍박하였은즉 너희도 핍박할 터이요 내 말을 지켰은즉 너희 말도 지킬 터이라"(요 15:20).

둘째, 고난을 하나님의 선물로 받아들이라.

"그리스도를 위하여 너희에게 은혜를 주신 것은 다만 그를 믿을 뿐 아니라 또한 그를 위하여 고난도 받게 하심이라"(빌 1:29).

셋째, 고난의 의미를 제대로 이해하고 하나님의 뜻에 순복하라.

"나의 가는 길을 오직 그가 아시나니 그가 나를 단련하신 후에는 내가 정금 같이 나오리라"(욥 23:10).

넷째, 하루하루 살아가는 법을 배우고 당신의 염려를 주께 맡겨라.

"날마다 우리 짐을 지시는 주 곧 우리의 구원이신 하나님을 찬송할지로다"(시 68:19).
"너희 염려를 다 주께 맡겨버리라 이는 저가 너희를 권고하심이니라"(벧전 5:7).

다섯째, 하나님이 고난을 영원한 영광으로 갚아주실 줄로 믿어라.

"우리의 잠시 받는 환난의 경한 것이 지극히 크고 영원한 영광의 중한 것을 우리에게 이루게 함이니"(고후 4:17).

5. 사역의 권위는 복종(The authority of ministry is submission)[38]

경건한 크리스천은 예수 그리스도와 교회의 영적 지도자들의 권위에 복종하며, 종이 됨으로써 교회를 세우려 힘쓴다. 그러나 복종은 종속이나 맹종이 아니다. 복종은 자발적으로 권위에 순복하는 것이다. 복종은 그 동기가 사랑에 근거한 것이지 두려움에 근거한 것이 아니다. 종속되어 있는 노예들은 자신의 개성을 상실하며 사고파는 상품으로 전락하고 만다. 그러나 복종하는 크리스천은 주님께 순복하며, 하나님이 뜻하시는 사람이 되기 위해 노력하면서 자신의 개성을 가꾸고, 점점 더 주님을 닮아간다. 하나님의 권위에 복종하기를 거부하는 자들은 자신이 어떤 사람인지, 하나님이 자신에게 원하시는 바가 무엇인지를 결코 발견하지 못할 것이다.

세상의 지배 철학이 교회에 영향을 미치기 시작할 때 권력 남용이란 결과를 초래하게 된다. 하나님의 말씀과 기도 외에도, 목회자가 몸소 보이는 복종과 섬김의 도는 아마도 대적을 무력화시키며, 분쟁을 해소하고, 결국 참호를 만드는 가장 효과적인 영적 무기일 것이다.

예수 그리스도의 주권에 복종하는 사역자들은 진정한 권위를 행사할 수 있다. 그 권위는 "나는 마음이 온유하고 겸손하니"라고 말씀하신 주님의 권위이다. 바울은 기적을 행한 사도의 권위를 휘두르기보다 늘 온유하고 겸손하게 행동했다. 모세는 '온유함이 지면의 모든 사람보다 더하였다'(민 12:3). 다윗은 "주의 온유함이 나를 크게 하셨나이다"(시

---

38) Ibid., 81.

18:35)라고 말한다.

온유함과 관용의 미덕이 모세와 다윗, 바울, 그리고 예수님을 위해 역사했다면, 그것들은 우리 안에서도 역사할 수 있다. 권위는 힘을 발휘하는 특권이다.

그런 권위는 하나님이 우리를 부르시고 교인들이 그 사실을 인정할 때 우리에게 주어진다. 교인들이 사역자들을 '남을 섬기는 자들'로 이해할 때, 그 사역자들은 하나님의 부르심을 받은 사명을 수행할 수 있는 권위를 지니게 된다. 사역자들은 일단 강대상에 서면 특별한 존경을 받는다. 오늘날의 목회자는 단순히 지시를 내리는 지도자보다 팀을 더 중시하는 경기 감독에 가깝다.

권위의 원천은 하나님의 말씀이다. 성경의 권위는 하나님의 백성을 지도하는 사역자들이 행동하고 말하는 모든 것의 토대가 되어야 한다. 그러나 직업상, 강대상에서의 권위만을 의지하는 것은 위험하다. 그럴 경우 허식적인 권위나 오만한 권위주의에 빠져들기 쉽다. 권위는 자신의 능력과 균형을 이루어야 한다.

이를 위해 우리는 항상 성령에 붙들려 있어야 한다. 하나님의 뜻에 복종하고 하나님의 백성을 섬김으로 신자들에게 본을 보이는 것은 이 세상에서 최상의 존경을 받을 수 있는 일들 가운데 하나이다.

예수님은 이 땅에서 사역하셨을 때 분명히 '종의 지도력'의 본보기를 보이셨다. 예수님이 이 땅에서 보여주신 '종의 지도력'의 절정은 갈보리에서였다. 그곳에서 고난당하는 종이신 예수님은 세상의 죄를 대속하기 위해서 기꺼이 자신을 희생하셨다.

그는 죽은 자 가운데서 다시 살아나시고 하늘에 오르사, 그곳에서 자기 백성을 위해 중보하심으로 여전히 그들을 섬기고 계신다(히 7:25). 그리고 그들에게 생명을 주시며, 남을 섬길 수 있도록 하고 계신다(히 13:20-21).

성령께서 우리에게 역사하고 계시므로 우리도 다른 사람에게 역사해야 한다. 성령께서는 우리를 인도하시고 우리를 섬기고 계신다. 따라서 우리는 그분의 교회에서 종과 지도자가 되어야 한다. 즉 우리의 삶은 주님의 삶을 본받는 것이어야 한다. 따라서 우리는 하나님을 영화롭게 해드리는 종/지도자가 되어야 한다. 크리스천 남편과 아내는 가정에서 헌신적인 종/지도자가 됨으로 서로에게 그리고 가족에게 사역할 수 있다(엡 5:18-6:4). 그들의 본보기는 예수 그리스도이시며, 그들의 동기는 사랑이다.

종의 지도력은 하나님이 자기 백성을 영적으로 성숙시키는 방편이다. 성숙한 믿음을 위해 요구되는 한 가지 일은, 져 줌으로써 이기고, 잃어버림으로써 얻으며, 섬김으로써 지도할 수 있다는 사실을 믿는 것이다. 이런 사실은 예수님이 우리에게 약속하신 것이다. 우리는 다른 사람을 섬길 때, 우리의 지위나 권위를 포기하지 않는다. 대신 우리가 지위나 권위를 지니는 것이 주님과 그분의 백성을 위해 안전하다는 사실을 증명한다. 종의 지도력은 우리가 사랑 가운데 성숙하는 데 도움이 된다.

세상의 지도자들은 반드시 손아랫사람들을 사랑해야 할 필요가 없다. 그들이 해야 하는 모든 일들은 계획을 수립하고 아랫사람들에게 무엇을 해야 하는지를 일러주는 것이다.

그런데 일부 사역자들이 이런 식으로 행동을 하고 있다. 그들은 우는 자들과 함께 울지 않으며, 다른 사람들의 짐을 대신 지지 않고, 그리스도에 대한 사랑을 드러내지도 않는다.

그러나 하나님의 종들은 사랑이 필요하다. 왜냐하면 그들은 어려운 문제들을 안고 있는 불우한 사람들을 도와주도록 부름 받았기 때문이다. 종의 지도력은 우리의 믿음과 사랑을 강화시켜 준다. 진실한 종/지도자는 겸손한 가운데 자신이 성숙하게 되는 것을 깨닫는다.

앤드류 머레이(Andrew Murray)는 "겸손이란 우리 자신에 대해 비천하게 생각하는 것이 아니라 우리 자신에 대해 전혀 생각하지 않는 것이다"라고 정의했다. 겸손은 다른 크리스천들의 장점이 뿌리 내리고 열매를 맺는 토양이다. 우리가 겸손한지 혹은 겸손하지 못한지를 아는 것은 은혜이다. 그러나 우리가 겸손하지 못하면 영적으로 소중한 것들을 전혀 거두지 못한다. 예수님은 친히 종이 되시고 하나님 아버지의 뜻에 순종함으로 자신의 겸손을 드러내셨다(빌 2:1-11). 우리는 종으로서 순종하며 진심으로 하나님의 뜻을 행함으로 겸손을 배울 수 있다(엡 6:6).

성경 역사상 위대한 지도자들은 종으로서 출발했다. 모세와 다윗은 목자로서, 여호수아는 모세의 조력자로서, 요셉은 보디발 집의 종으로서, 엘리사는 엘리야의 종으로서, 디모데는 바울의 수행인으로 시작했다. 참된 종/지도자들은 다른 종/지도자들을 배출한다.

6. 사역의 목적은 하나님께 영광(The purpose of ministry is the glory of God)[39]

우리는 진심으로 하나님의 뜻을 행해야 한다(엡 6:6). 올바른 일을, 올바른 방법으로, 올바른 때에, 올바른 이유에서 행하자. 물론 그 이유는 하나님의 영광을 위해서다. 우리는 자신의 몸을 사용해 하나님을 영화롭게 할 수 있다(고전 6:19-20). 이 일은 우리가 기꺼이 하나님을 섬기며, 필요하다면 그분을 위해 고난당하고 죽는 것까지 포함한다(요 21:18-19; 빌 1:19-22).

우리가 순교자가 되도록 부름 받지는 않았을 것이다. 그러나 우리는 하나님의 뜻을 이루어드리는 '산 제물'이 될 수 있다(롬 12:1-2). 예수님은 "너희가 과실을 많이 맺으면 내 아버지께서 영광을 받으실 것이요 너희가 내 제자가 되리라"(요 15:8)라고 말씀하셨다. 하나님의 역사는 영광스러우며(시 111:3), 그분의 이름도 영광스럽고(신 25:58), 따라서 그분의 하늘 보좌도 영광스럽다(렘 17:12). 하나님은 언제 어느 곳에서건 자신과 자신의 역사를 드러내실 때마다 그의 영광이 드러났다.

다윗이 거인 골리앗을 물리쳤을 때처럼 우리가 하나님을 신뢰할 때, 우리의 약한 것이 강한 것으로 변해 하나님이 영광을 받으신다(삼상 17

---

39) Ibid., 99.

장). 하나님은 불가능한 상황에서 자기 백성이 대승리를 거두게 하심으로 영광 받으셨다. 그 예로 히스기야 왕 당시에 예루살렘이 앗수르의 군대에 포위당한 경우를 들 수 있다(사 36-37장). 하나님은 자신의 이름이 영화로워지는 방식으로 기도에 응답하셨다(히스기야 왕의 기도). 위험한 상황에 처했을 때 하나님의 도움을 체험한 크리스천은 하나님께 영광 돌릴 수 있다. 예를 들면, 옥에 갇힌 요셉, 애굽에 거한 모세, 유대 광야에서 지냈던 다윗, 페르시아 궁전에 있던 에스더, 옥중의 베드로, 난파선에 타고 있던 바울 등이다.

하나님의 영광에 초점을 맞추고 있는 헌신적인 목회자는 자신이 스스로 교인들의 우상이 되는 것을 피할 것이다. 만일 목회자가 진실되게 하나님의 영광을 추구하지 않는다면, 그 교회는 결국 목회자를 영화롭게 하고 말 것이다. 그때에는 목회자와 교회 모두가 곤경에 처하게 된다. 하나님의 종들은 자신의 이름이 널리 알려지고 자신의 업적으로 인해 칭송받을 때가 가장 위험하다. 웃시야 왕의 기록을 기억하자.

> "또 예루살렘에서 공교한 공장으로 기계를 창작하여 망대와 성곽 위에 두어 살과 큰 돌을 발하게 하였으니 그 이름이 원방에 퍼짐은 기이한 도우심을 얻어 강성하여짐이더라"(대하 26:15).

그러나 웃시야는 "내가 약할 그때에 곧 강함이니라"(고후 12:10)는 지도력에 관한 처음의 교훈을 잊어버렸다.

7. 사역의 도구는 말씀과 기도(The tools of ministry are the word of God and prayer)[40]

하나님의 말씀과 기도에 열중하면 우리의 삶과 사역에 균형을 유지

---

40) Ibid., 115.

하게 된다. 성경에 나오는 하나님의 종들이 이를 증거한다.

모세는 시내 산에서 하나님을 뵙고 이스라엘 백성을 위해 중보했다. 그런 다음 하산하여 하나님께 받은 말씀을 백성들에게 가르쳤다(출 32-34장).

선지자 사무엘은 이스라엘 백성과 그들의 새 왕에게 다음과 같이 말했다. '나는 너희를 위하여 기도하기를 쉬는 죄를 여호와 앞에 결단코 범하지 아니하고 의로운 길을 너희에게 가르칠 것이다'(삼상 12:23). 그는 하나님의 말씀과 기도에 의지했다.

다니엘은 성경을 연구하여 유대 민족을 위한 하나님의 계획을 알았다. 그때 그는 기도하며 하나님께 자기 백성을 용서하고 그들을 위해 역사해 주시기를 간구했다(단 9장).

바울은 자신의 서신서에서 독자들에게 교훈을 베풀고 그들을 위해 기도했다. 에베소서는 균형 잡힌 사역을 잘 입증하고 있다.

예수님은 "너희가 내 안에 거하고 내 말(하나님의 말씀)이 너희 안에 거하면 무엇이든지 원하는 대로 구하라(기도) 그리하면 이루리라"(요 15:7)라고 하셨다. 우리 주님은 아침 일찍 일어나 기도하신 후 이곳저곳을 다니시며 하나님의 말씀을 가르치는 식으로 전도하셨다(막 1:35-39).

성령께서는 하나님의 말씀과 기도로써 우리의 삶과 교회에 역사하고 계시다. 초대교회 당시에, 하나님의 말씀과 기도는 신자들에게 결정을 내리고 지도자를 선택하는 데 필요한 지혜를 가져다주었다(행 1장).

오순절에 한 베드로의 설교는 하나님 말씀을 선포하는 것이었다. 이에 앞서 사도들과 함께 모여 열흘 동안 기도했다. 베드로의 설교로 수천 명의 사람들이 그리스도를 영접했다.

하나님이 이방인들에게 복음을 전하도록 바울과 바나바를 부르신 것은 안디옥 교회의 지도자들이 말씀을 전하고 기도할 때였다(행 13장). 그리고 교회의 일꾼을 세울 때에 기도하는 것은 성경적 방법이었다(눅 10:1-2).

기도하지 않는 것은 우리를 마비시키고 하나님의 영광을 위한 최후의 열매를 거둘 수 없다. 하나님의 말씀은 살아서 능력이 있다.

> "하나님의 말씀은 살았고 운동력이 있어 좌우에 날선 어떤 검보다도 예리하여 혼과 영과 및 관절과 골수를 찔러 쪼개기까지 하며 또 마음의 생각과 뜻을 감찰하나니"(히 4:12).

그러므로 우리가 설교가, 교사, 상담가, 증인 중 어떤 사람으로 사역하든지 간에, 우리가 그 말씀을 다른 사람에게 전할 때 놀라운 일이 일어난다. 주의 계명은 심히 넓어서(시 119:96), 온갖 부류의 사람들의 각기 다른 요구를 채워 줄 수 있다.

우리가 하나님의 말씀을 전할 때 그 말씀이 어떤 힘을 가지고 어떻게 역사하는지를 살펴보면 다음과 같다.

- 흑암 중의 밝은 빛이 된다(시 119:130; 고후 4:6).
- 밭에 뿌린 씨와 같다(눅 8:11).
- 깨끗한 물로 정결케 한다(요 15:3; 엡 5:26).
- 치유하는 약을 나누어 준다(시 107:20).
- 영양분이 풍부한 음식을 공급한다(마 4:4; 고전 3:1-3; 벧전 2:2).
- 능력의 검을 휘두른다(엡 6:17; 히 4:12).
- 영적 부에 투자하는 것이다(딤후 2:2).
- 하나님의 말씀은 혼란에 빠진 자들을 인도한다(시 119:105).
- 시험 당하는 자를 승리케 한다(시 119:11).
- 낙심한 자에게 기쁨을 준다(시 119:14, 111, 162).
- 소망이 없는 자에게 용기를 준다(시 119:49).
- 곤경에 처한 자에게 평안을 준다(시 119:165).
- 갇힌 자에게 자유를 준다(시 119:45, 135).
- 패배한 자에게 새 삶을 준다(시 119:25, 37, 40, 88).

목회자는 다음과 같은 사람으로 다른 사람과 자신의 생각을 나누어야 한다.

- 하나님의 은혜를 구하는 종
- 하나님의 뜻에 귀를 기울이는 종
- 하나님의 낯을 구하는 심령이 갈급한 예배자

참된 기도에는 축복과 함께 싸움이 동반된다. 에바브라처럼 우리는 모든 사람을 위해 '애써 기도'해야 한다(골 4:12). 하나님의 용사들은 날마다 하나님의 전신갑주를 입고 주님이 우리에게 승리를 주실 것을 믿어야 한다(엡 6:10-18). '싸움을 위한 기도'는 사탄의 요새를 파한다(고후 10:1-6). 하나님의 능력을 간구하는 것은 적을 패배시키는 길이 된다. 단순히 하루를 예배와 묵상, 기도로 시작하는 것만으로는 충분하지 않다. 우리는 하루 종일 이러한 영적 자세를 견지하며 '전능하신 자의 그늘 아래 거하'여야 한다(시 91:1).

기도는 중요하다. 그러나 사역자의 기도만으로는 사역을 완수할 수 없다. 그에게는 배후에서 기도하는 교회의 힘이 있어야 한다. 스펄전은 성공 비결을 묻는 질문에 '교인들이 나를 위해 기도해 주시는 것'이라고 대답했다. 교회가 언제 기도하는지는 중요하지 않다. 그러나 교회가 기도하고 있다는 것은 매우 중요하다. 왜냐하면 하나님의 백성이 합심해서 주님께 부르짖을 때, 놀라운 역사가 일어나기 때문이다. 수세기 동안 매주 교회에서 열린 기도 모임은 교회에 에너지를 공급해 주는 '교회의 발전소'와 같은 것이다.

선배 목사들은 설교를 위해 말씀을 연구하는 중에 기도하곤 했다. 또한 그들은 설교를 하기에 앞서 하나님의 도움을 구하는 기도를 하며, 설교하는 도중에도 종종 기도하곤 했다. 알렉산더 와이트는 "우리는 설교하기에 앞서 기도하고 싶어집니다. 왜냐하면 우리는 교인들과 우리가 해야 하는 사역에 대해 두려워하기 때문입니다"라고 말한다.

요약하면, 교회는 하나님의 능력이 없이는 존속하지 못하는 하나님의 기구이다. 그리고 우리가 행할 수 있는 하나님의 능력은 기도와 하나님의 말씀을 전하는 사역에서부터 비롯된다. 방법과 행동 방식은 대개 10년 주기로 변한다. 그러나 본질은 변하지 않는다. 유진 피터슨(Eugene Peterson)은 그의 저서 《메시지》(*Message*)에서 "우리는 우리가 부여받은 기도 사역과 하나님의 말씀을 전하는 사역에 충실할 것이다"라고 말한다.

일단 우리 자신이 진정으로 헌신적인 삶을 살면, 그다음에 우리는 교인들에게 각 가정에서든지 교회의 각 기관에서든지 개인적으로 기도하라고 권할 수 있다. 우리는 그 모든 일을 통해 하나님께 영광을 돌리기를 힘써야 한다. 이는 하나님이 자신의 집을 만민의 기도하는 집이라 칭함 받도록 하셨기 때문이다(막 11:17).

8. 사역의 특권은 성장(The privilege of ministry is growth)[41]

이기든 지든 간에 언제나 경쟁할 수 있다는 확신에 찬 몸과 마음을 지닌 운동선수가 승리하게 된다. 크리스천의 사역에 대한 보상은 교인들이 자신을 인정해 주거나 교인들의 수가 증가하는 것이 아니다. 물론 우리는 이것들을 환영은 한다. 그러나 진정한 보상은 우리를 더 나은 종이 되게 해주며, 우리가 하나님이 허락하신 도전에 맞설 수 있도록 해주는 영적 성장이다.

그 예로, 바울은 디모데에게 "이 모든 일에 전심전력하여 너의 진보를 모든 사람에게 나타나게 하라"(딤전 4:15)고 권면한다. 여기서 '진보'는 '새로운 영토로 나아가는 개척자'를 의미한다. 하나님은 종종 시련을 통해 우리를 성장시키신다. 그리고 우리가 충분히 과업을 완수할 수 있게끔 당신을 의지하게 하신다. 바울이 디모데후서 2장에서 묘사하고 있는 사역상은 하나님이 우리를 부르셔서 전심전력하게 하심을 보여준다. 왜

---

41) Ibid., 133.

냐하면 그렇게 하지 않을 경우, 당신은 성공적인 청지기(2절)나 군사(3-4절), 경기하는 자(5절), 농부(6절)가 되지 못하기 때문이다.

하나님은 사역자들에게 영적 씨와 양식을 제공해 주심에 따라 우리는 이것을 기쁘게 다른 사람들과 나눈다. 그리고 그런 과정에서 우리 자신은 부유하게 된다. 예수님은 하나님의 뜻과 하나님의 일을 가리켜 우리를 살찌우게 하는 양식으로 비유하신 사실을 기억하라(요 4:34). 그런 양식이 있는 곳에 성장이 있다. 사역의 특권은 성장이다.

우리가 성장을 멈출 때 우리의 사역은 정체되고 와해되기까지 한다.

성장이 중단되면 일어나는 일

- 하나님의 종의 삶에는 고통스러운 결과가 온다.
- 지난날에 얽매어 과거의 경험에 입각한 삶을 살기 시작한다.
- 주님이 자기 백성에게 나누어 주신 새로운 것들을 더 이상 간직하지 못한다.
- 그가 먹을 양식은 상하여 곰팡이가 핀다.
- 그가 뿌린 씨는 싹을 틔우지 못한다.
- 그는 점차 자기 보호적으로 변한다.
- 자기 방어적으로 변해 간다.
- 그는 교회에서 자신을 옹호해 주는 '지지자'들만을 의지한다.
- 그는 솔직한 비판을 수용하지 못한다.
- 보다 나은 것을 추구하는 교인들은 교회를 떠나기도 한다.
- 그렇지 않은 교인은 내색을 하지 않는 반대자가 되고 만다.
- 교회는 변화를 거부하는 교인들만 끌어들인다.
- 반면에 정당성과 열정을 주장하는 신입 교인들을 배척한다.

목회자는 의기양양하게 '우리 교회는 마찰이 없다'라고 선포한다. 행동하는 사람이 없으니 마찰이 없는 것이다. 그런 교회는 묘지처럼 적막하기 짝이 없다.

교회 내에 문제가 없다는 것은, 대개 교인들이 도전의식이 없고, 교회는 점차 보수적으로 변해 가고, 교회 직원들은 기계처럼 바삐 움직이고, 목회자는 그런 상황에 만족해하는 상황을 연상시킨다. 캠벨 몰간은 이런 교회를 '실체가 없는 명성'이라고 말한다.

하나님의 종은 어떻게 하면 성장할 수 있을까?

1) 항상 진정한 자신이 되려고 노력한다

항상 본연의 당신 자신이 되려고 노력하라. 하나님이 당신을 들어 쓰고 계시다는 사실을 믿어라. 다른 사람을 모방하는 데 시간과 정력을 낭비하지 말라. 하나님이 당신을 원래의 상태로 보존하시도록 내어 드리라.

2) 항상 하나님과 함께하며 그분의 진리를 좇아 살려고 하라

모든 진리는 '하나님의 진리임'을 알라(아서 홈스, Arthur F. Holmes). 성장하는 사람들은 폭넓은 독서를 하며, 자신이 동의하지 않는 필자들의 글도 주저 없이 읽는다. 왜냐하면 성숙한 사람은 현세에서 '우리가 부분적으로 알고'(고전 13:9) 있음을 알기 때문이다.

3) 정직하게 하나님을 위한 헌신적인 삶을 살아라

성장을 멈춘 사람은 다른 사람들에게 거짓말을 잘한다. 거짓된 기도와 묵상으로 하나님을 속이기 시작하는 사람은 곤경에 처하게 된다. 우리는 하나님이 성경에서 하신 말씀을 받아들이며 먼저 자신에게 적용해야 한다. 그런 다음에 하나님이 우리에게 행하도록 원하시는 것에 관해 정직하게 하나님과 이야기해야 한다. 하나님께 정직하면 스스로에게도 정직하게 마련이다. 그럴 경우 우리는 자신을 정확하게 평가할 수 있다.

4) 다른 사람에 대한 책임을 지며 그들에게 배우려고 한다

예수님은 자신의 사도들을 두 명씩 짝지어 파송하셨다. 왜냐하면 하나님의 종들은 서로를 필요로 하기 때문이다. 솔로몬은 이렇게 충고한다.

> "두 사람이 한 사람보다 나음은 저희가 수고함으로 좋은 상을 얻을 것임이라 혹시 저희가 넘어지면 하나가 그 동무를 붙들어 일으키려니와 홀로 있어 넘어지고 붙들어 일으킬 자가 없는 자에게는 화가 있으리라"(전 4:9-10).

5) 자신의 뿌리를 깊이 내리고 주님이 지시하시는 한 요동치 않으려 한다

사역자들은 자신의 뿌리를 깊이 내리고 성장할 수 있는 곳이라면 가능한 한 그곳에 오래 머무르려 한다. 사역 중에 직면하는 어려운 상황은 성장을 촉진하며 성장 과정이 계속되고 있음을 증거해 준다. 위기는 사람을 만드는 것이 아니라 그 사람이 행한 바를 드러내 준다.

그럼에도 성장이 이루어지지 않는 경우는 사역이 일시적이거나 우리의 관계가 견고치 못하거나 우리의 비전이 제한되었을 때이다. 토머스 머튼(Thomas Merton)은 크리스천들에게 다음과 같이 '세상에서 가장 위험한 사람'의 종류를 나열하며 경고한다.

- 누구의 지도도 받지 않는 관조적인 사람이다.
- 자기 자신의 비전만 신뢰한다.
- 자기 자신의 말만 따른다.
- 다른 사람의 말을 들으려 하지 않는다.
- 하나님의 뜻을 자신이 확신하는 것과 동일시한다.
- 자신의 마음속에서 불타오르는 열정을 하나님의 뜻으로 착각한다.
- 자신의 무오성을 확신한다.

이런 사람은 전 도시나 종교단체 또는 국가까지 파멸시킬 수 있다. 솔로몬은 "철이 철을 날카롭게 하는 것같이 사람이 그 친구의 얼굴을 빛나게 하느니라"(잠 27:17)라고 충고한다.

성장하는 사역자

계속해서 성장하는 사역자는 긴밀한 연락망을 갖춘 사람이다. 그 연락망은 자신을 북돋우며, 자신의 견해에 도전하고, 자신의 정신적, 영적 근육을 강화하며, 자신의 꿈과 계획을 좌절시키기도 하는 사람들의 연락망이다.

9. 사역의 힘은 성령님(The power of ministry is the Holy Spirit)[42]

초대교회 당시 사람들은 하나님이 베드로, 안드레, 야고보, 요한과 같은 평범한 어부를 통해 놀라운 역사를 일으키신 것을 보고 기이히 여겼다. 초대교회 당시에는 다음과 같은, 오늘날의 필수적인 것들은 없었다.

- 대규모 예산(은과 금은 내게 없거니와, 행 3:6)
- 학부와 신학 과정(본래 학문 없는 범인으로 알았다가, 행 4:13)
- 정치적 영향력(우리가 이 이름으로 사람을 가르치지 말라고 엄금하였으되, 행 5:28).
- 순수한 교회의 연대의식(사람에게 거짓말한 것이 아니요 하나님께로다, 행 5:4)

당시 그들의 사역의 비결은 "저희가 다 성령의 충만함을 받고"(행 2:4)였다. 그러나 성령 충만은 단지 소수의 경건한 지도자들만이 누린 사치

---

42) Ibid., 149.

품이 아니었다. 온 교회가 날마다 성령 충만을 체험했다.

"빌기를 다하매 모인 곳이 진동하더니 무리가 다 성령이 충만하여 담대히 하나님의 말씀을 전하니라"(행 4:31).

신약성경의 언어에서 몇 가지 의미를 찾아보자.

- '충만하다'의 의미는 '지배를 받다'이다.
- '외식이 가득하다'(마 23:28)는 '가식과 겉치레에 지배당하는 삶을 산다'는 뜻이다.
- '분이 가득하다'(눅 4:28)은 '분노에 지배를 당하다'는 뜻이다.
- '시기가 가득하다'(행 13:45)는 '시기에 지배를 당하다'라는 의미를 갖는다.

우리가 성령 충만할 때, 우리는 성령에 의해 활력을 발휘하게 된다. 성령이 지배할 때 신자는 그분의 통제를 벗어나지 않는다. 왜냐하면 '성령의 열매는……절제'(갈 5:22-23)이기 때문이다. 성령이 충만한 사람은 더욱더 자제하며 지혜롭게 산다(엡 5:17-18). 성령께서 역사하시는 데에는 분명히 하나님의 주권적 요소가 있다(요 3:8).

성령을 갈구하며 성령의 도래를 기대하는 심령에 성령께서 응답하신다.

"명절 끝 날 곧 큰 날에 예수께서 서서 외쳐 가라사대 누구든지 목마르거든 내게로 와서 마시라 나를 믿는 자는 성경에 이름과 같이 그 배에서 생수의 강이 흘러나리라 하시니"(요 7:37-38).

우리는 하나님의 복이 그분의 주권적인 뜻에 의해 결정되는 것임을 깨달아야 한다. 성령의 바람은 성령께서 원하시는 방향을 따라 분다.

따라서 당신은 그분이 무엇을 하려 하시는지 예측하거나 그분이 당신의 삶 가운데서 역사하려 하시는 방법을 통제할 수 없다. 헌신적인 하나님의 종은 사역을 하는 가운데 성령의 능력을 알 수 있다. 하나님의 영은 거룩한 영이시므로 분명 더러운 그릇을 채우시려 하지 않는다.

우리는 크리스천의 사역을 위해서뿐 아니라 크리스천의 인격을 위해서도 성령이 필요하다. 성령의 열매는 없으면서도 성령의 능력을 구하는 것은 하나님이 모아놓으신 것을 흩어버리는 짓일 뿐이다. 하나님의 영은 '진리의 영'이시다(요 14:17, 15:26, 16:13). 이는 곧 성령 충만한 신자의 삶 가운데는 속임이 있을 수 없음을 뜻한다.

크리스천들은 거짓을 내려놓고 하나님의 진리를 따라 산다(엡 4:17-5:14). 우리의 삶이 거짓으로 차기 시작할 때마다 사탄이 역사한다. 그러나 우리가 하나님의 진리를 믿고 순복할 때마다 성령이 역사하게 된다.

성령께서는 우리에게 어떻게 역사하시는가?

- 진리의 말씀을 주신다(딤후 3:15-16).
- 우리가 그의 말씀을 이해할 수 있게 도와주신다(요 16:12-13).
- 말씀을 기억할 수 있게 해주신다(요 14:26).

그래서 우리는 일상의 삶 가운데 말씀에 복종할 수 있다.

에베소서 5장 18-33절과 골로새서 3장 16절- 4장 1절을 비교해 보면, 하나님의 영이 충만함(통제를 받음)과 하나님의 말씀으로 충만한 것(통제를 받음)이 같은 의미임을 알 수 있다. 성령은 자신을 영화롭게 하기 위해서가 아니라 예수 그리스도를 영화롭게 하기 위해 강림하신다. 사도행전 1장 8절은 성령이 우리에게 권능을 주시면 우리가 예수 그리스도의 증인이 될 수 있다고 말하고 있다. 바울은 성령께서 종종 우리의 연약함을 통해 그리스도를 영화롭게 하신다고 고백한다.

"이는 내가 약할 그때에 곧 강함이니라"(고후 12:10).

10. 사역의 본보기는 예수(The model of ministry is Jesus Christ)[43]

그리스도의 본을 따르려 노력한다고 해서 누구나 다 크리스천이 되는 것은 아니다. 왜냐하면, 구원은 회개하고 믿는 사람들에게 주시는 하나님의 선물이기 때문이다.

사역이란 그리스도를 따르고 더욱더 그분을 닮아가는 것이다. 즉 그것은 우리가 다른 사람을 섬기고 도우면 점점 더 그리스도를 닮아가는 것을 의미한다. '성화'란 그리스도를 따르며 성령에 의해 그리스도의 형상을 닮아가는 과정을 뜻한다. 우리 주님이 이 땅에서 섬기신 것은 하나님 아버지와 그분의 관계에서 비롯된 것이다. 그분의 사역 동기는 하나님 아버지를 기쁘시게 하는 것이었다.

"내가 항상 그의 기뻐하시는 일을 행하므로"(요 8:29).

예수님이 매일 체험하신 것을 본받으려 하면 우리는 바쁜 일정에 쫓기게 된다. 왜냐하면 예수님은 낮이고 밤이고 간에 자신에게 도움을 청하기 위해 온갖 종류의 문제를 갖고서 찾아온 각양각색의 사람들을 대하셨기 때문이다. 사도들은 도움을 필요로 하는 이 사람들을 성가신 존재로 여겨 그들을 내쫓으려 했다. 그러나 예수님은 자신을 찾아온 사람들을 진정으로 맞아 주셨다(마 14:15, 15:23, 19:13-15).

예수님은 설교 도중에 자신을 찾아온 사람들로 인해 종종 설교하는 것에 방해를 받으셨다(눅 12:13). 식사를 하시거나 조용히 쉬는 일에도 방해를 받으셨음은 더 말할 나위가 없다(막 6:31-33). 그러나 하나님 아버지의 뜻을 행하는 것이 곧 그분의 영적 양식이었다.

"나의 양식은 나를 보내신 이의 뜻을 행하며 그의 일을 온전히 이루는 이것이니라"(요 4:34).

---

43) Ibid., 163.

종의 태도를 보여주신 예수 그리스도에 관하여 명상을 할 때 빌립보서 2장 5-11절을 살펴보라.

"너희 안에 이 마음을 품으라 곧 그리스도 예수의 마음이니 그는 근본 하나님의 본체시나 하나님과 동등됨을 취할 것으로 여기지 아니하시고 오히려 자기를 비워 종의 형체를 가져 사람들과 같이 되었고 사람의 모양으로 나타나셨으매 자기를 낮추시고 죽기까지 복종하셨으니 곧 십자가에 죽으심이라 이러므로 하나님이 그를 지극히 높여 모든 이름 위에 뛰어난 이름을 주사 하늘에 있는 자들과 땅에 있는 자들과 땅 아래 있는 자들로 모든 무릎을 예수의 이름에 꿇게 하시고 모든 입으로 예수 그리스도를 주라 시인하여 하나님 아버지께 영광을 돌리게 하셨느니라."

종의 직분은 예수님이 하늘에서 하나님과 함께 계시던 때에도 보이셨던 것과 같은 태도를 지님으로 비롯된다. 그런 자세는 '내 것은 내 것이야. 나는 내 것을 지킬 거야'라거나 '네 것은 내 것이야. 나는 그걸 가질 거야'라고 말하는 식의 태도가 아니다. 예수님은 그러시지 않고 '내 것이 곧 네 것이다. 이것을 네게 주마'라고 말씀하신다.

만일 예수님이 섬김을 위한 우리의 모델이라면 우리는 자신을 위해서가 아니라 남을 위해서 살게 된다. 그리고 우리는 그와 같은 일을 '예수님을 위해서' 행하게 될 것이다(고후 4:5).

크리스천의 섬김에서 주요한 역설적 진리 중 하나는 다른 사람들을 돌아봄으로 우리 스스로가 성장한다는 사실이다. 하나님의 말씀을 전하는 것은 매우 중요하다. 그러나 말로써 진리를 증거하는 것만으로는 충분하지 않다. 우리는 사랑으로 진리를 증거해야 한다(엡 4:15). 십자가에 달려 죽는 것은 우리가 자신에게 강요할 수 없는 죽음의 한 형태이다. 다만 우리 모두가 할 수 있는 일은 하나님의 뜻에 따르는 것이다. 우리는 "나의 원대로 마옵시고 아버지의 원대로 하옵소서"라고 기도하면서 하나님의 뜻에 복종한다.

예수님은 기도하셨다. 그리고 하나님 아버지를 의지하셨다. 또한 하나님의 뜻을 행하는 것을 자신의 양식으로 삼으셨다. 예수님은 사람들을 불쌍히 여기시고 그들을 도우려 애쓰셨다. 다른 사람을 위해 친히 희생하셨으며, 그럴 만한 가치가 없는 세상 사람을 위해 죽으셨다. 예수님은 사람들을 있는 그대로 받아들이셨으며 진정으로 그들의 요구를 헤아리고 채워 주셨다.

예수님은 자신의 '이상적인 절차'에 따라 사람들을 교묘히 다루지 않으셨다. 왜냐하면 그분에겐 '이상적인 절차' 같은 것이 없으셨기 때문이다. 그분은 죄인들의 요구에 가장 적합한 비유를 찾으셔서, 그러한 비유로써 말씀을 시작하셨다.

- 우물가의 여인에게 생수에 관해 말씀하셨다.
- 니고데모와는 거듭남에 관하여 이야기하셨다.
- 비판적인 바리새인들에게는 잃어버린 양과 병자를 치료하는 의사에 관해서 말씀하셨다.

예수님의 목양방식은 늘 새롭고 각 사람에게 도전을 주는 것이었다. 이는 그분이 성령의 인도를 받으셨기 때문이다.

그러나 예수님의 사역은 항상 '성공적인 사역'은 아니었다. 그 내용을 살펴보면 다음과 같다.

- 예수님께 고침을 받은 10명의 문둥병자 중 9명은 예수님께 다시 찾아와 감사하지 않았다.
- 유다는 예수님을 배반했다.
- 나사로가 다시 살아난 것을 목격한 사람들 중에는 예수님의 대적들에게 달려가 그분이 행한 일을 보고한 자들이 있었다.
- 예수님은 '생명의 떡'에 관하여 설교하신 후 자신의 설교를 들은 무리들이 모두 떠나는 것을 지켜보셨다.

- 예수님은 예루살렘에 대해 슬피 우셨다. 왜냐하면 하나님이 유대인들을 위해 하기 원하시는 일을 그들이 무시했기 때문이다.

인간적인 판단으로는 예수님의 사역이 실패한 듯이 보인다. 그러나 하나님의 시각에서 보면, 예수님이 하신 모든 일은 하나님 아버지를 기쁘시게 한 것이자 하나님의 뜻을 이루어드린 것이다. 실패자는 인간들이지 주님이 아니다.

주님은 늘 자신의 감정을 솔직히 표현하셨다.

- 주님은 서기관들의 완악한 심령에 대해 슬퍼하셨다(막 3:5).
- 예루살렘의 불신앙에 대해 흐느껴 우셨다(눅 19:41).
- 주님은 나사로의 무덤을 보시고 조용히 눈물을 흘리셨다(요 11:35).
- 자신의 제자들이 베다니의 마리아를 비판하자 불쾌감을 표시하셨다(요 12:1-8).
- 주님은 사람들의 불신앙에 대해 "믿음이 없고 패역한 세대여 내가 얼마나 너희와 함께 있으며 너희를 참으리요"(눅 9:41)라고 책망하셨다.

제5부

목회자의 성문제
(Pastoral Marital Sexuality)

목회자의 결혼 외의 성문제
(Pastoral Marital Sexuality)

간음이란?

새국어사전에 의하면, 간음이란 '아내 있는 남자가, 또는 남편 있는 여자가 다른 이성과 관계를 맺는 일'이다. 레위기 20장 10절 "누구든지 남의 아내와 간음하는 자 곧 그 이웃의 아내와 간음하는 자는 그 간부와 음부를 반드시 죽일지니라"라고 말씀하시는 것으로 보아 사전에서 말하는 정의와 성경에서 말하는 정의가 같음을 알 수 있다.

하나님이 창조하신 인간

하나님은 모든 만물을 먼저 창조하시고, 뒤에 최후로 인간을 지으시고, 삼위일체의 특별한 협의하에 하나님의 형상과 모양을 닮은 남자와 여자를 지으시되, 그 육신은 흙으로 지으시고 하나님이 직접 숨을 불어넣으셨다. 하나님께서는 인간을 피조물의 통치자요 대표자로 세우시고, 하나님과 직접 교제케 하셨으며, 에덴 동산에 거하게 하시고, 죽음과 고통이 없는 절대 행복한 한 부부로 살도록 만드셨다(창 1장).

남자와 여자를 창조하신 목적

창세기 1장 27-28절을 보면, "하나님이 자기 형상 곧 하나님의 형상대로 사람을 창조하시되 남자와 여자를 창조하시고 하나님이 그들에게 복을 주시며 그들에게 이르시되 생육하고 번성하여 땅에 충만하라"라고 기록되어 있다. 남자와 여자를 창조하신 하나님의 일차적 목적은 생육하고 번성하여 땅에 충만케 하기 위함이다.

창세기 2장 22-23절을 보면, "여호와 하나님이 아담에게서 취하신 그 갈빗대로 여자를 만드시고 그를 아담에게로 이끌어 오시니 아담이 가로되 이는 내 뼈 중의 뼈요 살 중의 살이라 이것을 남자에게서 취하였은즉 여자라 칭하리라 하니라"라고 하였는데 이는 한 가정의 기원이라 할 수 있다.

우리가 여기에서 얻게 되는 교훈은, 한 가정을 이루는 부부는 한 몸이란 의식을 가지며 서로 깊이 사랑하여야 한다는 것이다(엡 5:25-33). 또한 남자는 한 몸을 이룬 여자를 동일한 인격체로 대우하며 결코 무시해서는 안 된다(고전 11:11-12).

아름다운 만남

구약에는 남자와 여자 사이의 여러 형태의 만남과 헤어짐이 있는데, 그중에서도 아름다운 만남은 아담과 하와(Adam and Eve), 이삭과 리브가(Isaac and Rebekah), 룻과 보아스(Ruth and Boaz)의 만남을 아름다운 만남이라 할 수 있다.

이들 중에서 먼저 이삭을 살펴보자.

이삭[뜻은 하나님이여 미소(微笑)해 주시옵소서]은 하나님의 약속대로 브엘세바(Beersheba, 창 21:14, 31; 갈 4:23)에서 태어났는데, 아버지 아브라함(Abraham)은 100세, 어머니 사라(Sarah)는 90세였다. 아브라함은 메소보다미아(Mesopotamia)의 땅 하란(Haran)에 종을 보내어, 아브라함의 동생 나홀(Nahor)의 아내 밀가(Milcah)의 아들인 브두엘(Bethuel)의 딸 리브가(창 24:15)를 데리고 와서 내성적이며, 명상적이며, 애정(愛精)의 사람인 40세(창 24:63-67) 노총각 이삭과 정혼을 시켰다. 신약은 이삭을 약속의 아들로 언급한다(갈 4:22-23).

룻은 어떠했는가? 룻은 예수님의 선조 중의 한 명이다. 모압 지방의 여인으로 유다 지파(the tribe of Judah)의 베들레헴(Bethlehem) 주민 엘리멜렉(Elimelech)과 나오미(Naomi)의 자부이며, 말론(Mahlon)의 아내, 뒤에는 보아스(Boaz)의 아내이다. 다윗(David)의 증조모가 된다. 베들레헴을 버리고 모압으로 올라간 엘리멜렉의 가족 가운데 룻의 남편 말론이 사망하고 시동생 기룐(Chilion)도 사망한 후 시어머니 나오미와 함께 베들레헴으로 돌아온다. 엘리멜렉의 친척인 보아스의 밭에서 이삭줍기를 하고 있을 때 룻은 보아스의 청혼을 받는다. 룻과 보아스는 아들을 낳고 이름을 오벳(Obed)이라 하였으며, 그의 아들은 이새(Jesse)이고, 이새에게서 다윗이 태어난다. 구약에서 이 두 쌍의 만남은 아름다운 만남으로 표현되며 우리의 귀감이 된다.

부적절한 만남

그렇다고 성경에 나오는 모든 만남이 다 적절하고 좋은 만남은 아니었다. 세겜(Shechem)과 디나(Dinah)(창 34장), 유다와 다말(Judah and Tamar)(창 38장), 삼손과 들릴라(Samson and Delilah)(삿 16장), 다윗과 밧세바(David and Bathsheba)(삼하 11장) 등의 만남은 가히 부적절한 만남이라 하겠다.

우리에게 잘 알려진 다윗과 밧세바의 이야기를 정리해 보자. 다윗은 요압과 군대를 보내 암몬 자손을 공격하게 하면서도 본인은 전쟁에 나서지 않았다. 그는 예루살렘에 머물러 있었다(삼하 11:1). 그가 낮잠을 자고 오후에 일어나 왕궁 옥상을 한가로이 거니는 모습이 성경에 나온다. 소인이 한가하면 똥딴지 생각을 한다는 중국의 전설은 틀리지가 않는 모양이다. 왕궁 옥상을 거닐다 다윗은 목욕하는 한 여인을 보게 되었다.

보이는 장소에서 대낮에 목욕하는 여인도 문제가 있었고, 군대들을 전쟁터에 내보내고 자신은 한가로이 낮잠을 즐기는 왕도 한심하기 그지없다. 목욕하는 여인은 '보기에 심히 아름다웠다'고 성경은 말한다. 매우 매력적이었음은 자명하다. 이 여인은 엘리암(Eliam)의 딸이요, 헷 사람 우리아(Uriah)의 아내 밧세바(Bathsheba)이다. 둘은 부정한 관계를 맺었다.

> "다윗이 사자를 보내어 저를 자기에게로 데려오게 하고 저가 그 부정함을 깨끗하게 하였으므로 더불어 동침하매 저가 자기 집으로 돌아가니라" (삼하 11:4).

밧세바가 임신한 것을 알고 그 사실을 은폐하려고 전쟁터에 있던 우리아를 불러 그를 집으로 보내 아내와 동침시키려 했다. 하지만 충직한 우리아가 이를 듣지 않자 다윗은 요압을 시켜 우리아를 전장에서 선봉에 내세워 전쟁터에서 죽게 만든다. 다윗은 그의 죽음에 아무 가책도 느끼지 않는 인간성을 보여준다. 요압(Joab)에게 말하기를 "칼은 이 사람이나 저 사람이나 죽이느니라"(삼하 11:25)라고 함으로써, 근세의 탄로 난 목회자의 외도를 자기 합리화로 해결하려는 일이 새삼스럽지도 않다.

하나님이 요구하시는 성적 순결

하나님께서 택하신 백성에게 요구하시는 성적인 순결은 무엇이었는가?

구약에는 하나님의 사람이 성 때문에 파멸에 이르는 비극을 방지하려는 여러 처방들이 잘 나와 있다. 이것은 성생활의 문란을 제어할 것을 가르치고 있으며, 각종 음행죄와 처벌 규정도 말씀하셨다.

간음죄(출 20:14; 레 18:20)는 반드시 죽임을 당하고(레 20:10), 혼인 빙자 간음죄(출 22:16-17)는 벌금을 지불하고 그 여자와 혼인을 해야 하며(신 22:29), 근친상간죄(레 18:6-18)는 반드시 죽임을 당하며(레 20:11-12), 남색죄(레 18:22) 또한 반드시 죽임을 면치 못했다(레 20:13). 수간(동물과의 관계를 맺는 일, 레 18:23)일 경우 또한 반드시 죽임을 당하며(출 22:19), 강간죄(신 22:25, 28)도 죽임을 당하며(신 22:22-24), 매음죄(신 23:17)는 금지되어 있었다(레 19:29).

레위기 18장을 좀 더 자세히 보면, 이 말씀을 듣는 주인공은 이스라엘 사회에서 한 가족의 대소사를 최종적으로 관장하는 어른이다. 본문은 이 사람을 향해서 그 모친, 계모, 자매, 손녀나 외손녀, 의붓누이, 고모, 이모, 백숙모, 자부, 형제의 아내 등의 '하체를 범치 말라'(레 18:3-16, 17, 18)고 강력히 지시하고 있다. 또 전술한 바와 같이 간음과 간통, 동성애와 수간(獸姦) 같은 부정한 성행위를 통해서 그 몸을 '더럽히지 말라'(레 18:17, 18, 19-23)라고 못 박고 있다.

즉 성은 함부로 사용해서는 안 된다는 것이다. 최소한 '다른 여인의 하체를 범하지 않아야'(레 18:3-16) 하며, 성적인 교제로 '자신의 몸을 더럽히지 않아야'(레 18:17-18) 한다는 것이다.

하나님은 하나님이 주신 짝(창 2:20)이 아닌 대상들과 벌이는 성관계는 무릇 음탕하고 부정하다고 말씀하심으로 성생활의 상대를 제한하고 계신다. 유부녀와의 간통, 창녀와의 간음, 짐승과의 교접, 동성끼리의 변태적인 행동은 모두 창조의 질서에서 크게 어긋난다(막 6:18; 롬 1:27, 13:9; 고전 5:1, 6:9, 10:7; 계 2:14).

이러한 일들은 하나님께서 보시기에 참으로 가증한 일이며(레 18:22, 30) 자기들이 발을 딛고 사는 땅을 더럽히는 일이라고 하나님은 단호히 말씀하신다(레 18:24, 27).

교회 성도들의 구성

남가주에는 1,400여 개의 한인교회가 있다. 대부분 교회의 남성도와 여성도의 구성 비율은 4:6 정도라고 본다. 목회자는 목회 시간의 대부분을 여성도들과 지낸다. 여성도의 구성 또한 다양하다. 결혼한 여성, 혼자된 여성, 행복한 여성, 경건한 여성, 경제적으로 넉넉한 여성, 경제적으로 넉넉하지 못한 여성, 많은 마음의 상처를 안고 사는 여성 등등 다양하다.

어떤 여성도들은 다른 사람들보다 훨씬 매력적인 요소를 갖고 있으며, 외모적으로 용모가 아름다운 이들도 많다. 물론 그렇지 못한 이들도 있다.

목회자의 위치

목회자의 자리는 매우 유혹받기 쉬운 자리다. 목회자는 항상 신도들에게 은혜롭고, 이해심이 많으며, 지혜롭고, 온화한 모습으로 비친다. 남성 성도에게나 여성 성도에게나 마찬가지다. 이러한 모습이 대부분의 여성들에게는 매력적이며, 다른 남성들에게서 찾고자 하는 모습이다. 은혜 받은 여성들은 그들의 목회자에게 매료되고 목회자에게 사랑의 감사를 한다. 이러한 존경스럽고 열정적인 목회자에게 감성으로 끌리게 된다. 열렬한 사모함이 생기는 것이다.

여성들의 심리

팀 라헤이 박사는 여성도들의 심리를 다음과 같이 묘사한다.

"여성들은 남성들의 사랑의 행위에 방어적이지만 목회자들에게는 예외이다. 여성도들은 하나님의 사람으로 존경하는 목회자가 무엇을 하든 그를 전적으로 믿고 목회자의 월등한 영적 생활을 존중하기 때문에, 도덕적으로 자신을 지나치게 방어하려고 하지 않는다. 하나님의 사람도 남성이라는 사실을 잊는 것이다."

성적 욕망이 고조된 날 상대방이 서로 쉽게 이러한 감정을 느낄 때 두 사람은 쉽게 결합한다.

목회자의 성적 타락 유형

목회자의 성적 타락은 자신을 파멸로 이끌 뿐만 아니라 하나님의 영광을 가리며, 하나님의 영광을 그 사회에서 아예 떠나게 하며, 그를 따르는 많은 양 떼들을 험난한 사망의 골짜기로 몰아넣어 믿음을 멸하게 만들기도 한다. 목회자라고 해서 성적인 유혹이나 타락, 불륜이나 성적 학대에서 예외일 수는 없다. 오히려 그 누구보다도 더 이러한 유혹에 직면하게 된다고 보아야 한다. 왜냐하면 교회 공동체에는 자기 짝(사모)보다 더 아름다운 여성, 매력적인 여자 성도들이 있게 마련이어서, 다윗이 목욕하는 밧세바를 보고 느꼈던 '참 아름답다'는 감정을 가지는 것은 오히려 인간으로 당연하기 때문이다.

그러므로 성적 타락의 유형[44]을 알아보는 일은 매우 필요한 것이다. 목회자가 당하는 성적인 타락을 성경에 비추어 보면 몇 가지 유형이 있

---

44) 왕대일, "목회자의 성적 타락에 대한 성경적 조명", 〈목회와 신학〉, 6월호(2000), 87.

음을 알 수 있다.

첫째, 목회자가 요셉처럼 농염한 보디발의 아내(창 39:7-12)의 유혹에 시달리는 경우이다. 보디발의 아내는 요셉의 준수한 외모(6절)에 반하여 요셉을 유혹하기 위해 온갖 수단과 방법을 동원한다. 그러한 유혹이 실패하자 오히려 요셉을 모함하였다. 이 경우는 성욕에 메마른 한 여인의 덫에 목회자가 발이 걸린 경우라 하겠다. 목회자는 힘이 없는 자이며, 오히려 자기를 유혹하는 자의 힘과 물질에 의존해서 생존해야 하는 가난한 주인공이라고 할 수 있다. 이때에 목회자는 에로스의 피해자가 되기 쉽다. 요셉이 보디발 아내의 유혹을 신앙심으로 극복하였듯이 목회자도 이 유혹을 이겨내야만 한다.

둘째, 목회자가 유다처럼 며느리 다말(창 38:12-26)에 의해서 유혹(함정)에 완전히 빠진 경우이다. 이 경우는 계대 결혼(繼代 結婚) 책임에 대한 유다의 불성실한 태도(11절)와 그의 넘치는 정욕(15-16절), 그리고 며느리 다말의 간사한 속임수가 어우러져서, 결국 시아버지와 며느리 사이에 부도덕한 불륜의 관계가 맺어지고 말았다. 곧 근친상간이다. 유다의 며느리 다말은 가문의 대를 잇는다는 명분으로 창녀로 변장, 상처(喪妻)한 시아버지인 유다를 유혹하여 그와 관계를 맺어 임신하였다(18절). 여인의 덫에 완전히 걸려 유혹을 이겨내지 못한 경우이다. 목회자가 어처구니없이 유혹에 무방비로 당한 경우라 하겠다.

셋째, 목회자가 다윗처럼 자기 앞에 나타난 매혹적인 여인(삼하 11장)을 보고 자기 의지로 간음하는 경우이다. 이런 식의 성적인 관계는 우리 둘레에 허다하게 일어나고 있다. 이 경우는 일차적으로 목회자의 자질 문제를 야기시킨다. 목회자가 되기 이전(목사 안수 받기 전)에 인간이 먼저 되었어야 한다고 나는 주장한다.

이런 경우로 인해 많은 신실한 성도들이 신앙의 어려움을 겪었으며, 신자들이 목회자를 볼 때 존경의 시선에서 경멸의 시선으로 변한다는 사실은 가슴 아픈 일이다. 이 경우는 목회자가 아무리 신학을 했다 하더라도 목회를 접었어야 하는 경우이다. 또한 이 경우는 엘리의 아들들처럼 하나님의 성소를 찾아온 여인들과 강압적으로 동침하게 되는 경우와 유사하다(삼상 2:22). 목회자가 자기의 영적(?) 힘과 지위, 기능과 능력을 앞세워 저지르는 성폭력에 해당한다 하겠다.

넷째, 목회자 자신의 성적 스트레스를 풀기 위해 창기들과 몸을 합하는 경우라 하겠다. 전적으로 자신의 의지대로 창기를 찾아가는 것이다. 얼마 전 여러 언론에 보도된 경우를 우리는 기억하고 있다. 동성연애를 극구 반대하던 테드 헤가드(Ted Arthur Haggard) 목사의 경우이다. 그는 겉으로는 동성연애, 동성결혼을 극구 반대하면서 사실은 남자 성 파트너가 있어 남자와 성관계를 맺어 오던 거룩(?)하신 목사님이었다. 스트레스를 성적으로 해소하려 했던 경우이다. 이로 인해 많은 신자들의 마음이 상하였고 '목사도 별수 없는 인간이구나' 하는 생각을 심어 주어 목회자의 권위를 실추시켰다.

왜 목회자들은 성적 범죄에 빠지는가?

성적인 유혹에 완전한 면역을 가진 자는 아무도 없다. 남녀노소를 막론하고, 어떤 직업을 가졌든지, 그리고 하루에 얼마나 하나님과 동행하는 시간이 길든지 간에 성적인 유혹에 이길 자는 많지 않다.

또한 자기 아내 외의 여인과 성적인 죄를 범한 목회자들은 이런 성적 범죄가 결코 우연히 일어나는 것이 아님을 안다. 성적인 범죄는 언제나 점진적으로 발생한 단계의 결과이다. 점진적인 발전의 단계로 스토니어 박사는 12과정을 제시한다(250쪽). 팀 라헤이(Tim LaHaye) 박사는 "이렇게 많은 과정을 거치며 아내 아닌 다른 여인과 함께 침대에 오르기 전까지, 목회자는 분명히 자신의 생활 속 타락하기 쉬운 결정적인 순간순간을 이 모양 저 모양으로 타협하다가 마침내는 그 죄를 피할 수 없기에까지 이르는 것이다"라고 말하고 있다.

왜 목회자들은 성적 범죄에 빠지는가? 많은 학자들이 그들 나름대로의 견해가 있고 수많은 이유들을 말할 것이다.

목회자의 성범죄의 현실

아직 한인 목회자들을 상대로 한 성에 대한 무디(Moody)의 조사 같은 여론조사는 없다. 그러나 한국에 있는 목회자의 성범죄의 현실을 살펴보면, 관계당국에 신고된 내용으로 나타난 통계[45]는 제법 존재한다. 기독교여성상담소의 지난 통계에 따르면 1998년부터 2005년 10월까지 접수된 목회자 관련 성폭력은 108건으로 강간 61건, 성추행 38건, 성희롱을 포함한 기타 사건이 7건 등이다. 특히 목회자 관련 성폭력 중 고소 사건은 9건으로 교단과 사회법에 모두 고소한 경우 4건, 교단에만 고소한 경우가 3건, 사회법에만 고소한 경우가 2건이었다. 특히 대다수 목회자와 성도들은 흔히 인터넷 언론과 방송에서 보도되고 있는 목회자와 관련된 성폭력은 사이비 종파일 것이라고 추측하고 있지만, 기독교여성상담소 통계에 따르면 한두 건 빼고 모두 정통 교단에서 버젓이 발생하고 있다는 점에 주목해야 한다.

교회 내 성폭력 유형에 대해 기독교여성상담소 관계자는 "대부분 목회자가 여신도와 청소년, 어린이를 상대로 한 성폭력으로, 특히 강간이 주를 이루고 있다"고 말하면서 "이 가운데 한 목회자에 의해 일회성이 아닌 장기간 지속적으로 피해를 입는 경우가 많은데, 보통 1~2년, 3~6년, 심지어 20년을 넘는 경우도 있었으며, 지속적 강간 후유증으로 낙태를 한 경우도 여러 건 접수되고 있다"고 덧붙여 설명했다.

목회자의 성폭력은 현재진행형이다. 최근 여러 교회에서 일어나고 있는 성폭력 사건들은 믿음의 성도들의 마음을 매우 아프게 하며, 진정으로 하나님의 복음을 전하는 손길들을 부끄럽게 만들고 있어서 목회자들에 대한 검증이 필요하다는 목소리가 높다.

그렇다면 어떤 목회자들이 성범죄에 빠지기 쉬울까? 무디가 실행한 여론조사 결과와 같은 조사는 아직 없다. 그러나 나의 오랜 LA에서의

---

[45] "한국교회 도덕성의 현주소", 〈한국기독교신문〉, 2007년 2월 17일.

신앙생활과 신문지상에 나타나지 않아 여론화는 되지 않았지만 잘 알려진 다른 성적 문제를 일으킨 목회자들(1980년 후반 LA의 S장로교회에 시무했던 C목사와 1970년도에 LA의 H장로교회에 시무하였던 P목사)의 공통된 일상생활을 볼 때, 성범죄를 일으키는 목회자들은 '중년에 접어들어 결혼생활은 권태감에 사로잡혔고, 소명의식엔 회의감을 가지고 있으며, 한두 곳의 교회에서 시무하는 동안 비성경적인 일문제로 퇴출당하여 동료 목회자들로부터 고립된 인물'로 보아야 하고, 목회가 안정기에 접어든 중년 목회자에게 성문제가 발생할 확률이 높다고 본다.

실제로 기독교여성상담소 박성자 소장은 "기독교여성상담소에 접수된 목회자[46] 관련 성폭력 사건의 대부분이 40대 후반 이후의 목회자이며, 어느 정도 목회에 성공한 목회자들"이라고 말하고 있는데, 짐 베이커(Jim Bakker), 짐 스와가트(Jim Swagattar), 서울 S교회의 J목사가 이 범주에 들고 있다.

이들 모두에게서 발견되는 한 가지 공통된 사실(나 혼자만의 판단은 아니라고 본다)은, 이들 목회자들이 자신들의 아내보다 미모로 보나 지적으로 보나 훨씬 못한 여인들과 관계를 가졌다는 사실이다. 이러한 사실로 볼 때 간음은 자신의 아내와 연약한 감정 결합 때문인 경우가 많으며, 이로 말미암아 목회자에게 강하게 접근하는 여성 성도와 쉽게 범죄하게 되는 것으로 볼 수 있다.

목회자 성폭력의 특징

그중 하나는 '통제력의 환상'(illusion of control)[47]이다. 성직자는 여신도와의 관계에서 통제력이 강해 상대방에게 피해가 가는 범위까지 가지 않을 것이라는 왜곡된 환상을 갖는다. 또 하나는 발각되는 것에 대한 두려움으로 끝까지 부정하는 것이고, 오히려 상대방을 비난하고 책임을 전가

---

46) Ibid.
47) 조혜진, "목회자여, 당신도 남성입니다", 〈크리스천 노컷뉴스〉, 2006년 12월 12일. http://www.christiannocut.co.kr

시켜 더욱 깊은 상처를 남기는 것이 목회자 성폭력의 특징이다.

그리고 '터널 비전' 현상[48]도 나타나는데, 성적 비행이 가져올 치명적인 결과에 대해 생각하려 하지 않고 하나님도 인식하지 않으며 사람들의 눈만 피하면 된다는 식의 행동을 하는 것이다.

목회자가 성범죄에 빠지는 이유[49]

성적인 죄를 범한 대부분의 목회자들의 이런 결과가 그들에게 우연히 생긴 결과라고 생각하지 않는다. 성범죄는 언제나 점진적으로 발생한 단계의 결과이다. 어느 여인과 함께 침대에 오르기 전까지 목회자는 분명히 여러 차례 타락하기 쉬운 결정적인 순간들을 여러 모양으로 고민하고 타협하다가 마침내는 그 죄를 피할 수 없는 곳까지 이르게 된다. 결정적인 타락은 자신의 선택의 결과이다.

목회자의 영향력

성 범죄에 빠진 목회자들은 자신의 취약점을 너무 과소평가하는 경향이 있다.[50] 많은 목회자들은 여성들이 목회자에게 느끼는 성적 매력과 목회자의 영향력에 대해 고지식한 면이 있다. 어떤 사람은 다른 사람보다 훨씬 더 매력적인 요소를 갖고 있는 경우가 있다. 그 매력이 단순히 외모에서 오는 것이 아니며, 간혹 외모적으로 아름답다거나 매력적인 사람에게서 느끼지 못하는 성적 매력을 느끼는 경우가 있다.

목회자는 유혹 받기 아주 쉬운 위치에 서 있다. 목회자는 목회 시간 대부분을 여성도들과 지내게 된다. 그중에는 여러 형태의 여성들이 있게 마련이다. 목회자는 강단에서 하나님 말씀을 대변하는 일에서, 상담하기 위해 사무실로 찾아오는 여러 성도들을 은혜롭고, 이해심이 많으며, 온화한 모습을 보여주며, 성도들의 고민을 들어 주는 경우가 허

---

48) Ibid.
49) 팀 라헤이, 《목회자가 타락하면》, 황승균 역(서울: 생명의 샘, 1990), 35.
50) Ibid., 36.

다하다. 바로 이러한 모습은 여성이 남성에게서 찾고자 하는 모습들이다. 그러므로 은혜 받은 여성 성도들은 그들의 목회자에게 매료되고 목회자의 사랑에 감사하게 된다. 따라서 목회자들이 조심하지 않는다면 이런 열렬한 사모함이 결국에는 간음으로까지 몰아가게 되는 경우가 되기도 한다.

여성들은 남성들의 사랑의 행위에 대해서는 매우 방어적이지만 목회자에게만은 예외이다. 여성 성도들은 목회자를 하나님의 종으로 존경하며 그를 전적으로 믿고 목회자의 월등한 영적 생활을 존중하기 때문에, 도덕적으로 자신을 지나치게 방어하려 하지 않는다. 하나님의 사람도 남성이라는 사실을 잊는 것이다. 성적 욕망이 고조된 날 상대방이 서로 쉽게 이러한 감정을 느낄 때 두 사람의 결합은 쉽게 이루지는 것이다. 서울 S교회 J목사의 경우가 이에 속한다.

감정이라는 괴물

타락한 목회자에게 범죄를 일으키게 하는 욕망은 성적인 요인이 아니라 감정적인 요인이 많다.[51] 상담하러 오는 성도와의 관계에서 두 사람 사이에서 일어나는 감정적인 결합을 주의하지 않기 때문에, 같은 성도와의 상담이 빈번히 이루어질 때 성도와 깊은 관계를 갖게 되는 것이다. 이러한 성도와의 감정적인 결합은 자기 아내와의 감정적인 결합이 약한 결과이기도 하다. 일단 다른 성도와 목회자가 감정적으로 일치하게 되는 상태에 이르면 종종 간음에 빠지게 된다.

피터 크라이틀러(Peter Kreitler)는 자신의 저서 《정사 방지》(*Affair Prevention*)에서 "정사는 단지 성적인 이유에서가 아니라 친근감, 아름다움, 친절, 상호감 같은 욕구를 만족시키기 위하여 시작된다"고 말하고 있다. 또한 리처드 엑스레이(Richard Exley)는 그의 저서 《그 위험성: 부도덕함》(*Perils of Power: Immorality*)에서 "감정적인 결합은 간음으로 가는

---

51) Ibid.

첫 번째 단계이다"라고 말하고, "결혼과 개인 생활이 만족스럽지 못한 목회자와 정서적으로 유린당한 여성 사이는 감정적인 결합에 쉽게 빠질 수 있다"라고 주장한다.

이상의 이유로 볼 때, 간음은 자신의 아내와의 연약한 감정 결합 때문인 경우가 많으며,[52] 이 이유로 인하여 목회자들은 강한 감정적 결합을 진전시켜 온 여성과 쉽게 범죄를 하게 된다.

어린 시절[53]

바람기는 타고난 것일까? 게르티 젱어(Gerti Senger)는 어린 시절의 경험이 성인이 된 뒤의 인간관계에 영향을 끼친다고 말하고 있다. 외도에 빠지는 사람들은 보통 어린 시절에 엄격한 과잉보호를 경험했을 가능성이 높다. "그들은 부모로부터 홀대당하고, 많은 경우 무시, 모욕, 비웃음을 당한 경험이 있는 사람들이다"라고 그는 주장한다. 그들은 억압적인 양육을 받아 이러한 교육이 성년기에 배우자와의 관계를 해치는 강력한 요인이 된다.[54]

서울 S교회 J목사의 경우가 이에 속한다. 잘 알려진 내용대로 이들은 엄격한 가정에서 태어나 엄격한 교육을 받은 것으로 알려져 있다.

가정생활[55]

세계복음주의연맹은 복음주의 지도자들의 도덕성 보존을 위해 '싱가포르 선언문'을 발표한 바 있다(2005년 6월 3일). 선언문은 지도자가 성공적으로 끝을 잘 맺지 못하는 것은 다음 일곱 가지 이유 때문이라고 지적했다.

---

52) 게르티 젱어, 《불륜의 심리학》(*Schattenliebe*), 함미라 역(서울: 소담출판사, 2009), 62.
53) Ibid., 283.
54) Ibid., 284.
55) 이태웅 목사: 한양대 졸업, Trinity 복음주의신학교(TEDS)/ M.Div., D. Miss, 저서는 《선교학 총론》, 타 문화권 제자훈련 강의, 한국해외선교회 한국선교훈련원(Global Missionary Training Center) 명예원장.

- 도덕적인 문제
- 재정에 관한 그릇된 행위
- 심각한 가정 문제들
- 권력 남용
- 최선을 다하지 못하고 중간에서 발전을 멈추는 것
- 영적인 메마름 때문에 열정과 정직성을 잃어버리는 것
- 자신의 권위를 후계자나 다른 사람에게 적절히 넘겨주지 못하는 것

이 목록 중에 최소한 2개는 가정과 연관된 것이다. 가정생활을 제대로 하지 못했을 때 결국은 지도자로서 지도할 수 있는 권위를 상실하게 될 위기에 처할 수 있다는 것이다. 그보다 더 중요한 것은 성서적인 가치이다.

성서는 영적인 지도자가 지도력을 발휘하기 위한 기본적인 자격에 대해서 디모데전서 3장 1-7절에 언급하였다. 그 내용들은 얼핏 보면 매우 평범하고 이 세상 사람들도 지킬 수 있는 정도의 규범으로 보인다. 하지만 이 평범한 진리 안에는 깊은 의미가 담겨 있다 "한 아내의 남편이 되며"(2절), "자기 집을 잘 다스려 자녀들로 모든 단정함으로 복종케 하는 자라야 할지며 (사람이 자기 집을 다스릴 줄 알지 못하면 어찌 하나님의 교회를 돌아보리요)"(4-5절)가 바로 그 내용들이다. 하나님께서는 지혜가 많아서 가정생활이 제대로 이루어지지 못했을 때 파생되는 여러 가지 문제들을 예견하셨던 것이 틀림없다. 따라서 이것들을 교회 교역자들의 가장 중요한 자격조건으로 명시하신 것이다. 더 깊이 성서를 살펴봤을 때 이것이 무엇을 의미하는지를 우리는 알 수 있다.

결국 가정생활에 관해 우리가 가져야 할 성서적 가치관은, 그리스도를 모델로 해서 남편의 역할을 하고, 교회를 모델로 해서 아내의 역할을 해야 한다고 말씀한 에베소서 5장에 근거한다. 그리스도가 교회를 위해서 피를 흘리시고 자신의 생명을 주신 것과 같은 질의 사랑을 가지고 남편은 아내를 사랑하고, 또 아내는 교회가 자신을 위해서 십자가에서 생

명을 쏟으신 예수 그리스도를 주로 섬기는 것과 같은 질의 순종과 존경을 남편을 향해서 해야 한다는 것이다. 이것은 모든 크리스천들을 위해서 성경에서 제시하고 있는, 가정생활에 대한 기초적이면서도 가장 핵심적인 가치 기준이다. 하물며 지도자들에게는 이것이 얼마나 더 높은 가치로 요구되지 않겠는가. 우리는 어떤 일이 있어도 이 사실에 대해서 양보하지 말고 이 가치를 절대적으로 소유하지 않으면 안 될 것이다.

일, 일, 일!(Work, Work, Work)

목회자의 도덕적 생활을 부패하게 만드는 가치관은 사역에 대한 그의 관심이다. 목회자는 다른 어떤 직종의 사람들보다 더욱 도덕적이어야 하는데 이는 결코 쉬운 일이 아니다. 일에 대한 중독과 그 일로 인한 엄청난 스트레스로 인해 빠져드는 탈진 상태(burnout)는 균형을 잃기 쉬운 사항이다.[56]

큰 교회 목회자들이나 폭넓게 진행하는 사역의 책임을 맡은 사역자들은 대부분 일중독자들이다. 대부분의 목회자들은 사업가형이다. 목회자들은 하나님 나라의 확장을 위해 더욱 폭넓게 사역을 수행하려 한다. 일중독의 분명한 증세 중 한 가지는 휴식 시간도 긴장을 풀 수 없다는 것이다. 모든 사람은 휴식이 필요하다. 목회자도 마찬가지다.[57]

대부분의 일중독에 빠져 있는 목회자들은 종국적으로 스트레스(표 11) 축적으로 인한 탈진 상태에 빠지게 된다. 탈진 상태에서 일어나는 현상은 불안과 실망이다. 한때 자신에게 기쁨을 주었던 것들–설교, 성경 연구, 상담, 목회사역, 행정 등등–이 무거운 짐이 된다. 이런 현상을 접하게 되면 그는 영적으로 패배감을 느끼게 된다.

고든 맥도날드(Gordon MacDonald) 목사는 다음과 같이 말했다.

"목회자는 항상 지쳐 있다. 영적으로나 육적으로 처절하게 지쳐 있다.[58]

---

56) Gordon MacDonald, *Rebuild Your Broken World*(Nashville: Thomas Nelson, Inc., 1990), 119.
57) Gordon MacDonald, *Ordering Your Private world*(Nashville: Thomas Nelson Inc., 1984), 193.
58) Gordon MacDonald, *Rebuild Your Broken World*(Nashville: Thomas Nelson, Inc., 1990), 43.

이런 상태에서 유혹이 닥쳐왔을 때, 나에게는 내적인 힘도 없었고 그 유혹을 저지시킬 수 있는 근본적인 능력도 없었다. 나는 쓰러졌다."

목회자는 일주일에 몇 시간 일을 하는가?

표11 레이너 박사(Dr. Thom Rainer)가 조사한 내용[59]

	2013 트위터 투표 (Twitter Poll)(전임 목회자)	2008 라이프웨이 리서치 투표 (LifeWay Research Poll) (파트타임 혹은 전임 사역자)
40시간 이하(Less than 40 hours)	3%	16%
40~49시간(40~49 hours)	47%	19%
50~59시간(50~59 hours)	40%	30%
60~69시간(60-69 hours)	7%	27%
70시간 이상(70 hours or more)	3%	8%

여론조사에 의하면 대부분의 담임목사들은 40~59시간을 교회를 위해 일하고 있다. 이외에도 회의, 긴급한 전화, 결혼식, 장례식 참석, 그리고 성도들을 면담하기 위해 기다리는 시간들을 합친다면 엄청난 시간의 일을 하고 있다. 이 여론조사는 미국 목회자들에 대한 조사이다. 아마도 한인 목회자들은 이 시간보다 더 많은 시간을 교회를 위해 헌신하고 있을 것이다. 독자들은 실감이 나지 않을 수 있다. 그냥 우리 담임목사님은 많은 시간을 교회를 위해 일할 것이라고 상상만 하는 성도가 많을 줄 안다.

필자가 몇 해 전 교인이 150여 명 되는 교회에서 전도사로 봉사할 때의 일이다. 점심을 같이 하자는 담임목사님의 전갈을 받고 정시에 식당으로 갔다. 봉사를 시작한 지 2년이 지나도록 마주앉는 것은 처음이었다. 아마 1시간 30분 정도 같이 있었는데, 그동안에 전화를 일곱 번이나 받는 목사님을 보면서 측은한 생각이 들었던 경험이 있다.

---

[59] Thom S. Rainer is president and CEO of Lifeway Christian Resources of the Southern Baptist Convention. How Many Hours Does a Pastor Work Each Week? By July 12, 2013.

감정 혹은 육체적인 매력(Emotional and Physical Appeal)

목회자에게 성적 범죄를 일으키게 하는 욕망은 성적인 요인 중에 감정적인 요인이 있다. 함께 일하거나 자주 상담을 하는 동안 두 사람 사이에 일어나는 감정적인 결합을 주의하지 않기 때문에 결국에 가서는 특정 여성과 깊은 관계를 갖는 것이다. 이런 상황이 일어났다면 이미 아내와의 감정적 결합이 약한 결과임이 틀림없다.

모든 사람이 감정적이며 육체적인 매력에 끌리게 마련이다. 목회자가 상담하러 온 여성 성도를 보는 눈이 한 사람의 죄인으로 보지 않고 한 사람의 다른 성을 가진 자로 보기 때문에 감정적이며 육체적인 매력을 느끼는 것이다. 리처드 엑스레이(Richard Exley)는 그의 저서 《그 위험성: 부도덕함》(Perils of Power: Immorality)에서 "감정적인 결합은 간음으로 가는 첫 번째 단계이다.[60] 결혼과 개인 생활이 만족스럽지 못한 목회자와 정서적으로 유린당한 여성 사이를 이보다 더 빨리 이러한 결합에 쉽게 빠지도록 하는 것은 아무것도 없다"[61]라고 말했다.

표12 간통의 주요 원인들(Major Causes for Having Love/Sexual Affairs)[62]

감정적 매력 (Emotional Appeal)	육체적 매력 (Physical Appeal)	불행한 결혼생활 (Unhappy Marriage)	그 외(Others)
48.5%	50%	31.8%	24.2%

* 주의. 이 조사 결과의 합이 100%가 넘는 것에 대해서는 설명이 없음
(The survey did not explain why these statistics add up to more than 100%).

종종 아내와의 감정적인 결합의 결핍의 경우 목사 자신에게 그 잘못이 있다.[63] 아내와의 감정 결합을 잘 이루고 있는 목회자가 유혹에 넘

---

60) Richard Exley, *Perils of Power: Immorality in the Ministry*(Tulsa: Honor Books, 1988), 40.
61) 게르티 젱어, 《불륜의 심리학》, 함미라 역(서울: 소담출판사, 2009), 62.
62) Dave Carder, Donna Hudon, and Keith Edward, "미국 목회자의 성적 유혹에 대한 통계자료", 〈목회와 신학〉 132호, 2000년 6월, 116.
63) 팀 라헤이, 《목회자가 타락하면》, 황승균 역(서울: 생명의 샘, 1990), 40.

어가 간음죄를 범하고 쓰러진 경우를 거의 본 일이 없다.[64]

불행한 결혼생활(Unhappy Marriage)

앞서 '가정생활'에서, "복음주의 지도자들의 도덕성 보존을 위해 발표한 싱가포르 선언문에 의하면(2005년 6월 3일), 이 목록 중에 최소한 두 개는 가정과 연관된 것이라고 세계복음주의연맹이 말했다. 가정생활을 제대로 하지 못했을 때 결국은 지도자로서 지도할 수 있는 권위를 상실하게 될 위기에 처할 수 있다는 것이다. 그보다 더 중요한 것은 성서적인 가치이다"라고 서술한 바 있다. 행복하지 않은 결혼생활은 가볍게 취급될 사항이 아니다. 목회자의 가정생활은 그가 사역하고 있는 교회에서 가장 존경받아야 하는 모델 가정이며 많은 존경의 대상이 된다. 모범적인 가정생활일 때는 무슨 문제가 있겠는가?

다음에 제시되는 표 네 가지를 보면 너무나 충격적이다. 리처드 J. 크레셔 박사의 연구(Dr. Richard J. Krejcir's research)에 의하면 목회자 부부 77%가 부부생활에 빨간불이 켜졌다고 보아야 한다(표3). 감사한 것은, 한국 목회자 가정이 미국 목회자의 가정보다 훨씬 원만한 결혼생활을 하고 있다는 사실이다. 또한 배우자와의 친밀도에서도 나타났듯이 배우자 역시 교회 신앙생활에서 유혹에 직면하고 있음을 알 수 있다.

원인은 무엇일까? 특히 부부 사이의 성적인 친밀도에서의 원인은 목회자의 시도 때도 없이 계속되는 바쁜 스케줄이라는 결과가 나와 있다. 교회 사역으로 인해 부부가 가져야 하는 오붓한 둘만의 시간을 가질 시간이 없다는 사실이다.

남편과의 결혼생활이 원만하지 못하거나 성적인 친밀도에 불만이 누적될 때 목회자 부부는 결혼생활에 만족감을 누리지 못하고 부정적인 감정이 내면화되어 부부 사이에 금이 가기 시작한다.

---

64) Ibid., 41.

표13 목회자 사모의 결혼 만족도(Satisfaction of Pastor's Spouse with Marriage)[65]

감정적 친밀함(Emotional intimacy)	대화(Communication)	성적 친밀함(Sexual intimacy)
77.7%	76.7%	75.3%

표14 성적 친밀함이 낮은 이유(Reasons for Low Sexual Intimacy)[66]

이유	목회자의 바쁜 스케줄(Busy Pastor Schedule)	성도들로부터 오는 긴장감(Stress from Church Members)	자녀들(Children)	잦은 교회의 밤 집회(Frequent Night Gatherings at the Church)	목회자(혹은 사모)로부터의 성적 억압[(Sexual Oppression by the Spouse(Pastor)]
(%)	16.2%	8.1%	11.8%	8.8%	9.9%

주의. 이 조사 결과의 합이 100%가 안 되는 것에 대해서는 설명이 없음
(The survey did not explain why these statistics add up to less than 100%).

표3 목회자 통계(Statistics on Pastors)[67]

질문 내용(Inquiry, 총 1,050명에게 질문)	응답한 목회자 수(Number of Pastors Who Responded)	%
소진, 도덕적 실패(Burnout or Moral Failure, Not Adultery)	1,050	100
불행한 결혼생활(Unhappy Marriage)	808	77
피로(Fatigue)	802	72
간음(Adultery)	315	30
영성 결함(Deficiency of Spirituality)	780	74

표15 한국 목회자 결혼 만족도[68]

	245명	%
매우 만족	82	33.5
만족	131	53.5
그저그렇다	23	9.4
불만족	7	2.8
이혼하고 싶다	2	0.8

---

65) Dave Carder, Donna Hudon, and Keith Edward, "미국 목회자의 성적 유혹에 대한 통계자료", 〈목회와 신학〉 132호, 2000년 6월, 116.

66) Ibid.

67) Richard J. Krejcir, "목회자들에 대한 통계수치들", 쉐퍼 연구소(Schaeffer Institute), 2012년 2월 22일. http://www.truespirituality.com/

68) 이관직, "사모의 우울증 어떻게 치유할 것인가?", 〈목회와 신학〉, 1999년 9월호, 76. 이관직 교수는 총신대학 신학대학원 교수로, 이 표는 1994년 3월에 250명을 대상으로 설문지를 배포하여 245명으로부터 응답을 받은 연구 자료이다.

영성 결함(Deficiency of Spirituality)

하나님은 우리가 영적으로 자라기를 원하신다. 나는 여기에서 '목회자' 대신에 '우리'라는 집합명사를 쓴다. 왜냐하면 영성의 결핍은 우리 모두에게 적용되는 문제이기 때문이다. 물질만능시대에 살고 있는 우리에게, 바울은 고린도 교회처럼 그리스도 안에서 성장하지 않고 어린아이로 남아 있는 것을 책망한다(고전 3:1-3). 히브리서 기자는 우리에게 '너희는 마땅히 선생이 될 터인데 젖이나 먹고 단단한 식물을 먹지 못하는 어린아이가 되어 있다'고 한탄한다(히 5:12-13). 사랑, 희락, 화평, 오래 참음, 자비, 양선, 충성, 온유, 그리고 절제하는 마음(갈 5:22-23)을 가지고 생명의 원동력을 찾음으로 그리스도를 닮는 일이 영성이다. 하나님은 우리 모든 사람들이 죄 가운데서 회개하여 그리스도의 사람으로 거듭나서 하나님의 나라에 들어가기를 원하신다.

예수 그리스도를 받아들여 하나님의 자녀가 되는 것은 분명히 하나님의 뜻이다. 동시에 하나님은 당신의 자녀들이 어린아이로 머물러 있지 않고 성장하여 그리스도의 장성한 분량에까지 이르기를 원하신다(엡 4:13). 우리가 성숙한 그리스도인으로 성장하여 그리스도의 십자가의 삶을 본받아 민중 속에서 민중들의 고난을 함께 나누며 이 세대를 개혁시키는 것도 분명히 하나님의 뜻일 것이다.

물질만능시대에 살고 있는 우리들은 물질에 눈이 어두워 영성 훈련에 게으르기 쉽다. 개인 구원과 사회 구원을 이루고 우리 개개인의 세속화를 막기 위해서는 하나님의 자녀로 태어난 우리 자신을 훈련시켜 우리들 자신을 그리스도의 장성한 분량에 이르게 하고, 그리스도 안에서 성령으로 거듭난 하나님의 자녀로 성장시키는 영성 훈련이 필요한 것이다.

이론적인 면을 벗어나서 현 시대에서 교회 공동체의 멤버인 교인들이 보는 목회자의 영성을 생각해 보아야 한다. 통계에 의하면, 많은 신자들이(전체의 86%) 교회를 옮겨본 경험이 있다. 이들이 교회를 옮길 때마다 그들은 바람직한 목회자의 자질로 '깊은 영성'(33.4%)과 '훌륭한 인격과 품성'(24.3%)을 꼽는다. 그들은 미지의 새 교회에서 새로 믿음생활을 해야 한다는 두려운 마음, 그들이 속해 있던 교회 담임목사의 영성 결핍에 대한 실망감, 자기가 누리던 교회로부터의 거절감, 권위적 인물(목회자)에 대한 분노, 그리고 영적인 굶주림으로 다른 교회로 옮기는 것이다.

표16 교회 이동 횟수[69]

대답	(%)
1차례	34.9
2차례	28.8
3차례	22.3
10차례 이상	1.1

표4 바람직한 목회자의 자질(Desirable Qualifications of a Minister)[70]

응답	(%)
깊은 영성(Deep spirituality)	33.4
훌륭한 인격과 품성(Good personality and character)	24.3
성도 관리와 돌봄(Management and care for church members)	14.9
훌륭한 설교(Good sermons)	12.2

표17 현재 한국교회가 당면한 가장 큰 문제는?[71]

문제점	(%)
목회자의 자질 부족	42.3
신앙의 실천 부족	34.2
지나친 양적 추구	31.2
개교회주의	20.9
신앙 훈련의 부족	17.2
신학생 과다 배출	16.5
교회 양극화 현상	10.0

---

69) 김병연, "2009년 한국교회의 사회적 신뢰도 여론조사", 기독교윤리실천운동, 2009년 11월 13일. http://www.Trust.tistory.com/
70) 교회성장연구소(소장 홍영기)는 2003년 7월부터 3개월 동안 서울, 부산, 인천, 대구, 대전, 광주, 울산, 경기, 강원 지역의 만 18세 이상 개신교인 1,088명을 대상으로 1대 1 개별 면접을 통해 '교인 수평 이동' 현황에 대해 조사했다. 조사 결과 성도들의 수평 이동을 확인했으며, 목회자의 자질 문제가 교회를 옮기는 중요한 이유인 것으로 드러났다.
71) 정재영, "교회행정에 대한 목회자의 의식구조", 〈Holy Network〉, 2009년 5월 26일, A13.

목회자 자신들이 보는 한국교회의 문제점에서도 목회자의 자질이 큰 문제라고 답하고 있다(42.3%). 남가주에 있는 한인교회의 여론조사 결과도 이를 증명하고 있다(15.8%). 목회자의 영적 결핍은 한인교회나 한국교회에만 국한되는 문제는 아니다. 미국교회의 신자들도 그들이 속한 교회가 자신들의 영적 성장에 도움이 안 될 때에는 서슴없이 교회를 옮긴다.[72] 이러한 목회자의 영성 결핍은 한국교회의 신뢰도를 추락시키고 있으며(34%), 교회와 성도들을 세속화시키고 있다. 또한 개신교회가 신뢰도를 향상시키기 위해서는 지도자가 변해야 하고(30.9%), 또한 교인들도 변화되어야 한다(24%)고 여론은 말하고 있으며, 목회자와 성도들의 언행일치도 강하게 요구하고 있다. 목회자에게 영성 결핍이라는 병이 생기면 목회자의 자질은 자연히 떨어지게 되어 있으며, 교회는 세속화되는 것이다.

표18 미주 한인교회의 문제점[73]

문제점	(%)
신앙과 삶의 불일치	17.1
목회자의 자질 부족	15.8
교회의 갈등	10
떠돌이 교인들	10
성장 지상주의	9.2
2세 교인과 단절	9.2
2세 목회자 부족	7.1
한인 신학교 난립	8.3
교회 직분 남발	5.4
이웃 사랑 부족	3.3
재정 불투명과 교회 내 권위주의	2.5
사이비 난무, 과다한 교회	2.1

---

72) Neil Richey, Why do the Christians leave the Church? http://www.neilrichey.blogspot.com/2005/11/Lock-door-why-do-the Christians-leave-htm(2005.11.29).
73) "한인교회 주소록", 〈Christian Today〉, 2010년 5월 22일, 5.

표19 한국교회를 신뢰하는가?(2009년)[74]

대답	(%)
한국교회를 신뢰한다	19.1
보통이다	47.4
신뢰하지 않는다	33.5

표20 개신교가 신뢰받기 위해 변해야 할 점[75]

대답	(%)
교회 지도자의 변화	30.9
교인들의 삶	23.7
교회 운영	21.1
교회의 사회활동	13.0
교회의 전도활동	11.3

사역자의 태만(Negligence of Ministers)

교회의 세속화의 주요 원인은 목회자의 영성 결핍이라 단언했다. 목회자의 영성 결핍은 목회자 자신의 자질을 저하시킨다. 영성 결핍과 더불어 목회자의 자질을 저하시키는 요소는 많이 있다.

목회자의 태만은 자질 저하를 불러온다.[76] 우리는 하루 몇 시간을 성숙과 충만한 영성을 위하여, 기도와 말씀을 위하여 노력하는가? 세상의 지식 탐구와 육신의 직업을 위해서는 전력을 다한다. 우리는 학생이거나 직장인이거나 주부이거나 아니면 성직자로 각자의 자리에서 삶을 영위해 간다. 그러나 그리스도인들에게는 또 하나의 부업이 있다. 그것은 예수를 잘 믿어야 하는 일이다. 사실은 이 일이 본업이어야 한다. 그것을 '사명'이라 말하고 '성직'이라 말한다. 목회자는 자기 지식을 실

---

74) 김병연, "2009년 한국교회의 사회적 신뢰도 여론조사", 기독교윤리실천운동, 2009년 11월 13일. http://www.Trust.tistory.com/
75) Ibid.
76) 리처드 백스터, 《참 목자상》, 최치남 역(서울: 생명의 말씀사, 2009), 122.

천하고 실행하는 일에 특별히 열심을 내야 한다. 실패는 자신이 자초하는 것이지 하나님께서 주시는 것이 아니다.[77]

예를 들어 운동선수가 연습을 하지 않거나 게을리 하거나, 경찰이 도둑을 놓치거나 못 잡거나, 군인이 초소를 이탈하거나 총기를 분실하면 그것은 근무 태만이며 직무유기다. 마찬가지로 목회자나 성도가 좋은 목회자나 성도가 되기 위하여 그리고 예수를 더 잘 믿기 위하여, 기도하는 일과 말씀 읽는 일에 게을러 성령 충만하지 못하다면 그것은 하나님 앞에서 직무유기나 근무 태만의 죄가 성립된다. 운동선수는 하루라도 운동을 쉬면, 온몸의 리듬이 깨지고 몸무게가 늘어나 선수로서의 기능을 백분 발휘할 수 없다. 운동에 대한 감각도 무뎌진다.

목회자도 마찬가지이다. 기도는 목회자를 영적 생활의 최전방에 서게 한다.[78] 진정한 기도는 생활을 변화시키고 또 생활을 창조한다. 기도는 변화를 준다. 기도는 하나님께서 인간을 변화시키는 데 사용하시는 중요한 수단이다. "구하여도 받지 못함은 정욕으로 쓰려고 잘못 구함이니라"(약 4:3). 진정한 기도를 할 때 인간은 하나님의 생각을 따라 생각하게 되고, 하나님이 원하시는 것을 원하게 되며, 하나님이 사랑하시는 것을 사랑하게 된다. 기도할 때 인간은 하나님이 보시는 관점에서 사물을 보게 된다. 기도하는 일과 말씀 읽기를 게을리 한다는 것은 직무유기다.

성령 충만하지 않아도 교회생활이나 사역에 당장은 큰 지장이 없다. 그러나 성도나 목회자의 근무 태만의 결과는 곧바로 성령 충만하지 못함으로 증명되고, 성령 충만하지 못하면 영혼을 살려내는 일에 실패하게 되며, 극심한 기근을 피할 수 없게 되고 만다. 성령 충만이란 하루 24시간 그분을 의식하고 그분에게 집중하는 삶이다. 그분이 나를 전인격적으로 장악하는 상태를 말하는 것이다. 모든 영적 행위는 카피가

---

77) Ibid., 84.
78) 리처드 포스터, 《영적 훈련과 성장》, 권달천, 황을호 역(서울: 생명의 말씀사, 2006), 33.

가능하다. 봉사도, 열심도, 전도도, 희생도, 충성도, 사역도, 설교까지도 말이다. 그러나 영성은 카피가 불가능하고 위조가 안 된다. 그것은 기도의 양이 결정하는 것이다.

마틴 루터는 하루 3시간씩, 웨슬리는 하루 2시간을 기도했다고 한다. 기도는 하나님의 마음을 돌려놓는다(출 32:1-14, 모세의 중보기도; 욘 3:10, 요나의 기도; 왕하 20:1-6, 히스기야의 기도). 기도가 부족한 목회자는 직무유기 죄인이다. 성도들과 교회가 필요로 하는 목회자는 직무유기 하지 아니하는 목회자다.

사역자의 무관심(Apathy of Ministers)[79]

목회자의 함정은 일상적인 평범한 일에 대한 무관심이다. 실상 목회자의 삶이란 하늘과 땅, 진리와 실생활, 복음과 행위, 하나님과 인간, 이 양자 중간에서 이 둘을 화합하는 일이다. 그러므로 목회자란 사람을 만나는 역할을 하는 자라고 말할 수 있다. 사람을 하나님의 무릎 앞으로 안내하고, 하나님의 영광을 인간의 현실에 소개하는 일이다. 만일 목회자가 거룩을 알되 평범을 모르거나, 영원을 이해하되 시간을 무시하거나, 하나님을 알되 사람을 등한히하였다면 그것은 어느 한쪽도 아는 것이 아니다.[80] 이것이 목회자들이 흔히 빠지기 쉬운 함정이다.

목사의 입에서는 큰 술어들이 튀어나온다. 더구나 젊은 목회자의 입에서는 매우 굵고 신학적이고 철학적인 용어들이 막 쏟아진다. 그런 말이 다만 우리의 사소하고 평범한 생활 경험 속에까지 스며들게 될 때에야 의미가 있고 효과가 있다. 목회자는 끊임없이 신도들의 일상생활을 살필 수 있어야 한다. 복음과 진리의 물줄기가 저들의 사소한 생활에까지 침투하고 있는가를 엿보아야 한다. 저들의 현실적인 삶의 고민과 문제와 요구를 찾아봄이 없이 큰소리만 친다면, 이는 상아탑 속의 종교

---

79) 박철, 목회자의 무관심, 〈민중의 소리〉, 2005년 4월 12일. http://www.vop.co.kr/A00000022060.html
80) Ibid.

는 될 수 있을지언정 사람의 삶과 영혼을 윤택하게 하고, 문제의 고민을 해결해 주는 복음일 수는 없다.

성도들의 무관심(Apathy of Church members)

사랑의 반대말은 미움이 아니라 무관심이다. 신도들은 과연 이웃을 사랑하고 있는가? 신도들은 얼마나 자신의 신앙에만 치우쳤는지를 아는가? 이웃의 신앙에 대한 무관심을 생각해 보았는가? 신도들은 얼마나 목회자를 위하여 기도해 보았는가? 목회자가 어떤 고민을 가지고 살아가는지에 대해 무관심한 것은 아닌가? 신도들은 목회자가 실족하기만을 기다리는 부류에 속하는 신자는 아닌가? 신도들은 '내 일을 처리하기에도 힘든 세상에 살고 있는데, 내가 어떻게 목회자를 위하여 기도할 시간이 있겠는가?'라고 대답하지는 않는가?

신도들의 목회자에 대한 무관심은 그를 나태하게 만든다고 생각해 보았는가? 신도들은 그가 실족하지 않도록 관심을 가져야 한다. 교회의 가르침을 머리로만 받아들일 것이 아니라 몸으로 받아들여야 하고 의식을 깨우쳐야 하며, 신도가 목회자에게 관심을 가지지 않는다면 아무도 그를 위해 기도할 자가 없다는 것을 알아야 한다. 목회자에 대한 신도들의 무관심은 그를 태만하게 만들며, 그의 자질을 저하시킨다.

인터넷(Internet)

우리가 살고 있는 시대는 컴퓨터(Computer)의 시대다. 컴퓨터를 다룰 줄 모르는 사람을 '컴맹'이라 부른다. 컴맹은 어느 좌석에서도 대화에 낄 수가 없는 세상이 요즘의 세상이다. 인간은 문자 시대에서 인쇄 시대를 거쳐 19세기 중엽에 전신의 발명으로 전화기, 라디오, 그리고 텔레비전과 같은 원격 통신(Telecommunication) 시대로 접어들어, 20세기 중엽에는 새로운 매체(New Media)인 컴퓨터 발명으로 쌍방향 통신(Interactive Communication)의 시대가 열린 것이다. 인터넷(Internet)은 컴퓨터를 통한 통신의 대표적인 방식이다. 팩스 기기와 휴대전화(Cellular Phone)의 등장은 지구촌을 일일권 내지 '초' 단위로 가까이 묶음으로써 우리에게 편리함을 제공하고 있다. 컴퓨터를 사용하는 인구는 급속히 증가하였고, 휴대폰을 가지고 다니며 어느 순간에든 자기가 원하는 일이 있으면 어디서나, 언제나 대화가 가능하며, 인터넷에서 쏟아져 나오는 정보들이 홍수를 이루고 있다. 지금은 상거래, 금융, 사무, 교육, 심지어 예배당 중심에까지 컴퓨터가 차지하는 비중은 대단하다.

성경과 찬송가를 가지고 예배당에 갈 필요성이 거의 없다. 왜냐하면 컴퓨터를 사용하여 눈앞에 있는 자막만 보면 성경 구절, 찬송가 가사, 그리고 주보에 있는 모든 내용이 다 나오기 때문이다. 성경 구절을 찾느라고 신경 쓸 필요가 없으며, '말라기'가 신약 맨 뒤에 나오든, 구약에 나오든 교인들은 별 관심조차 두지 않는다.

확실한 것은, 현대인은 군중 속에서 고독을 느끼며, 물질적 풍요 속에서 정신적 빈곤에 직면하며, 넘쳐흐르는 정보의 대홍수에서 영성의 고갈을 경험하며 살아가고 있다.[81] 인터넷을 사용함은 어디까지나 개인적인 일일 수 있다. 그러나 성도들의 신앙과 연관지어 장점과 단점을 찾아보는 것은 큰 의미가 있다.

인터넷이 영성에 주는 좋은 점

첫째로 인터넷은 인간관계 또는 교회와 교회 사이의 관계를 보다 원활하고 긴밀하도록 도움을 준다. 그 대표적인 것이 이메일(E-mail)과 일명 카카오톡과 같은 메신저이다. 이메일은 세계 어디에나 즉시 무료로 전달된다. 음성이나 음악, 동영상도 보낼 수 있다. 메신저는 더 속히 대화를 할 수 있게 만들어 준다.

둘째로 인터넷은 수많은 정보를 손쉽게 얻을 수 있게 한다. 과거에는 전문가들만 소유할 수 있었던 정보도 누구나 컴퓨터의 기초적인 방법만 다룰 줄 안다면 쉽게 얻을 수 있다.

---

81) 이정석, 《세속화 시대의 기독교》(서울: 도서출판 이레서원, 2001), 92.

셋째로 인터넷은 선교, 전도, 목회, 교육에 도움을 준다. 인터넷의 선교 개념도 형성되었고, 인터넷의 선교단체들도 활발히 선교하고 있으며, 노방전도에도 중요하게 쓰인다. 또 교인들과의 대화의 부족함을 교회 인터넷의 게시판과 같은 난을 이용하여 대화를 나눌 수 있고, 학교 강의실에서만 듣던 강의도 인터넷을 이용하거나 DVD을 이용하여 학교에 직접 출석하지 않고도 소정의 과정을 마쳐 학점을 이수할 수 있는 장점도 있다.

넷째로 평신도들의 성경 공부에도 유용하게 사용된다. 인터넷에 동영상이나 음성 파일을 제공하면 불필요한 자원, 시간 낭비를 줄여 효율을 증대시킬 수 있다.

인터넷이 영성에 주는 해로운 점

인터넷은 도덕적 타락을 조장할 수 있다. 정부도, 어느 개인도 인터넷을 통제할 길은 전혀 없다. 이러한 상황으로 인터넷이 범죄의 온상이 될 수 있다. 어린 학생들이 무방비 상태로 범죄에 노출된다. 그들은 호기심 많고 감수성이 예민한 시기에 자칫 잘못하면 학업에서 영원히 멀어져 타락의 길로 들어서기 십상이다. 어린이들만이 아니다.

실화 한 가지만 들기로 한다. LA에 있는 한 교회가 두 교회로 갈라서게 되었다. 이 교회에 시무하던 L목사는 나와 친분이 있고 모 신학교에서 강의도 잘하던 사람으로, 예기치 않은 일로 그 교회를 사직하고 그를 따르던 교인들과 시무하던 교회를 떠나게 되었다. 그 목사님이 떠난 후 장로님 한 분이 컴퓨터를 정리하다 너무나 놀라운 사실을 발견하였다. 그 목사가 쓰던 컴퓨터에서 매일 새벽기도회 후에 목사님이 포르노 사이트를 봤던 증거가 발견된 것이다. 그것도 하루도 아니고 거의 매일이었다. 그가 부르짖던 영성은 어디로 가고, 그가 사랑한다던 예수님은 어디에 있으며, 그가 단상에서 포효하던 하나님의 말씀은 무엇이었을까?

그 장로님은 그 목사님이 강의한다는 신학교에 달려가서 총장님께 그 사실을 알려 그 목사는 즉시 그 신학교에서 퇴출되었다. 그런데 그 목사님은 반성도 없이 버젓이 또 다른 신학교를 세우고 LA에서 신학생들을 양성하고 있다. 과연 어떠한 사역자가 그곳에서 배출될까? 인터넷이 한 영혼을 완전히 폐허로 만든 예라 하겠다. 인터넷은 한 인간의 내면세계를 황폐케 하였으며, 그를 존경하던 많은 성도들에게 교회에 대한 개념을 허물어 성도들의 영적 생활에 너무나 큰 상처를 주었다. 인터넷은 잘 쓰면 약이 되지만 조금 방심하면 독약이 된다.

목회자의 신학(Ministers Theology)

목회자와 그가 가진 신학 사이에는 뗄 수 없는 불가분의 관계가 있다. 목회자 자신이 바른 교회관과 올바른 성경관, 올바른 목회 철학을 소유하고 있을 때 비로소 바른 목회를 할 수 있다. 성도의 영혼을 돌보는 목회자는 우리의 주님이신 예수 그리스도에게 전적으로 순종하고, 하나님의 말씀을 바르게 깨달은 자여야 하며, 소명에 투철한 사람이어야 한다. 그러므로 '신앙 없는 신학'을 가진 자, '신학 없는 신앙'을 가진 자는 목회자로서 적합하지 못하다. 성경 진리에 대한 확실한 확신이 없을 때, 하나님의 주권에 대한 순종이 없을 때 겨우 생각해낸 것이 은혜라는 미명 아래 신비주의 운동으로 흘러갔고(예: 나운몽, 박태선), 한편으로 사회 참여니, 정치 참여니 하면서 세월을 보내게 되는 것이다. 교회는 하나님 말씀에 맞는 교회여야 하며, 목사가 목사다워야 목회가 되는 것이다.

6·25 한국전쟁이라는 민족적 비극을 거쳐 오는 동안에 너무나도 열악한 신학교에서 정당한 신학적 훈련이 없이 목회자를 대량생산하여, 혹은 신학교의 훈련도 전혀 없이 인간적인 수법과 무당에 가까운 신비주의로 교회를 이끌어 온 것도 많이 보았다. 예수님이 제사장이요, 선지자요, 왕의 직분을 지니신 것처럼 목사직도 이에 관련된다고 본다. 요한복음 10장에서 보는 것처럼 목사는 '선한 목자'여야 한다.

목회자와 설교에 대하여

사도 바울은 "네가 진리의 말씀을 옳게 분변하며 부끄러운 것이 없는 일꾼으로 인정된 자로 자신을 하나님 앞에 드리기를 힘쓰라"(딤후 2:15)고 하였다. 목회자의 가장 큰 과제는 설교이다. 목회의 가장 큰 비중은 말씀 전달, 즉 설교다. 말씀이 바로 선포될 때는 교회가 든든히 서지만, 말씀이 바로 선포되지 않을 때 교회는 병들고 성도는 영적으로 고갈 상태에 이르고 만다. 그러면 성도는 경청할 말을 잃어버리고 세상의 것을 경청함으로 교회 공동체는 세속화로 치닫는 것이다.

그러므로 설교자는 예화집이나 뒤적이고 남의 설교집이나 뒤적여서는 안 된다고 본다. 어디까지나 성경 본문에 충실하여야 하며, 사람의 말과 제도가 성경 말씀보다 윗자리에 있을 때 교회는 타락하게 되며, 세속화하기 시작하는 것이다.

"주의 말씀은 내 발에 등이요 내 길에 빛이니이다"(시 119:105)라는 목회 철학을 가져야 하며, 교회의 참된 부흥은 '하나님께로 가까이'(시 73:28)라는 비전을 가지는 목회자여야 한다. 신학과 신앙을 겸비한 자, 목회에 소명을 가지고 사명감에 불타는 자, 성경 말씀에 절대 순종하고 자기 양 떼를 사랑할 줄 아는 목사다운 목사가 목회를 할 때 목회다운 목회가 될 것이다.

'하나님 앞에서'(Coram Deo), '오직 하나님의 영광을 위해서'(Soli Deo Gloria), '오직 믿음으로'(Sola Fide), '오직 성경으로'(Sola Scriptura), '오직 은혜로'(Sola Gratia)만이 진정한 목회자의 자세이며 원칙이라 하겠다.[82]

작은 교회, 큰 교회에 대한 사고방식

목회자와 신자들의 부흥에 대한 기준도 문제라고 할 수 있다. 신도의 수적 증가는 곧 부흥이며 목회자의 영적 능력과 비례한다는 사고방식, 교회 건물의 크기, 한 주일에 들어오는 헌금 액수의 많고 적음, 어느 성도

---

82) 오성춘, 《영성과 목회》(서울: 장로회신학대학교출판부, 1997), 184.

가 얼마큼의 감사 헌금을 냈느냐 하는 관심으로 매주 주보에 실리는 헌금 내역과 이름, 이 모두가 교회 안에 들어온 유물사상이다.

농경사회에서 빠른 속도로 산업화 시대로 접어들면서 도시로, 도시로, 도시로 가야만 목회에 성공할 수 있다는 사고방식이 팽배했다. 그래서 도시에는 교회가 넘쳐났다. 한 건물 지나 교회, 술집 2층에도 교회, 그리고 치열한 교회 간의 성도 유치 경쟁이 일어났다. 반면에 농촌의 교회는 점점 더 작은 교회로 급속히 악화되었다. 그래서 도시의 교인들, 큰 교회 교인들은 우월감에 넘치며, 시골 작은 교회의 교인 혹은 그 작은 교회의 목회자는 열등감에 빠지기 일쑤다. 농어촌 작은 교회의 목회자는 무능하며, 도시의 큰 교회의 목회자는 이유 여하를 막론하고 능력이 높게 평가되는 것이 요즘의 세태이다.

교회의 참된 부흥은 '하나님께 가까이' 가는 것을 의미하며, 한 무신자의 영혼을 하나님께로 인도함이 하나님께 칭찬받는 것이다. 1,000명의 신도에서 3,000명으로 수적으로 증가했다고 해도 그들 가운데 과연 무신자였다가 하나님을 영접한 자들이 얼마나 될까? 아마도 대부분의 신도들이 '평행 이동'을 하였을 것이다.

교만과 자기중심

영적인 지도자에게 따르는 위험들은 특별히 미묘하다.[83] 그는 결코 육신의 시험을 면제받은 자가 아니다. 조심하여야 할 대부분의 위험들은 영적인 영역 안에 놓여 있다.[84] 인간은 유명한 지도자의 위치에 오르게 되면 자만심(self-conceit)과 교만(pride)이 일어나기 쉽다.[85] 목회자가 많은 우여곡절을 지나 교회를 창립하였을 때의 목회자의 모습은 참으로 겸손하고 마음과 정성을 다해 하나님을 섬기고, 교회를 섬기고, 적은 수의 교인들을 매우 잘 돌보는 겸손함이 있다. 그러나 하나님의

---

83) 오스왈드 샌더스, 《영적 지도력》, 이동원 역(서울: 요단출판사, 2006), 153.
84) Ibid., 153.
85) Ibid., 153.

사랑과 많은 은혜 속에 교회가 어느 정도 안정이 되고, 조직이 견고하게 되어 교인 수도 어느 정도 늘었을 즈음에 가면, 목회자는 교만해지며 자기중심적으로 서서히 변해간다.

자기중심이란 교만의 충동적인 표현 중 하나이다.[86] 그것은 자기의 재간의 중요함을 나타내고자 자신을 과대하게 생각하고 말하는 습관이다.[87] 자기 추종자들에 의해 오랫동안 찬사를 받아왔던 지도자는 이런 유혹에 빠질 위험에 처한다.[88] 목회자가 이러한 것들을 억제하지 않는다면 하나님 나라의 사역을 증진시키는 일에 방해가 될 것이다.[89] 왜냐하면 "무릇 마음이 교만한 자를 여호와께서 미워하시기"(잠 16:5) 때문이다.

하나님께서 목회자를 능력 있게 쓰실 때 목회자들은 성도들의 변화된 삶을 보게 된다. 이런 경우, 목회자들은 하나님께서 행하신 역사를 자신의 공로로 돌리려는 유혹을 받는다. 자신의 설교로 인하여 많은 심령이 변화되었다고 할 때 목회자는 우쭐거리게 된다.[90]

자만[91]은 우리의 미래의 꿈을 흐리게 만들고 우리의 바른 판단을 부패하게 만든다. 하나님께서는 목회자들이 신학적인 말씀을 전한다고 해서 도덕적 타협을 그냥 적당히 눈감아 주시지 않는다는 사실을 목회자들은 기억할 필요가 있다. 하나님께서는 목회자들에게도 "내가 거룩하니 너희도 거룩하라"고 말씀하신다(레 11:45). 예외는 없다.

분노(anger)[92]

끊임없이 다가오는 문제, 압박감, 성도들의 기대, 자신이 성취해야 할 일들로 인하여 의기소침한 상태가 오랫동안 지속되다 보면, 마침내

---

86) Ibid., 154.
87) Ibid., 154.
88) Ibid., 154.
89) Ibid., 155.
90) 팀 라헤이, 《목회자가 타락하면》, 황승균 역(서울: 생명의 샘, 1990), 41.
91) Ibid., 42.
92) Ibid., 46.

목회자는 분노하는 것이 성령을 슬프게 하는 죄라는 사실을 망각하고는 자신이 사랑했던 성도들을 분노의 돌파구로 이용하게 된다.

절대 필요

커다란 영향을 준 많은 사람들은 자기들이 둘도 없는 중요한 사람이며 따라서 그들은 그 직무를 자기들의 손에서 놓아서는 안 된다고 생각하는 유혹에 빠진다.[93] 그래서 그들은 이미 젊은 사람들에게 넘겨주어야 할 일을 오랫동안 고수한다. 이러한 풍조는 그리스도인들의 모임인 교회에서 많이 볼 수 있다. 교회를 창립하고 많은 고초와 고난을 이기며 힘든 이민생활에서 교인들의 추앙을 받으면서 교회를 성장시키고, 교회가 안정권에 있다고 생각할 때 자신을 돌아볼 시간을 갖는다. 목회자는 자신이 은퇴를 하여야 할 때가 되었음을 알며 가슴앓이를 한다. 목회자가 은퇴를 고려해야 하는 나이에 이르렀을 때, 자신의 직무를 차기 목회자에게 넘겨주기를 거부한다. 이렇게 함으로 그의 사역은 빛을 잃어간다. 그 목회자는 불행하게도 자기가 꼭 필요하다는 신화 속에서 일하고 있었던 것이다.

인간은 나이가 들어감에 따라 점차적으로 자신의 공헌을 객관적으로 평가할 수 있는 능력이 감퇴된다는 사실을 알아야 한다.

자신이 사역한 교회에서 자신이 절대 없어서는 안 될 위치에 있다면 그 목회자는 그 교회에 큰 해를 준 것이라고 할 수 있다.[94] 그 사역을 완전히 책임질 수 있다고 확신하는 영적인 사람들을 훈련하는 것을 목회의 일차 목표로 삼아야 한다.

---

93) 오스왈드 샌더스, 《영적 지도력》, 이동원 역(서울:요단출판사, 2006), 137.
94) Ibid., 138.

목회자들이 지켜야 할 규칙
(The Rules for Ministers to voluntarily keep)

제임스 맥도날드(James MacDonald) 목사님이 제시하는 다섯 가지의 도덕적인 벽(Moral Fence)[95]과 송흥용 목사님이 제시하는 목회자를 위한 일곱 가지 규칙[96]을 소개한다.

다섯 가지 도덕적 벽(Five Moral Fences)
① 목회자의 사모 이외의 어떤 여성과 자동차를 같이 타지 마라.
② 여성 성도와 상담할 시에는 사무실 문을 열어놓아라. 또한 여성 성도와의 상담은 어떤 내용이든 간에 같은 상담자와는 상담 횟수를 정하라. 같은 상담자와의 횟수가 많아지면 두 사람 사이에 친근감이라는 괴물이 발생하게 된다.
③ 절대로 목회자 혼자 호텔 근처에서 어슬렁거리지 마라. 물론 부흥집회나 세미나 같은 회동 때문에 타 지방으로 출장을 가게 되면 호텔에 묵을 확률이 많다. 호텔이란 묘한 뉘앙스를 우리에게 준다. 가능하면 사모와 동행하라.
④ 목회자와 사모의 결혼생활은 교회 성도들에게 롤 모델이다. 조그마한 일이라도 가십에 오를 수가 있다. 그러므로 목회자는 자신과 사모의 결혼생활이 아주 건전하며 하나님의 사랑으로 잉꼬부부임을 교인들에게 주지시킬 필요가 있다.

---
95) 제임스 맥도날드, "사역자를 위한 도덕적 울타리 다섯 가지", 〈목회와 신학〉, 132호(2000년 6월), 136.
96) 송흥용, "목회자들이 이성과 상담할 때 필요한 수칙들", 〈Canvass of Korean Churches News power〉, 2005년 8월 1일. http://www. newspower.co.kr/ sub_read.html/

⑤ 성도들에게 목회자의 성품이나 언행에 대하여 항상 조심하라. 절대 여성 성도들에게 얼굴 화장이나 머리 모양, 옷 모양 등등 개인적인 일에 대하여 표현을 자제하라. 오해를 살 만한 일이기 때문이다.

일곱 가지 규칙(Seven Rules for a Minister to Keep)
① 상담 내용은 절대 비밀로 한다는 것을 상담자에게 주지시켜야 한다. 기독교 상담의 어려운 점, 상담 받는 자가 자신이 상담한 내용이 목회자를 통해서 다른 사람에게 알려질 것을 두려워한다는 점이다. 따라서 목회자는 절대로 상담 내용에 대해서 확실하게 비밀을 보장해 주어야 하며, 어떤 내용도 설교나 성경 공부 등을 통해서 누설되지 않도록 해야 한다.
② 상담에 너무 많은 시간을 할애하지 말아야 한다. 목회자는 전문 상담자가 아니다. 자신의 영성 관리, 지나친 감정적인 결합의 위험성, 효과적인 시간 관리 면에서 도움이 되질 않는다.
③ 상담 처음부터 목회자에게 상담을 받으러 오는 사람은 반드시 스스로 그의 마음속에 상담의 필요성을 인식하고 있어야 함과 하나님만이 진정한 상담자이심을 인식하고 있어야 함을 주지시켜야 한다. 목회자는 해결사가 아니다.
④ 또한 상담을 받는 사람은 교회에 반드시 출석해서 하나님의 능력을 예배를 통해서 발견할 수 있도록 해주어야 한다. 목회상담은 성경적이어야 하며, 상담을 받는 사람 스스로 실생활과 밀접한 연결과 적용이 있는 설교를 통해서 보다 깊은 하나님과의 만남을 통한 치유가 있도록 해야 한다.
⑤ 상담이 지속되다 보면 목회자와 상담을 받는 자 사이에 감정적인 연결이 깊어지게 되어 있다. 또한 상담에 있어서 목회자는 비전문가이다. 한 사람을 상대로 네 번 이상의 만남은 목회자 자신의 정서 관리에도 도움이 되지 않는다.
⑥ 개인적으로는 목회자들은 자신의 배우자들에게 어디에 있으며,

무엇을 하는지에 대해서 충실히 알려 주어야 한다. 이는 전통적인 한국적인 사고에 젖은 목사님들에게는 부당하게 들릴지 모르지만 사모에게도 자신의 배우자가 어디서 무엇을 하는지 알 권리가 있음을 인식해야 한다.

⑦ 목회자는 자신의 상담 목표를 상담을 받는 자의 문제를 해결해 주는 것에 두는 것이 아니라 상담자 스스로 문제의 해결(답)을 발견하도록 돕는 것으로 해야 한다. 한마디로 말해서 상담자의 문제는 상담자가 스스로 풀도록 그가 가진 인격을 존중해 주어야 한다.

간음으로 가는 12계단
(12 steps to Adultery by Dr. Stonier)

12계단이라고 해서 첫 계단 다음에 두 번째 계단으로 진전하고, 그 다음에 세 번째 계단으로 진행한다는 법은 없다. 이성간의 관계란 당사자들만 알 뿐, 아무도 모르는 것이다. 대략 다음과 같은 과정을 밟는다고 가정하는 정도이다.

① 공통 관심사를 나눈다(Sharing common interests).
② 머릿속으로 자신의 배우자와 비교한다(Mentally comparing your spouse).
③ 감정적인 필요를 채워 준다(Meeting emotional needs).
④ 함께 있는 것을 기대한다(Looking forward to being together).
⑤ 당신의 배우자에게 부정직하게 대한다. 거짓말하기 시작한다(Tinges of dishonesty with your spouse).
⑥ 시시덕거리고 서로 집적거린다(Flirting and teasing).
⑦ 개인적인 일들에 대해 말한다(Talking about personal matters).
⑧ 작은 일이지만 만지고 싶고 껴안고 싶은 마음이 일어난다(Minor, yet arousing touch or hug).
⑨ 특별한 메모나 선물을 준다(Special notes or gifts).
⑩ 전화나 만날 건수를 만든다(Inventing excuses to call or meet).
⑪ 비밀스럽고 사적인 만남을 만든다(Arranging private meetings).
⑫ 키스 이후의 일들(Kissing and beyond)

지도력을 위한 안전장치들
(Leadership Safeguards by Dr. Stonier)

- 이성과 어떤 것도 시작하지 말라(Don't start anything!).
- 배우자로부터 열린 마음으로 듣고 정직한 대화를 하라(Listen to your spouse and nurture an open and honest communication).
- 정규적이고 책임질 수 있는 시스템을 구축하라(Establish a regular accountability system).
- 잘 들어 줄 수 있고 동정심이 많은 사람과 대화를 하라(Tell on anyone who displays inordinate affection).
- 반대 성을 가진 사람과 단둘이 함께 있는 시간을 피하라(Avoid time alone with the opposite gender).
- 네 우물에서 물을 마시라["Drink from your own spring"(잠 5:15)].
- 감정적 간음을 조심하라(Beware of 'emotional adultery').
- 일어나는 생각들을 조심하라(Watch your thought life).
- 네가 잡힐 것이라는 것을 기억하라(Remember - you will be caught).

제6부

건전한 영성 회복
(Restoring Healthy Spirituality of Minister)

목회자의 건전한 영성 회복
(Restoring Healthy Spirituality of Minister)

목회자의 자질 문제들 중에 목회자의 '깊은 영성 부족'이 가장 큰 문제로 나타났다. 목회자는 늘 성적 유혹에 직면해 있다.

목회자 고든 맥도날드(Gordon MacDonald)는 부적절한 성적인 문제를 범했다. 그가 말하기를 "내가 이런 성적 유혹을 당했을 때, 나는 육적으로나 영적으로 자포자기할 정도로 지쳐 있었다. 이런 유혹에 대항할 수 없었고 내적 능력이 없었다. 그래서 마귀의 욕망보다도 내적 공허함이 충만해 나 자신은 쓰러졌다"[97]고 했다.

문제는 탈진(burnout)과 영적으로나 심리적으로 고갈(the spiritual and emotional exhaustion)이 문제였다. 다시 말하면 내적으로 무엇인가 부족함이 있었다. 해결책은 하나님과의 관계성 회복이다. 영적으로 새로움이 필요하고 진솔한 회개가 필요하다.

회개하라(Need for Repentance)

이미 회개의 기회(계 2:22)가 주어졌음을 기억하라. 그래도 회개치 않는다면 하나님의 마음을 영원히 아프게 할 것이다. 음란과 호색함(고후 12:21)에 대하여 피를 토하는 회개가 있어야 한다. 십자가 없는 회개(without repenting)를 한다면 그 회개는 값싼 은혜(cheap grace)[98]의 소유자임을 잊지 마라. 영혼 구원이 무엇인가를 아주 명료하게 이해하기 위해서 진정한 회개가 무엇인지를 반드시 깨달아야만 한다. 또한 회개할

---

97) Gordon MacDonald, *Rebuild Your Broken World*(Nashville: Thomas Nelson, 1990), 119.
98) Glen H. Stassen and David P. Gushee, *Kingdom Ethics*(Downers Grove: Inter Varsity Press, 2003), 133.

때 하나님은 죄인을 용서하실 뿐 아니라 예수 그리스도의 보혈이 모든 죄를 깨끗하게 하신다는 것을 깨닫게 하신다(요일 1:7).

반드시 해야 할 첫 번째 일은 회개하는 것이다. 성령님께서는 회개케 하시는 일을 하신다. 성경은 "하나님의 뜻대로 하는 근심은 후회할 것이 없는 구원에 이르게 하는 회개를 이루는 것이요 세상 근심은 사망을 이루는 것이니라"(고후 7:10)라고 말씀한다. 성령님께서 심령으로 오셔서 심령을 무겁게 하시며 '너는 죄인이고 너는 지옥으로 가는 길 위에 있다'고 알려 주시기 시작하실 것이다. 하나님의 뜻에 따라 슬퍼하기 시작하며, 그 하나님의 뜻에 따른 슬픔이 당신으로 하여금 돌이켜서 회개하게 한다. 그 후 그 회개가 구원에 이르게 한다. 하나님의 뜻에 따른 슬픔은 회개하여 구원에 이르게 한다. 성경은 여러 곳에서 죄인을 위하여 회개하라고 말씀하고 계신다.

"너희에게 이르노니 아니라 너희도 만일 회개치 아니하면 다 이와 같이 망하리라"(눅 13:3).
"주의 약속은 어떤 이의 더디다고 생각하는 것같이 더딘 것이 아니라 오직 너희를 대하여 오래 참으사 아무도 멸망치 않고 다 회개하기에 이르기를 원하시느니라"(벧후 3:9).

성경이 말씀하시는 진정한 회개가 무엇인지를 반드시 깨달아야 한다. 어떻게 내가 회개하는가? 진정한 성경적 회개에 관하여 예수님께서 우리에게 가르쳐 주신 성경 비유(눅 15:11-32)에서 네 가지를 묵상해 보자.

(1) 죄를 깨닫고 인정하라(18절).
무엇보다 먼저 여기서 진실하고 진정한 회개는 자신의 죄를 기꺼이 깨닫고 인정하는 것이라는 사실을 기억하라.

(2) 죄를 회개할 결단이 필요하다(19절).

회개는 자기의 잘못된 행동을 구체적으로 고백하고 그 죄를 용서하시는 하나님에 대한 경외심을 가지고 죄를 범하지 않겠다는 결단이 전제되어야 한다. 회개는 영성의 시작이다.

(3) 죄를 버리고 죄로부터 돌아서라(20절).
회개(Repentance)라는 단어는 중동지역에서 사용하던 단어이다.[99] 이 단어는 사람들이 잘못된 방향으로 가는 것을 깨닫고 돌이키는 행위를 묘사한 것이다. 이 단어는 도덕적 행위와 영적인 행위를 나타내는데 적절했다.[100] '나는 일어나서 지금 있는 이 더러운 곳을 나가서 하늘에 계신 아버지께로 가야만 한다'고 고백하는 것, 이것이 진정한 회개이다. 회개는 죄를 버리려는 의지를 낳는다.

(4) 하나님 앞에 당신의 죄를 자복하라(21절).
돌아온 탕자는 자신의 잘못을 아버지에게 고백한다. 그것은 진정한 회개를 입증하는 것으로 바로 당신의 죄를 자복하려는 의지이다. 성령님께서 오셔서 당신의 행동들을 보여주시고 당신의 죄를 하나님 앞에 자복하게 하신다. "어떤 사람들의 죄는 밝히 드러나 먼저 심판에 나아가고 어떤 사람들의 죄는 그 뒤를 좇나니"(딤전 5:24)라고 성경은 말씀하고 있다.

선택을 해야만 한다. 죄들은 여전히 당신과 함께 있어 그것들이 심판대까지 당신을 따라갈 것이다. 죄들을 지금 하나님께 자복하라. 그것들을 당신보다 먼저 심판으로 보내라. 죄들을 하나님 앞에서, 그리고 당신이 죄를 지었던 사람들 앞에서 기꺼이 자복하려는가? 누가복음 15장의 탕자는 돼지우리를 떠났다. 그는 기꺼이 자기의 죄를 버렸고, 자기의 죄를 하나님 앞과 아버지 앞에서 자복하였다.

죄를 지었다는 것은 그 죄로 인해 고통 받는 사람이 발생한다는 것이다. 즉, 죄(Sin)가 있는 곳에는 필연적으로 한(恨)도 동전의 양면처럼 공

---

99) 팀 라헤이, 《목회자가 타락하면》, 황승균 역(서울: 생명의 샘, 1990), 172.
100) Ibid., 212.

존한다. 그렇다면 진정한 죄 사함은 하나님과 당신의 일대일 관계가 아니라 하나님과 죄인인 당신과 당신의 죄로 인해 고통 받은 이웃이라는 '3자적 관계'에서 고려되어야 진정으로 그 죄와 죄 사함이라는 용서와 치유가 이뤄진다. 궁극적인 죄 사함, 즉 진정한 구원과 용서와 치유는 '하나님과 당신이라는 일대일 관계에서가 아닌 하나님과 당신, 그리고 이웃이라는 3자적 관계'에서 현실화됨을 잊지 말아야 한다.

아나뱁티스트(Anabaptist)[101]들이 말하는 3차원 영성(Tripolar Spirituality)은 상대방에게 찾아가서 용서를 받고 참된 뉘우침의 징후가 있을 때까지 기다리면서 도덕적 공동체의 기준에 부합하는 관계 회복을 위해 노력하는 것을 말한다. 개인적인 해방감이나 사적 위로가 아니라 상대방을 형제와 자매로 다시 회복하는 것을 용서의 목적으로 삼아야 한다.

진정한 회개는 죄를 버리려는 의지, 하나님께 진심으로 죄를 자복하려는 의지, 그리고 예수님을 섬기려는 의지로 구성되어 있다.[102] 만일 하나님께서 당신을 회개케 하신다면, 당신은 이러한 일들을 자원하여 하게 될 것이다. 당신은 진정으로 회개하였는가? 만일 회개하지 않았다면, 예수님께서 다음과 같이 말씀하실 것이다.

"볼지어다 내가 그를 침상에 던질 터이요 또 그로 더불어 간음하는 자들도 만일 그의 행위를 회개치 아니하면 큰 환난 가운데 던지고"(계 2:22).

기독교 영성이 필요하다(Need for Christian Spirituality)

목회자나 평신도들에게 영성의 필요성은 아무리 주장한다 해도 지나침이 없다. 요즘 시대에 대부분의 목회자가 매번 설교 때마다 기독교 영성의 필요성을 강조하는 이유는 지금의 시대가 그만큼 영성이 결핍되어 있기 때문이다. 너와 나 할 것 없이 모두가 영성이 결핍되어 있기

---

101) David Augsburger, *Dissident Discipleship*(Grand Rapids: Brazos Press, 2006), 15.
102) Ibid., 212.

때문일 것이다.

특별히 목회자는 하나님이 택하신 자이며 우리 사회의 지도자이다. 이스라엘의 제사장이 백성의 '어른'이었던 것과 마찬가지이다(레 21:4). 어른이나 지도자는, 더욱이 종교지도자는 엄격하게 자기 몸을 관리해야 한다. 스스로를 더럽혀 욕되게 해서는 안 된다(레 21:4). 목회자는 사회의 공인으로서(레 21:4) 그의 말과 행동을 조심함으로 하나님의 영광을 세워야 한다.

그리스도인은 거룩하여야 한다
(Christians Should Be Holy)

그리스도인은 거룩하여야 한다

우리는 목회자에게 가정을 주신 이유를 점검해 보아야 한다. 우리의 몸이 그리스도의 지체임(고전 6:15)을 항상 기억하고 몸소 이에 준하는 행위를 보여야 한다. 목회자 부부는 에덴 동산에서 아담과 하와가 함께 한 가정을 이루었던 진리를 다시 확인해야 한다. 택하심을 받은 자로서의 목회자는(성도도 마찬가지이다) 거룩해야 할 이유가 있는 것이다. 우선은 하나님이 거룩하시기 때문이다(레 11:44-45, 19:2). 성막에서 하나님을 섬기기 위함이며(레 21:6), 예수님이 거룩하시기 때문이며(롬 11:16), 거룩한 산 제사를 드려야 하기 때문이고(롬 12:1), 성도의 몸은 거룩한 하나님의 성전이기 때문이며(고전 3:16-17), 거룩하지 않은 자는 하나님의 나라를 유업으로 받지 못하기 때문이고(엡 5:5), 하나님이 성도를 부르신 목적이 거룩하게 하시는 것이기 때문이고(살전 4:7), 하나님이 쓰시는 합당한 그릇이 되기 위함이며(딤후 2:21), 거룩하지 않은 자는 주를 보지 못하기 때문이다(히 12:14). 경건한 자로서 하나님의 재림의 날을 맞이하기 위해서 목회자(성도)는 항상 거룩히 지내야 한다.

이러한 하나님의 말씀의 요구를 모르는 목회자는 드물 것이다. 그러나 목회자도 한 사람의 인간이다. 그 한 사람의 인간이 머물고 있는 곳은 이 세상이다. 이 사악하고 유혹이 많은 세상에서 풍성한 영성을 소유하기는 그리 쉽지 않다.

세상을 본받지 말아야 한다

사도 요한은 요한일서 2장 16절에서 다음과 같이 권면한다. "이는 세상에 있는 모든 것이 육신의 정욕과 안목의 정욕과 이생의 자랑이니 다 아버지께로 좇아 온 것이 아니요 세상으로 좇아 온 것이라." 또 요한일서 2장 15절에서 "이 세상이나 세상에 있는 것들을 사랑치 말라 누구든지 세상을 사랑하면 아버지의 사랑이 그 속에 있지 아니하니"라고 권하고 있다.

바울 사도는 "이 세대를 본받지 말라" 하면서(롬 12:2), 이 세상의 풍속(엡 2:2)과 세대(롬 12:2)라는 말씀으로 경계해야 할 세상을 표현하고 있다. 다시 말해서 성경은 이 세상을 이중적인 의미로 사용하고 있는데, 하나는 중립적인 개념으로 하나님의 피조 세계를 지칭할 때 세상이라고 표현한다(요 1:10). 또 다른 하나는 악한 개념으로 아담의 원죄로 말미암아 타락하여 마귀의 지배를 받는 이 세상을 지칭할 때 세상이라고 표현한다(눅 12:30; 요 7:4, 8:23). 위에 서술된 본문에서는 악한 개념에서의 세상이다.

인간은 두 가지의 세상을 동시에 소유할 수 없다. 둘 중에 하나를 택하여야 하는 운명에 놓이게 된다. 그래서 우리 주님은 '한 사람이 두 주인을 섬기지 못한다'고 선언하신다(마 6:24).

본래 세상에 있는 모든 것은 하나님께로부터 온 것이다(요 1:3). 그러나 인간은 하나님께서 유익하고 선하게 쓰라고 주신 그것들을 사탄의 유혹으로 범죄한 후 그릇되게 사용하였다. 따라서 하나님의 피조물을 그릇되고 악하게 사용하는 육신의 정욕이나 안목의 정욕, 이생의 자랑과 같은 것들은 하나님께로부터 온 것이 아님이 분명하다.

하나님은 우리가 영적으로 성장하기를 원하신다 (God Wants People to Grow Spiritually)

하나님은 "우리가 다 하나님의 아들을 믿는 것과 아는 일에 하나가 되어 온전한 사람을 이루어 그리스도의 장성한 분량이 충만한 데까지"(엡 4:13) 영적으로 장성하기를 원하시며, "망령되고 허탄한 신화를 버리고 오직 경건에 이르기를 연습하라"(딤전 4:7)고 권하시며, 경건은 범사에 유익하다고 말씀하신다(딤전 4:8). 또한 예수님은 오직 거듭난 자만이 하나님을 볼 수 있다고 말씀하신다(요 3:3). 이렇게 오직 성령만이 우리를 거듭나게 하심을 강조하신다(롬 8:15).

하나님은 우리가 영적인 삶을 살기를 원하신다(God Wants People to Lead a Spiritual Life)

하나님은 우리를 영적 삶으로 인도하신다. 단 도선(Don Thorsen) 박사가 말하는 크리스천 영성의 정의[103]는 "하나님과 인간과의 관계의 양질의 관계를 나타낸다. 특히 예수님을 통해서이다. 또한 성령을 통해서이다." 인간과 하나님의 관계에 대한 내용은 성경에 많이 나와 있다. 하나님을 아는 것(Knowing God, 렘 9:24; 요 17:3), Be still, and know that I am God(사 46:10), 거룩해지기(Becoming holy, 레 11:45; 고후 7:1), 그리스도의 마음 갖기(Having the mind of Christ, 롬 8:6; 빌 2:5), 예수님께 자신의 삶과 의지를 순종하기(Conforming one's will and life to Christ, 고전 12:3; 요 13:34-35) 등으로 표현된다.

바울은 다음과 같이 말하고 있다.

> "내가 그리스도와 함께 십자가에 못 박혔나니 그런즉 이제는 내가 산 것이 아니요 오직 내 안에 그리스도께서 사신 것이라 이제 내가 육체 가운데 사는 것은 나를 사랑하사 나를 위하여 자기 몸을 버리신 하나님의 아들을 믿는 믿음 안에서 사는 것이라"(갈 2:20).

이러한 내용이 영성을 건전하게 바로 이해하는 것이다. 만일 인간이 이론으로만 알고 있다면 하나님의 말씀을 그냥 알고 있는 것과 무엇이 다르겠는가?

그리스도인이 이러한 영성의 정의를 알고 이해하는 수준에 머무른다면 이는 세상의 지식에 머무는 것이며, 이를 몸소 실천에 옮기고 익숙해

---

103) Don Thorsen, *An Exploration of Christian Theology*(Peabody: Hendrickson Publishers, Inc., 2008), 294.

지기 위해서는 훈련이 필요하다. 이 훈련을 우리는 영성 훈련(the Spiritual Disciplines)이라 부른다. 이 훈련은 그리스도인을 그리스도 안에서 성령으로 거듭나게 하여 하나님의 자녀로 성장시켜 십자가의 삶을 살게 하는 훈련이다.

성적으로 여성도와 부적절한 관계를 유지한 목사들은, 오랜 목회생활을 하였고 영성의 정의를 단상에서 설교했음에도 그들 자신들은 영성의 정의를 하나의 지식으로 이해하였고, 자신들은 전혀 성령으로 거듭나지 못했음을 그들이 저지른 일로 미루어 보아 알 수 있다. 더욱 놀라운 사실은, 그들이 여성과의 부적절한 관계를 오랜 세월 유지하면서도 단상에서 성도들에게 하나님 말씀을 선포했다는 사실이다. 그들은 하나님께서 우리에게 영적으로 성장하기를 원하신다는 사실을 까맣게 잊었었을 것이다.

많은 영성가들은 여러 가지의 영적 훈련을 제시하며, 이 훈련은 오랜 세월 뼈를 깎는 자신의 인내를 요구한다. 여러 영적 훈련 중 핵심적인 다음 몇 가지를 제시한다.

영성 훈련이 필요하다(The Spiritual Disciplines)

영성의 대가인 달라스 윌라드(Dallas Willard)와 리처드 포스터(Richard J. Foster)는 여러 형태의 영성 훈련을 제시하고 있다. 이 모든 훈련들 가운데 가장 우선적이고 핵심적인 훈련 몇 가지를 제시하며 성적으로 유혹받고 있는 목회자들과 그 밖의 목회자들에게 권하고 싶다. 이런 훈련은 우리를 자유함으로 인도하기 때문이다(필자 주-부분적으로 제2부 '사역의 도전들'의 내용을 반복하였다).

1) 경건한 묵상(Meditation)과 학습(Study) 생활

경건한 묵상 생활에 대하여 목회자들은 이론적으로 너무나 잘 알고 있으며, 모든 성도들에게 매일 권하고 있다고 본다. 그러나 정작 자신에게 이 훈련이 부족함을 느낄 때에는 이미 시간이 지난 상태라 할 수 있다. 통계에서 볼 수 있었던 것과 같이 그들은 바쁜 일정에 시달리며(16.2%, 표14), 온갖 상담이라는 명분으로 성도들과의 대화에 많은 시간을 할애하는 실정이며(8.1%, 표14), 사람과의 면담 그 자체가 목회자들에게 엄청난 양의 스트레스를 주는 일이다. 그들은 일주일에 쉬는 시간이라고는 하루인데, 이 날마저도 교회의 행정이나 성도의 방문으로 시달리고 있다.

다음의 '아가서'(Song of Solomon)의 진술은 목회자들을 슬프게 하는 교훈이다.

> "내가 일광에 쬐어서 거무스름할지라도 흘겨보지 말 것은 내 어미의 아들들이 나를 노하여 포도원지기를 삼았음이라 나의 포도원은 내가 지키지 못하였구나"(아 1:6).

이 말씀은 아가서에 나오는 솔로몬(Solomon)과 술람미(Shulam-mite, 아 6:13-14) 여인 간의 격정적인 연애 사건을 노래한 것인데, 술람미 여인이 오라비들이 시키는 대로 포도원(the vineyards)에 나가서 일하다보니 자기의 포도원, 즉 여인으로서 가꾸어야 할 자기의 외모를 제대로 가꾸지 못한 것을 나타내는 비유적인 표현이다. 곧 과중한 업무로 인해 자신의 경건한 묵상 생활을 게을리했음을 암시한다.

묵상은 하나님의 말씀에 귀를 기울이며, 하나님의 일만을 생각하며, 하나님께서 하신 행위를 생각해야 하는 자신만의 시간이다. 많은 믿음의 조상들은 이 묵상의 생활을 잘 알고 실천에 옮긴 분들이다.[104]

이삭은 들에서(창 24:63) 묵상하였으며, 엘리야(Elijah)는 이세벨(Jezebel)의 협박에 혼쭐이 나 도망하다 호렙 산(Horeb, the mountain of God) 굴(Cave)에 숨어 있는 동안 묵상 중 세미한 하나님의 음성을 듣는다.

> "또 지진 후에 불이 있으나 불 가운데도 여호와께서 계시지 아니하더니 불 후에 세미한 소리가 있는지라"(왕상 19:12).

---

104) 달라스 윌라드, 《하나님의 음성》, 윤종석 역(서울: IVP, 2001), 33.

이사야는 높이 들린 보좌에 앉으신 예수님을 보고 "내가 누구를 보내며 누가 우리를 위하여 갈꼬" 하시는 음성을 들었다(사 6:1-8). 또한 예수님은 '한적한 곳'으로 물러나 묵상을 습관화하셨다(마 14:13).

이와 같이 하나님께서 그들에게 말씀하신 것은 그들에게 특별한 능력이 있어서가 아니라 그들이 귀를 기울여 들을 준비가 되어 있었기 때문이다.[105] 여기에서 준비되어 있다는 의미는 목회자 자신이 마음 문을 열고 하나님 말씀에 갈급한 심정을 뜻한다. 아무리 하나님께서 우리에게 먼저 찾아 주신다고 한들 마음 문을 열지 않고 갈급한 마음이 없다면 하나님은 하나님의 세미한 음성을 들려주지 않으실 것이다. 또 듣는다 하여도 그 말씀에 순종함이 없다면 모든 것이 무위로 돌아간다. 예수님께서는 하나님과 친밀한 교제를 통해서 항상 듣고 순종하는 삶을 사셨다(요 5:19, 30, 14:10).

그리고 묵상의 생활을 통해 우리는 인간 마음속 깊이 잠재적으로 항상 존재하는 일곱 가지의 악한 것들(쾌락, 과욕, 물욕, 게으름, 분노, 시기, 교만)을 비우고, 일곱 가지의 선한 것(순결, 절제, 나눔, 부지런함, 인내, 친절과 온유, 겸손)으로 채워야 한다. 채우지 않아 나중이 처음보다 더 나빠진 사람에 대한 예수님의 말씀이 그것의 필요성과 중요성을 보여준다(눅 11:24-26).

바울은 이 악한 세대에서 밀려오는 유혹을 이기는 길을 우리들에게 제시하고 있다.

"너희는 이 세대를 본받지 말고 오직 마음을 새롭게 함으로 변화를 받아 하나님의 선하시고 기뻐하시고 온전하신 뜻이 무엇인지 분별하도록 하라" (롬 12:2).

우리가 변화를 받는 길은 마음을 새롭게 하는 데 있다고 말하고 있다. 또한 일상생활에서 우리가 가져야 할 마음의 자세도 말하고 있다.

---

105) 리처드 포스터, 《영적 훈련과 성장》, 권달천, 황을호 역(서울: 생명의 말씀사, 2006), 33.

"종말로 형제들아 무엇에든지 참되며 무엇에든지 경건하며 무엇에든지 옳으며 무엇에든지 정결하며 무엇에든지 사랑할 만하며 무엇에든지 칭찬할 만하며 무슨 덕이 있든지 무슨 기림이 있든지 이것들을 생각하라"(빌 4:8).

그러므로 학습 훈련은 우리들로 하여금 '이것들을 생각하도록' 만드는 근본적인 수단이다.[106] 순전히 자신의 은혜를 위하여 경건하게 성경을 읽는 시간을 매일 가져야 한다. 자신이 영적인 열매를 맺지 못하는 상태에 이르지 않도록 부단하고 경건하게 성경을 공부하는 시간을 가져야 한다.

2) 기도 생활

목회자들에게 기도에 대하여 논한다면 모두가 웃을 것이다. 왜냐하면 그들은 많은 시간과 장소와 성도들 앞에서 기도한다. 그들에게 기도 생활은 습관화되어 있다. 그러나 많은 목회자들이 목회에서 실패하는 원인이 참다운 기도의 부족에 있다는 사실을 간과해서는 안 된다. 공부는 우리의 지성을 변화시키고, 묵상은 우리를 내적(inward) 삶으로 인도하며, 기도는 우리를 하나님과의 영원한 교제 가운데로 인도하기 때문에 목회자는 매일 기도를 위한 규정된 시간을 가져야 한다.

기도함으로 하나님은 우리를 변화시키신다.[107] 기도할수록 우리는 우리의 부족함을 더욱 선명히 알게 되며, 부족함을 인식할 때 우리는 그리스도와 일치하기를 더욱 원하게 되므로 외적인 유혹을 물리칠 수 있다. 우리는 기도를 통해서 하나님의 세미한 음성을 들을 수 있고, 하나님은 이를 통해 우리에게 하나님의 뜻을 전달하신다. 하나님과의 의사소통을 원한다면 기도의 끈을 놓아서는 안 된다. 기도 없이 하나님과의 대화는 없다. 하나님과의 대화는 하나님과의 인격적인 관계의 삶을 형성할 수 있으며, 기도만이 하나님과 인격적으로 만날 수 있는 길이다.

그로 인해 하나님이 이 세상을 보시는 눈으로 우리도 세상을 볼 수

---

106) Ibid., 62.
107) Ibid., 33.

있고, 하나님이 사랑하시는 것을 우리도 사랑할 수 있으며, 우리의 더러움과 죄성을 보게 되고(사 6:5), 하나님의 마음과 뜻을 알게 된다. 우리는 기도 중에 하나님의 음성을 들음으로 새로운 인생의 문이 열리고, 새로운 삶의 관점(Belief)을 지니게 되며, 새로운 인격의 가치(Value)와 사명(Call)을 지니게 된다.

예수님께서도 구속사역을 위하여 광야에 나가 40일간의 금식기도를 하셨다. 사역 중에도 항상 하나님과의 기도를 통해 그의 뜻을 헤아리셨다. 새벽 미명에 기도하셨고(막 1:35), 사도들을 세우기에 앞서 기도하셨으며(눅 6:12), 습관을 좇아 감람 산에서 기도하시며(눅 22:39) 우리에게 모범을 보이셨다.

사도 바울은 젊은 목회자 디모데에게 이렇게 권면한다.

"그러므로 내가 첫째로 권하노니 모든 사람을 위하여 간구와 기도와 도고와 감사를 하되 임금들과 높은 지위에 있는 모든 사람을 위하여 하라 이는 우리가 모든 경건과 단정한 중에 고요하고 평안한 생활을 하려 함이니라 이것이 우리 구주 하나님 앞에 선하고 받으실 만한 것이니"(딤전 2:1-3).

요한복음 17장에서 예수님의 기도가 우리에게 주는 교훈은 지대하다. 예수님께서는 예수님 자신과 성부를 위한 기도(17:1-5), 제자들을 위한 기도(17:6-19), 그리고 모든 성도를 위한 기도(17:20-26)를 하셨다. 예수님께서 군대와 대제사장들과 바리새인들에게 끌려가 결국은 십자가에 달려 돌아가실 것을 예견하시고 하신 마지막 기도인데, 15절은 바로 성적 유혹을 받는 우리에게 하신 말씀이다.

"내가 비옵는 것은 저희를 세상에서 데려가시기를 위함이 아니요 오직 악에 빠지지 않게 보전하시기를 위함이니이다"(요 17:15).

우리를 악으로부터 보전하기 위함이라고 절규하시는데 세상에서 몰려오는 유혹을 이기기 위해 완전히 자신을 비우고, 하나님의 현존하심과 성령의 뜻과 예수 그리스도를 의탁하며, 자기 자신을 십자가에 못 박는(갈 2:20) 기도는 목회자들에게 필수적이다.

건강을 유지하는 생활

"건강한 육체에 건강한 정신"이라는 속담이 있다. 육체적으로 건강한 상태는 정신적 영적 상태에 많은 영향을 끼친다고 하겠다. 무디(Moody) 통계에 의하면 바쁜 일정(16.2%), 잦은 집회(8.8%), 그리고 교인들로부터 오는 스트레스(8.1%) 등을 감안할 때 목회 생활에서 요구되는 목회자의 건강 관리는 매우 중요하다. 새벽기도회, 수요 예배, 주일 예배, 금요 기도회, 부흥성회 등등 항상 바쁜 일정과 늘 사람을 대하는 사역이므로 건강한 모습으로 그들을 대하여 그들을 피곤치 않게 하여야 한다.

그러기 위해서는 충분한 수면, 충분한 휴식, 허락하는 범위 내에서 휴가를 가져야 한다. 올바른 휴가는 몸과 마음과 영혼에 매우 큰 유익을 준다. 휴가는 영적으로 자신을 돌아보는 좋은 기회가 될 것이다. 적당한 운동을 규칙적으로 하는 것은 사역에 유익을 줄 뿐만 아니라 필수적이다. 이렇게 건강을 유지할 때에 많은 유혹을 잘 이겨내는 원동력이 될 것이다. 정규적인 건강 진단은 필수 요건이며 교회에서는 그를 위해 건강보험이 있어야 한다.

가정생활

바울 사도는 다음과 같이 가르치고 있다.

"자기 집을 잘 다스려 자녀들로 모든 단정함으로 복종케 하는 자라야 할지며 (사람이 자기 집을 다스릴 줄 알지 못하면 어찌 하나님의 교회를 돌아보리요)"(딤전 3:4-5).

목회자의 가정은 성도들의 모범이 되어야 한다. 무엇보다도 목회자는 목회자의 행복한 가정생활이 성공적인 목회의 근본이라는 사실을 인식해야 한다. 모든 성도들은 목회자의 가정을 항상 자신들의 가정의 모델로 삼고 있음을 알아야 한다. 목회자와 사모의 관계는 가정에서뿐 아니라 평소에도 서로 존경하며 사랑하는 모습이 성도들의 영적 생활에 지대한 영향을 준다는 사실을 알아야 한다. 이러한 이론은 한낱 지식에 지나지 않는 것인가?

가장 많은 시간을 교회 부흥에 정열을 쏟는 연령이며, 영적으로 "하나님의 아들을 믿는 것과 아는 일에 하나가 되어 온전한 사람을 이루어 그리스도의 장성한 분량이 충만한 데까지 이르는"(엡 4:13) 데 이르는 나이, 곧 30~49세 사이의 목회자, 학문으로 본다면 많은 시간을 들여 최고학부를 졸업하고 하나님의 부르심을 받은 그들 중에도 세상의 유혹과 끓어오르는 성적 유혹(Sexual Temptation)을 이겨내지 못하는 자가 많음을 알 수 있다.

부부 사이의 원만치 못한 결혼생활(32%), 목회자 자신이 성도를 볼 때 한 죄인으로 보지 않고 이성으로 보아 감정적으로 매력을 느끼며(49%), 육감적으로 느껴지는 육체적 매력(50%)으로 인해 성적인 유혹을 이겨내지 못한다고 무디(Moody) 통계는 말하고 있다. 목회자가 성도들을 만날 때 여러모로 성적 유혹을 받는다고 할 수 있다.

이러한 목회자의 성적 유혹을 치유하는 방안으로 방선기 목사님은 그의 특유의 치유법[108]을 제시한다. 그는 목회자의 타락을 사모와의 관계에서 풀려고 노력했다. 그가 제시하는 해결 방법 6가지 중 첫째와 둘째를 이곳에 요약한다.

첫째, 부부의 성생활에 대한 신학적인 이해가 필요하다.

전통적으로 경건한 성도들 중에 성을 부정적으로 이해하는 사람들이 적지 않다. 어느 경건한 여성도는 신혼여행에서 첫날밤을 보내고는 충격을 받았다고 한다. 아마도 그 성도는 남편과의 성관계를 지저분한 영화에

---

108) 방선기, "목회자의 성적 타락, 사모와의 관계에 달려 있다", 〈목회와 신학〉, 132호(2000년 6월), 112.

서 본 성관계와 별로 다를 게 없는 것으로 생각했던 모양이다. 나름대로 경건한 생활을 해왔고 사모로서 준비까지 해온 목회자의 아내들 중에 부부의 성생활에 대해 이런 태도를 갖고 있는 사람들이 종종 있다고 한다. 성에 대한 무지는 부부관계에 있어 문제의 원인이 될 수 있다.

"하나님의 지으신 모든 것이 선하매 감사함으로 받으면 버릴 것이 없나니 하나님의 말씀과 기도로 거룩하여짐이니라"(딤전 4:4-5).

사도 바울의 교훈은 결혼과 성에 대한 바른 자세를 가르쳐 준다. 부부 사이에서 이루어지는 성생활은 하나님의 선물이며, 이것은 말씀과 기도로 얼마든지 거룩한 행위가 될 수 있음을 알아야 한다.

둘째, 부부의 성생활에 대한 영적 이해가 필요하다.

남자와 여자가 부부가 되면 한 몸이 된다는 말에는 깊은 영적인 의미가 담겨 있다. 바울은 창세기의 말을 인용하면서 "둘이 한 육체가 된다 하셨나니 주와 합하는 자는 한 영"(고전 6:16-17)이라고 했다. 바울은 주님과 성도들이 연합하여 영적으로 하나 되는 것을 남자와 여자가 성적으로 결합을 통해서 육신적으로 하나가 되는 것과 대조하면서 영성(Spirituality)과 성(Sexuality)의 관계를 보여준다. 그러므로 남편과 아내가 성적으로 하나가 되는 것은 단순한 육체적인 행동이 아니라 영적인 연합을 실감하게 하는 육체적 표현이 된다.

목회자와 사모 사이의 건전한 성생활은 목회자가 받는 여러 형태의 스트레스에서의 해방을 가져오며 부부의 금실을 돈독히 한다.[109]

---

109) Ibid.

제7부

스트레스와 소진
(Stress & Burnout)

스트레스(Stress)

스트레스란 무슨 뜻인가? 일상생활에서 자주 쓰이지만 정작 딱 꼬집어서 정의를 내리기 힘든 단어이다. 스트레스란 물리학이나 공학에서 많이 쓰이며, 각각의 분야 나름대로의 정의를 쓴다.

공학에서 쓰는 정의를 보면, "고형물체가 외부로부터 힘이 작용하여 고형물체 표면의 연속성을 잃게 된 상태"이다. 한글 백과사전에서는 "몸에 해로운 정신적 육체적 자극이 가해졌을 때 그 생체가 나타내는 반응"으로 정의한다.

스트레스의 또 다른 정의를 보자. "온종일 목을 조이는 듯한 압도적인 욕망"(The overwhelming desire to choke the living daylights out of someone who desperately needs it) 혹은 "살아 있는 유기체에 어떤 요구나 압력 노출의 직접적인 결과로 발생하는 정신적, 신체적, 정서적, 심리적 자극으로 나타나는 것이 특징"(A response characterized by spiritual, physical, emotional and psychological arousal arising as a direct result of an exposure to any demand or pressure on a living organism)으로도 정의되고, "사람, 그룹, 조직, 혹은 사회에서 요구하는 것에 기초한 자극으로부터 생겨나는 결과"(Any event acting as a stimulus which places a demand upon a person, a group, an organization or a community)로도 정의된다. 이렇듯 각 분야에서 다양하게 정의를 내린다.

스트레스라는 단어를 창시한 사람은 몬트리올 대학의 한스 셀리에(Hans Selye)[110]이다. 그는 스트레스를 연구해서 제일 먼저 발표한 사람

---

110) 한스 후고 부르노 셀리에(Hans Selye, 1907~1982)는 오스트리아 출생의 캐나다 내분비학자이다. 1907년 1월 26일 빈에서 태어났다. 1924년 독일의 프라하 대학에서의 의학 연구를 시작해 1년간 파리와 로마의 여러 대학을 두루 거친 뒤, 1929년 의학사 학위를 받았다. 셀

인데 그의 연구 대상은 쥐였다. 쥐가 평화롭게 놀고 있는데 매일 아침 그 앞으로 고양이를 지나가도록 했다. 그리고 일주일 후에 보니 쥐의 위에 구멍이 났다. 그만큼 스트레스가 쥐의 몸에 해로운 것이었다.

이러한 스트레스에는 긍정적인 스트레스와 부정적인 스트레스가 있다.

긍정적인 스트레스(Eustress)

유스트레스(Eustress)는 가정에서 발생하는 스트레스에 대해서 긍정적으로 받아들이는 것이다. 즉 가정 스트레스의 사건들에 대해서 가정 구성원들이 적극적 대처 능력을 가지고 서로 협력하여 대처함으로써 긍정적인 결과를 얻어내는 것을 의미한다.

가정에서 있을 수 있는 부모님을 위한 환갑잔치, 자녀들의 생일 등은 가정의 경사인 동시에 무척이나 기분 좋은 일들이다(Special Events). 이로 인해 발생하는 스트레스는 유스트레스에 속한다. 일생에 단 한 번인 결혼식(Wedding), 자녀가 태어나는 날(Birth of a Child), 잘 자라서 학교에 처음 가는 날과 대학에 입학하는 날(Going to college)은 영원히 잊을 수 없는 축제의 날이다. 또한 대학을 졸업하고 첫 직장을 잡던 날(A new Job) 혹은 다른 회사에서 좋은 조건으로 새 직종의 제안을 받은 날(A new Job), 직장생활 후에 결혼도 하고 저축하여 첫 번째 자기 집을 장만한 날(Purchase of a Home)은 영원히 잊지 못하는 날이 된다. 첫 직장에서나 직장생활 하는 동안 맞이하는 휴일(Holiday)이나 첫 휴가(Vacation)를 받는 날도 한평생 오랫동안 기억에 남게 되며, 이러한 일들로 생성되는 스트레스는 유스트레스에 속하며 매우 긍정적인 결과로 신나는 스트레스다.

리에는 계속하여 대학원 과정에서 유기 화학을 연구해 1931년 박사 학위를 받았다. 미국으로 이주해서 존스 홉킨스 대학에서 1년 동안 머무른 다음 몬트리올의 맥길 대학으로 옮겨 1933년 생화학 교수로 임명되었다. 셀리에는 스트레스에 관한 개념을 탄생시켰다. 그의 스트레스에 관한 첫 번째 논문은 1936년 〈네이처〉지에 실렸다. 셀리에는 곧 스트레스 반응을 3단계로 설명한 일반 순응 증후군(G. A. S) 개념을 개발했다.

기분 나쁜 스트레스(Distress)

디스트레스(distress)는 가정 스트레스를 주는 사건에 대해서 부정적으로 받아들이는 것이다. 즉 가정 스트레스를 주는 사건에 대해서 가정 구성원들이 원래의 상황과 결과보다 더 악화시켜서 이해하고 받아들여 부정적인 결과를 가져오는 것을 의미한다.

부부 사이의 말다툼은 사소한 일로 시작되지만 서로의 감정이나 자존심을 상하게 할 때에는 큰 다툼으로 번지는 경우가 종종 있다(Hassle stressors). 혹은 너무 서둘러서 긁어 부스럼 만들어서 크게 번지는 경우도 종종 겪는다(Hurried stressors). 한 박자 느리게 대응하면 해결될 문제들에 관해 오히려 빠르게 반응하여 문제가 확대되는 경우이다. 이 모두가 디스트레스로 부정적인 결과를 만들어내는 기분 나쁜 스트레스이다.

스트레스 요소들(Stressors)

스트레스 요소란 스트레스를 만드는 요소들을 말한다. 가정으로부터 오는 요소들과 생물학적 스트레스 요소들을 들 수 있다.

가정으로부터 오는 스트레스 요소들(Family Stressors)

1) 결혼(Marriage)

남녀가 만나 교제하고 결혼하여 행복한 한 가정을 이루어 평생을 같이 무난하게 일생을 보낸다는 것은 말처럼 쉬운 일이 아니다. 서로 다른 것이 너무 많기 때문이다. 내 친구는 소학교 시절 같은 마을에서 소꿉친구로 사귀어 장성한 후 결혼했다. 그러나 서로 종교가 달라서 남편이 33년간 끈질긴 노력을 한 끝에 한 가정이 같은 종교로 '통일'을 이루었다.

하나님의 말씀에 순종하며(창 1:28), 서로 돕고 협력하고(창 2:18), 서로 격려하고 위로하기 위해(전 4:10) 사랑하고 결혼을 한다. 남녀가 사랑에 빠져 한 가정을 이루지만 많은 역경을 겪다 보면 이 한 가정을 이루어 나가기 위해 많은 노력과 이해와 양보가 있게 마련이다. 이로 인해 서로에게 상처를 주기도 한다.

결혼생활에서 오는 스트레스 요소를 최소화하기 위하여 다음 성경 말씀을 권한다.

"서로 인자하게 하며 불쌍히 여기며 서로 용서하기를 하나님이 그리스도 안에서 너희를 용서하심과 같이 하라"(엡 4:32).

"만일 우리가 우리 죄를 자백하면 저는 미쁘시고 의로우사 우리 죄를 사하시며 모든 불의에서 우리를 깨끗게 하실 것이요"(요일 1:9).

"내 사랑하는 형제들아 너희가 알거니와 사람마다 듣기는 속히 하고 말하기는 더디 하며 성내기도 더디 하라"(약 1:19).

"아무 일에든지 다툼이나 허영으로 하지 말고 오직 겸손한 마음으로 각각 자기보다 남을 낫게 여기고 각각 자기 일을 돌아볼 뿐더러 또한 각각 다른 사람들의 일을 돌아보아 나의 기쁨을 충만케 하라"(빌 2:3-4).

"너는 내게 부르짖으라 내가 네게 응답하겠고 네가 알지 못하는 크고 비밀한 일을 네게 보이리라"(렘 33:3).

"네가 부를 때에는 나 여호와가 응답하겠고 네가 부르짖을 때에는 말하기를 내가 여기 있다 하리라 만일 네가 너희 중에서 멍에와 손가락질과 허망한 말을 제하여 버리고"(사 58:9).

"저희에게 이르시되 삼가 모든 탐심을 물리치라 사람의 생명이 그 소유의 넉넉한 데 있지 아니하니라 하시고"(눅 12:15).

"곧 허탄과 거짓말을 내게서 멀리하옵시며 나로 가난하게도 마옵시고 부하게도 마옵시고 오직 필요한 양식으로 내게 먹이시옵소서 혹 내가 배불러서 하나님을 모른다 여호와가 누구냐 할까 하오며 혹 내가 가난하여 도적질하고 내 하나님의 이름을 욕되게 할까 두려워함이니이다"(잠 30:8-9).

2) 자녀들(Children)

가정에서 자녀들이란 무엇을 의미하는가? 시편 기자는 다음과 같이 말한다.

"자식은 여호와의 주신 기업이요 태의 열매는 그의 상급이로다"(시 127:3).

자녀들은 하나님의 선물이다. 하나님의 말씀에 따라 잘 양육할 때 자식은 하나님이 주신 기업으로 진정한 축복과 상급이 될 수 있다. '자녀'란 하나님께서 자기에게 충실한 자에게 베푸시는 축복의 선물이라는 의미이다(창 17:16).

연구 결과, 어린이의 삶은 85%가 가정으로부터 반영된다고 발표되었다. 자녀들은 바로 당신의 집이 어떠한지 보여주는 지표이다. 자녀들은 당신의 가르침과 삶의 방식을 통해 하나님과 그의 말씀을 접할 것이다. 그들의 육체적·영적 운명은 여러분의 손에 달려 있다고 말해도 과언이 아니다. 당신의 삶에서 자녀들은 여러분의 기도 제목의 첫 줄을 장식해야만 한다.

자녀들이 본인의 의지가 있기 때문에 마음의 고통이 따를 때도 있다. 그들은 분명히 잘못된 것임에도 불구하고 선택을 하기도 한다. 그것은 여러분의 마음을 상하게 할 것이다.

가장 실패한 가정은 부모님이 자녀들과 의사소통을 하지 않는 집이다. 종종 형제들끼리 또는 자매들끼리 집 밖에서 자신들의 친한 친구들에게 조언을 얻는 경우가 있다. 때로는 집에서 해결하지 못한 질문을 묻기도 하고, 또는 집에서 묻는 것조차 꺼리기도 한다. 그 '친구'들은 형제자매가 아닐 수도 있으며, 이웃 소년, 소녀들이 잘못된 대답을 주기도 한다. 이유는 아주 분명하다. 종종 가정생활이 너무 친밀하고 지속적으로 관계를 하다 보면 재미와 신선함을 잃게 마련이다. 자녀들은 가장 친한 친구가 형제자매임을 깨달아야 한다. 친구는 왔다가 가지만, 가족은 영원히 함께하기 때문이다.

3) 확대가족(Extended family)[111]

핵가족(부부와 자녀들)을 넘어 2대, 3대가 같은 한 지붕 밑에서 사는 경우를 말한다. 즉 확대가족(擴大家族)은 3세대 이상으로 이루어진 가족이다. 요즘 그 수가 점점 늘어나고 있다. 대가족이라고도 하지만, 대가족은 자녀의 수가 많아 가족 구성원이 많은 핵가족도 포함된다. 반면에 확대가족은 부모가 결혼한 자녀 및 그들의 손자들과 함께 사는 가족이다. 확대가족은 부모와 결혼하지 않은 자녀로 구성되어 있는 핵가족이 둘 이상 모여 있는 가족 형태라고도 할 수 있다. 가족의 수가 많다고 확대가족이 되는 것은 아니며, 3대 이상의 가족으로 구성되어 있을 때 확대가족이 된다. 확대가족은 노동력이 풍부하다는 장점 때문에 농사를 지으며 한곳에 정착하여 살기 시작하면서부터 증가하기 시작하였다. 집안의 남자 어른을 중심으로 이루어진 확대가족에서는 윗사람과 아랫사람, 남자와 여자, 부모와 자녀의 관계가 뚜렷하게 구별되어 각자의 역할이 분명하게 정해져 있었다. 이런 확대가족은 가족들에게 심리적 안정감을 주고, 가족 내 노인을 잘 보살필 수 있다는 장점이 있다.

하지만 현대사회에서는 이동이 불편하다는 점 때문에 점차 감소하는 추세이다. 한편 확대가족이 남녀평등, 개인의 자유와 개성을 보장하는 현대사회의 가치관과 맞지 않는다는 비판도 있다. 확대가족은 한 장소에 정착하여 농사를 짓는 사회에서 가장 흔히 나타나는 가족 형태이다. 확대가족이 전통사회에서 농사 등에 필요한 많은 노동력을 얻는 데 매우 유용하기 때문이다. 또한 자녀가 혼인을 해도 함께 살았기 때문에 가족이 지닌 재산을 나누지 않고 그대로 유지하여 가계의 부를 늘려나가는 데에도 유용하며, 가족 구성원이 많기 때문에 가족 중의 누군가가 병에 걸리거나 사망할 경우에는 다른 성원의 보살핌을 받을 수 있다.

---

111) Arrow Debreu, "확대가족, 핵가족 각각의 장단점", Daum KakaoCorp., 2012년 4월 14일. http://tip.daum.net/question/71904591

이렇게 확대가족은 가족 중의 한 사람이 자신의 역할을 수행할 수 없을 경우, 다른 사람이 그 사람의 역할을 대신해 줄 수 있어서 가족생활이 안정되게 유지될 수 있다는 장점이 있다. 그러나 확대가족은 가족의 규모가 커서 이동이 자유롭지 못하다. 이 때문에 사회적으로 잦은 이동을 하게 되는 오늘날에는 적합하지 못하다는 단점이 있다. 더 큰 문제점은, 보통 확대가족이 나이 많은 남자 어른의 뜻을 가장 중요하게 생각하며, 부부간에도 남자와 여자의 역할을 구분하고, 자녀에게 부모의 말에 무조건 따르게 한다거나 개인의 의사보다는 집안의 명예를 더 중시하는 특성이 있다는 것이다. 가족들 각자의 의견을 존중하거나 개성을 살려주지 못하며, 남자와 여자를 불평등하게 대우할 수 있다는 점에서 개개인의 평등한 자유를 중시하는 현대사회의 가치관과 맞지 않는다는 비판이 있다. 이러한 대가족 구성원 사이에서 오는 스트레스는 핵가족 시대에서 상상을 초월할 것이다.

4) 재혼을 통해서 얻어지는 복합가족(Blended family)

재혼이란 한 번씩은 결혼 경험이 있는 남녀가 다시 결혼하여 가정을 형성하는 것을 말한다. 그러나 어느 한쪽만 결혼 경험이 있는 경우는 이 논의에서 제외시킨다. 여기서는 남녀가 한 번씩 결혼 경험이 있고 각각 자녀가 있는 경우가 서로의 '관계성'이 미묘하기 때문에, 재혼을 통해서 발생하는 스트레스가 더욱 발생할 확률이 높기 때문에 의제로 삼는다.

그러므로 남녀가 한 번씩 결혼의 경험을 하였기 때문에 자신들만의 이혼의 아픔을 가지고 어려운 결정을 하며 재혼한다. 만일에 재혼한 남녀 중에 어느 한쪽에 자녀가 있다든지, 양쪽이 모두 이미 자녀가 있는 경우는 자신 둘만의 사랑으로 재혼한 가정에 비하여 순탄치만은 않음을 본다. 이러한 순탄치 않은 경우의 대부분은 '서로의 관계성'과 '재산에 대한 이해관계'로 인한 경우들이라 하겠다.

(1) 부부 관계: 재혼한 두 남녀의 경우 발생하는 부부 관계의 경우

① 전처로 인한 요인: 재혼한 남편의 전처가 살아 있고 전처가 재혼을 하지 않은 경우, 전처가 재혼한 전남편의 새 가정을 방해할 수 있다. 남자는 이혼 후 새로운 여성을 만나는 일에 적극적일 수 있으나 이혼한 여성은 여러모로 행동하는 일에 제약이 있을 수 있어 옛날의 남편을 생각하며 여러 이유를 들어 재혼한 전남편의 새 가정을 방해할 요소가 있다.

② 자녀로 인한 요인: 이 요인은 법적인 문제가 포함되어 조금 복잡하다. 재혼한 부부 사이에 새로운 자녀가 출생하기까지는 시간이 필요한데, 이미 있는 자녀와의 관계에 새로 결혼한 부인이 이미 있는 자녀의 어머니 역할을 하는 과정에서 생기는 갈등은 중요한 요소가 된다.

(2) 자녀 관계

① 친부모와 친자녀: 친부모와 친자녀의 관계는 매우 긍정적이고 친밀하다.

② 계모와 계자녀 관계: 계부모를 단순히 양육자로 인식하는 경향이 있다.

③ 형제자매 관계: 재혼 가족이 형성되면 계형제자매가 생긴다. 형제자매 간의 경쟁의식, 부모의 관심과 주거지 공간과 같은 불충분한 자원에 대한 경쟁력, 성적 매력, 가족 크기의 변화, 가족에서 자녀 위치의 변화와 같은 것들이 있다.

(3) 재산 문제

새 배우자와 그들의 자녀들이 이전에 혹은 결혼 초에 있었던 두드러진 가치와 표준의 가치를 극복하지 못하면 매일의 생활이 어렵다. 아버지의 경제력이 미약하면 자녀와 친밀해지기 어렵다.

① 혼전 계약서(Prenuptial Agreements)

결혼 전 서로에 대한 약속을 하면서, 결혼 후에 일어날 불필요한 싸

움을 미연에 방지하는 계약서이다.

국내 1위 결혼정보회사 듀오(대표 박수경)가 2014년 10월 2일~12월 31일 전국 20~30대 미혼남녀 782명(남 399명, 여 383명)을 대상으로 '혼전 계약서의 필요성'에 관한 설문조사를 실시했다. 조사 결과에 따르면, 전체 미혼 여성의 63.2%는 결혼 전 '혼전 계약서 작성이 꼭 필요하다'고 생각했다. 반면 남성은 54.9%가 '필요하지 않다'고 답했다.

'혼전계약서가 필요하다'고 답한 422명(남 180명, 여 242명)에게 그 이유를 묻자 과반수에 가까운 미혼남녀가 '결혼 후 서로의 인격 존중을 위해'(46.4%)라고 응답했다. 이어 '이혼 후 평등한 재산 분할을 위해'(21.6%), '이혼 후 자녀의 공동 양육을 위해'(12.8%) 순으로 선택했다.

반면 '혼전계약서가 필요하지 않다'고 답한 360명(남 219명, 여 141명) 중 42.2%는 '결혼은 계약이 아닌 약속'이라 생각했다. 그 외에도 '사랑하니까 필요하지 않다'(24.7%), '결혼할 때부터 이혼을 생각하고 싶지 않다'(20.8%) 등의 답변을 했다.

한편 혼전 계약 항목 중 하나인 '이혼 시 재산 분할 청구 금지' 조항이 법적 효력을 가져야 하는지에 대해 묻는 질문에 많은 미혼남녀가 '그렇다'(남 63.2%, 여 57.2%)고 답해 눈길을 끈다.

(4) 재혼 후의 이혼 문제

재혼 전에 힘들었던 경험, 결혼생활의 어려움을 되풀이하지 않을 것을 각오하고 재혼하지만 재혼 후에 비슷한 어려운 생활의 불만족, 자녀들과의 원활하지 못한 관계 등으로 다시 이혼하는 경우가 흔하다. 한 번 이혼한 이들이 용감하게 다시 이혼하는 사례는 많이 볼 수 있다.

재혼 이혼율이 보여주는 복합가정의 해체가 심각해 사회적 이슈로 새롭게 등장하고 있다. 미국에서는 초혼 가정의 이혼율이 40%인 것에 비해 재혼 가족의 이혼율은 70%에 이른다는 연구 보고가 있다. 재혼 가족 구성원들이 겪는 가족 구성원들 간의 관계, 역할의 기대, 가족 정체성들의 변화에서 오는 희망의 상실, 관계에서의 상실에서 오는 요인이 큰 것으로 나타났다.

5) 가정을 꾸려나가는 일(Home management)

한 가정을 효과적으로 운영하는 과정을 홈 매니지먼트라 한다. 부동산과 가정에 필요한 활동을 관찰하는 일도 포함된다. 가정을 운영하는 일에는 계획, 조직, 예산과 그 방향을 어떻게 설정하는가 하는 일들이 요구된다.

효과적인 가정을 운영하기 위해 부동산의 상태를 잘 유지하는 일과 건전한 재정 상태를 유지하여 편안한 삶을 유지할 수 있어야 한다. 홈 매니지먼트는 매우 중요한데, 다음의 네 분야가 필요하다.

(1) 정리정돈하기(Staying Organized)

효과적인 홈 매니지먼트를 하기 위해서는 가정에 관계되는 일을 조직적으로 하는 것이 필요하다. 예를 들면, 가정에서 필요로 하는 물품들을 잘 정리정돈하고 어디에 어떤 물품들이 있는지 목록을 작성하는 일이 매우 중요하다. 가정에 가장 필요한 집문서, 재산 목록에 대한 서류, 생전 신탁(living trust), 보험증서, 예금통장 등 그 외 중요한 문서와 문서의 목록은 잘 정리할 필요가 있다. 위급한 상황이 발생했을 때에 가장 먼저 처리할 수 있도록 해놓는다. 방화 기능이 있는 안전한 보관함(Fire Free Safety Cabinet)을 하나 준비하여 모든 중요한 서류들을 한 곳에 보관하면 화재의 염려와 도난 방지에 효과가 있어 안전하다.

(2) 부동산 가치 유지하기(Maintaining Property Value)

부동산을 소유하고 있다면 먼저 집일 것이다. 부동산은 시간이 지나면서 자동적으로 손상(Wear and Tear)이 발생한다. 부동산의 가치를 유지하기 위해서는 내부와 외부에 페인트 칠하기, 지붕을 잘 손질하고 유지하기, 하수구와 스프링클러(Sprinkler) 등 수도 시설을 수시로 점검하고 관리할 필요가 있다. 계절마다 가지치기(Trim)가 필요한 나무들, 진입로(Drive way), 뒷마당의 잔디, 앞마당의 잔디 관리는 필수다.

(3) 재정 상태 확인하기(Tracking Finances)
매일 가계부를 적음으로써 과다한 지출을 줄이고 미리 계획을 세우는 일도 홈 매니지먼트에서는 매우 중요한다. 수입과 지출의 균형을 유지하는 일은 매우 중요하고, 장기 계획을 설정하여 적당한 곳에 투자하는 계획도 세울 수 있다.

(4) 자녀들 훈련시키기(Teaching Your Kids)
자녀들에게 홈 매니지먼트를 가르치는 일을 소홀히 해서는 안 된다. 어릴 때부터 돈 관리에 관심을 갖도록 잘 가르쳐야 한다. 자녀가 수입이 없기 때문에 자녀의 지출 100%를 부모에게 의존하는 것은 옳지 않다. 자녀에게 집안 일, 예를 들면, 집안 청소하는 일, 설거지, 쓰레기통을 정기적으로 밖에 내놓는 일을 시켜 이에 대한 보답으로 어느 정도의 용돈을 자족할 수 있도록 유도하여야 하고, 파트 타임(Part Time)으로 주당 몇 시간이라도 일을 하여 자신의 용돈을 벌게 함으로써 돈의 귀중함을 알게 하며, 자신이 계획을 세워 지출하도록 권하는 것은 귀중한 일이다.

6) 재정에 대한 책임(Financial responsibilities)
한 가정에서 재정에 대해 혼자 책임을 진다는 것은 합당한 처사가 아니다. 50~60년 전 가부장 제도 아래의 가정에서는 가장이 되는 남편이 홀로 모든 책임을 졌다. 그러나 현대에 살고 있는 요즘은 재정 책임을 부부가 공동으로 지는 경우가 많다. 아내가 재정적으로 독립한 가정이 매우 많아졌다. 그만큼 지출해야 할 항목이 많아졌음을 말하고 있다. 여기에서는 신용카드(Credit Card)와 휴대폰(CellPhone)에 대하여 생각해 보자.

(1) 신용카드(Credit Card)

카드는 매우 편리하다. 현금을 소지하고 다니는 사람은 그리 많지 않다. 대부분의 사람들은 카드를 한두 개씩은 소지하고 있다. 일상생활에서 매우 긴요하게 쓰인다. 현금을 가지고 다닐 이유가 없어진다. 카드는 현금이나 다름없이 쓰인다. 그러나 관리를 잘못하는 경우는 카드가 사람을 망가뜨린다. 물건을 사려는 호기심이 많아 자신을 조절하지 못할 경우 신용불량자로 몰리기 일쑤다. '선 구입, 후 결제'(Buy now, Pay later)의 사고방식은 절대 금물이다.

자신의 계정에 얼마가 있는지는 자신만이 알고 조절할 수 있다. 카드 사용에 대한 책임은 당사자에게 있다. 여러 개의 카드를 돌려막으면서 사용하는 경우는 자신을 패가망신하게 하는 지름길이다. 자신의 수입과 지출에 대한 균형은 자신만이 할 수 있음을 잊지 말라.

(2) 휴대전화(CellPhone)

바야흐로 IT산업의 극치에 우리가 살고 있다. 이 전화기는 매우 편리하다. 휴대폰이 없던 때에 우리의 삶은 어떠했는가? 이제는 옆집 강아지만 휴대폰이 없다. 이 세상 모든 정보(Information)는 이 조그마한 전화기 속에 있다. 문제는 이를 사용하는 사용료가 만만치 않다는 사실이다. 수입이 전혀 없는 초등학생들도 이 전화기가 없으면 왕따 당하는 세상에 우리가 살고 있다. 자녀들에게 전화기를 구입해 주어야 하는 것이 부모들의 고충이다. 자녀들이 써대는 이 지출의 책임은 고스란히 부모에게 온다. 여기에서 오는 스트레스는 엄청나다.

생물학적 스트레스 요인들(Biogenic Stressors)

우리 몸속으로 섭취되는 것들로 생화학적 반응을 일으키기 때문에 스트레스의 원인이 되는 자극물들이 있다(Stimulant which cause stress by virtue of the biochemical actions they exert on the body). 자극물들 중에서 카페인(Caffeine)과 설탕(Sugars)에 대하여 서술한다.

1) 카페인(Caffeine)

카페인은 커피에만 있는 것이 아니다. 카페인의 긍정적인 면을 보면, 각성 효과가 있어 적당량을 섭취하면 정신이 맑아진다. 졸음운전으로 힘들 때 커피 한 잔의 효과를 본 경험이 일을 것이다. 근육의 피로를 풀어 주는 효과도 있고, 두통, 편두통, 피로감의 일시적 완화 효과도 있고, 지구력을 높여 주고 중추신경을 자극하여 집중도를 높여 준다. 또한 흡수력이 빨라 섭취 후 5분이면 몸 전체로 퍼져 아드레날린(Adrenaline)과 노르아드레날린(noradrenalin)의 분비를 촉진하여 호르몬은 뇌와 심장, 근육, 신장 등의 활동을 활발하게 해준다고 한다. 프림이 들어간 커피는 프림으로 인해 충치예방 구취제거 효과가 감해질 수도 있다.

부정적인 면으로는 섭취량의 조절이다. 과다 섭취하면 수면 장애, 가슴 두근거림, 소변장애, 위장장애 등을 일으키며, 카페인은 습관성으로 중독 증상을 보이기도 한다. 커피를 비롯한 카페인을 섭취하지 못할 경우 위의 부작용을 포함하여 신경과민, 불안감, 흥분, 안면홍조 등의 증상을 보일 경우 이를 카페인 중독이라 진단할 수 있다. 이를 생물학적 스트레스 요인으로 볼 수 있다.

2) 설탕(Sugars)[112]

설탕이 몸에 해롭다는 것은 대부분 알고 있다. 그러나 왜 그런지 잘 아는 이는 많지 않다. 설탕은 왜 해로운가? 설탕 100g은 칼슘 3mg, 철 0.2mg 등 극소량을 제외하면 99.9%가 당분이며 열량은 400㎈나 된다. 사탕무나 사탕수수를 가공하는 과정에서 이들이 원래 가지고 있던 단백질, 지방, 섬유질, 비타민은 모두 없어지고 칼슘과 철도 크게 줄어든 것이다. 설탕의 당분은 포도당과 과당이 결합된 물질로서 매우 강한 단맛을 갖고 있다. 포도당은 혈당 성분이며 과당은 과일의 단맛을 내

---

112) 황성수, "살림 이야기", 〈한살림〉 제9호(2010년 여름호). http://www.salimstory.net/renewal/sub/view.php?post_id=376

는 바로 그 성분으로 몸 안에서 포도당으로 바뀐다. 식물성 식품은 몸에 이롭지만 인위적으로 가공한 것은 그렇지 않다. 설탕이 몸에 해로운 것은 이러한 인위적인 가공과정을 거치며 자연 상태의 조화가 깨진 탓이다. 설탕은 적게 먹어도 살이 찐다.

첫째, 설탕에는 단백질이 없다. 모든 식물에는 단백질이 들어 있는데 비록 적은 양이라도 가공과정에서 단백질이 없어지면 그만큼 손해다. 단백질은 매우 중요한 성분이라 조금이라도 더 먹기 위해 해롭다는데도 동물성 식품을 먹는다. 그런데 일부러 단백질을 골라 내버린 설탕을 먹을 이유가 어디 있는가.

둘째, 설탕에는 지방이 없다. 식물에 들어 있는 지방은 대부분 몸에 유익한 불포화지방산이다. 값이 비싸도 등 푸른 생선을 먹는 중요한 이유가 바로 불포화지방산 때문인데, 일부러 이 소중한 성분을 없애버린 것을 먹을 이유가 어디 있을까?

셋째, 설탕에는 섬유소가 없다. 섬유질은 다른 영양소와는 달리 입을 통해 몸에 들어가 소화, 흡수되지 않고 그대로 남아서 대변을 통해서 배출된다. 비록 몸에 흡수되지는 않지만 없으면 안 되는 매우 중요한 성분이다. 변비를 예방하고 대장암 발생을 억제하며 식후 혈당이 완만하게 상승하게 해주며, 많이 먹지 않아도 포만감을 갖게 한다. 이처럼 중요한 역할을 하는 섬유질이 설탕에는 전혀 들어 있지 않다. 가공과정에서 모두 사라져버렸기 때문이다. 이 때문에 섬유질을 제거한 설탕을 섭취하는 양에 비례해서 변비가 발생할 가능성도 높아진다. 변비로 대변을 시원하게 배출하지 못해 생기는 불쾌감은 삶의 질을 현저하게 떨어뜨린다.

또한 설탕은 당뇨병을 불러온다. 설탕을 많이 섭취하면 당뇨병에 잘 걸린다. 섬유질은 장에서 영양분이 급격하게 흡수되는 것을 억제해 주는데 설탕에는 섬유질이 없어서 식후 혈당이 급격하게 상승한다. 혈당이 상승하면 인슐린이 분비되어 혈당을 내려가게 하는데, 설탕을 자주 그리고 많이 섭취하면 인슐린 분비 기관이 쉴 새 없이 작동하여 나중에는 지쳐서 제대로 작동하지 못하게 된다. 더 이상 인슐린을 충분히 생산해 내지 못하게 되면 당뇨병으로 발전하는 것이다. 설탕은 신경을 예민하게 만들어서 여러 가지 문제를 일으키기도 한다. 설탕으로 인해 혈당이 급격하게 상승하면 거기에 상응해서 인슐린도 대량으로 분비되고 그 영향으로 혈당이 지나치게 내려가서 오히려 저혈당 상태가 된다. 저혈당이 되면 몸은 위기 상태로 인식하고 여러 가지 스트레스 호르몬들을 동원해서 혈당을 올리려고 한다. 이 과정에서 여러 스트레스 호르몬들이 갖고 있는 작용에 따라 불안, 과민, 짜증, 산만, 집중력 저하, 과잉행동 등의 증상들이 나타난다.

설탕에는 암을 막아 주는 항산화성분과 각종 미네랄도 없다.

미네랄은 적은 양으로도 몸 안에서 매우 다양하고도 중요한 역할들을 수행한다. 그런데 설탕은 가공과정에서 미네랄의 대부분이 제거된다. 여러 가지 미네랄 중에서 중요한 것 두 가지만 살펴보자. 먼저, 설탕에는 칼슘이 적게 들어 있어 골다공증을 불러온다. 당분은 많고 칼슘이 적은 식품은 최종적으로 산성 물질을 만들고, 이를 중화하기 위해서 뼈 안에 있는 칼슘을 뽑아 쓰게 되어 결과적으로 골다공증을 만든다.

그런데 사실 설탕 자체가 아니라 그릇된 섭취가 문제다. 설탕은 비만과 당뇨병을 떠올리게 한다. 비만은 대사량보다 많이 섭취한 당을 몸 안에 지방으로 저장하면서 생긴다. 활동에 필요한 양보다 지나치게 많은 당을 섭취하기 때문에 비만이 발생하는 것이지 설탕 자체가 비만의 원인은 아니라는 것이다.

소진(Burnout)

　소진(Burnout)은 말 그대로 '다 타버리다', '타서 없어지다' 등의 의미를 갖고 있다. 번아웃 증후군은 자신이 가지고 있던 에너지나 기력 등이 다 없어져 무기력해지는 증상을 말한다. 탈진 증후군, 연소 증후군이라고도 불리는 번아웃 증후군은 어떤 일에 불타오르듯 집중하다 갑자기 불이 꺼진 듯 무기력해지면서 업무에 적응하지 못하는 증상이다. 주로 생각대로 일이 실현되지 않거나 육체적·정신적 피로가 쌓였을 때 나타난다. 그러나 소진은 어느 날 갑자기 나타나는 현상이 아니라 점진적인 과정에서 나타나는 것이다.
　특히 과도한 업무에 지친 직장인들에게 나타나는 현상을 '직장인 번아웃 증후군'이라고 한다. 한 설문조사에 따르면, 직장인 601명을 대상으로 설문 조사한 결과 응답자의 74.7%가 회사 밖에서는 활기차지만 출근하면 무기력함과 우울함을 느낀다고 답했다. 번아웃 증후군을 앓는 사람들은 대부분 신체질환으로 이어지는데 소화기 장애, 두통, 당뇨, 심장질환, 우울증, 수면장애 등의 발병 비율이 높아지며, 심할 경우에는 인지능력 저하, 성격장애까지 나타나기도 한다.
　소진은 스트레스 많은 일이나 너무 과중한 책임 등의 단 한 가지의 원인에 의해 발생하는 것이 아니다. 여러 다른 요소들이 소진에 연관되어 있다. 예를 들면 당신의 생활 스타일이나 성격적인 특성 등등이 연관되어 있다. 휴식시간에 무엇을 하고 지내는지, 혹은 당신이 이 세상을 어떻게 보는지 등이 번아웃을 일으키게 하는 작은 요인이 되거나 큰 요인으로 작용한다.

소진(Burnout)을 일으키는 요소들

다음 세 분야[113]로 나누어 번아웃에 관계가 되는 원인들을 분류해 보자.

1) 일과 관계되는 요소(Work-related causes of burnout)

- 당신에게 주어진 일에 대하여 관리할 수 없거나 어느 부분만 조금 관리할 수 있다고 느낄 때(Feeling like you have little or no control over your work)
- 잘한 일에 대해 인정받지 못하거나 보상이 적을 때(Lack of recognition or rewards for good work)
- 주어진 일에 대한 기대치가 불분명하거나 과대하다고 느낄 때 (Unclear or overly demanding job expectations)
- 하고 있는 일이 도전적이지 않거나 단조롭고 지루할 때(Doing work that's monotonous or unchallenging)
- 무질서한 상태에서 일을 하고 있거나 압박이 높은 주위환경에서 일하고 있을 때(Working in a chaotic or high-pressure environment)

2) 생활양식과 관계되는 요소(Lifestyle causes of burnout)

- 쉴 틈도 없이 지나치게 일을 많이 할 때(Working too much, without enough time for relaxing and socializing)
- 너무 많은 사람들이 너무 많이 기대치를 가질 때(Being expected to be too many things to too many people)
- 다른 사람들의 도움도 없이 너무 많은 책임을 지고 있을 때(Taking on too many responsibilities, without enough help from others)

---

113) Melinda Smith, Jeanne Segal, and Robert Segal, "Preventing Burnout," http://www.helpguide.org/articles/stress/preventing-burnout.htm(accessed July 10, 2015).

- 수면이 부족할 때(Not getting enough sleep)
- 도움을 받을 곳이 없을 때(Lack of close, supportive relationships)

3) 개인 성격과 관계된 요소(Personality traits can contribute to burnout)

- 완전을 추구하는 성격: 무엇이라도 마음에 충분치 못하다 (Perfectionistic tendencies; nothing is ever good enough).
- 당신 자신과 세상을 회의적으로 보는 견해(Pessimistic view of yourself and the world)
- 통제의 필요성: 다른 사람에게 위임을 주저한다(The need to be in control; reluctance to delegate to others).
- 고도의 성취성 혹은 A형 성격의 소유자(High-achieving, Type A personality)

소진의 세 단계(Three Stages of Burnout)

텍사스 의사협회(Texas Medical Association, TMA)[114]의 연구에 의하면 소진에는 세 단계가 있다고 한다.

1) 첫 번째 단계(Stage One) - 스트레스 각성(Stress Arousal)

정신적 육체적으로 스트레스가 반응으로 오고 있는 1단계의 징후(symptom)는 다음과 같다.

- 불안함(Anxiety)
- 공포심(Panic)

---

114) The Texas Medical Association(TMA) is a professional nonprofit organization representing more than 47,000 physicians and medical student members. It is located in Austin, has 120 component county medical societies around the state, and is the largest state medical society in the United States.

- 영적, 육체적, 감성적, 사회적 증후군(Spiritual, physical, emotional, social symptoms)
- 과민성(Hypersensitivity)
- 초조감(Irritability)
- 참을성 없음(Impatience)
- 너무 비판적(Overly critical)

스트레스 각성(Stress Arousal)은 보통 생리적인 반응 혹은 정신적인 반응을 포함하는데, 위에 기술한 어느 두 가지 증상이 나타났을 경우에는 소진의 1단계에 돌입한 상태이다.

2) 두 번째 단계(Stage Two) – 에너지 유지(Energy Conservation)

스트레스가 좀 더 쌓이는 단계인데, 2단계에서 나타나는 징후(Symptom)는 아래와 같다.

- 지연- 질질 끄는 것(Procrastination)
- 서두르지 않음, 지체(Tardiness)
- 계획적 결근(Absenteeism)
- 커피, 소다의 과다 섭취(Increased stimulants, e.g. coffee, soda, etc.)
- 물러남(Withdrawal)
- 회피(Avoidance)
- 질문 전화/효과(Question call/effectiveness)
- 열정 부족(Lack of compassion)
- 지속적인 피로(Chronic fatigue)
- 느슨해진 행위(Lax performance)
- 냉소(Cynicism)

위에 서술한 어느 두 가지 현상이 나타날 때에는 소진 상태의 2단계에 진입했음을 말한다.

3) 세 번째 단계(Stage Three) – 기진맥진(Exhaustion)

개인적으로 이미 무엇인가 잘못되고 있음을 인지한다. 다음 징후가 이에 속한다.

- 절망적 느낌/무력함/무가치의 느낌(Feelings of hopelessness/helplessness/worthlessness)
- 만성 우울증(Chronic depression)
- 직업을 바꾸려는 생각(Consider career change)
- 도덕적 타협(Moral compromise)
- 처방 약물의 과용(Prescription substance abuse)
- 자신을 파괴하는 행동을 심사숙고(Contemplation of self-destructive actions)
- 무책임하게 위험한 것을 선택함(Irresponsible risk taking).

기진맥진의 징후는 비윤리적인 행위로 나타날 수 있을 정도로 매우 위험할 수 있다.

기억해야 할 사항은, 소진은 항상 연속적으로 발생하는 과정이므로 어느 단계에 속하든 징후 자체의 심각성을 인지하고 이를 속히 저지(해결)하도록 노력해야 한다는 것이다.

소진(Burnout)을 극복하는 길

1) 맞서라(Fight): 굴복하지 말고 충분한 숙면으로 극복하자

경제협력개발기구(OECD)[115]에 의하면, 한국인의 하루 평균 근무

---

115) www.OECD.Stat

시간은 10시간 30분이다. 미국 국민의 하루 평균 근무 시간인 7.13시간에 비하면 과다한 일을 하고 있다. 아마도 세계에서 하루 평균 근무 시간은 제일 많을 것이다. 슈한스 초크로베르티 박사(Dr. Sudhansu Chokroverty, MD)에 의하면 수면 시간은 하루 평균 7.5에서 8시간이 필요하다. 그러나 대부분 6시간 정도 수면을 취한다고 통계는 말하고 있다. 수면 부족은 다음 날의 기능에 막대한 영향을 준다. 신체 기능을 정상화시키고 그날의 피로는 그날로 풀어야 하기 때문에 충분한 수면은 필수적이다.

2) 떠나라(Flight): 증상(Symptom)으로부터 도주하라

업무는 항상 과중하다. 항상 피로하다. 아무리 업무가 과중하고 압박감으로 인해 스트레스가 쌓이더라도 잠시 쉬어라. 사람 나고 일 났지 않은가? 모두가 먹고 살기 위해 하는 일이 아닌가? 근무 중이라도 잠시 밖으로 나가서 스트레칭도 하고 심호흡도 하고 잠시나마 명상에 잠기면서 증후군으로부터 도주하라.

3) 멈추라(Freeze): 모든 업무를 동결시키고 취미생활에 몰두하라

취미생활을 한다는 것은 즐거운 일이다. 일상생활을 접어두고 완전히 다른 환경에서 자기가 즐기는 취미에 열중한다는 것은 일상생활에 활력을 불어넣어 주는 일이며, 일로부터 오는 중압감에서 해방되는 즐거움이 있고 건강을 유지하는 데 유익하다. 스트레스를 완전히 날려보내는 재미도 있을 것이다. 은퇴 후에도 마음껏 즐길 수 있는 취미를 지금부터 개발하라.

스트레스(Stress)와 소진(Burnout)

소진(Burnout)이라는 말의 의미는 '충분치 않음'(not enough)과 대동소이하다. 소진되고 있다는 것은 '공허함', '동기 부족', 그리고 '관리차원을 넘어섬'의 의미를 갖는다. 소진을 겪은 사람은 현 상황에서 긍정적인 변화에 대한 어떤 희망도 볼 수 없음을 경험한다.

스트레스(Stress)	소진(Burnout)
지나친 접근이나 친근감으로 특징 짓는다(Characterized by overengagement)	접근이나 친근감에서 이탈로 특정 짓는다 (Characterized by disengagement)
감정 반응이 지나침 (Emotions are overreactive)	감정이 둔화됨 (Emotions are blunted)
위급함이나 활동의 과다를 발생시킨다(Produces urgency and hyperactivity)	무기력이나 절망감을 발생시킨다 (Produces helplessness and hopelessness)
에너지 상실 (Loss of energy)	동기 부여, 이상, 희망을 상실 (Loss of motivation, ideals, and hope)
불안장애를 유발 (Leads to anxiety disorders)	무관심과 우울증을 유발 (Leads to detachment and depression)
제일 먼저 일어나는 손상은 육체적인 것이다 (Primary damage is physical)	제일 먼저 일어나는 손상은 감정이다 (Primary damage is emotional)
너무 이르게 죽음에 이르게 한다 (May kill you prematurely)	생활이 값어치가 없다고 생각한다 (May make life seem not worth living)

출처: Stress and Burnout in Ministry

공감 피로(Compassion Fatigue)와 소진(Burnout)

간호사와 환자의 관계로 비유한다면, 공감 피로란 환자와 밀접한 접촉을 유지하며 환자를 돕기 위해 자아를 사용하는 과정에서 노출된 스트레스가 해소되지 않고 점진적으로 누적될 경우 발생하는 것을 말한다.

소진은 전문직 돌봄 제공자가 다양한 대상자를 돌보면서 발생하는 공감 피로가 진행되어 나타날 수 있는 결과들을 의미한다.

공감 피로(Compassion fatigue)	소진(Burnout)
지금도 돌본다 (I do still do care)	이제는 그만이다 (I don't care anymore)
일시적이다. 휴식을 취한다 (Temporary – take a break)	휴식보다 더 필요 (Requires more than a break)
연료부족이나 에너지 부족이다 (Loss of fuel and energy)	이상과 희망을 상실 (Loss of ideals and hope)
지나친 접근이나 친근감 (Over – engagement)	접근이나 친근감에서 이탈 (Disengagement)
육체적인 손상 초래 (Physical damage)	감정이나 영적으로 손상 (Emotional/Spiritual damage)

피로감이나 소진상태를 만드는 요소들(Fatigue and Burnout)

- 기대와 현실의 차이에서 오는 좌절감이 있을 때(Disparity between expectation and reality)
- 불분명한 경계선과 맡겨진 일을 끝내기에 어려움이 있을 때(Lack of clearly defined boundaries - tasks never done)
- 사역과 함께 살고, 사역과 함께 죽는 증상이 있을 때(Live at ministry location syndrome)
- 리더와 섬기는 종을 동시에 해야 하는 것–중간 보수의 고충이 있을 때(Being a leader and a servant at the same time)
- 불분명함–'내가 어디에 와 있는지를 어떻게 알 수 있는가?' 자신의 좌표를 파악하지 못했을 때(Intangibility - "How do I know I am getting somewhere?")
- 시간 관리와 많은 요구들이 있을 때(Time management/demands)
- 갈등이 있는 결론들을 계속 win-win으로 만드는 능력의 부족함을 느낄 때(Inability to consistently produce "win-win" conflict resolutions)
- '중단'에 대한 관리의 부족함을 느낄 때(Difficulty managing

interruption)
- 행정적인 무거운 짐; 중요하지 않는 일에 너무 많은 에너지를 쏟을 때(Administration overlord - too much energy in low-reward areas)
- 외로움(Loneliness)을 느낄 때
- 모든 사람들을 기쁘게 하려는 노력을 할 때(Trying to please everybody)
- 너무 목표 지향적인 것과 과정 지향적일 때(Being too goal oriented verses process oriented)

아치볼트 하트(Archibald Hart)[116]가 말하는 소진(Burnout)과 압박감(Stress)의 다른 점

- 소진은 모조리 타서 없어짐으로 특정지어지는 단어다(Burnout is a defense characterized by disengagement).
- 압박감은 도에 넘치는 참여라는 단어로 특정지어진다(Stress is characterized by overengagement).
- 소진이 되면 감성이 둔화된다(In Burnout the emotions become blunted).
- 스트레스가 쌓이면 감성이 과잉반응을 보인다(In Stress the emotions become over-reactive).
- 소진되면 감성이 먼저 손상을 입는다(In Burnout the emotional damage is primary).
- 스트레스가 쌓이면 먼저 육체가 손상을 입는다(In Stress the physical damage is primary).
- 소진이 고갈이 되면 동기 부여에 영향을 준다(The exhaustion of Burnout affects motivation and drive).
- 스트레스로 인해 고갈이 오면 육체적인 에너지에 영향을 준다(The

---

116) Archibald Hart, senior professor of psychology and dean emeritus, is a licensed psychologist, certified biofeedback practitioner, and board certified diplomate fellow in psychopharmacology. Though retired from full-time teaching, he continues to teach Psychopharmacology and to teach in the Doctor of Ministry program. Dr. Hart joined the faculty of Fuller's School of Psychology in 1973. He served as dean of the School of Psychology from 1983 until 1995, thereafter returning to his professorial role. During his tenure as dean he guided the construction of the new psychology building complex. Fuller has established two annual scholarships for psychology students as a part of Hart's legacy. In 1978 he received the first Weyerhaeuser Award for Faculty Excellence given at Fuller.

exhaustion of Stress affects physical energy).
- 소진은 사기 저하를 만든다(Burnout produces demoralization).
- 스트레스는 붕괴를 자초한다(Stress produces disintegration).
- 소진은 이상과 희망의 상실로 이해된다(Burnout can best be understood as a loss of ideals and hope).
- 스트레스는 연료와 에너지 상실로 이해된다(Stress can best be understood as a loss of fuel and energy).
- 소진으로 인한 우울증세는 이상과 희망을 상실함으로 슬픔을 야기시킨다(The depression of Burnout is caused by the grief engendered by the loss of ideals and hope).
- 소진은 절망감이나 무력함을 감지하게 된다(Burnout produces a sense of helplessness and hopelessness).
- 스트레스는 활동을 지나치거나 긴급함을 감지하는 일로 나타난다(Stress produces a sense of urgency and hyperactivity).
- 소진은 과대망상증, 인격상실증, 무관심으로 나타난다(Burnout produces paranoia, depersonalization and detachment).
- 스트레스는 공황장애, 혐오증과 불안장애를 만든다(Stress produces panic, phobic, and anxiety-type disorders).
- 소진은 당신을 죽이지는 않지만 긴 인생 여정을 값있게 하지는 않는다(Burnout may never kill you but your long life may not seem worth living).
- 스트레스는 당신을 너무 이르게 죽일 수도 있고, 당신이 시작한 일들을 끝내기에 시간이 촉박하게 만든다(Stress may kill you prematurely, and you won't have enough time to finish what you started).

목회자가 사역을 하는 동안에 발생하는 스트레스의 숫자적인 통계
(Statistics on Pastors' Ministry Stress)[117]

감정적인 문제와 도덕적인 실수의 원인은 무엇인가?(What is the cause of their emotional problems and moral failures?)

주요 원인들(A major factor is overwhelming ministry stress)
( ) 안에 있는 숫자는 각주 117에 있는 내용의 출처를 의미한다.

- 75%의 목회자들은 그들이 받고 있는 압박감이 극치를 이룬다고 보고한다[75% report being "extremely stressed" or "highly stressed"(1)].
- 목회자들의 90%는 매주 55~75시간을 일을 한다[90% work between 55 to 75 hours per week(2)].
- 90%의 목회자들은 매주 기진맥진한다[90% feel fatigued and worn out every week(1)].
- 70%의 목회자들은 그들이 충분한 사례비를 받고 일하고 있지 않

---

117) Sources of Research Studies and Statistics on Pastors All these surveys are of Protestant pastors from a variety of denominations in America: (1) David Ross and Rick Blackmon's "Soul Care for Servants" workshop reported the results of their Fuller Institute of Church Growth research study in 1991 and other surveys in 2005 and 2006. (2) Francis A Schaeffer Institute of Church Leadership Development research studies in 1998 and 2006. (3) Leadership Magazine's research for their article on "Marriage Problems Pastors Face," Fall 1992 issue. (4) Grey Matter Research, 2005 scientific study of pastors from every city in America. (5) *Pastors at Greater Risk* by H.B. London and Neil B. Wiseman, Regal Books, 2003. (6) Focus on the Family 2009 survey of 2,000 pastors. (7) *Leadership Journal* poll of readers, 2013.

다고 본다[70% say they're grossly underpaid(2)].
- 40%의 목회자들은 최소한 한 달에 한 번은 교인들과 심각한 의견 갈등을 하고 있다[40% report a serious conflict with a parishioner at least once a month(1)].
- 78%의 목회자들은 교회 갈등문제로 사임을 강요당하고, 63%의 목회자들은 최소한 두 번쯤은 교회의 갈등 문제로 사임을 강요당한 적이 있다[78% were forced to resign and 63% at least twice, most commonly because of church conflict(1)].
- 80%의 목회자들은 10년 후에는 사역을 하지 않을 것이다. 불과 몇 %만이 더 오래 사역을 할 것이다[80% will not be in ministry ten years later and only a fraction make it a lifelong career(1)].
- 개혁 목회자나 복음주의 목회자 전원 1,050명이 도덕적인 문제나 교회 갈등 혹은 소진으로 인해 사역을 떠난 친구를 안다[100% of 1,050 Reformed and Evangelical pastors had a colleague who had left the ministry because of burnout, church conflict, or moral failure(2)].
- 18%의 목회자들은 당장이라도 부서질 것 같은 느낌이고, 91%는 목회에서 소진된 상태를 경험했다[91% have experienced some form of burnout in ministry and 18% say they are "fried to a crisp right now"(7)].

목회자의 감성적인 건강, 가정, 그리고 도덕성에 대한 통계
(Statistics on Pastors' Emotional Health, Family, and Morality)

- 70%의 목회자들의 자긍심은 목회를 시작했을 때보다 지금이 매우 낮다[70% say they have a lower self-esteem now than when they entered ministry(1)].
- 70%의 목회자들이 우울증에 계속 시달리고 있다[70% constantly fight depression(2)].
- 50%의 목회자들은 의욕을 잃어서 할 수만 있다면 사역을 그만하고 싶은 심정이지만, 사실은 다른 직장을 잡을 수가 없어서 사역하고 있다[50% feel so discouraged that they would leave their ministry if they could, but can't find another job(2)].
- 80%의 목회자들은 그들의 사역이 가정에 부정적으로 영향을 끼치고 있다고 믿고 있고, 33%의 목회자들은 극심하게 해를 끼칠 정도라고 믿고 있다[80% believe their pastoral ministry has negatively affected their families and 33% said it was an outright hazard (1)].
- 80%의 목회자의 사모들은 완전히 방치되어 있다고 믿고 있고, 교회 내에서 사모에 대한 진가를 인정받지 못하고 있다고 믿고 있다[80% of ministry spouses feel left out and unappreciated in their church(2)].
- 77%의 목회자의 결혼생활이 순탄치 못하다고 믿는다[77% feel they do not have a good marriage(2)].

- 41%의 목회자의 사모들은 결혼생활에 엄청 열 받는 일들이 있다 [41% display anger problems in marriage(reported by the spouse)(3)].
- 38%의 목회자들은 이혼을 했거나 이혼 수속을 하고 있는 중이다 [38% are divorced or divorcing(1)].
- 50%의 목회자들은 야동을 본 적이 있다고 인정하고, 37%의 목회자는 교회의 성도와 부적절한 성적 유대감을 가지고 있다고 인정한다[50% admit to using pornography and 37% report inappropriate sexual behavior with someone in the church(1)].

목회자의 영적 돌봄과 훈련의 부족에 대한 통계
(Statistics on Pastors' Lack of Soul Care and Training)

단지 사역에서 오는 스트레스로는 왜 사역자들이 감성적으로 소진하고 윤리적으로 파괴되는지를 설명할 수는 없다. 또 다른 통계에 의하면, 많은 사역자들이 그들의 영적인 생활에서 전문화하는 일에 분투하고 있다고 말하고 있고, 하나님 안에서 그들 자신들의 영적인 문제를 돌보는 일에 실패하고 있다고 말하고 있다(But ministry stress alone does not explain why pastors burnout emotionally or blow out morally. Other statistics suggest that many pastors struggle with "professionalizing" their spiritual lives and failing to care for their own souls under God).

- 70%의 목회자들은 절친한 친구가 없다[70% do not have someone they consider a close friend(1)].
- 50%의 목회자들은 책임 있는 사람이나 그룹과는 정규적인 만남이 없다[50% do not meet regularly with an accountability person or group(6)].
- 72%의 목회자들은 설교 준비할 때와 말씀을 가르칠 때만 성경을 읽는다[72% only study the Bible when preparing for sermons or lessons(1)].
- 21%의 목회자들이 하루에 15분보다 적게 기도한다. 하루의 기도 시간은 평균 39분이다[21% spend less than 15 minutes a day in prayer — the average is 39 minutes per day(4)].
- 16%만이 그들의 기도 생활에 만족하고, 47%는 그런대로 만족, 37%는 불만족스럽거나 매우 불만족스럽다[16% are "very satisfied"

with their prayer life, 47% are "somewhat satisfied", and 37% are either "somewhat dissatisfied" or "very dissatisfied"(spending more time in quiet prayer or listening to God versus making requests was correlated with higher satisfaction)(4)].
- 44%의 목회자들은 정규적인 휴가가 없다[44% of pastors do not take a regular day off(5)].
- 31%의 목회자들은 전혀 운동을 하지 않고, 37%는 그런대로 매주 3, 4일 운동을 한다[31% do not exercise at all, while 37% exercise at least three or four days a week as recommended(6)].
- 90%의 목회자들이 목회에서 요구되는 사항에 맞게끔 정확한 훈련을 받지 못했다[90% say they have not received adequate training to meet the demands of ministry(2)].
- 85%의 목회자가 유급 휴가를 가져 보지 못했다[85% have never taken a Sabbatical(6)].

제8부

영성 훈련
(Spiritual Disciplines)

영성 훈련(Spiritual Disciplines)

"나는 마음이 온유하고 겸손하니 나의 멍에를 메고 내게 배우라 그러면 너희 마음이 쉼을 얻으리니 이는 내 멍에는 쉽고 내 짐은 가벼움이라 하시니라" (마 11:29-30).

쉬운 멍에의 비결은, 우리 자신의 총체적인 삶을 살아가는 방법, 우리의 모든 시간 및 정신과 육체의 에너지를 주님이 하신 것처럼 투자하는 방법을 그리스도에게서 배우는 데 있다. 주님은 하나님의 법 안에서 자기 생활을 예비하고 훈련하셨기 때문에 자신의 의지대로 행하시면서도 하나님 아버지의 일관되고 효과적인 지원을 받을 수 있었다.

우리는 주님께 그것을 배워야 한다. 하나님 나라에서 신령한 삶을 위한 훈련들, 예수님 자신이 깊이 침잠했던 고독, 침묵, 금식, 기도, 봉사, 그리고 찬양과 같은 활동들이 죄의 세력으로부터 인간을 구원하는 데 얼마나 필수적인 것인지를 배운다.

리처드 포스터는 이러한 훈련을 내적인 것, 외적인 것, 그리고 단체적인 훈련으로 구분하였다. 그래서 묵상 훈련, 기도 훈련, 금식 훈련, 홀로 있기 훈련과 단순성 훈련을 다루고자 한다. 단순성을 깊이 다루는 이유는 간단하다. 한국 목회자들이 자주 목회에서 실패할 수 있는 분야가 교회 여자 성도들과의 문제, 그리고 교회 재정 문제(단순성)이기 때문이다. 이는 많은 목회자들이 사역 말년에 실족하는 이유이다.

리처드 포스터의 영성 훈련[118]을 정리하면 다음과 같다.

---

118) 리처드 포스터, 《영적 훈련과 성장》, 권달천, 황을호 역(서울: 생명의 말씀사, 2006), 5.

	내적인 것(Inward)	외적인 것(Outward)	단체 훈련(Corporate)
1	묵상(Meditation) (시 119:78; 수 1:8)	단순성(Simplicity) Making our life simple (마 6:22-24)	고백(Confession) To confess to God Accountability(약 5:16)
2	기도(Prayer): 주님을 만나는 일(마 6:5-15)	홀로 있기(Solitude) Be alone(막 6:31, 1:35)	예배(Worship) To meet God(요 4:23)
3	금식(Fasting) (마 6:16-18)	복종(Submission) To meet Christ 자신을 비운다. 복종한다 To become One(엡 5:21)	인도하심을 받음(Guidance) 하나님은 우리에게 무엇을 말씀하시는가?(행 15:28)
4	학습(Study) (딤후 2:15)	섬김(Service) 그리스도와 하나가 된다, 그리스도를 만난다 (요 13:1-16).	기뻐하는 훈련(Celebration) (빌 4:4)
5	안 보인다 혼자 한다 그리스도를 알기 위해, 그리스도를 만나기 위해	다른 사람과 관련된다(Involve other people)	다른 성도와 같이 한다 젊은이들이 자라면 교회를 떠난다 어떻게 하나님을 만나는지 가르쳐야 한다

(이것이 다 영성 훈련은 아니다. 예수님만 만나는 방법이면 다 영성 훈련이다.)

묵상의 훈련(Meditation)[119](시 119:78; 수 1:8)

기독교의 묵상을 간단히 말하면, 하나님의 음성을 듣고 그의 말씀에 순종하는 능력이다. 묵상의 목적은 '예수님과 친한 친구 관계'의 상태를 유지하고(토마스 아 켐피스, Thomas a Kempis), 우리가 그리스도의 빛과 생명 속으로 들어가 그 자세를 편히 즐기기 위함이고, 우리 삶을 주님께 맡기기 위함이다.

무엇을 묵상하여야 할까? 하나님의 말씀에 귀기울여야 하고, 하나님의 일을 생각하고 하나님께서 하신 행위를 생각하고, 하나님의 법을 반추하여야 한다. 이삭이 들에서 묵상하였고(창 24:63), 엘리야는 여호와의 세미한 음성을 분별하였다(왕상 19:9-18). 하나님께서 그들에게 말씀하신 것은 그들에게 특별한 능력이 있어서가 아니라 그들이 귀기울여 들을 준비가 되어 있었기 때문이다. 하나님과의 내적 교제는 우리의 속사람을 변화시키고, 우리의 마음속에 내재하고 있는 악한 것을

---

119) Ibid.

비우고, 우리의 마음속을 하나님의 선하신 마음으로 채운다.

기도 훈련(Prayer)[120] (마 6:5-15)

기도가 가장 쉬운 일 같지만 가장 중요한 이유는, 기도는 우리를 아버지와 영원한 교제 가운데로 이끌기 때문이다. 마태복음 6장 5절부터 15절을 보면 기도할 때 주의할 점을 말씀하고 있다. 우리는 이러한 점을 마음에 새겨야 한다. '기도할 때 외식하는 자와 같이 하지 마라' 하셨다. 마치 성전의 좋은 위치에서 멋있는 옷을 입고, 기도 내용도 좀 더 멋지게 하기를 원하며 자기 자랑을 곁들이고 자신을 드러내는 바리새인의 기도는 백해무익함을 말하고 있다.

형식적인 기도, 진정한 '회개'가 없는 기도, 중언부언하는 기도는 금물이다. 기도의 초점은 하나님이어야 하며, 우리의 뜻은 내려놓아야 한다. 외우기보다는 '본'으로 하여야 하며, "하늘에 계신"으로 시작되는 기도의 의미는 하나님께서 이미 모든 것을 알고 계신다는 사실을 염두에 두어야 한다. 진정한 기도는 우리를 하나님과의 영원한 교제 가운데로 이끈다.

진정한 기도는 우리를 변화시킨다. 구하여도 받지 못하는 기도는 정욕으로 쓰려고 잘못 구하는 기도이며(약 4:3), 중보 기도할 때에 '만일 하나님의 뜻이라면'이라는 말은 하지 마라. "그러나 내 원대로 마옵시고 아버지의 원대로 되기를 원하나이다"(눅 22:42) 하신 말씀을 따르라. 진정한 기도를 할 때 우리는 하나님의 생각을 따라 생각하게 되며, 하나님이 원하시는 것을 원하게 되며, 하나님이 사랑하시는 것을 사랑하게 되고, 하나님이 세상을 보시는 관점에서 우리도 세상을 보는 법을 배우게 된다.

금식(Fast) 훈련[121] (마 6:16-18)

금식은 영적 목적을 위하여 음식을 삼가는 것을 말한다. 성경에서 유명한 인물들이 금식한 것을 볼 수 있다. 율법을 받은 모세가 그러하

---

120) Ibid.
121) Ibid.

였고, 다윗 왕, 선지자 엘리야, 왕후 에스더, 환상을 본 다니엘, 여선지 안나, 사도 바울, 하나님의 아들 예수 그리스도, 이 모두가 그러하였다. 또한 교회 역사 전체를 통하여 많은 위대한 그리스도인들이 금식을 하였고, 금식의 가치를 증언하였다. 마틴 루터가 그러하였고, 칼빈, 존 녹스, 존 웨슬리, 조나단 에드워즈, 데이비드 브레이너드, 찰스 피니, 그리고 중국의 시(his) 목사가 그러하였다.

금식은 절대 금식, 단체 금식, 그리고 규칙적인 금식으로 대별할 수 있다. 절대 금식은 음식과 물을 다 금하는 금식을 말한다. 자신과 유대인 백성 앞에 대학살 음모가 있을 때 에스더는 절대 금식을 요구한다(에 4:16). 바울은 다메섹으로 가던 도중에 예수님을 만난 후 3일 동안(행 9:9) 절대 금식을 했다. 모세와 엘리야는 40일 동안 절대금식을 했다(신 9:9; 왕상 19:8).

단체 금식은 모세가 속죄일에 단체 금식을 요구한 일이 있고(레 23:27), 국가가 위기에 처했을 때(욜 2:15-16), 유다가 침략을 받았을 때 여호사밧 왕은 나라의 금식을 선포했다(대하 20:1-40). 요나가 심판을 선포하자 니느웨 성 전체가 금식을 했고(욘 3:5), 1756년 영국의 국왕은 프랑스의 침공 위협을 받고 영국 전국에 단체 금식을 명한 적이 있다.

규칙적인 금식은 스가랴 시대의 네 가지 규칙적인 금식(슥 8:19)을 숙고할 필요가 있다. 1년에 4번의 규칙적인 금식이 있었다. 4월의 금식은 남유다 왕 시드기야 11년(BC 586) 4월 9일, 예루살렘이 바벨론의 느부갓네살의 군대에게 마지막 함락된 것을 기념(?)하는 금식이고(렘 39:2,3, 52:4), 5월의 금식은 바벨론 왕 느부갓네살 19년(BC 586) 5월 7일, 예루살렘 성전과 성읍이 불탄 것을 기념하는 금식이다(왕하 25:8-9; 렘 52:12). 7월의 금식은 남유다 왕 시드기야 11년(BC 586) 7월, 예루살렘 멸망 후 이스마엘이 예루살렘 총독 그달리야(매국노요 변절자)를 죽인 그 달을 기념하는 금식이고(왕하 25:25; 렘 41:1-2), 10월의 금식은 남유다 왕 시드기야 9년(BC 588) 10월 11일, 바벨론의 느부갓네살의 군대가 예루살렘을 포위하고 공격하기 시작한 것을 기념하는 금식이다(왕하 25:1; 렘 39:1).

금식의 목적(동기)은 오로지 하나님을 위한 것이어야 한다. 육체적인 유익을 위한다거나 기도의 성공을 위하여, 능력을 부여받기 위하여, 영적 통찰력을 위하여 금식해서는 안 된다.

홀로 있기(Solitude) 훈련[122] (막 6:31, 1:35)

홀로 있다는 것은 장소라기보다는 마음과 정신의 상태를 말한다. 하나님의 미세한 음성을 듣기 위함이다. 여러분은 홀로 있기를 원하실 때 어느 장소를 택하는가? 어떠한 마음으로 홀로 있기를 원하는가?

예수님은 광야에서 40일 동안을 보내시고(마 4:1-11), 열두 제자를 선택하기 전에 홀로 산에 계셨고(눅 6:12), 예수님이 세례 요한의 죽음을 들었을 때 빈 들에 가 계셨다(마 14:13). 새벽 미명에 홀로 계시고(막 1:35), 문둥병자를 고치신 후에 예수님은 한적한 곳에서 기도하시고(눅 5:16), 한적하고 고요한 변화산을 찾으셨다(마 17:1-9).

우리들에게 있어서도 홀로 조용한 곳을 찾는 일이 규칙적인 습관이 되어야 한다. '함께 있는 날'과 '홀로 있는 날'은 둘 다 영적인 성공을 위해 꼭 필요하다. 내적 홀로 있기와 내적 고요함은 불가분의 관계이다. 소음과 혼란 중에서도 깊은 내적 고요함 속에서 안정을 찾는다. 우리 자신으로 가득 차 있을 때, 우리는 고요함을 떠나게 된다.

고요함의 열쇠는 소리를 없애는 것이 아니라 다스리는 데 있다. 고요함과 홀로 있기의 훈련을 통해 언제 말을 해야 하고 언제 말을 하지 말아야 하는지를 배운다. 홀로 있기의 열매(결과)는 다른 사람에 대한 동정과 관심을 가지게 된다. 자유함을 믿는다. 새로운 인식을 가진다. 새로운 반응의 행동을 가지게 한다.

---

122) Ibid.

단순성(정직)(마 6:24)

"한 사람이 두 주인을 섬기지 못할 것이니 혹 이를 미워하며 저를 사랑하거나 혹 이를 중히 여기며 저를 경히 여김이라 너희가 하나님과 재물을 겸하여 섬기지 못하느니라"(마 6:24).

"하나님께 속한 것에 너의 지문을 남기지 마라"(Do not leave your fingerprints on what belongs to God alone)는 말을 여러 번 했다. "단순성은 자유다. 이중성은 굴레이다. 단순성은 기쁨과 조화다. 이중성은 불안과 공포다. 단순성은 내적인 것이지만, 외적 생활로 나타난다."[123] 단순성은 "거룩한 중심을 가지고 산다"는 말과 대동소이하다(토머스 켈리).

현대문화에는 단순성의 내적 실재와 외적 생활양식이 모두 부족하다. 우리는 현대 세계에 살아야 하기에, 현대 세계의 부서지고 파괴된 상태의 영향을 받는다. 현대인의 삶의 방향은 통일성이나 중심이 없다. 거룩한 중심이 없으면 물질에 애착을 가진다. 단순성 훈련은 우리에게 자유함을 준다. 성경은 경제적인 문제에 대하여 애매하다는 견해부터 일소해야 할 필요가 있다. 성경은 가난한 사람을 착취하는 일이나 재물을 축적하는 일을 명백히 반대하고 있다.

단순성의 훈련의 중심점은 먼저 그의 나라와 그의 의를 구하는 데 있다. 단순성은 정직이다. 정직은 믿음의 기초가 된다. 누군가가 정직하다는 평판을 들으면 우리는 그를 믿게 된다. 그러나 그가 한 번이라도 거짓말을 하면 더 이상 믿지 않게 될 수 있다.

---

123) 리처드 포스터, 《영적훈련과 성장》, 권달천, 황을호 역(서울: 생명의 말씀사, 2006), 117.

성서에 나타난 단순성(정직성)

성서 필자들은 자신의 잘못과 약점을 솔직히 인정한다.

모세는 자신이 저지른 실수와 그로 인해 치르게 된 크나큰 대가에 대해 언급하였다(민 20:7-13). 요나는 자신이 하나님의 지시를 따르지 않은 일과 하나님께서 회개한 죄인들에게 자비를 나타내셨을 때 자신이 처음에 나타낸 잘못된 태도에 관해 이야기했다(욘 1:1-3, 3:10, 4:1-3). 마태는 예수께서 붙잡혀 가시던 날 밤에 그분을 버리고 도망간 사실을 솔직히 기록하였다(마 26:56). 이렇듯 성서 필자들은, 모세, 마태와 요나 등을 보면 자신의 실수까지 기록했음을 알 수 있다.

이처럼 성서에는 필자들이 정직한 사람들이었다는 증거가 무수히 들어 있다. 그들의 정직성이 성서 기록에 믿음을 더해 주지 않는가?

돈에 대하여

기독교인들에게 돈은 무엇일까? 한인교회에서 재정 문제는 주요 갈등 원인으로 본다. 목회자들은 항상 교회 운영을 하다 보면 '돈'이라는 괴물을 다루어야 하는 문제에 봉착한다. 재정이 불투명한 경우나, 재정 배임 또는 횡령의 혐의가 있는 경우 등 재정과 관련된 문제가 교회 분쟁이 일어나는 직접적인 원인임을 알 수 있다.

1) 구약[124]

구약성경에는 돈과 물질의 축복을 언급하는 내용이 신약에 비해 빈번히, 그리고 강하게 표현되어 있다. 구약의 재물관은 팔레스타인 유대 문화의 전통과 직간접적인 연관성이 있다. 시편 112편이 그 대표적인 예이다.

"할렐루야, 여호와를 경외하며 그 계명을 크게 즐거워하는 자는 복이 있도다 그

---

[124] 임채광,《돈에 대한 기독교의 교리와 역사적 전개》(서울: 불교 통론, 38호. 2009). http://www.budreview.com/news/articleView.html?idxno=785

후손이 땅에서 강성함이여 정직자의 후대가 복이 있으리로다 부요와 재물이 그 집에 있음이여 그 의가 영원히 있으리로다"(시 112:1-3).

하나님의 말씀에 복종하고 준행하는 자에게는 그 집안 대대로 부요와 재물이 따를 것이라고 약속한다. 창세기 13장 2절을 보면 "아브람에게 육축과 은금이 풍부하였더라"고 하였는데, 사실 아브라함, 이삭, 야곱과 같은 족장들은 모두 부자였다.

"가로되 내가 모태에서 적신이 나왔사온즉 또한 적신이 그리로 돌아가올지라 주신 자도 여호와시요 취하신 자도 여호와시오니 여호와의 이름이 찬송을 받으실지니이다 하고"(욥 1:21).

자신의 전 재산을 모두 잃고도 하나님에 대한 믿음을 고백한 욥도 그의 재산이 갑절이 되는 부를 얻게 된다.

2) 신약
신약의 핵심은 예수의 탄생에 있다. 신약의 기록들에는 새로운 통치자로서의 예수 이외의 모든 현세적 가치와 물질들에 대해서 평가 절하하고 있다. 그렇지만 신약성서에서도 현세적 축복을 불필요한 것으로 보지는 않는다.

신약성경이 말하는 물질

1) 돈은 만사 형통이다

"잔치는 희락을 위하여 베푸는 것이요 포도주는 생명을 기쁘게 하는 것이나 돈은 범사에 응용되느니라"(전 10:19).

이 본문에서 잔치, 포도주, 돈은 나라를 망하게 하는 지도층이 벌이는 방탕한 행위를 나타내며, 희락과 생명을 기쁘게 하는 것을 의미하는데 모든 것이 육신의 쾌락을 가리킨다. 이러한 자들에게는 돈만이 범사를 해결하는 열쇠로 작용한다. 돈은 필요악이라고 말하고 있다.

2) 돈을 사랑하지 마라

"술을 즐기지 아니하며 구타하지 아니하며 오직 관용하며 다투지 아니하며 돈을 사랑치 아니하며"(딤전 3:3).

목회자의 자격을 말하면서 하나님보다 더 이 세상의 것들을 사랑하지 말라는 의미다. 지나친 탐욕은 한 인간을 철저하게 이기주의로 만들기 때문이다(전 6:8; 딛 1:8). 정당하게 벌어서 정당하게 쓰면 도리어 성경적이나 다만 물욕 때문에 정당하지 않은 방법으로 돈을 벌고 쓰는 것은 비성경적이다. 칼빈은 "누구든지 부자 되기를 원하면 결국 빨리 그렇게 되려 하고 따라서 불의한 방법으로 재물을 취하게 된다"라고 말한다. 재물을 모으는 것을 생의 첫 번째로 삼지 말라고 충고한다.

3) 돈 사랑은 죄악을 저지를 수 있다

"돈을 사랑함이 일만 악의 뿌리가 되나니 이것을 사모하는 자들이 미혹을 받아 믿음에서 떠나 많은 근심으로써 자기를 찔렀도다"(딤전 6:10).

본절은 재물에 대한 탐심 자체가 모든 악의 근원이 된다는 말은 아니다. 악의 근원은 인간의 부패한 마음이다(렘 17:9). 그런데 탐심을 일만 악의 뿌리라고 표현한 것은 탐심 자체가 다른 많은 악들과 필연적으로 연결되어 있음을 가리키는 것이다. 탐심 때문에 다른 사람을 속이는 부당한 방법을 사용하거나 상대방을 미워하고 시기하는 등 악한 일들을 하게 하는 동기를 제공할 수 있다는 말이다. 따라서 본 절은 재물에 대하여 지나친 욕심을 부릴 경우 각종 죄악을 저지를 수 있다고 경고하고 있다.

4) 하나님과 재물을 겸하여 섬기지 마라

"한 사람이 두 주인을 섬기지 못할 것이니 혹 이를 미워하며 저를 사랑하거나 혹 이를 중히 여기며 저를 경히 여김이라 너희가 하나님과 재물을 겸하여 섬기지 못하느니라"(마 6:24).

재물의 축적보다는 재물의 올바른 사용을 촉구하고 있다. 이 본문에 대하여는 다음에 자세히 논하겠다.

5) 그래도 인간들은 돈을 사랑한다

"사람들은 자기를 사랑하며 돈을 사랑하며 자긍하며 교만하며 훼방하며 부모를 거역하며 감사치 아니하며 거룩하지 아니하며"(딤후 3:2).

바울은 본문에서 말세에 있을 도덕적 타락상을 경고하고 있다. 하나님보다 다른 무엇을 더 사랑하게 되는 것은 하나님 앞에서 죄다. 그런데 말세에는 재물이나 자기 자신에 대한 사랑이 하나님께 대한 사랑보다 더 강해진다는 것이다. 전형적인 타락상이다.

공관복음에 나타난 물질관
공관복음에서는 제자들에게 재물에 대한 철저한 포기를 요구한다. 이는 바른 제자도를 정립하기 위함이다.

1) 마가복음

마가복음 10장 17-31절을 보자.

"예수께서 길에 나가실새 한 사람이 달려와서 꿇어 앉아 묻자오되 선한 선생님이여 내가 무엇을 하여야 영생을 얻으리이까 예수께서 이르시되 네가 어찌하여 나를 선하다 일컫느냐 하나님 한 분 외에는 선한 이가 없느니라 네가 계명을 아나니 살인하지 말라, 간음하지 말라, 도적질하지 말라, 거짓 증거하지 말라, 속여 취하지 말라, 네 부모를 공경하라 하였느니라 여짜오되 선생님이여 이것은 내가 어려서부터 다 지키었나이다 예수께서 그를 보시고 사랑하사 가라사대 네게 오히려 한 가지 부족한 것이 있으니 가서 네 있는 것을 다 팔아 가난한 자들을 주라 그리하면 하늘에서 보화가 네게 있으리라 그리고 와서 나를 좇으라 하시니 그 사람은 재물이 많은 고로 이 말씀을 인하여 슬픈 기색을 띠고 근심하며 가니라 예수께서 둘러보시고 제자들에게 이르시되 재물이 있는 자는 하나님의 나라에 들어가기가 심히 어렵도다 하시니 제자들이 그 말씀에 놀라는지라 예수께서 다시 대답하여 가라사대 얘들아 하나님의 나라에 들어가기가 어떻게 어려운지 약대가 바늘귀로 나가는 것이 부자가 하나님의 나라에 들어가는 것보다 쉬우니라 하신대 제자들이 심히 놀라 서로 말하되 그런즉 누가 구원을 얻을 수 있는가 하니 예수께서 저희를 보시며 가라사대 사람으로는 할 수 없으되 하나님으로는 그렇지 아니하니 하나님으로서는 다 하실 수 있느니라 베드로가 여짜와 가로되 보소서 우리가 모든 것을 버리고 주를 좇았나이다 예수께서 가라사대 내가 진실로 너희에게 이르노니 나와 및 복음을 위하여 집이나 형제나 자매나 어미나 아비나 자식이나 전토를 버린 자는 금세에 있어 집과 형제와 자매와 모친과 자식과 전토를 백 배나 받되 핍박을 겸하여 받고 내세에 영생을 받지 못할 자가 없느니라 그러나 먼저 된 자로서 나중 되고 나중 된 자로서 먼저 될 자가 많으니라."

우리는 본문에서 다음과 같은 구체적인 교훈을 얻을 수 있다.
첫째, 율법을 행함으로 영생을 얻으려는 자들의 시도는 반드시 실패하게 된다. 부자 청년은 충실히 율법을 준행하려고 노력했으나 결코 영생의 문제를 해결하지 못했다. 사람이 의롭다 하심을 얻는 것은 율법의 행위로 말미암는 것이 아니라 그리스도에 대한 전적인 신뢰로 말미암는다(롬 3:28; 갈 2:16).

둘째, 성도가 시간과 재물을 바쳐서 이웃을 돕는 사랑을 가지지 않고서는 하나님의 계명을 온전히 준행할 수 없다. 부자 청년은 자신의 재물로 가난한 자들을 구제하는 일에는 인색했다. 이웃에 대한 사랑보다 소유에 대한 욕심이 앞선 자는 행함이 있는 믿음의 소유자가 결코 아니다(약 2:14-17; 요일 3:17-18).

셋째, 구원과 영생은 오직 하나님의 주권적 은총의 결과로 주어지는 선물이다(엡 2:8).

넷째, 약대의 바늘귀 통과에 대한 25절 말씀에서는 물질에 집착하는 자가 하나님 나라를 소유하기는 불가능하다는 것을 천명하신다.

다섯째, 28-30절에서 모든 것을 '버린 제자'와 예수님 추종을 원치 않는 부자를 대조시키고 있다.

여섯째, 마가에게 있어서 결정적인 것은 사람으로는 할 수 없으나 하나님으로는 다 하실 수 있다는 27절이다.

2) 마태복음

마태의 재물과 부에 대한 입장은 무엇보다도 산상수훈의 팔복 선언(마 5:3-12)에서 찾아볼 수 있다.

"심령이 가난한 자는 복이 있나니 천국이 저희 것임이요 애통하는 자는 복이 있나니 저희가 위로를 받을 것임이요 온유한 자는 복이 있나니 저희가 땅을 기업으로 받을 것임이요 의에 주리고 목마른 자는 복이 있나니 저희가 배부를 것임이요 긍휼히 여기는 자는 복이 있나니 저희가 긍휼히 여김을 받을 것임이요 마음이 청결한 자는 복이 있나니 저희가 하나님을 볼 것임이요 화평케 하는 자는 복이 있나니 저희가 하나님의 아들이라 일컬음을 받을 것임이요 의를 위하여 핍박을 받은 자는 복이 있나니 천국이 저희 것임이라 나를 인하여 너희를 욕하고 핍박하고 거짓으로 너희를 거스려 모든 악한 말을 할 때에는 너희에게 복이 있나니 기뻐하고 즐거워하라 하늘에서 너희의 상이 큼이라 너희 전에 있던 선지자들을 이같이 핍박하였느니라."

이 본문이 우리에게 주는 교훈은 다음과 같다.

첫째, 가난한 자를 물질적인 의미에서 스스로 가난하게 된 자가 아니라 영적으로 가난한 자, 곧 전적으로 하나님을 의지하는 자로 해석한다.

둘째, 또 마태복음 19장 16-26절을 평행 단락인 마가복음 10장 17-27절과 비교해 보면, 마태는 부자 청년에 대한 재물 포기 요구를 '네가 온전해지기 원한다면'(마 19:21)이라는 조건 아래 둠으로써 부자에 대한 일반적인 비판을 배제시킨다.

셋째, 마태가 외적인 가난이 구원을 보장한다는 오해에 대해 방어하고자 하였다는 점이다.

넷째, 사랑의 이중 계명(마 22:37-40)은 다시 한 번 '온 율법과 선지자의 강령'이며, 이웃 사랑 계명이 마가의 경우 '둘째' 계명(막 12:31)인 반면, 마태에게 있어서는 크고 으뜸 되는 하나님 사랑 계명과 동일한 계명(마 22:38)이다. 결국 마태의 경우 '사랑이 식음'(마 24:12)은 곧 불법이다.

다섯째, 성도들은 물질적이고 현세적인 축복에 집착하기보다 영원하고 참된 하나님 나라의 축복을 사모해야 된다.

여섯째, 당시 사람들이 지니고 있던 복의 개념을 완전히 뒤엎는 말씀이다.

일곱째, 행복이란 결코 풍족한 물질과 편안한 외부 환경에서 비롯되는 것이 아니다. 영적인 풍요로움과 내적인 평안함에서 비롯되는 것을 강조하고 있다.

여덟째, 요약하면, 마태는 재물 자체에 대한 직접적인 평가나 재물 사용에 대한 구체적인 지침을 제공하지 않으나 사랑이 '더 나은' 실천의 최고 규범임을 분명하게 보여준다.

3) 누가복음

누가복음은 다른 복음서에 비해 더 많고 더 강한 빈부에 관한 말씀을 가지고 있으며, 특히 소유와 소유 포기, 지상 재물의 가치와 그것의 올바른 사용에 대한 질문에 열중한다. 누가는 가난한 자에게 특별한 관심을 기울인다. 이하는 '마리아 찬가'(눅 1:46-55)이다.

"마리아가 가로되 내 영혼이 주를 찬양하며 내 마음이 하나님 내 구주를 기뻐하였음은 그 계집종의 비천함을 돌아보셨음이라 보라 이제 후로는 만세에 나를 복이 있다 일컬으리로다 능하신 이가 큰 일을 내게 행하셨으니 그 이름이 거룩하시며 긍휼하심이 두려워하는 자에게 대대로 이르는도다 그의 팔로 힘을 보이사 마음의 생각이 교만한 자들을 흩으셨고 권세 있는 자를 그 위에서 내리치셨으며 비천한 자를 높이셨고 주리는 자를 좋은 것으로 배불리셨으며 부자를 공수로 보내셨도다 그 종 이스라엘을 도우사 긍휼히 여기시고 기억하시되 우리 조상에게 말씀하신 것과 같이 아브라함과 및 그 자손에게 영원히 하시리로다 하니라."

"주리는 자를 좋은 것으로 배불리셨으며 부자를 공수(空手)로 보내셨도다"(눅 1:53)라고 했다. 처음부터 멸시받고 소외된 사람들에게 많은 관심을 보이고 있다. 하나님은 자기 의와 자랑에 빠진 부자들에 대해서는 책망하시고, 마음이 가난하고 하나님 은혜를 사모하는 백성들에게는 한량없는 은혜를 베풀어 주신다. 권세나 부 자체가 잘못이 아니고 다만 하나님을 떠나 스스로 높아져 부유해진 마음이 잘못이다.

그리스도가 마구간에서 태어났으며 가난한 목자들이 그 아기를 발견한 첫 번째 사람들이었다(눅 2:6-17).

누가는 '마리아 찬가'에서 가난한 자에 대한 특별한 관심을 보인다. 재물과 부자에 대한 비판적인 입장도 누가복음에서 발견할 수 있다.

이하는 평지설교[125](눅 6:20-26)이다.

"예수께서 눈을 들어 제자들을 보시고 가라사대 가난한 자는 복이 있나니 하나님의 나라가 너희 것임이요 이제 주린 자는 복이 있나니 너희가 배부름을 얻을 것임이요 이제 우는 자는 복이 있나니 너희가 웃을 것임이요 인자를 인하여 사람들이 너희를 미워하며 멀리하고 욕하고 너희 이름을 악하다 하여 버릴 때에는 너희에게 복이 있도다 그날에 기뻐하고 뛰놀라 하늘에서 너희 상이 큼이라 저희 조상들이 선지자들에게 이와 같이 하였느니라 그러나 화 있을진저 너희 부요한 자여 너희는 너희의 위로를 이미 받았도다 화 있을진저 너희 이제 배부른 자여 너희는 주리리로다 화 있을진저 너희 이제 웃는 자여 너희가 애통하며 울리로다 모든 사람이 너희를 칭찬하면 화가 있도다 저희 조상들이 거짓 선지자들에게 이와 같이 하였느니라."

본문에서 두 종류의 사람들을 대조시키고 있다.

먼저 복(福) 있는 사람들(20-23절)이다. 세상에서 천대받고 멸시받는 '가난한 자', '주린 자', '우는 자', '핍박받는 자'들이다. 네 유형의 사람들은 단지 외형적으로 불쌍하고 슬픈 자만을 의미하지 않는다. 영혼이 가난함을 느끼는 겸손한 자들이다. 주님께서는 이 땅에서의 일시적인 영광과 부귀보다 다가올 하나님 나라의 영광을 위해 힘쓰는 사람들에게 영원한 기쁨과 영광으로 보상해 주실 것을 약속하신다.

둘째로 화(禍) 있는 자들(24-26절)에 대해 말씀한다. 이 세상에서 '부요한 자', '배부른 자', '웃는 자', '칭찬받기를 좋아하는 자'이다. 이들은 현세에서 하나님의 뜻대로 행하지 아니하고 자기의 만족과 행복만을 위해 살아온 자들이다. 하나님의 나라가 임할 때에 모든 것을 잃고 하나님의 진노를 받게 된다.

---

[125] 예수님이 갈릴리 지역에서 행하신 일련의 설교에서 마태는 이 설교를 행하신 장소를 "산 위"(마 5:1)로 소개하고, 누가는 "평지"로 소개한다. 학자들은 편의상 마태의 기록과 누가의 기록을 구별하기 위해 마태의 것은 '산상수훈', 누가의 것은 '평지수훈'이라 일컫는다.

예수님이 제시하시는 인생에서의 복은, 결코 물질적인 만족과 안락한 생활을 누리는 것이 아니라 영적인 하나님의 복과 내면의 풍요로운 삶을 통한 행복이다. '모든 사람이 너희를 칭찬하면 화가 있다'라고 말씀하시며 부(富)는 단순한 위험이 아니라 희비가 바뀌는 종말론적인 반전(反轉)을 일으킨다(눅 6:25).

탐욕에 대한 권고

1) 어리석은 부자의 비유(눅 12:13-21)

"무리 중에 한 사람이 이르되 선생님 내 형을 명하여 유업을 나와 나누게 하소서 하니 이르시되 이 사람아 누가 나를 너희의 재판장이나 물건 나누는 자로 세웠느냐 하시고 저희에게 이르시되 삼가 모든 탐심을 물리치라 사람의 생명이 그 소유의 넉넉한 데 있지 아니하니라 하시고 또 비유로 저희에게 일러 가라사대 한 부자가 그 밭에 소출이 풍성하매 심중에 생각하여 가로되 내가 곡식 쌓아 둘 곳이 없으니 어찌할꼬 하고 또 가로되 내가 이렇게 하리라 내 곳간을 헐고 더 크게 짓고 내 모든 곡식과 물건을 거기 쌓아 두리라 또 내가 내 영혼에게 이르되 영혼아 여러 해 쓸 물건을 많이 쌓아 두었으니 평안히 쉬고 먹고 마시고 즐거워하자 하리라 하되 하나님은 이르시되 어리석은 자여 오늘 밤에 네 영혼을 도로 찾으리니 그러면 네 예비한 것이 뉘 것이 되겠느냐 하셨으니 자기를 위하여 재물을 쌓아 두고 하나님께 대하여 부요치 못한 자가 이와 같으니라."

본문에서 예수님께서는 재산 분배의 문제를 가지고 온 사람(13절)을 통하여 사람의 참된 가치가 어디에 있는지를 가르치신다.

우리에게 주는 교훈은 다음과 같다. 첫째, 인생의 참된 가치는 재물에 있지 않고 영원한 생명을 소유하는 데 있다. 둘째, 모든 부와 생명의 근원이 하나님께 있다. 셋째, 자신에게 주어진 물질적 축복을 어려운 사람을 돕는 일에 사용함으로 하늘에 보화를 쌓는 자가 하나님께 부요한 자라는 것이다(21절). 넷째, 가지고 있는 부를 자신만을 위해 사용한다면 하나님의 심판에 이른다. 다섯째, "오늘 밤에 네 영혼을 도로 찾으리니 그러면 네 예비한 것이 뉘 것이 되겠느냐"(20절)라고 하신 말씀을 기억하자.

2) 불의한 청지기 비유(눅 16:1-13)

"또한 제자들에게 이르시되 어떤 부자에게 청지기가 있는데 그가 주인의 소유를 허비한다는 말이 그 주인에게 들린지라 주인이 저를 불러 가로되 내가 네게 대하여 들은 이 말이 어찜이뇨 네 보던 일을 셈하라 청지기 사무를 계속하지 못하리라 하니 청지기가 속으로 이르되 주인이 내 직분을 빼앗으니 내가 무엇을 할꼬 땅을 파자니 힘이 없고 빌어먹자니 부끄럽구나 내가 할 일을 알았도다 이렇게 하면 직분을 빼앗긴 후에 저희가 나를 자기 집으로 영접하리라 하고 주인에게 빚진 자를 낱낱이 불러다가 먼저 온 자에게 이르되 네가 내 주인에게 얼마나 졌느뇨 말하되 기름 백 말이니이다 가로되 여기 네 증서를 가지고 빨리 앉아 오십이라 쓰라 하고 또 다른 이에게 이르되 너는 얼마나 졌느뇨 가로되 밀 백 석이니이다 이르되 여기 네 증서를 가지고 팔십이라 쓰라 하였는지라 주인이 이 옳지 않은 청지기가 일을 지혜 있게 하였으므로 칭찬하였으니 이 세대의 아들들이 자기 시대에 있어서는 빛의 아들들보다 더 지혜로움이니라 내가 너희에게 말하노니 불의의 재물로 친구를 사귀라 그리하면 없어질 때에 저희가 영원한 처소로 너희를 영접하리라 지극히 작은 것에 충성된 자는 큰 것에도 충성되고 지극히 작은 것에 불의한 자는 큰 것에도 불의하니라 너희가 만일 불의한 재물에 충성치 아니하면 누가 참된 것으로 너희에게 맡기겠느냐 너희가 만일 남의 것에 충성치 아니하면 누가 너희의 것을 너희에게 주겠느냐 집 하인이 두 주인을 섬길 수 없나니 혹 이를 미워하고 저를 사랑하거나 혹 이를 중히 여기고 저를 경히 여길 것임이라 너희가 하나님과 재물을 겸하여 섬길 수 없느니라."

본문에 나타난 불의한 청지기는 세상의 아들들과 마찬가지로 자신의 유익과 안녕을 추구한 자였다. 낭비가 심했던 청지기는 주인으로부터 해고 통보를 받고 최대한의 수완을 발휘하여 자신에게 이익이 되도록 조치를 한다.

우리에게 주는 교훈은 재물을 올바르게 선용해야 한다는 것이다. 불의한 청지기는 재물을 이용해서 자신의 안전을 꾀했고 친구들을 만들었다. 빛의 자녀들 역시 세상 재물을 통해서 영육간의 유익과 선을 추구함으로써 장래를 대비해야 한다. 하나님께서 허락하신 재물을 헛되게 추구할 것이 아니라 하나님의 선한 일에 올바로 사용함으로 주님 앞에 칭찬받고 의로운 청지기의 삶을 살아야 한다(마 6:19-34; 롬 6:16; 약 5:1-6).

3) 부자와 거지 나사로의 비유(눅 16:19-31)

"한 부자가 있어 자색 옷과 고운 베옷을 입고 날마다 호화로이 연락하는데 나사로라 이름한 한 거지가 헌데를 앓으며 그 부자의 대문에 누워 부자의 상에서 떨어지는 것으로 배불리려 하매 심지어 개들이 와서 그 헌데를 핥더라 이에 그 거지가 죽어 천사들에게 받들려 아브라함의 품에 들어가고 부자도 죽어 장사되매 저가 음부에서 고통 중에 눈을 들어 멀리 아브라함과 그의 품에 있는 나사로를 보고 불러 가로되 아버지 아브라함이여 나를 긍휼히 여기사 나사로를 보내어 그 손가락 끝에 물을 찍어 내 혀를 서늘하게 하소서 내가 이 불꽃 가운데서 고민하나이다 아브라함이 가로되 얘 너는 살았을 때에 네 좋은 것을 받았고 나사로는 고난을 받았으니 이것을 기억하라 이제 저는 여기서 위로를 받고 너는 고민을 받느니라 이뿐 아니라 너희와 우리 사이에 큰 구렁이 끼어 있어 여기서 너희에게 건너가고자 하되 할 수 없고 거기서 우리에게 건너올 수도 없게 하였느니라 가로되 그러면 구하노니 아버지여 나사로를 내 아버지의 집에 보내소서 내 형제 다섯이 있으니 저희에게 증거하게 하여 저희로 이 고통 받는 곳에 오지 않게 하소서 아브라함이 가로되 저희에게 모세와 선지자들이 있으니 그들에게 들을지니라 가로되 그렇지 아니하니이다 아버지 아브라함이여 만일 죽은 자에게서 저희에게 가는 자가 있으면 회개하리이다 가로되 모세와 선지자들에게 듣지 아니하면 비록 죽은 자 가운데서 살아나는 자가 있을지라도 권함을 받지 아니하리라 하였다 하시니라."

본문에서 부자와 나사로의 모습이 극명하게 대조되고 있다. 세상에서는 부자의 풍요와 나사로의 비천함을, 하나님 나라에서는 부자의 고통과 나사로의 평안을 대조시켜 세상에서의 삶과 하나님 나라의 삶이 어떠한가를 분명히 보여준다.

우리에게 주는 교훈은, 세상에서 누리는 풍요와 부유한 생활은 하나님께서 허락하신 것이므로 우리는 이것을 이기적으로만 사용해서는 안 되며 다른 사람들을 위해서 선한 일에 사용해야 한다는 것이다.

욕심

신앙생활을 하면서 가장 많이 부딪치는 문제가 재물의 문제이다. 오늘날 한국에서 일어나는 대부분의 문제는 재물과 관련된 것이다. 이것은 아마도 재물이 인생을 살아가는 데 필수불가결한 요소임을 반증하는 것이리라. 재물은 때로 사람의 마음속에 있는 하나님의 자리를 대신하기도 한다. 그래서 하나님보다 재물을 섬기는 일이 발생한다. '아무도 두 주인을 섬길 수 없나니, 이는 그가 한쪽을 미워하고 다른 쪽을 사랑하거나, 한쪽을 존중하고 다른 쪽을 업신여기기 때문이다'(마 6:24-26). 곧 하나님과 재물을 동시에 섬길 수 없다는 말씀이다. 즉 재물이란 섬기라고 있는 것이 아니라 사용하라고 있는 것인데, 재물의 주인이 되어 그것을 선용하기보다는 재물의 노예가 되어 그것에 의해 좌지우지 된다는 것이다. 재물이 한번 사람의 마음을 사로잡으면 더 이상 신앙이 자리할 곳이 없다. 이런 이유 때문에 성경은 우리에게 하나님과 재물을 동시에 섬길 수 없다고 가르친다.

이런 신앙인의 고초를 우리는 이미 구약시대를 살았던 아굴(Agur)의 잠언을 통해서 알 수 있다. 아굴은 잠언 30장 7-9절에서 이렇게 기도한다.

"내가 두 가지 일을 주께 구하였사오니 나의 죽기 전에 주시옵소서 곧 허탄과 거짓말을 내게서 멀리하옵시며 나로 가난하게도 마옵시고 부하게도 마옵시고 오직 필요한 양식으로 내게 먹이시옵소서 혹 내가 배불러서 하나님을 모른다 여호와가 누구냐 할까 하오며 혹 내가 가난하여 도적질하고 내 하나님의 이름을 욕되게 할까 두려워함이니이다."

아굴은 인생을 살아가는 데 있어서 재물의 문제가 제대로 해결되면 신앙의 큰 어려움이 없을 것처럼 기도한다. 그리고 재물 문제는 필요한 일용할 양식만으로 족한 줄 알게 해 달라고 기도한다. 이 아굴의 기도는 예수님께서 가르치신 "일용할 양식을 주옵시고"와 일맥상통하는 기도이다. 뿐만 아니라 이런 재물관은 가난에도 풍부에도 처할 줄 아는 일체의 비결을 배웠다는 바울 사도의 것과도 동일하다.

"우리에게 일용할 양식을 주옵시고"[126]는 예수님이 가르쳐 주신 '주기도'문의 일부다. 이는 우리에게 많은 의미를 준다. 우리의 삶이 우리의 양식처럼 하나님께로부터 오는 선물이라는 사실을 매일같이 우리에게 상기시킨다. 이 기도는 우리가 밥을 먹고사는 육신을 가진 존재라는 것을 상기시킨다. 구원이란, 우리의 삶이 선물일 뿐 아니라 우리의 삶이 하루하루 밥에 의존하고 밥으로 이루어진다는 사실을 깨닫는 것이다. 우리가 일용할 양식만을 구한다는 점에 유의하라. '일용할'이란 표현보다는 '족한' 또는 '충분한'이 더욱 정확한 번역일 것이다. 이스라엘 족속에게는 광야에서 당일 필요한 양만큼 만나를 거둬들이도록 허락하셨다(출 16:16). 우리는 나의 양식을 구하는 것이 아니다. '우리'의 양

---

126) Stanley C. Hauerwas, *Lord, teach Us*(Nashville: Abingdon Press, 1996), 115.

식을 구하는 것이다. 양식은 공동체적 산물이다.

인간의 다섯 가지 욕심

우리 인간은 대략 다섯 가지의 욕심을 가지고 산다. 재물에 대한 욕심, 이성에 대한 욕심, 음식에 대한 욕심, 명예에 대한 욕심, 향락에 대한 욕심이다. 우리는 이 다섯 가지의 욕심이 세상을 살아가는 데 필요불가결한 것으로 생각한다.

이 다섯 가지의 욕심도 긍정적으로 본다면 한편 이해가 간다.

재물에 대한 욕심은 경제력을 말한다. 인생을 살아가면서 이것이 부족하다면 한 가정을 지탱하는 데 문제가 발생한다. 재물을 모을 수 있는 경제적 능력이 있어야 한다. 이성에 대한 욕심도 건전한 이성관계 혹은 부부관계를 위해 필요하다. 음식에 대한 욕심은 건강을 위해서는 꼭 필요하다. 건강하고 활기찬 생활을 위해 어느 정도의 음식에 대한 욕심은 요구된다. 명예에 대한 욕심은 성실하고 진실된 사회생활을 위해 필요하며, 향락에 대한 욕심도 건전한 휴식과 놀이를 뜻하는 데 필요한 부분이다. 이러한 의미로 볼 때 다섯 가지의 욕심은 인생사에 모두 필요하다고 말할 수 있다.

이 다섯 가지의 욕심은 욕심을 사용하는 사람에 따라 다르게 표출된다. 마치 '소'가 물을 마시면 '우유'가 생성되지만, 뱀이 물을 마시면 '독'이 생성되는 경우와 마찬가지다. 같은 물이지만 사용자에 따라 결과는 판이하게 나타난다. 이 다섯 가지 욕심 중에서 성경은 재물에 대한 욕심에 대해 어떻게 말하고 있는지를 보자.

재물에 대한 욕심

우리는 우리가 어디에 있고, 우리의 행동이 어디에서 나오고, 우리가 무엇에 따라서 행동하고 살아가는지를 보게 된다. 욕심이다. 우리는 이 욕심에 대하여 그 어떠한 지식을 가지고 있는 것으로 여기지만 욕심은 실로 사람에게 무섭고 무서운 세력이다. 내가 어디에 있는가? '욕심 가운데' 있다. 내가 무엇을 따라서 살아가는가? '욕심을 따라서' 살아간다.

사람이라는 존재는 독단적인 행동을 하는 존재가 아니요 반드시 에너지가 있어야 하고, 목적이 있어야 따라 행동하고 움직이는 존재로 되어 있는데, 사람의 행동과 움직이게 하는 요소는 욕심이다.

바울은 에베소 성도들에게 보낸 편지에 "전에는 우리도 다 그 가운데서 우리 육체의 욕심을 따라 지내며 육체와 마음의 원하는 것을 하여 다른 이들과 같이 본질상 진노의 자녀이었더니"(엡 2:3)라고 타락한 인간 본성의 특징을 지적하며, 이것은 악인들의 삶의 형태이며, 성령의 인도를 따라 사는 삶이 아니라고 권면한다. 또한 에베소서 4장 22절에 "너희는 유혹의 욕심을 따라 썩어져 가는 구습을 좇는 옛 사람을 벗어버리고"라고 권면한다.

내게 있는 욕심! 이 욕심이 나를 어디로 끌어가고, 나는 어디로 따라가는가? 그러하기에 야고보 사도는 야고보서 1장 14절에서 "오직 각 사람이 시험을 받는 것은 자기 욕심에 끌려 미혹됨이니"라고 욕심에 대해 언급하며, 욕심이 우리를 미혹한다고 말하고 있다.

아무튼 욕심이 일으키는 결과는 매우 중대한데, 나 자신의 불행과 고통과 사망의 근원지를 살펴보면 다 이 욕심이 잉태하여 낳은 결과임을 보게 된다. 산모가 아이를 낳듯이 욕심은 죄를 낳고 사망을 낳고 싸움과 절망과 다툼이라는, 우리들이 원치 않고 하나님이 원치 아니하시는 상태를 낳는 대상임을 여기에 다음과 같이 기록해 주고 있다.

"욕심이 잉태한즉 죄를 낳고 죄가 장성한즉 사망을 낳느니라"(약 1:15).
"너희 중에 싸움이 어디로, 다툼이 어디로 좇아 나느뇨 너희 지체 중에서 싸우는 정욕으로 좇아 난 것이 아니냐"(약 4:1).
"부하려 하는 자들은 시험과 올무와 여러 가지 어리석고 해로운 정욕에 떨어지나니 곧 사람으로 침륜과 멸망에 빠지게 하는 것이라"(딤전 6:9).

아담과 하와가 어떻게 하나님의 말씀을 거역하고 먹지 말아야 할 실과를 따 먹어서 불순종의 행동과 죽음이라는 결과가 그들에게 주어졌는가? 하나님같이 되려는 유혹의 욕심에서 비롯된 현상이요, 결과요, 산물이기도 하다. 이렇게 무서운 결과를 낳게 하는 이 욕심, 이것은 과연 어디에서 비롯되어 오늘 나 자신이 있게 된 것인가? 마귀로부터이다. 내가 소유하고 있는 이 욕심은 하나님으로부터 주어진 것이 아니라, 마귀로부터 우리들이 물려받아 소유한 것으로 되어 있다. 다음을 자세히 보라.

> "너희는 너희 아비 마귀에게서 났으니 너희 아비의 욕심을 너희도 행하고자 하느니라 저는 처음부터 살인한 자요 진리가 그 속에 없으므로 진리에 서지 못하고 거짓을 말할 때마다 제 것으로 말하나니 이는 저가 거짓말쟁이요 거짓의 아비가 되었음이니라"(요 8:44).

욕심은 하나님으로부터 사람에게 주어진 것이 아니라 사탄으로 말미암아 사람에게 주어진 것이다.

> "이는 세상에 있는 모든 것이 육신의 정욕과 안목의 정욕과 이생의 자랑이니 다 아버지께로 좇아 온 것이 아니요 세상으로 좇아 온 것이라"(요일 2:16).

세상 사람들도 마찬가지지만 우리 그리스도인들에게도 우상이 있음을 본다. 버릴 수 없는 우상 말이다. 바로 이것이 욕심이다. 리처드 포스터의 책 《돈 섹스 권력》[127]은 인간의 욕망 중에서도 가장 우위를 차지하고 있는 욕망의 정점을 돈이라고 말하고 있다. 특히 돈의 유용함과 악함의 양면성을 그리고 있다.

유익성과 위험성
재물이 사람에게 얼마나 중요한지는 새삼스럽게 말할 필요도 없다.

---

127) Richard J. Foster, *Money, Sex, and Power: The Challenger of a Disciplined Life*(NY: Harper & Raw Publishers, 1985), 91.

사람은 누구나 재물이 있어야 살아갈 수 있다. 재물은 사람이 세상을 살아가는 데 필요한 도구이며(살후 3:10), 이 도구를 사용하여 사람에게 도움을 줌으로 재물로 인하여 궁지에 몰린 사람을 살릴 수도 있다. 다시 말하면 돈은 삶의 보호막이 될 수 있다는 뜻이다(전 7:12). 또한 돈은 유용하다(전 10:19). 반면에 재물은 사람을 해치는 원인이 되기도 한다.

성경은 재물에 대하여 유익한 면을 말하고 있는 동시에 이 재물에 대한 위험성도 말하고 있다.

1) 유익성

재물은 사람에게 꼭 필요한 것이다(전 10:19). 그래서 사람이 재물을 구하는 것은 전혀 잘못이 아니다. 그러므로 예수님께서도 재물을 달라고 기도하라고 말씀하신다. 마태복음 6장 11절은 예수님이 제자들에게 친히 가르치신 기도문이다. 이 기도문에서 예수님은 제자들에게 일용할 양식을 위해 기도하라고 가르치신다. 이것은 재물이 사람들에게 꼭 필요한 것이라는 사실을 의미한다.

예수님의 세 가지 사역, 곧 교육(teaching), 설교(preaching), 치유(healing) 중에 중요한 부분인 치유를 무시할 수 없다. 예수님은 많은 병자들을 고쳐 주셨다. 이것은 예수님이 병자들의 건강만을 회복시켜 주신 것이 아니라 병자의 경제력도 회복시켜 주셨다고 이해하여야 한다. 남에게 의지하여 한 푼 두 푼 구걸하던 생활에서 건강을 되찾고 혼자의 힘으로 재물을 벌어 살도록 하셨다.

그러기 때문에 예수님의 치유는 재물을 얻도록 도와주신 행동으로 보아야 한다. 재물은 어려운 이웃을 돕는 데 꼭 필요하다. 예수님은 가난으로 고통당하는 자들을 구제하는 일에 대하여 많은 교훈을 남기셨다. 사람을 구제하는 일을 위해 재물을 소유하고 있어야 한다. 이웃을 재물로 구제하는 일은 경제적으로 도움을 주는 일만이 아니고 굳게 닫혔던 이웃의 마음을 열게 하여 구원의 복을 받아들이도록 유도하는 전초적인 작업일 수 있다. 그래서 재물은 육적인 도움만이 아니라 영적인 도움을 주는 데 유익한 것이다.

2) 위험성

재물은 때때로 사람에게 치명적으로 위험한 존재가 될 수 있다. 요물 같은 재물이 사람의 삶에 유익을 주기 때문에 사람들은 재물에 의존하게 된다. 사람의 마음에 재물이라는 부분이 점령하기 시작하여 이 의존도가 점점 늘어날 때에는 하나님을 의지하는 의존도는 그만큼 점점 줄어든다. 즉 하나님보다 재물에 의존하는 경향이 커지는 것이다.

사람이 재물의 묘한 능력을 믿기 시작하면 하나님과의 관계는 소원해지기 시작한다. 재물에 대한 의존도가 커질수록 재물을 더 사랑하게 된다. 하나님 대신에 재물을 더 사랑하게 된다. 예수님은 이러한 병폐를 없애기 위해 하나님과 재물을 동시에 사랑할 수 없다고 선언하신다(마 6:24). 다음은 그 성경 구절이다.

> "한 사람이 두 주인을 섬기지 못할 것이니 혹 이를 미워하며 저를 사랑하거나 혹 이를 중히 여기며 저를 경히 여김이라 너희가 하나님과 재물을 겸하여 섬기지 못하느니라 그러므로 내가 너희에게 이르노니 목숨을 위하여 무엇을 먹을까 무엇을 마실까 몸을 위하여 무엇을 입을까 염려하지 말라 목숨이 음식보다 중하지 아니하며 몸이 의복보다 중하지 아니하냐"(마 6:24-25).

인간이 재물을 하나님보다 더 사랑한다는 말은 우상숭배를 의미한다. 그러므로 재물을 사랑하는 탐심은 우상숭배라는 말이다(골 3:5). 재물 자체가 이러한 위험성을 가지고 있기 때문에 재물을 많이 소유하고 있는 그 자체도 위험성이 있다는 의미다. 재물에 의지하는 마음이 생기며 재물 있는 곳에 마음이 있게 마련이다(마 6:21). 재물을 세상에 쌓아 두는 일도 하나님은 신앙생활에 위험이 된다고 경고하신다. "너희를 위하여 보물을 땅에 쌓아두지 말라 거기는 좀과 동록이 해하며 도적이 구멍을 뚫고 도적질하느니라 오직 너희를 위하여 보물을 하늘에 쌓아두라 거기는 좀이나 동록이 해하지 못하며 도적이 구멍을 뚫지도 못하고 도적질도 못하느니라"(마 6:19-20)라고 권하신다.

돈 문제에 대한 하나님의 경고: 성경 인물들의 예

① 아간의 범죄

가나안 정복 전쟁에서의 첫 번째 전투인 여리고 성(Jerico) 전투에서 대승을 거둔 이스라엘(수 6장)은 두 번째 전투인 아이 성(Ai) 전투에 돌입한다. 그러나 이스라엘 군은 제대로 싸워보지도 못하고 패퇴한다(수 7:2-3). 그 첫째 원인은 여리고 성(Jericho) 정복과 관련된 아간(Achan)의 범죄 때문이다(수 7:1).

여리고 성의 정복이 전적으로 하나님의 은총에 의한 것이므로 전리품도 당연히 하나님께 귀속되어야 했다. 그러나 탐욕스런 일개인의 범죄로 말미암아 언약 공동체를 이룬 이스라엘 전체가 하나님의 진노에 의해 아이 성 전투에서 대패하였다. 아간은 여리고 성 정복 시 하나님의 명령(수 6:18)을 어기고 하나님께 바쳐진 물건을 불의하게 취하였다(수 7:1). 하나님께 속한 재물에 욕심을 내어 취하였을 경우 하나님은 다음과 같이 엄한 경고를 내리신다. 그 결과도 단호하시다.

> "너희는 바칠 물건을 스스로 삼가라 너희가 그것을 바친 후에 그 바친 어느 것이든지 취하면 이스라엘 진으로 바침이 되어 화를 당케 할까 두려워하노라"(수 6:18).

화를 당한다고 하나님은 경고하신다. 재물에 대한 탐욕에 의해 하나님의 물건을 훔친 후에도 아간은 회개의 기색이 전혀 없었다. 심지어 범인을 찾기 위해 제비뽑기를 행하는데도 자신의 범죄를 자백하지 않았다. 이렇듯 끝까지 죄악을 숨기려 드는 완악한 마음은 하나님을 떠나 결국 사망에 이르게 된다.

결국 아간은 그 범죄로 인해 그가 숨겨 두었던 물건들과 그 아들들과 딸들과 소들과 나귀들과 양들과 장막과 그에게 속한 모든 것이 돌무더기에 깔리고 불살라져서 아골 골짜기(the Valley of Achor)에 묻혔다. 여호수아는 그때에 여호와께서 극렬히 분노하셨다고 표현하였다(수 6:21-26). 이것은 하나님께 드려진 구별된 물질에 대한 욕심이 얼마나 하나님이 미워하시는 일인지를 적나라하게 드러내 준 사건이다.

② 게하시(Gehazi)

열왕기하 5장을 보면, 아람 왕(the army of the king Syria)의 군대 장관 나아만(Naaman)이 문둥병(leper)을 고침 받기 위해 사마리아에 있는 엘리사(Elisha) 선지자를 찾아오며 은 10달란트(ten talents of silver)와 금 6천 개(six thousand shekels of gold)와 의복 열 벌(ten changes of clothes)을 예물로 가져간 내용이 나온다(왕하 5:5). 나아만이 문둥병을 고침 받고 예물을 드리려 하자 엘리사는 이렇게 대답한다. "나의 섬기는 여호와의 사심을 가리켜 맹세하노니 내가 받지 아니하리라"(왕하 5:16). 나아만이 받으라고 강권하였지만 엘리사는 끝내 고사하였다.

한편 엘리사의 사환 게하시(Gehazi)는 그것이 못내 아까워서 돌아가던 나아만 장군을 뒤따라가서 거짓말로 엘리사 선지자가 불시에 방문한 선지자의 생도 두 사람에게 줄 은 한 달란트와 옷 두 벌을 요구한다고 하였다. 그러자 나아만은 은 두 달란트와 옷 두 벌을 주었고(왕하 5:23) 게하시는 그것을 감추어 두었다. 그러나 엘리사는 성령의 감동으로 이미 그 사실을 알고서 게하시에게 "지금이 어찌 은을 받으며 옷을 받으며 감람원이나 포도원이나 양이나 소나 남종이나 여종을 받을 때냐"(왕하 5:26)라고 말하며 책망하였다. 결국 게하시는 하나님의 징벌을 받아 나아만의 문둥병이 그 자신뿐만 아니라 자손에게 미쳐 영원토록 이르는 저주를 받게 되었다.

우리는 이 사건을 통해서 재물을 탐하는 자는 결국 하나님 앞에서는 아무것도 결코 숨길 수 없다는 사실을 깨닫게 된다. 그리고 지금이 어찌 재물을 탐할 때냐고 책망하는 엘리사의 목소리가 오늘날 목회자들을 향한 외침으로 들려옴을 고백하지 않을 수 없다.

단순성에서 실패한 목회자들의 면면

① 수정교회: 슐러 목사

수정교회는 1955년 로버트 H. 슐러 목사에 의해 창립된 이래 미국에서 가장 크고 영향력 있는 교회 중 하나로 손꼽혀 왔다. 특히 30년 전 건축된 예배당은 아름다운 유리벽과 세계에서 가장 큰 파이프 오르간으로 유명했으며, 이곳에서 촬영되어 온 주간 TV 설교 방송 '능력의 시간'(Hour of Power)은 전 세계의 수많은 이들에게 복음을 전했다. 직사각형의 유리 1만장을 볼트 하나 없이 특수 접착제로 부착해 지은 수정교회(Crystal Cathedral)는 한때 캘리포니아 오렌지카운티의 명소였다. 1980년 1,800만 달러를 들여 3년간의 공사 끝에 지어진 수정교회 내부에는 세계 최대의 파이프 오르간 중 하나가 설치되었고, 건물은 8.0 강도의 지진이 와도 괜찮도록 제작되었다. 하지만 2010년 10월 파산 신청을 시작으로 수정교회는 교회 설립자인 로버트 H. 슐러 목사가 지난 3월 11일 교회 이사회에서 사퇴하면서 기초부터 무너졌다.

② 조용기 목사

"물의를 일으켜 제 마음 깊이 뉘우칩니다. 어떠한 판결을 받더라도 하나님의 판결로 알고 순종하겠습니다." 지난 1월 20일, 배임·탈세 혐의로 불구속 기소된 조용기 원로목사(여의도순복음교회)가 선고 공판을 앞둔 최후진술에서 한 말이다. 조 목사는 1심에서 징역 3년, 집행유예 5년, 벌금 50억 원을 선고받았다. 조 목사는 이번 재판을 통해 "아무것도 소유하지 말아야겠다는 교훈을 얻었다"(단순성)고 했다(2014년 5월 11일, 뉴스앤조이). 사역 말기에라도 그가 '단순성'을 이해하게 되어 다행이다.

③ 나성 XXX교회

나성 XXX교회가 압류당한 새 성전을 되찾기 위해 법정 싸움을 시작했다. 3,000만 달러의 건축 예산을 융자해 준 대출기관인 복음주의 신용조합(ECCU)을 상대로 24일 차압 무효 소송을 제기했다(중앙일보 27일자 A-1면).

④ XX장로교회(XXX 목사)

개척 교회 초심으로 돌아가, 외형보다 선교와 구제에 주력한다고 선포한다. LA 인근의 대표적 준대형 교회로 꼽혔던 XX장로교회가 새 성전을 매입한 지 10년 만에 건물을 포기했다.

재물에 대한 우리들의 자세

재물과 단순성

"단순성은 자유이다. 이중성은 굴레이다. 단순성은 기쁨과 조화를, 이중성은 불안과 공포를 가져다준다."[128] 전도서의 필자는 "하나님이 사람을 정직하게 지으셨으나 사람은 많은 꾀를 낸 것이니라"(전 7:29)라고 말하고 있다. 우리는 하나님께서 주시는 자유를 통해 자유를 체험한다. 그리스도인의 단순성은 내적인 것이지만 외적 생활로 나타난다. 단순성의 내적 측면과 외적 측면은 모두 중요하다.

단순성은 내적 초점과의 일치에서 시작된다. 단순성은 토머스 켈리(Thomas Kelly)가 말한 대로 '거룩한 중심'(The Divine Center)을 가지고 산다는 것을 의미한다. 내적 실재를 체험하면 외적으로 자유롭게 된다. 우리의 말은 진실하고 정직하게 되며 지위나 명예에 대한 욕심은 사라진다."[129]

우리에게는 거룩한 중심이 없기 때문에 안전을 위한 우리의 욕구로

---

128) 리처드 포스터, 《영적 훈련과 성장》, 권달천, 황을호 역(서울: 생명의 말씀사, 2006), 79.
129) Ibid.

인하여 물질에 애착을 가지고 있다. 현대사회의 풍요에 대한 욕심은 비정상적인 상태라는 것을 우리는 분명히 알아야 한다. 그것은 진실과의 연결을 완전히 상실하였기 때문이다.

우리는 우리가 원해서 물품을 사는 것이 아니라 사람들에게 어떤 인상을 주기 위해 그것을 산다. 우리는 옷이 낡을 때까지 오래 입는 것과 자동차를 오래도록 사용하는 것을 수치로 여긴다. 대중매체는 우리들로 하여금 유행에 뒤떨어지는 것은 진실에서 뒤떨어지는 것이라고 믿도록 만들어 놓았다. 병든 사회를 본받는 것은 우리를 병들게 한다는 사실을 인식하고 깰 때이다.

우리는 현재의 삶의 방법을 과감하게 바꾸어야 한다. 우리는 얼마나 많은 물질을 벌 수 있느냐로 사람의 자격을 정의하는 현대의 비정상적인 현상에 반대해야 한다. 그 단순성은 오늘날도 되찾을 수 있다. 또 반드시 되찾아야 한다.

재물에 대한 단순성의 회복

재물에서의 자유함은 단순성을 말한다. 단순성을 회복하기 위하여 재물에 대한 다음과 같은 생각은 우리를 자유케 한다.

첫째, 세상의 모든 재물은 다 하나님의 것이며 하나님이 우리에게 선물로 주셨다는 사실을 알아야 한다.[130] 세상의 만물을 하나님께서 창조하셨듯이 재물 또한 창조물 가운데 하나이다. 하나님께서 만물을 창조하시고 인간에게 하나님의 것을 맡기고 관리하게 하셨다. 따라서 소유가 많으면 많을수록 하나님께 감사하고 그 은혜를 기억해야 한다. 지혜로운 자는 재물 관리에 정직하고, 정직한 자는 하나님을 경외하고, 하나님을 경외하는 자는 재물에서 자유함을 얻는다.

둘째, 하나님보다 재물을 더 사랑해서는 안 된다.[131] 단순성의 중심점은 먼저 그의 나라와 그의 의를 구하는 데 있다. 우매한 자는 재물을

---

130) Ibid., 80.
131) Ibid., 82.

자신의 생명처럼 여긴다. 재물이 영원히 자신의 것인 양 자녀들에게 물려주려고 한다. 모든 것이 먼저 할 일을 먼저 하는 데 달려 있다. 그 무엇도 하나님의 나라보다 앞서서는 안 된다. 단순성은 그것이 하나님 나라를 구하는 일보다 앞설 때 우상숭배가 된다. 어리석은 부자의 비유가 주는 교훈이 무엇인가? 하나님의 것을 자신의 것으로 착각하여 공들이는 모든 수고와 애씀이 헛되다는 것이다. "너희는 먼저 그의 나라와 그의 의를 구하라"는 말씀을 늘 기억하라(마 6:25-33).

셋째, 우리의 소유물은 하나님께서 돌보셔야 한다는 자세가 필요하다.[132] 하나님이 우리의 소유를 보호하실 수 있고 우리는 하나님을 신뢰할 수 있다. 우리의 소유물은 단순히 우리의 노동의 결과로 얻은 것이 아니라 하나님의 은혜로우신 돌보심에 의한 것이라는 사실을 잊어서는 안 된다.

넷째, 우리의 소유물은 다른 사람들에게 유용해야 한다는 자세이다.[133]

우리의 재물이 공동체를 유용하게 하지 않는다면, 그것은 도둑질하는 일이나 다름이 없다. 이 말이 난처하게 들리는 것은 미래에 대한 걱정 때문이다. 우리는 내일에 대한 걱정을 하기 때문에 재물을 나누어 주지 않고 재물에 매달린다. 우리가 하나님을 전능하신 창조주로 알고 있다면 우리는 하나님이 우리를 보호하신다는 것을 알 수 있으므로 재물을 나누어 주게 된다.

앞에서 말한 내용이 우리 삶의 특성이 되어야 한다.[134] 이러한 자세가 합쳐져서 '염려하지 말라' 하신 예수님의 말씀의 의미를 알게 된다.

우리가 배워야 할 예수님의 단순성(Simplicity of Christ)[135]

첫째, 그는 하나님이시다(He is God). 모자람이 없다.

하나님은 가장 부유한 사람(부자)이시다. 예수님은 낮은 자를 위해

---

132) Ibid., 89.
133) Ibid., 89.
134) Ibid., 94.
135) 대니얼 뉴먼(Dr. Daniel Newman) 교수의 Leadership Formation 강의록에서.

오시고 가난한 자를 위해 오셨다(Downward Mobility). 예수님도 승천하시려고 세상에 오셨다.

둘째, 단순하게 태어나셨다(Born in Simplicity).

결혼 안 한 자에게서 태어나시고, 셋째, 단순하게 사셨다(Live in Simplicity). 한때 목수셨고(Job was Carpenter), 소유한 재물이 없었으며(No Bank Account), 기부(Donation)로 사셨다. 소유욕이 없으셨다. 하나님의 일만 하셨다.

셋째, 자기 무덤도 없었다(Died in Simplicity).

오직 옷 한 벌이 있었을 뿐이다. 자기 무덤도 없었다.

우리는 그의 제자들이다. 우리도 단순하게(Simple) 살자.

단순성의 외적 표출을 위한 주요 원리 열 가지[136]

단순성의 의미를 현대 생활에 구체화시키려는 하나의 시도로 생각해야 한다.

- 물품은 체면이 아니라 유용성을 보고 사도록 하라.
- 중독을 일으키는 것은 무엇이든지 배격하라. 쾌적한 환경과 같은 심리적 필요와 중독을 구별하기 바란다.
- 물질을 나누어 주는 습관을 기르도록 하라. 쌓아 두지 말기 바란다. 필요없는 물품을 쌓아 두는 일은 생활을 복잡하게 만든다. "단순하게 하라. 단순하게 하라"고 한 소로(Thoreau)의 권면을 따르라.
- 현대 가전기구 업자들의 선전에 현혹되지 않도록 하라.
- 물질을 소유하지 않고서도 그 물질을 즐기는 법을 배우라. 예를 들면 해변을 사야겠다는 생각을 하지 말고 그 해변을 즐기자. 공중 공원과 공중 도서관도 충분히 즐겁다.
- 창조물에 대하여 깊은 감사를 느끼도록 하자. "땅과 거기 충만한

---

136) 리처드 포스터, 《영적 훈련과 성장》, 권달천, 황을호 역(서울: 생명의 말씀사, 2006), 131.

것과……다 여호와의 것이로다"(시 24:1)라는 사실을 다시금 발견하는 것을 의미한다.
- '지금 구입하고 나중에 갚는다'는 전략에 대하여 건전한 의심을 가지고 보기 바란다. 그와 같은 전략은 우리를 함정에 빠지게 하고 속박하는 일이 있다. 구약과 신약은 다 함께 고리 대금을 책망하였다. 예수님께서는 고리 대금을 옛 생활의 징표로 보시고 그의 제자들에게 '아무것도 바라지 말고 빌려주라'(눅 6:35)고 권고하셨다.
- 명백하고 정직한 말에 대한 예수님의 교훈에 순종하자. "오직 너희 말은 옳다 옳다, 아니라 아니라 하라 이에서 지나는 것은 악으로 좇아 나느니라"(마 5:37).
- 다른 사람에게 억압을 주는 일이라면 무엇이든지 거부하라. 예를 들어, 회사나 공장에서 다른 사람을 억압하는 일, 가정에서 자녀들 혹은 배우자를 억압하는 일, 성 차별, 인종 차별 등이다.
- 하나님의 나라를 먼저 구하는 일에 장애가 되는 일은 무엇이든지 피하라. 직장, 지위, 신문, 가족, 친구, 안정 등 이 모든 것들은 너무도 쉽게 우리의 관심의 중심이 된다.

하나님께서는 '먼저 그의 나라와 그의 의를 구하는' 삶이 우선순위가 되기 위하여, 그리고 이 말씀이 내포하고 있는 모든 의미를 알도록 항상 우리에게 용기와 지혜와 능력을 주길 바라신다. 그렇게 사는 것이 단순성의 삶이다.

하나님께 속한 것에 당신의 지문을 남기지 말라(Do not leave your fingerprints on what belongs to God alone). 목회자의 수의(壽衣, Shroud)에는 주머니가 없다는 사실을 항상 기억하자!

제9부

스트레스 관리

(Stress Management)

위로와 회복에 대한 성서의 지침
(Scriptures and Guidance)

다음과 같은 어려움에 처하였을 경우 하나님 말씀으로부터 위로와 회복을 받아야 한다.

1) 고통당할 때(Affliction)

"고난 당하기 전에는 내가 그릇 행하였더니 이제는 주의 말씀을 지키나이다……고난 당한 것이 내게 유익이라 이로 인하여 내가 주의 율례를 배우게 되었나이다……여호와여 내가 알거니와 주의 판단은 의로우시고 주께서 나를 괴롭게 하심은 성실하심으로 말미암음이니이다"(시 119:67, 71, 75).
"의인은 고난이 많으나 여호와께서 그 모든 고난에서 건지시는도다"(시 34:19).

하나님께서 자기 백성에게 고난을 허락하시는 이유는 믿음을 연단하기 위함이거나 죄를 깨닫게 하기 위함이다.

하나님이 주시는 고난을 대하는 사람들의 행동은 두 가지 양상으로 나타난다. 하나는 하나님을 원망하고 불평하는 것이고, 다른 하나는 고난을 자기의 유익으로 여기는 것이다. 전자에 속한 사람은 고난의 유익을 깨닫지 못한 자들이고, 후자는 하나님이 주시는 고난에는 분명히 목적이 있을 것이라 생각하며 하나님을 원망하기 전에 자신을 돌아보고 즉시 회개하는 사람들이다(67절). 이러한 고난에 대한 자세가 믿음을 더욱 성숙시키고 그를 복되게 한다.

고난이 성도에게 유익이 되는 것은 그것이 우리에게 구원의 소망에 이르는 인내와 연단을 준다(롬 5:3). 하나님의 사랑을 받는 자는 고난을 받을 수 있으며 그 고난은 사랑의 또 다른 표현이기도 하다.

하나님께서는 때로 성도들의 신앙을 연단하시기 위하여 환난과 고난과 시련을 허락하신다. 그러나 하나님은 그 가운데서 아주 실족하도록 버려두지 아니하시며 피할 길을 주사 금같이 연단되어 환난 가운데서 나오게 하신다(욥 23:10; 고전 10:13; 시 34:19).

2) 염려할 때(Anxiety)

"아무것도 염려하지 말고 오직 모든 일에 기도와 간구로, 너희 구할 것을 감사함으로 하나님께 아뢰라 그리하면 모든 지각에 뛰어난 하나님의 평강이 그리스도 예수 안에서 너희 마음과 생각을 지키시리라"(빌 4:6-7).

항상 기뻐하는 마음으로 아무것도 염려하지 말고 하나님께 기도할 것을 권면한다. '염려'는 근본적으로 하나님의 보호와 인도에 대한 의심이며 신뢰의 결핍으로 기쁨의 최고의 적이다. 이러한 염려는 세상으로 눈을 돌릴 때에 일어나는 것으로 성도에게서 있어서는 안 될 요소이다(마 6:25-34; 눅 12:22). 따라서 성도는 주 안에서 걱정과 초조와 불필요한 관심을 버릴 줄 알아야 한다.

여기서 '기도'(προσευχὴ, 프로슈케)는 하나님을 향한 일반적인 대화와 구하는 것을 말하며, '간구'(δέησις, 데에시스)는 일정한 요구 조건을 들어 하나님께 구하는 것이다(6절). 염려를 버리고 감사함으로 하나님께 기도와 간구할 때 오는 결과로, 하나님의 평강을 얻게 되는 교훈이다. 하나님의 평강은 인간 스스로의 힘으로 경험할 수 없는, 전적인 하나님의 은혜의 결과로 주어지는 하나님의 선물임을 시사한다.

그리스도 안에서 하나님을 전적으로 신뢰하는 자에게는 하나님께서 평강을 주사 세상의 염려로부터 보호하실 것이라는 말이다(7절).

3) 위로(Comfort)가 필요할 때

"여호와는 나의 목자시니 내가 부족함이 없으리로다 그가 나를 푸른 초장에 누이시며 쉴 만한 물가으로 인도하시는도다 내 영혼을 소생시키시고 자기 이름을 위하여 의의 길로 인도하시는도다 내가 사망의 음침한 골짜기로 다닐지라도 해를 두려워하지 않을 것은 주께서 나와 함께하심이라 주의 지팡이와 막대기가 나를 안위하시나이다 주께서 내 원수의 목전에서 내게 상을 베푸시고 기름으로 내 머리에 바르셨으니 내 잔이 넘치나이다 나의 평생에 선하심과 인자하심이 정녕 나를 따르리니 내가 여호와의 집에 영원히 거하리로다"(시 23).

청년 시절 양을 치던 목자였던 다윗이 자신의 목가적(牧歌的)인 생활체험을 바탕으로 하여 쓴 시이다. 이 시는 인생의 주인이시자 인도자 되시는 하나님과 그를 따르는 성도 간의 절대적 신뢰와 보호 관계 및, 이 관계 안에서 성도가 얻는 축복을 목자와 양의 관계와 그 안에서의 양 떼의 복된 모습에 비유하여 노래한 찬양시다.

여호와는 영혼을 소생케 하시며, 의의 길로 인도하시는 분이다. 이 세상에서 '사망의 음침한 골짜기'와 같은 상황에 처하기도 하는 인생에게 영혼의 푸른 초장과 쉴 만한 물가를 제공하셔서 영적인 안위와 만족, 그리고 참 기쁨을 누리게 하시는 영혼의 목자이시다. 종국에 가서는 원수들 앞에서 택한 백성들에게 큰 상을 차려 주시고 잔이 넘치는 축복을, 영원한 승리와 축복을 주시는 분이다. 여호와 하나님이 우리 믿는 성도에게 베푸시는 축복은 전인격적이며 또 궁극적인 것이다.

"돈을 사랑치 말고 있는 바를 족한 줄로 알라 그가 친히 말씀하시기를 내가 과연 너희를 버리지 아니하고 과연 너희를 떠나지 아니하리라 하셨느니라 그러므로 우리가 담대히 가로되 주는 나를 돕는 자시니 내가 무서워 아니하겠노라 사람이 내게 어찌하리요 하노라"(히 13:5-6).

성도들이 어디를 가든지, 어느 곳에 거하든지 하나님께서 항상 동행하시며 지켜 보호하시겠다는 약속의 말씀이다.

4) 실망(Discouragement)할 때

"우리가 선을 행하되 낙심하지 말지니 피곤하지 아니하면 때가 이르매 거두리라"(갈 6:9).

성도가 누릴 수 있는 가장 영광된 상태인 영생을 바라보는 믿음이 있다면, 비록 어려움이 있다 할지라도 결코 그 일을 중간에서 포기하지 않을 것이다. 인간이 선을 행하는 데에는 무엇보다도 지속적인 노력이 필요하다. 성도가 선을 행하는 지속적인 생활을 하기 위해서는 항상 성령의 인도하심이 필요하다.

"두려워 말라 내가 너와 함께함이니라 놀라지 말라 나는 네 하나님이 됨이니라 내가 너를 굳세게 하리라 참으로 너를 도와주리라 참으로 나의 의로운 오른손으로 너를 붙들리라"(사 41:10).

하나님께서 임마누엘이 되셔서 언제 어디서나 그의 백성들과 함께 계시겠다는 약속이다(신 31:6, 8). 또한 두려워하여 연약해진 마음을 하나님께서 다시 강하게 하신다. 우리가 어려움을 당할 때 가장 우리를 괴롭히는 원인이 마음의 '두려움'이다. 하나님께서 이러한 두려움을 제하신다는 것이다.

5) 공허할(Emptiness) 때

"여호와의 인자하심과 인생에게 행하신 기이한 일을 인하여 그를 찬송할지로다 저가 사모하는 영혼을 만족케 하시며 주린 영혼에게 좋은 것으로 채워 주심이로다"(시 107:8-9).

여호와께서는 하나님께서 택하신 백성들의 필요를 아시며 가장 좋은 것으로 만족하게 채워 주신다. 특별히 하나님께서는 당신의 독생자를 우리를 위해 내어주심으로 그 영혼을 만족하게 하셨다(요 3:16).

"또 여호와를 기뻐하라 저가 네 마음의 소원을 이루어 주시리로다 너의 길을 여호와께 맡기라 저를 의지하면 저가 이루시고"(시 37:4-5).

하나님은 성도들의 마음의 소원을 이루어 주시는 분이다. '마음의 소원'이란 하나님 마음에 합당한 간구를 말한다. 그렇지 않고 자신의 정욕대로 사용하려고 간구하는 기도는 하나님께서 결코 허락하지 아니하신다(약 4:3).

6) 용서(Forgiveness)를 구할 때

"내가 이르기를 내 허물을 여호와께 자복하리라 하고 주께 내 죄를 아뢰고 내 죄악을 숨기지 아니하였더니 곧 주께서 내 죄의 악을 사하셨나이다(셀라)"(시 32:5).

이 말씀은 자신의 죄를 시인하고 진정으로 하나님께 회개할 때만이 죄 용서함을 받을 수 있다는 것이다(사 1:8; 요일 1:9). 죄를 고백한 이후 즉각적인 하나님의 용서가 주어졌음을 말하고 있다.

7) 죄의식(Guilt)을 느낄 때

"그러므로 이제 그리스도 예수 안에 있는 자에게는 결코 정죄함이 없나니"(롬 8:1).

이 말씀은 그리스도와 성도 사이의 연합, 합일, 일체됨을 강조해 주는 표현으로 성도란 '그리스도 안에 살고' 그분의 모본을 따라 살며, 그분과 합일하여 사는 자임을 의미한다.

누구든지 그리스도를 믿기만 하면 죄 사함을 받는다는 것이다. 그리스도의 구속의 공로를 힘입는 자는 하나님으로부터 의롭다고 칭함을 받아 사망의 자리에서 생명의 자리로 옮겨지는 것이다(롬 3:23-26). 구원을 확신하는 자는 과거의 죄에 살면서 뜻하지 않게 짓게 되는 죄로 인해 더 이상 고민하거나 절망할 필요가 없다(롬 7:21-25). 대신 이후로는 여전히 죄 가운데 안주할 것이 아니라 부단히 죄와 싸워 몸의 행실을 죽여야 할 것이다. 이것이 우리를 향한 하나님의 뜻이다(롬 12:21; 엡 4:22-24).

> "여호와께서 말씀하시되 오라 우리가 서로 변론하자 너희 죄가 주홍 같을지라도 눈과 같이 희어질 것이요 진홍같이 붉을지라도 양털같이 되리라" (사 1:18).

본문에서 여호와께서는 유다의 죄악을 일방적으로 벌하지 않으시고 변론하자고 제안하셨다. 이것은 여호와께서 심판에 앞서 유다로 하여금 자신의 잘못을 충분히 스스로 깨닫고 회개할 최종적 기회를 주시는 것으로, 하나님의 사랑이 깃든 권유이다. 본문은 아무리 큰 죄를 지은 사람도 하나님 앞에 그 죄를 내려놓고 중심으로 회개할 때 죄 사함을 받을 수 있다는 사실을 말하고 있다.

여기에서 우리는 전적으로 타락한 인류에게 유일한 구원의 소망은 하나님의 무조건적인 은총임을 발견하게 된다.

8) 심판(Judgment)

"이러므로 우리 각인이 자기 일을 하나님께 직고하리라"(롬 14:12).

로마서 14장과 15장은 로마 교회 안에서 일어난 문제, 곧 유대인 출신 성도와 이방인 출신 성도 사이에 일어난 분쟁의 원인을 해결하는 방책에 대해 기록하고 있음을 미리 이해할 필요가 있다. 바울은, 이러한 문제는 하나님 앞에서의 개인의 신앙 양심에 맡기고 믿음이 강한 자는 믿음이 약한 자를 같은 성도로서 받아들여 저들의 연약한 부분을 충분히 이해하며 그리스도 안에서 한 지체 된 자로서 사랑으로 교제하여야 함을 권면하고 있다. 남을 판단하거나 업신여겨서는 안 됨을 명심해야 한다(롬 15:1). 성도들은 하나님의 심판대를 두려워하는 마음으로 주께 책망받지 않는 생활을 해야 한다.

9) 외로움(Loneliness)을 느낄 때

"내가 너희에게 분부한 모든 것을 가르쳐 지키게 하라 볼지어다 내가 세상 끝 날까지 너희와 항상 함께 있으리라 하시니라"(마 28:20).

예수님께서 승천하시기 직전에 제자들을 향해 주신 지상 대명령(The Great Commission)의 일부분이다. 주님은 보혜사 성령님을 보내주시어 항상 우리와 함께하고 계신다(요 14:16, 15:26, 16:7). 주님은 모든 죄악이 멸망할 때까지 성도를 보호하시며 위로하시며 인도해 주실 것이다. 이 언약은 오순절 성령 강림으로부터(행 2:1-4) 2천 년 교회사 속에서, 그리고 오늘날 우리들 가운데서도 실제로 지켜지고 있다.

10) 고통(Suffering)을 당하고 있을 때

"주께서 그 사랑하시는 자를 징계하시고 그의 받으시는 아들마다 채찍질하심이니라 하였으니 너희가 참음은 징계를 받기 위함이라 하나님이 아들과 같이 너희를 대우하시나니 어찌 아비가 징계하지 않는 아들이 있으리요 징계는 다 받는 것이거늘 너희에게 없으면 사생자요 참 아들이 아니니라 또 우리 육체의 아버지가 우리를 징계하여도 공경하였거든 하물며 모든 영의 아버지께 더욱 복종하여 살려 하지 않겠느냐 저희는 잠시 자기의 뜻대로 우리를 징계하였거니와 오직 하나님은 우리의 유익을 위하여 그의 거룩하심에 참예케 하시느니라 무릇 징계가 당시에는 즐거워 보이지 않고 슬퍼 보이나 후에 그로 말미암아 연달한 자에게는 의의 평강한 열매를 맺나니"(히 12:6-11).

본문에서 믿음에는 실천이 뒤따라야 함을 말하고 있으며, 이것은 삶의 구체적인 교훈이다. 우리에게 몇 가지 영적 교훈을 준다.

- 우리는 하나님의 징계에 순종하여야 한다. 순종은 불완전한 인간이 완전하시고 전능하신 하나님께 지켜야 할 가장 큰 덕목이다.
- 고난 중에도 인내하여 천국의 평강을 소유하도록 하자. 천국을 소유한 자만이 의의 평강을 열매 맺을 수 있다.
- 성도는 승리의 영광을 얻기 위해 연약하고 불완전한 자신의 영적 약점을 고려해야 한다(롬 7:23).

우리는 사탄의 세력과의 영적 싸움을 위하여 우리의 연약함과 불구됨을 그리스도의 능력으로 고침 받아 죄와 사탄의 권세에 효과적으로 대적할 수 있도록 해야 한다.

"그러므로 너희가 이제 여러 가지 시험을 인하여 잠깐 근심하게 되지 않을 수 없었으나 오히려 크게 기뻐하도다 너희 믿음의 시련이 불로 연단하여도 없어질 금보다 더 귀하여 예수 그리스도의 나타나실 때에 칭찬과 영광과 존귀를 얻게 하려 함이라"(벧전 1:6-7).

여기서 '시험'은 하나님께서 믿음의 연단을 위해 성도들에게 주시는 '시련'을 의미한다. 이러한 시련은 성도들을 근심하게 한다(히 12:11). 그러나 그것은 성도들이 장차 누릴 영원한 영광과 비교할 때 지극히 잠깐 동안의 것에 지나지 않는다(롬 8:18). 따라서 성도들은 모든 시련을 인내로 이겨야 하며 오히려 기뻐함이 마땅하다. 성도들에게 대한 하나님의 시험의 목적이 성도들을 실족하게 하는 것이 아니라 성도들의 믿음을 더욱 연단하여 성도들로 하여금 하나님 앞에서 거룩하고 흠이 없게 함으로 결국 영광과 칭찬을 얻게 하려는 데 있음을 보여준다.

11) 유혹(Temptation)을 받을 때

"사람이 시험을 받을 때에 내가 하나님께 시험을 받는다 하지 말지니 하나님은 악에게 시험을 받지도 아니하시고 친히 아무도 시험하지 아니하시느니라 오직 각 사람이 시험을 받는 것은 자기 욕심에 끌려 미혹됨이니"(약 1:13-14).

하나님으로부터 오는 시련은 '시험'(test)과 사탄으로부터 오는 유혹으로서의 '시험'(temptation)을 구분하자. 본 절에서의 시험은 사탄으로부터 오는 시험이다. 본 절은 사탄의 시험에 빠진 경우에 있어서 그 책임을 하나님께 돌리지 말라는 말이다. 이는 당시에 성도들이 자기 욕심 때문에 범죄한 것에 대해 죄책감을 갖기는커녕 그 책임을 하나님께 돌리는 그릇된 버릇을 막기 위해 주어진 교훈이다.

시험(temptation)의 출처가 하나님이 아니요 자기 자신이며, 밖에서 오는 것이 아니라 자기 마음에서 일어나는 것임을 밝혀 자신들이 유혹을 받고 죄는 짓는 근원이 하나님께 있다고 주장하면서 자신들의 죄를 합리화하려는 자의 태도를 일축하고 있다. 결국 인간이 시험을 받는 원인이 바로 자신들의 마음에 있으며 다른 이에게 그 원인을 돌릴 여지가 전혀 없음을 잘 보여준다.

따라서 신앙인들은 항상 자신의 마음을 살펴야 할 것이며 항상 마음을 하나님께 두어야 한다(잠 26:8). 이러한 때에 중요한 것은, 속히 자신의 죄를 자복하고 회개하여 하나님의 용서하심을 구하고 하나님과의 영적 관계를 회복하는 것이다(마 26:69-75; 요일 1:9). 그리고 다시는 동일한 범죄에 빠지지 않도록 항상 자신의 신앙을 재점검해야 한다.

12) 신뢰(Trust)

"너는 마음을 다하여 여호와를 의뢰하고 네 명철을 의지하지 말라 너는 범사에 그를 인정하라 그리하면 네 길을 지도하시리라"(잠 3:5-6).

오직 하나님께서 주시는 지혜만이 완전한 것이기 때문에 사람이 하나님을 떠나 참 지혜를 얻는다는 것은 불가능하다. 오직 하나님을 전적으로 의지하는 것만이 완전한 지혜를 얻는 방법이며, 인간이 자기 자신의 명철을 의지하는 것은 잘못된 행실이다.

"주께서 심지가 견고한 자를 평강에 평강으로 지키시리니 이는 그가 주를 의뢰함이니이다 너희는 여호와를 영원히 의뢰하라 주 여호와는 영원한 반석이심이로다"(사 26:3-4).

본 장은 구원받은 자들의 입장에서 의인에게 구원을 베푸신 하나님의 신실하심에 대한 찬양과 하나님을 향한 사모의 정(精)을 노래한 것이다. 여호와의 구원의 역사로 말미암아 그 구원의 성(城)에 들어갈 자들에 대해 소개하고 있다.

즉 '신을 지키는 의로운 나라'(2절), '심지가 견고한 자'(3절), '빈궁한 자', '곤핍한 자'(6절), '의인'(7절) 등이다. 구원은 오직 믿음 곧 심지(心志)로 주를 의뢰함으로써만 얻는다는 사실(마 10:32; 롬 10:9)과 성도들이 이 땅에서 빈핍하여 고난을 당한다 할지라도 그것은 잠시뿐 하나님의 보호와 인도로 말미암아 결국 영원한 구원과 평강을 얻게 된다는, 평범하지만 성도의 신앙생활에 가장 중요한 교훈을 발견할 수 있다(벧전 1:7).

"나의 하나님이 그리스도 예수 안에서 영광 가운데 그 풍성한 대로 너희 모든 쓸 것을 채우시리라"(빌 4:19).

빌립보 성도들의 재정적 지원에 대해, 하나님께서 그들의 필요대로 모든 것을 채워 주실 것이라는 바울의 확신에 찬 말이다. 하나님의 축복의 풍성함과 완전성을 나타낸다. 믿음 안에 있는 성도들은 그들의 부족함을 하나님께서 미리 아시고 풍성하게 채워 주실 것이다.

13) 승리(Victory)

"내게 능력 주시는 자 안에서 내가 모든 것을 할 수 있느니라"(빌 4:13).

성도들의 담대하고 확신 있는 신앙생활을 묘사하고 있다. 바울은 자신이 어떠한 조건과 형편 속에서도 자족하며 하나님을 의뢰할 수 있는 것은 자신의 노력의 결과가 아니라 오직 예수 그리스도와의 연합의 결과로 오는 주님의 능력 때문임을 가르친다. 그리스도와의 연합을 통해서 그리스도께서 부단히 공급해 주시는 능력으로 말미암아 비천함에 서든 궁핍함에서든 자족할 수 있었던 사실을 말하고 있다.

"자녀들아 너희는 하나님께 속하였고 또 저희를 이기었나니 이는 너희 안에 계신 이가 세상에 있는 이보다 크심이라"(요일 4:4).

자녀들이란 본서의 독자들이다. 독자들이 하나님께 속하였다는 말은 이들이 하나님 아버지와 그 아들을 시인하며 예수 그리스도께서 육체를 입고 오셨다는 사실을 시인했다는 것을 나타낸다(요일 2:22, 4:2). 독자들이 거짓 선지자들을 이겼다는 것은, 거짓 선지자들이 이미 교회 안에 침투하였으나 그들의 거짓 가르침에 미혹되지 않고 하나님의 진리 위에 굳게 서서 넘어지지 않았다는 의미이다(요일 2:13-14). 본문에서 '너희 안에 계신 이'는 하나님을 가리키며, '세상에 있는 이'는 마귀를 칭한다.

하나님은 그 능력에 있어서나(시 9:11), 도량에 있어서나(욥 11:9), 힘에 있어서나(시 33:17), 권세에 있어서나(사 40:26), 존재에 있어서나(신 3:24; 시 77:13, 95:3) 어떠한 피조물보다 크시며 만유보다 크시다. 그러므로 세상에서 하나님을 대적할 자가 없으며, 마귀 역시 하나님 앞에서는 굴복할 수밖에 없다. 따라서 성도는 이 크신 하나님께 소망을 두고 신앙으로 나아가면 반드시 승리하는 것이다.

> "사람이 감당할 시험밖에는 너희에게 당한 것이 없나니 오직 하나님은 미쁘사 너희가 감당치 못할 시험 당함을 허락지 아니하시고 시험 당할 즈음에 또한 피할 길을 내사 너희로 능히 감당하게 하시느니라"(고전 10:13).

성도들 자신들은 자신들의 지식을 자랑해서도 안 되지만 그렇다고 그들이 당면한 문제에 대하여 좌절하거나 자포자기하는 것도 더욱 안 되며, 나아가 당신의 약속을 변개치 않으시며 구원을 이루시는 신실한 하나님을 의지할 때 모든 문제를 극복할 수 있다. 성도들은 시험 당할 때 오직 하나님의 신실하심을 의지해야 한다.

14) 걱정(Worry)

> "나의 하나님이 그리스도 예수 안에서 영광 가운데 그 풍성한 대로 너희 모든 쓸 것을 채우시리라"(빌 4:19).

빌립보 성도들의 재정적 지원에 대해 하나님께서 그들의 필요대로 모든 것을 채워 주실 것이라는 바울의 확신에 찬 말이다. 하나님의 축복의 풍성함과 완전성을 나타낸다. 믿음 안에 있는 성도들은 그들의 부족함을 하나님께서 미리 아시고 풍성하게 채워 주실 것이다.

"믿음이 없어 하나님의 약속을 의심치 않고 믿음에 견고하여져서 하나님께 영광을 돌리며 약속하신 그것을 또한 능히 이루실 줄을 확신하였으니"(롬 4:20-21).

본 절에서는 아브라함의 믿음으로 이루어진 하나님의 약속에 대하여 말하고 있다. 아브라함이 '그로 인하여 모든 족속이 복을 얻으리라'(창 12:3, 18:18)는 하나님의 언약을 받은 것도 아브라함의 믿음 때문이지 결코 율법 때문이 아니다. 아브라함이 인간으로서는 불가능한 때에 아들을 얻은 것은 그의 믿음에 기인한 것이다. 약속을 성취하시는 하나님의 주권과 그것을 믿는 믿음에서 비롯됨을 알 수 있다.

바울은 아브라함의 믿음을 묘사하면서 하갈을 첩으로 취하는 것과 같은 그의 연약함과 실수의 모습을 기록하지 않고 결과만을 다루는데, 그것은 연약하기도 했던 아브라함의 믿음을 하나님께서 결국 견고하게 하셨기 때문이다. 이러한 믿음에 응답하셔서 하나님은 아브라함과 사라에게 생식적인 이적을 베풀어 주시어 이삭이 태어나게 하셨다. 모든 영광은 믿음을 견고하게 하셨을 뿐 아니라 그 믿음에 응답을 주신 하나님께 돌려져야 한다.

"그를 향하여 우리의 가진 바 담대한 것이 이것이니 그의 뜻대로 무엇을 구하면 들으심이라 우리가 무엇이든지 구하는 바를 들으시는 줄을 안즉 우리가 그에게 구한 그것을 얻은 줄을 또한 아느니라"(요일 5:14-15).

하나님의 아들의 이름을 믿어 영생을 소유한 자들은 하나님 앞에 확신을 가지고 간구할 수 있다. 그러나 그 간구는 언제나 하나님의 뜻에 합당하여야 한다. 사람이 하나님께 구하여도 응답이 없는 것은 하나님의 뜻에 따르지 않고 정욕으로 쓰려고 잘못 구하기 때문이다(약 4:3). 성도가 그리스도 안에 살고 그의 이름으로(요 16:24) 하나님의 뜻에 합당한 것을 구하면 하나님은 모든 것을 허락하신다(요 15:7).

위에서 14개 항목에 걸쳐 하나님은 어떻게 사역자들을 위로하시는지를 알게 되었다. 위에서 언급한 항목뿐 아니라 더 많은 일로 사역이 힘들고 시험을 받을 때가 비일비재하다. 하나님의 응답이 바로 오면 얼마나 기쁨으로 사역할 수 있겠는가? 그렇더라도 항상 기도하면서 하나님과의 관계를 돈독히 해 가면서 사역하심이 옳을 듯하다. 위의 14가지 항목을 한눈으로 볼 수 있도록 표로 준비했다. 참고하길 바란다.

고통(Affliction)	하나님의 섭리인가 Can be providential	시 119:67, 71, 75
	하나님께서 구해 주신다 God will deliver	시 34:19
염려(Anxiety)	기도로 해소된다 Is relieved in prayer	빌 4:6–7
	하나님의 은혜가 있다 God cares for you	벧전 5:7
위로(Comfort)	하나님은 목자이다 God is Shepherd	시 23
	하나님은 떠나지 않으신다 God will not forsake	히 13:5–6
실망(Discouragement)	포기하지 말아라 Do not give up	갈 6:9
	하나님이 도우신다 God will help you	사 41:10
공허(Emptiness)	하나님이 만족시켜 주신다 God will satisfy	시 107:8–9
	하나님이 충족시켜 주신다 God will fulfill	시 37:4–5
용서(Forgiveness)	용서를 약속하신다 Forgiveness promised	시 32:5, 요1 1:9
죄의식(Guilt)	정죄함이 없다 No condemnation	롬 8:1
	어떤 죄도 용서된다 No sin too great	사 1:18
심판(Judgment)	모든 사람들이 포함된다 Everyone is accountable	롬 14:12, 히 9:27

고독(Loneliness)	임재를 약속했다 Presence promised	마 28:20
고통(Suffering)	고통에는 유익이 있다 Suffering has profit	히 12:6–11
	믿음을 깊게 한다 Deepens faith	벧전 1:6–7
	은혜가 넘친다 Grace is sufficient	고전 12:9–10
유혹(Temptation)	실패의 요인이 된다 What causes failure	약 1:13–14
신뢰(Trust)	하나님이 인도하신다 God will guide	잠 3:5–6
	하나님이 평화를 주신다 God will give peace	사 26:3–4
	하나님이 필요를 채워 주신다 God will supply needs	빌 4:19
승리(Victory)	승리는 예수 안에서 이루어진다 Is in Christ	빌 4:13
	당신의 내적 자원 Your inner resource	요일 4:4
	하나님의 도움을 구함 Seek God's help	고전 10:13
걱정(Worry)	하나님이 채워 주신다 God will provide	빌 4:19
	하나님 안에서의 믿음 Have faith in God	롬 4:20–21
	약속한 것을 요구한다 Claim His promises	요일 5:14–15

'R' 스트레스 관리
(The "R's" of Stress Management)

 스트레스를 받지 않고 사는 사람은 거의 없다. 업무 때문이든 스스로 느끼는 강박관념이든 누구나 스트레스를 피할 수 없다. 그렇기 때문에 스트레스가 생기는 상황을 잘 인지하고 적극적으로 해결하는 수밖에 없다.

 스트레스를 해소하기 위한 전문가들은 그들대로의 세 가지 'R' 혹은 6가지 'R' 등 여러 방법을 제시한다. 스토니어 박사(Dr. Stonier)는 목회자들을 위한 스트레스 해소법 8가지를 소개한다. 당신이 쉽게 실천할 방법 몇 가지를 선택하면 좋을 것이다.

① Relationship(관계성)
② Relaxation(휴식)
③ Responsibility(책임)
④ Reflection(반성)
⑤ Routines(일상생활)
⑥ Refueling(재충전)
⑦ Retraining(재훈련)
⑧ Recreation(여가)

1) 관계성(Relationship)
- 긍정적인 관계성을 유지하라(Maintain positive relationships).
- 평소 관계성의 균형을 유지하라(Balance your relationship).
- 관계성을 증진시켜라(Improve your relationship).

2) 휴식하라(Relaxation)
- 즐길 수 있는 무엇인가를 하라(Do something good for yourself that your enjoy).
- 쉬는 스케줄도 만들어라(Schedule time out).
- 아무것도 하지 말고 쉬라(Do nothing at time).

3) 책임(Responsibility)
- 일에는 목적과 우선순위를 정하라(Establish priorities and goals).
- 공(公)과 사(私)를 분간하여 '아니오'라고 대답하라(Say "No"-set personal boundaries).

4) 반성해 보라(Reflection)
- 당신의 스트레스 수준을 인지하라(Know your stress levels).
- 스트레스로 인해 나타나는 징후들을 감지하라(Be aware of stress symptoms).
- 생활의 균형을 살펴라(균형 잡힌 생활)(Check balance in your life).

5) 일상생활(Routines)
- 평범한 생활로 돌아간다(Return to normalcy).
- 스케줄 이외의 책임은 버려라(Outside accountability over schedule).

6) 재충전(Refueling)
- 섬유질, 낮은 염분, 낮은 콜레스테롤 음식을 균형 있게 섭취하라 (Eat a balanced diet with fiber, low salt and low cholesterol).
- 독성 음식, 카페인, 담배, 지방이 많은 음식, 가공 식품에 대해 잘 인지하라(Be aware of poisons, caffeine, nicotine, fats, processed food, etc.).
- 물을 많이 마셔라(Drink plenty of water).

7) 재훈련(Retraining)
- 재훈련을 조절할 수 있는 능력을 배양한다(Have the ability to adjust).

8) 여가(Recreation)
- 웃어라(Laugh).
- 즐겨라(Have fun).
- 인생을 즐겨라(Enjoy life).

성경적 스트레스 관리
(Biblical Stress Management)

스트레스를 하나님의 말씀으로 관리하는 말씀을 소개한다. 세상적인 방법보다는 항상 말씀을 붙들고 살아가는 우리로서 말씀으로 돌아가 스트레스를 관리하는 습관을 기르도록 노력하자. 이외에도 더 오묘한 하나님의 말씀이 있음을 우리는 알 수 있다.

1) 기도(Prayer): 염려하지 말고 기도와 간구로

"아무것도 염려하지 말고 오직 모든 일에 기도와 간구로, 너희 구할 것을 감사함으로 하나님께 아뢰라 그리하면 모든 지각에 뛰어난 하나님의 평강이 그리스도 예수 안에서 너희 마음과 생각을 지키시리라"(빌 4:6-7).

항상 기뻐하는 방법으로 아무것도 염려하지 말고 하나님께 기도할 것을 권면한다. '염려'는 근본적으로 하나님의 보호와 인도에 대한 의심이며 신뢰의 결핍으로 기쁨의 최고의 적이다. 이러한 염려는 세상으로 눈을 돌릴 때에 일어나는 것으로 성도에게는 있어서는 안 될 요소이다(마 6:25-34; 눅 12:22). 따라서 성도는 주 안에서 걱정과 초조와 불필요한 관심을 버릴 줄 알아야 한다.

여기서 '기도'(προσευχὴ, 프로슈케)는 하나님을 향한 일반적인 대화와 구하는 것을 말하며, '간구'(δέησις, 데에시스)는 일정한 요구 조건을 들어 하나님께 구하는 것이다(6절).

염려를 버리고 감사함으로 하나님께 기도와 간구할 때 오는 결과로, 하나님의 평강을 얻게 되는 교훈이다. 하나님의 평강이 인간 스스로의 힘으로 경험할 수 없는 전적인 하나님의 은혜의 결과로 주어지는 하나님의 선물임을 시사한다. 그리스도 안에서 하나님을 전적으로 신뢰하는 자에게는 하나님께서 평강을 주사 세상의 염려로부터 보호하실 것이라는 말이다(7절).

2) 평강(Peace): 그리스도의 평강이 너희 마음을 주장케 하라

"그리스도의 평강이 너희 마음을 주장하게 하라 평강을 위하여 너희가 한 몸으로 부르심을 받았나니 또한 너희는 감사하는 자가 되라"(골 3:15).

'그리스도의 평강'이란 하나님께서 그리스도를 통해서 주시는 평화와 화평과 안녕을 의미한다. 그리스도는 우리에게 평강을 주시기 위해 이 세상에 오셨다(요 14:27). 이 평강을 소유하여 그 평강이 자신을 지배하도록 자신을 그리스도께 내어 맡겨야 한다. 자신의 내면에서부터 평강을 이루어 교회 공동체 전체가 온전한 평강의 나라를 이루도록 해야 한다.

3) 매일 갱신(Daily Renewal): 낙심하지 마라, 속은 날로 새롭도다

"그러므로 우리가 낙심하지 아니하노니 겉사람은 후패하나 우리의 속은 날로 새롭도다"(고후 4:16).

'새롭다'는 '갱신된다', '거듭난다'는 의미다. 바울은, 겉사람은 끊임없는 고난과 수고로 인하여 닳아 없어지고 쇠약해지는 것을 느끼는 반면, 속사람은 마치 씨앗이 썩어짐으로 그 속에서 새싹이 나오는 것같이 날마다 갱신되는 것을 느낀다(고전 15:42-44). 그런데 이처럼 속사람이 새로워지는 것은 중생한 영혼이 그리스도와의 교제를 통해 하나님을 아는 지식에서 어른같이 되어 결국 그리스도의 장성한 분량까지 이르게 되기 때문이다(엡 4:13).

4) 생각의 영역(Thought life)

"종말로 형제들아 무엇에든지 참되며 무엇에든지 경건하며 무엇에든지 옳으며 무엇에든지 정결하며 무엇에든지 사랑할 만하며 무엇에든지 칭찬할 만하며 무슨 덕이 있든지 무슨 기림이 있든지 이것들을 생각하라"(빌 4:8).

무엇이나 참되고 경건하고 정결하라는 것이다. 바울은 빌립보 교인들에게 그리스도인으로서의 선한 행실을 요구하고 있다. '참됨'은 하나님의 속성이다(요 4:24; 롬 3:4). 그리스도께서 세상에서 사실 때의 삶을 특징짓는 말로(요 14:6), 하나님의 형상으로 지음 받고(엡 4:24) 그리스도를 믿고 따르며 살아가는 신실한 모든 성도들이 갖추어야 할 덕목이다.
'경건함'은 도덕성 향상에 따라 얻어지는 존귀함을 가리키는 말이다. 경건함은 신앙을 지도하고 교회를 섬기는 자들에게 필수적인 요소이다(딤전 3:8, 11; 딛 2:2). '옳으며'는 하나님의 뜻에 일치하여 하나님께 인정을 받는 것을 의미한다. '정결함'은 도덕적으로 정결하며 흠이 없는 상태를 의미한다. '사랑할 만하며'는 사람과 하나님을 기쁘게 하는 행위를 가리킨다. '칭찬할 만하며'는 고상한 행동을 함으로 좋은 평판을 얻는 것을 말한다. '무슨 덕이 있든지 무슨 기림이 있든지'는 위에 언급한 여섯 가지의 덕에서 빠진 것들을 일괄해서 하는 말이다. 이상과 같이 말한 여섯 가지의 덕목을 귀하게 여기고 그대로 행하라.

"주께서 심지가 견고한 자를 평강에 평강으로 지키시리니 이는 그가 주를 의뢰함이니이다 너희는 여호와를 영원히 의뢰하라 주 여호와는 영원한 반석이심이로다"(사 26:3-4).

본 장은 구원받은 자들의 입장에서 의인에게 구원을 베푸신 하나님의 신실하심에 대한 찬양과 하나님을 향한 사모의 정(精)을 노래한 것이다. 여호와의 구원의 역사로 말미암아 그 구원의 성(城)에 들어갈 자들에 대해 소개하고 있다. 즉 '신을 지키는 의로운 나라'(2절), '심지가 견고한 자'(3절), '빈궁한 자', '곤핍한 자'(6절), '의인'(7절) 등이다. 구원은 오직 믿음 곧 심지(心志)로 주를 의뢰함으로써만 얻는다는 사실(마 10:32; 롬 10:9)과 성도들이 이 땅에서 빈핍하여 고난을 당한다 할지라도 그것은 잠시뿐 하나님의 보호와 인도로 말미암아 결국 영원한 구원과 평강을 얻게 된다는, 평범하지만 성도의 신앙생활에 있어서 가장 중요한 교훈을 발견하게 된다(벧전 1:7).

5) 수화(Hydration): 주린 영혼을 만족하게, 좋은 것으로 채우신다

"저가 사모하는 영혼을 만족게 하시며 주린 영혼에게 좋은 것으로 채워 주심이로다"(시 107:9).

여호와께서는 하나님께서 택하신 백성들의 필요를 아시며 가장 좋은 것으로 만족하게 채워 주신다. 특별히 하나님께서는 당신의 독생자를 우리를 위해 내어주심으로 그 영혼을 만족하게 하셨다(요 3:16).

6) 수면(잠)(Sleep): 사랑하는 자에게는 잠을 주신다

"너희가 일찍이 일어나고 늦게 누우며 수고의 떡을 먹음이 헛되도다 그러므로 여호와께서 그 사랑하시는 자에게는 잠을 주시는도다"(시 127:2).

솔로몬이 지은 것으로, 인간의 생사화복(生死禍福)과 모든 것을 주관하시는 분은 오직 하나님 한 분뿐이라는 사실을 확증함으로써 모든 인생이 겸손히 하나님을 의뢰하여야 할 것을 권고하는 '지혜시'이다.
하나님의 간섭을 도외시한 채 행하는 모든 일들의 헛됨을 지적함으로써 인생의 성공 여부가 사람의 경영함에 있지 않고 오직 하나님께 달려 있음을 역설한다. 하나님께서 함께하시지 않는 자는 자기 스스로 행복과 번영을 이루기 위해 온갖 수고와 노력을 다하여도 결실을 얻지 못하고 고통만 가중될 뿐이지만, 하나님께서 함께하시는 자는 하나님께서 형통케 하시므로 참된 안식과 행복을 누리게 된다. 이와 관련하여 하나님은 우리에게 마태복음 6장 33절을 주셨다.

"너희는 먼저 그의 나라와 그의 의를 구하라 그리하면 이 모든 것을 너희에게 더하시리라"(마 6:33).

7) 연습(Exercise): 육체의 연습은 약간의 유익, 경건은 범사의 유익

"육체의 연습은 약간의 유익이 있으나 경건은 범사에 유익하니 금생과 내생에 약속이 있느니라"(딤전 4:8).

참 교사로서 목회자가 힘쓸 일들을 6-16절에 말하고 있다. 다시 말하면 목회자가 힘써야 할 교육적 측면에서의 목회 지침에 관해 언급하고 있다. 목회자 자신이 먼저 주께로부터 선한 교육을 받으며 경건에 이르기를 힘쓸 뿐 아니라(6-10절) 매사에 다른 사람들의 본이 되며 말씀 연구에 힘쓰고 그것으로 사람들을 잘 가르치라는 것이다.

경건의 연습에 비해 신체의 연단은 이 세상에서 잠시 동안 유익이 있을 뿐이니 곧 적은 유익이라는 것이다. 경건 생활에 힘써 충실한 신앙생활을 하는 자들은 금생(今生)에서도 하나님 안에서 화평을 누리고(마 6:33-34), 죽어 내세(來世)에서도 영생을 누린다는 의미이다(막 10:30).

목회자의 자세를 다음과 같이 말할 수 있다.

첫째, 목회자 자신의 삶으로 본을 보임으로써 성도들이 자발적으로 따르도록 해야 한다. 그러기 위해서는 목회자가 스스로 경건 생활에 힘써야 한다는 의미다. 둘째, 자신의 주장이나 사상이 아니라 하나님의 말씀으로써 하나님께서 맡겨 주신 양 무리를 가르쳐야 한다. 그러기 위해서 목회자 자신이 먼저 말씀을 깊이 연구해야 한다. 셋째, 말씀을 가르칠 때에는 하나님 말씀의 권위를 나타내어 성도들이 순복하도록 해야 한다. 목회자 자신의 인간 모습은 뒤로하고 하나님 말씀의 권위를 앞세워야 한다. 넷째, 말씀을 가르칠 때는 쉼없이 계속적으로 가르침으로써 성도들이 그 말씀을 따라 실천적인 삶을 살 수 있도록 지도해야 한다.

8) 기쁨과 즐거움(Joy and Humor)

"느헤미야가 또 이르기를 너희는 가서 살진 것을 먹고 단 것을 마시되 예비치 못한 자에게는 너희가 나누어 주라 이날은 우리 주의 성일이니 근심하지 말라 여호와를 기뻐하는 것이 너희의 힘이니라 하고"(느 8:10).
"마음의 즐거움은 양약이라도 심령의 근심은 뼈로 마르게 하느니라" (잠 17:22).

평안하고 즐거운 마음을 유지하는 생활이 인간의 육체적 정신적 건강의 가장 중요한 근거이며, 재물이나 쾌락과 같은 요소가 인간의 건강을 보장해 주지 못한다고 선언한다. 오직 하나님을 경외함으로 마음의 평안함을 얻는 것이 영육 간에 강건한 생활을 할 수 있는 가장 좋은 방법임을 강조하고 있다.

"주께서 생명의 길로 내게 보이시리니 주의 앞에는 기쁨이 충만하고 주의 우편에는 영원한 즐거움이 있나이다"(시 16:11).

본 시는 비탄시가 많은 시편 1권(1-41편)에서 그리 흔치 않은 메시아 예언시 중의 하나다. 축복과 생명의 근원이 되시는 하나님을 믿고 부활과 영생을 확신하며 죽음의 위협도 두려워하지 않는 다윗의 신앙 고백이다. 궁극적으로는 영생의 소망과 그로 인한 영원한 기쁨을 예시하고 있다.

9) 용서(Forgiveness)

"모든 사람으로 더불어 화평함과 거룩함을 좇으라 이것이 없이는 아무도 주를 보지 못하리라 너희는 돌아보아 하나님 은혜에 이르지 못하는 자가 있는가 두려워하고 또 쓴 뿌리가 나서 괴롭게 하고 많은 사람이 이로 말미암아 더러움을 입을까 두려워하고"(히 12:14-15).

성도가 구원의 은혜에서 멀어지지 않기 위해 인내 위에 화평과 거룩함을 더하라고 권면한다. 화평과 거룩함이 없으면 거룩하신 주님께 나아갈 수 없고 결국 신앙이 퇴보하므로 모든 사람과 화평하고 거룩하도록 노력하라고 명령한다.

"너희가 사람의 과실을 용서하면 너희 천부께서도 너희 과실을 용서하시려니와 너희가 사람의 과실을 용서하지 아니하면 너희 아버지께서도 너희 과실을 용서하지 아니하시리라"(마 6:14-15).

사람의 용서가 하나님의 용서의 조건이 된다는 것은 아니며, 인간의 신앙이 하나님과의 수직적인 관계뿐 아니라 사람들과의 수평적 관계를 잘 유지하는 것도 중요함을 가르치고 있다.

10) 기다림(Waiting)

"오직 여호와를 앙망하는 자는 새 힘을 얻으리니 독수리의 날개 치며 올라감 같을 것이요 달음박질하여도 곤비치 아니하겠고 걸어가도 피곤치 아니하리로다" (사 40:31).

"이르시기를 너희는 가만히 있어 내가 하나님 됨을 알지어다 내가 열방과 세계 중에서 높임을 받으리라 하시도다"(시 46:10).

'가만히 있으라'는 단순히 동작을 멈추라는 의미가 아니라, 자기중심적인 사고를 버리고 온 세상을 당신의 뜻대로 주장하시는 하나님의 주권을 인정하라는 의미다(시 62:1, 5). 실로 세계 역사를 주관하시는 하나님의 섭리의 오묘함과 그분의 전능하심을 깨달을 때, 우리는 인간적인 생각으로 조급해하고 답답해하는 우리 자신이 지극히 미미한 존재임을 깨닫고 잠잠히 하나님 앞에 머리를 숙여 경배할 수밖에 없는 것이다.

11) 영적 쉼(Soul Rest): 수고하고 무거운 짐 진 자는 주께 가서 마음의 쉼을 얻으라

"수고하고 무거운 짐 진 자들아 다 내게로 오라 내가 너희를 쉬게 하리라 나는 마음이 온유하고 겸손하니 나의 멍에를 메고 내게 배우라 그러면 너희 마음이 쉼을 얻으리니 이는 내 멍에는 쉽고 내 짐은 가벼움이라 하시니라"(마 11:28-30).

인생의 참된 행복이 세상의 재물과 권세로 보장되는 것이 아니라, 오직 예수 그리스도의 왕적 통치를 받아들이고 그분이 주시는 안식을 누릴 때 비로소 보장되는 것을 말하고 있다. 이와 같은 일은 인간적인 노력과 지식을 통해서가 아니라 순수한 심령으로 주님께 순종하고 의지함으로써만 가능하다. 그러므로 성도들은 모든 무거운 인생의 짐과 얽매이기 쉬운 죄악을 벗어버리고, 오직 믿음의 주요 온전케 하시는 예수 그리스도를 바라보는 자들이 되어야 한다(히 12:1).

또한 성도들은 이 세상에 살면서 미리 하늘의 평안을 누리며 살아가는 자들이다. 물론 성도들도 세상 사람들과 마찬가지로 육신을 입고

이 땅에 살아가는 한 때때로 슬픔과 고통을 겪을 수밖에 없다. 하지만 그런 것들이 성도들의 내적인 평안을 깨뜨리지는 못하며, 오히려 성도들로 하여금 보다 완전한 하나님 나라를 소망하도록 만들 뿐이다. 성도들이 언제 어떤 상황 속에서나 항상 기뻐하고 범사에 감사할 수 있는 이유가 바로 여기에 있다(살전 5:16, 18).

12) 치유(Healing): 하나님을 경외하는 자에게는 의로운 해가 떠올라서 치료하는 광선을 발한다

"내 이름을 경외하는 너희에게는 의로운 해가 떠올라서 치료하는 광선을 발하리니 너희가 나가서 외양간에서 나온 송아지같이 뛰리라"(말 4:2).

'의로운 해'는 빛의 근원이 되시는 그리스도를 뜻한다. 의로운 해로 묘사된 그리스도께서 치료하는 광선을 발하신다는 것은 인간의 죄를 대속함으로 성도들에게 구원의 밝은 빛을 비추어 그들의 모든 상처와 고통을 제거하심과 아울러 하나님의 말할 수 없는 축복과 은총을 누리게 하실 것이라는 의미다. 그리스도로 말미암아 구원의 축복과 기쁨과 자유 가운데서 살게 된다.

위에서 언급한 스트레스 해소 방법을 표로 만들었다.

기도(Prayer)	빌 4:6-7	염려 말고 기도와 간구로
평강(Peace)	골 3:15	그리스도의 평강이 너희 마음을 주장하도록
매일 갱신(Daily Renewal)	고후 4:16	낙심하지 마라, 속은 날로 새롭도다
생각의 영역 (Thought life)	빌 4:8	무엇이나 참되게, 경건하게, 정결하게
	사 26:3-4	심지가 견고한 자를 평강에 평강으로
수화(Hydration)	시 107:9	주린 영혼을 만족하게, 좋은 것으로 채우신다
수면(Sleep)	시 127:2	사랑하는 자에게는 잠을 주신다
연습(Exercise)	딤전 4:8	육체의 연습은 약간의 유익, 경건은 범사에 유익

기쁨과 즐거움 (Joy and Humor)	느 8:10	주의 성일에 근심하지 말라, 여호와를 기뻐하는 것이 너희의 힘이다
	잠 17:22	마음의 즐거움은 양약, 심령의 근심은 뼈를 마르게 한다
	시 16:11	주의 앞에는 기쁨이 충만, 주의 우편에는 영원한 즐거움이 있다
용서 (Forgiveness)	히 12:14-15	모든 사람과 더불어 화평함과 거룩함을 좇으라
	마 6:14-15	사람의 과실을 용서하라
기다림(Waiting)	사 40:31	여호와를 앙망하는 자는 새 힘을 얻는다
	시 46:10	너희는 가만히 있어 내가 하나님 됨을 알지어다
영적 쉼 (Soul Rest)	마 11:28-30	수고하고 무거운 짐 진 자는 내게로 오라, 마음의 쉼이 있으니 그것을 얻으라
치유(Healing)	말 4:2	여호와를 경외하는 자에게는 의로운 해가 떠올라서 치료하는 광선을 발한다

제10부

섬기는 리더십 I
(Servant Leadership I)

섬기는 지도력
(Servant Leadership)

섬기는 리더십은 예수님 자신에 의해 잘 정의된다. 예수님은 "너희 중에는 그렇지 아니하니 너희 중에 누구든지 크고자 하는 자는 너희를 섬기는 자가 되고 너희 중에 누구든지 으뜸이 되고자 하는 자는 너희 종이 되어야 하리라 인자가 온 것은 섬김을 받으려 함이 아니라 도리어 섬기려 하고 자기 목숨을 많은 사람의 대속물로 주려 함이니라"(마 20:26-28)라고 말씀하셨다.

예수께서 세상에 오신 것은 다른 사람들로부터 섬김을 받기 위해서가 아니라, 오히려 다른 사람을 섬기고 심지어 온 인류의 구원을 위해서 자신의 목숨을 대속물로 바치시기 위해서였다. 기독교의 영역에서는 모든 리더십은 섬기는 리더십이어야 한다. "신자는 어느 누구에게도 속하지 않는 완전히 자유로운 사람이다. 동시에 신자는 모든 사람에게 종속된 완전한 의무감이 있는 종이다"라고 말할 수 있다.

종(Servant)의 여러 표현

자진해서 노예가 된 경우를 Doulos(δοῦλος, bond servant)로 표현하고, 봉사자, 일꾼, 종, 보조자, 집사 혹은 여집사로 나타내는 종의 표현은 Diakonos(διάκονος, servant/minister), 어린아이, 하인 여종은 Paidiske(παιδίσκη, attendant), 동거인, 가정 노예, 하인으로 표현할 때는 Oiketes(οἰκέτης, household servant)로 표현한다.

리더십의 정의들
(Definitions of Leadership)

여러 사람이 리더십에 대해 정의를 내렸다. 그것을 살펴보면 다음과 같다.

제임스 맥그리거 번스(James McGregor Burns)
"……사람들이 어떤 동기나 목적을 가지고 경쟁적으로, 다른 사람과 갈등하면서, 조직적으로, 정치적으로 심리학적으로, 그리고 그 밖에 다른 자극하는 것들로 다른 사람들을 움직이려고 할 때 그 따라오는 사람들의 동기를 만족시키고 그들을 끌고 가는 것이다."
(……when people with certain motives and purposes mobilize, in competition or conflict with others, institutional, political, psychological and other resources so as to arouse, engage and satisfy the motives of followers.)

톰 피터스(Tom Peters)
"앞뒤가 맞지 않는 일과 그들이 서 있는 이유를 다스리는 것이다."
(……mastering, paradoxes and what they stand for.)

존 가드너(John Gardner)
"리더십이란 개인(또는 팀 리더십)이 자신의 목표나 아랫사람과 공유된 목표를 추구하기 위해 설득이나 모본을 통해 한 단체를 유도하는 과정이다."(On Leadership)

존 맥스웰, 오스왈드 샌더스(John Maxwell and Oswald Sanders)

"리더십이란 영향력(influence), 즉 한 사람이 다른 사람들에게 영향을 미치는 능력이다."(오스왈드 샌더스, Spiritual Leadership)

반스 패커드(Vance Packard)

"당신이 해야만 하는 확신 있는 것들을 다른 사람들로 하여금 하기 원하게끔 하는 것이다."

(……getting others to want to do something that you are convinced should be done.)

조지 바나(George Barna)

"그리스도인 리더란 사람을 이끌도록 하나님께 부름 받은 자(소명), 그리스도의 성품으로 이끄는 자(성품), 리더십을 위해 기능적 능력을 발휘하는 자(능력)이다."(Leaders on Leadership)

영적 리더십의 정의들
(Definitions of Spiritual Leadership)

로버트 클린턴
"기독교 지도자란 하나님이 주신 능력과 하나님이 주신 책임감을 가지고 구체적인 그룹의 사람들에게 그들을 향한 하나님의 목적의 방향을 향하여 영향을 주는 것이다."

(A Christian leader is someone with God-given abilities and God-given responsibilities to influence a specific group of people towards the purposes of God for that group.)

헨리 블랙커비(Henry Blackaby)
"영적 리더십은 사람들을 움직여 하나님의 일을 하게 하는 것이다."
영적 리더는 사람들을 움직여 현재의 자리에서 하나님이 원하시는 자리로 가게 한다. 영적 리더는 성령께 의존하며, 하나님께 책임지며, 하나님의 사람들뿐 아니라 불신자에게도 영향을 미친다. 또한 영적 리더는 하나님의 계획에 따라 일한다.

정의에 포함되어 있는 요소
첫째, 영적 리더는 사람들을 움직여 현재의 자리에서 하나님이 원하시는 자리로 가게 한다.

이것이 영향력이다. 영적 리더는 모든 노력을 기울여 사람들이 자기 스타일을 따르는 삶에서 하나님의 목표를 추구하는 삶으로 옮겨 가게 한다. 리더들이 자기 사람들의 행동과 태도를 바꾸어 하나님의 목표 달성을 위해 전진하게 만드는 것은 '설득'과 '모본'의 과정이다. 영적 리더가 세상적 방법이 아니라 영적 수단을 써서 사람들을 움직이거나 영향력을 행사한다는 것이 이 정의의 전제다.

둘째, 영적 리더는 성령께 의존한다.

하나님은 사실상 하나님만이 하실 수 있는 일을 하도록 영적 리더를 부르셨다. 궁극적으로 영적 리더는 사람들 안에 영적 변화를 일으킬 수 없다. 오직 성령만이 그렇게 하실 수 있다. 성령은 종종 사람을 사용하여 다른 사람들 안에 영적 성장을 가져오신다(예: 모세를 통하여 이스라엘 백성을 애굽에서 출애굽하도록 하셨다). 리더는 다른 사람들을 움직여 하나님 일을 하게 하되, 그것은 궁극적으로 성령만이 이루실 수 있는 사명임을 인식해야 한다.

셋째, 영적 리더는 하나님께 책임진다.

영적 리더십에는 민감한 책임감이 필수다. 학생이 배우지 못했다면 교사가 아직 가르치지 않은 것이다. 마찬가지로 사람들이 마땅히 해야 할 바를 하지 못할 때 그들을 탓해서는 안 된다.

넷째, 영적 리더는 하나님의 사람들뿐 아니라 불신자에게도 영향을 미친다. 이것은 절대 간과해서는 안 될 중요한 사실이다. 하나님은 지역 교회뿐 아니라 지역 공장에서도 일하신다. 그분의 뜻은 예배 장소뿐 아니라 경제 시장에도 적용된다(예: 요셉의 이야기-하나님의 계획-7년 기근에서 건지고-애굽을 통해 다른 중동 사람들에게도 양식을 공급-바로 왕은 영적 리더가 아니기에-하나님은 요셉을 보내셔서 그들을 보좌케 하신다-하나님의 경고를 해석-이방 국가를 동원하여 하나님의 계획에 반응하게 하신다).

다섯째, 영적 리더는 하나님의 계획에 따라 일한다.

영적 리더십의 최대 장애물은 하나님의 뜻을 구하지 않고 자신의 생각을 추구하는 것이다. 하나님은 당신의 목표를 이루시고 당신의 나라를 넓히시고자 온 세상에서 일하신다. 그분의 목표는 당신의 사람들을 자기중심적 태도와 죄악된 욕심에서 돌이켜 당신께로 끌어들이는 것이다(예: 예수님이 베드로, 요한, 야고보를 데리고 변화산에 가셨을 때의 이야기, 눅 9:33). 이야기의 결론을 보면, 베드로는 하나님의 생각을 이해하고 거기에 자신의 삶을 조정하려 하기보다 예수님을 비롯해서 거기 있던 모두의 삶을 자신의 계획에 맞춰 조정하려 했다. 베드로의 실수는 영적 리더들에게서 다반사로 일어나고 있다.

리더와 영적 리더의 다른 점

리더들은 공격적 목표를 세우고, 원대한 꿈을 세우고, 거대한 비전을 내놓는다. 그리고는 하나님께 그 일에 합세하여 자기 노력에 복을 내려 달라고 기도하며 간구한다. 이것은 영적 리더가 할 일이 아니다.

영적 리더는 자기 교회를 위해서든, 기업체를 위해서든 하나님의 뜻을 구하고, 사람들을 하나로 모아 하나님의 계획을 추구해야 한다. 영적 리더십의 핵심은 영적 리더가 자신과 자기 조직을 향한 하나님의 뜻을 깨닫는 것이다. 그다음에 사람들을 움직여 자신의 계획을 버리고 하나님의 계획에 따르게 하는 것이다.

영적 리더십의 핵심

영적 리더십의 핵심은 하나님과의 '친밀한 관계'이다. 예수님 사역의 핵심은 아버지와의 관계이다. 지도력은 영성이다. 친밀감은 사역의 시작이자 끝이다. 친밀감은 교제를 통하여 형성된다. 친밀감은 실제적인 시간을 드린 교제를 통하여 형성된다. 실제적인 시간을 드리기 위하여 시간이 관리되어야 한다. 하나님과의 친밀감은 하나님의 은혜를 받는 중요한 통로이다.

섬기는 지도력의 원리
(Principles of Servant Leadership by Dr. Stonier)

성경에서 말하는 섬기는 지도력의 원리는 다음과 같다(Foundations in Bible).

1) 출발점은 하나님이시다(요 15:5; 고전 3:6)
(The starting point of leadership ministry is God, not human activity)

"나는 포도나무요 너희는 가지니 저가 내 안에, 내가 저 안에 있으면 이 사람은 과실을 많이 맺나니 나를 떠나서는 너희가 아무것도 할 수 없음이라" (요 15:5).
"나는 심었고 아볼로는 물을 주었으되 오직 하나님은 자라나게 하셨나니" (고전 3:6).

생명의 근원은 예수 그리스도이시다. 예수님께서는 자신을 참 포도나무로, 그리고 성도들을 포도나무의 가지로 비유함과 동시에 성부 하나님을 포도원 농부에 비유하심으로 상호간의 연합 관계에 대하여 교훈하신다. 성도들은 예수께 전적으로 의존할 때만이 생명을 유지할 수 있다. 그리스도 안에 거한다는 것은 '그가 행하시는 대로 자기도 행하는 것'이다(요일 2:6). 그러면 본 장에서 예수께서 말씀하시는 대로 '열매를 맺는 것'이다. 예수께서 하나님 안에 계시듯이 신자들은 그리스도의 주권과 섭리 아래 거해야 하고, 하나님이 예수 안에 계시듯이 성도들은 그리스도를 영접함으로(계 3:20) 우리 안에 그리스도를 모셔야 한다. '나를 떠나서는 너희가 아무것도 할 수 없음'이라고 선언하신다. 섬기는 리더십의 근원이 하나님께 속해 있고, 출발점은 인간의 활동이 아니고 하나님께 있음을 알 수 있다.

2) 성경이 지도력을 인도한다(사 55:6-11)
(The guide for leadership is the Bible, not human wisdom)

"너희는 여호와를 만날 만한 때에 찾으라 가까이 계실 때에 그를 부르라……하늘이 땅보다 높음같이 내 길은 너희 길보다 높으며 내 생각은 너희 생각보다 높으니라"(사 55:6, 9).

지혜는 영적이고 도덕적인 진리를 바르게 판단함을 말한다. 지혜에는 두 가지가 있다. 하나는 하나님이 주신 지혜이고, 다른 하나는 사람이 만든 인위적인 지혜이다. 어려울 때, 곤고할 때, 외로울 때 지혜가 필요하다. 그리스도인이 성령이 충만할 때, 성령님은 지식을 바르게 사용하고 적용하도록 지혜를 주신다. 지혜는 지도자에게 균형을 부여한다. 지혜는 하늘의 분별력을 뜻한다. 바로 지금 하늘의 지혜를 구하라. 그러면 하나님은 그 지혜를 풍성히 부어 주실 것이다. 지도력을 인도하는 것은 사람의 지혜가 아니라 성경 말씀이다.

3) 섬기는 리더십의 초점은 사람이다(요 3:16; 살전 2:8)
(The focus of leadership is people, not programs)

"하나님이 세상을 이처럼 사랑하사 독생자를 주셨으니 이는 저를 믿는 자마다 멸망치 않고 영생을 얻게 하려 하심이니라"(요 3:16).

하나님은 진실로 모든 사람이 구원을 받으며 진리를 아는 데 이르기를 원하신다(딤전 2:4). 우리를 사랑하사 영원 전부터 그 사랑을 보여 주셨고, 십자가에서 구체적으로 드러내셨는데, 그 사랑은 자기희생적이며 무한한 사랑이다. 예수는 참 하나님이시며 영원 전부터 계시는 하나님의 유일무이한 아들로서 동일한 신적 속성을 지니신 분이다. 하나님이 세상을 이처럼 사랑하사 독생자를 주신 목적은 그를 믿는 자마다 영생을 얻게 하려 하심이다. 하나님의 이 세상 사랑, 인간 사랑을 말하고 있다. 섬기는 리더십의 초점은 프로그램이 아니고 사람이다.

4) 섬기는 리더십의 목표는 하나님께 영광이다(신 10:12)

(The goal of leadership is to glorify God in maturing Christians, not simply decisions)

"이스라엘아 네 하나님 여호와께서 네게 요구하시는 것이 무엇이냐 곧 네 하나님 여호와를 경외하여 그 모든 도를 행하고 그를 사랑하며 마음을 다하고 성품을 다하여 네 하나님 여호와를 섬기고"(신 10:12).

본문은 우리에게 몇 가지 교훈을 말씀하고 있다. 첫째는 하나님을 경외하라는 말이다. 하나님의 존귀와 위엄에 대하여 두려움과 존귀를 가지고 그분에게 모든 존귀와 영광을 돌리라는 말씀이다. 둘째는 하나님께서 명하신 모든 도(道)를 행하라는 것이다. 셋째는 하나님을 사랑하라는 말씀이다. 넷째는 마음과 뜻과 성품을 다하여 하나님을 섬기고 그분이 명하신 규례를 지키라는 말씀이다. 섬기는 리더십의 목표는 하나님을 사랑하고 모든 영광은 하나님께 돌리는 것이다.

5) 공동체가 우선이다(롬 12:3-8)

(The environment for leadership is community, not individualism)

"내게 주신 은혜로 말미암아 너희 중 각 사람에게 말하노니 마땅히 생각할 그 이상의 생각을 품지 말고 오직 하나님께서 각 사람에게 나눠 주신 믿음의 분량 대로 지혜롭게 생각하라 우리가 한 몸에 많은 지체를 가졌으나 모든 지체가 같은 직분을 가진 것이 아니니 이와 같이 우리 많은 사람이 그리스도 안에서 한 몸이 되어 서로 지체가 되었느니라 우리에게 주신 은혜대로 받은 은사가 각각 다르니 혹 예언이면 믿음의 분수대로, 혹 섬기는 일이면 섬기는 일로, 혹 가르치는 자면 가르치는 일로, 혹 권위하는 자면 권위하는 일로, 구제하는 자는 성실함으로, 다스리는 자는 부지런함으로, 긍휼을 베푸는 자는 즐거움으로 할 것이니라"
(롬 12:3-8).

본문은 성도의 삶의 현장 중 가장 중요한 교회 안에서의 삶에 대해 기록하고 있다. 하나님은 교회 안의 모든 성도들에게는 각자 그 믿음의 분량대로 하나님께서 주신 은사가 있다는 사실과 그 은사대로 모든 성도들이 서로 지체의식을 가지고 자신들이 해야 할 일들을 충실히, 그리고 기쁜 마음으로 실행할 것을 권한다. 섬기는 리더십의 영역은 개인주의가 아니라 공동체임을 알자.

6) 섬기는 리더십의 여정은 재생산에 있다(딤후 2:2)

(The process of leadership ministry is spiritual reproduction and multiplication)

"또 네가 많은 증인 앞에서 내게 들은 바를 충성된 사람들에게 부탁하라 저희가 또 다른 사람들을 가르칠 수 있으리라"(딤후 2:2).

바울은 디모데에게 많은 증인들 앞에서 전해 들은 기독교 진리를 다른 사람들에게 부탁할 것을 권면하고 있다. 바울은 이렇게 기독교 교리를 부탁하는 일은 아무에게나 가볍게 할 수 있는 것이 아니며, 충성된 사람에게 한정되어야 한다고 못 박고 있다. 그 이유는 말씀을 부탁받은 자는 또 다른 사람들을 가르쳐야 하기 때문이다. 따라서 그들은 마땅히 다른 사람을 가르칠 수 있는 자격을 갖춘 자여야 하며, 기독교 진리를 계승하는 데 열심인 사람이어야 한다. 섬기는 리더십의 여정은 영적 재생산과 증식에 있다.

7) 섬기는 리더십의 성장은 소명에 있다(렘 1:5; 딤전 5:22)
(Servant leadership grows from a calling not ambition)

"내가 너를 복중에 짓기 전에 너를 알았고 네가 태에서 나오기 전에 너를 구별 하였고 너를 열방의 선지자로 세웠노라 하시기로"(렘 1:5).

본 절은 예레미야의 소명 과정과 사역의 특징을 기록한 구절이다. 본 절에서 예레미야의 성직자 직이 임시방편적인 처방이 아니라 하나님의 영원하신 섭리와 경륜 가운데서 계획된 것임을 말해 준다. 이런 사례는 삼손이나(삿 13:3-5) 세례 요한의 출생(눅 1:13-17) 때에도 발견된다. 하나님의 선택은 영원 전부터 계획된 것임을 보여준다(엡 1:4). 따라서 하나님의 이 같은 선택에 의해 부름 받은 당사자는 순종할 수밖에 없으며, 하나님을 영원토록 찬송할 뿐이다. 섬기는 리더십은 야망이 아니라 하나님의 선택하심에 의해 성장한다.

8) 섬기는 리더십은 인격에 의해 성장한다(딤전 3장; 딛 1)
(Servant leadership grows from character not ability)

인격이란 정직성, 책임감, 성실성, 용기처럼 시간이 지나도 변치 않는 인간의 내면적 특질을 말한다. 섬기는 리더십은 능력에 의해서가 아니라 인격에 의해 성장한다.

디모데전서 3장은 감독과 집사의 자격에 관해 언급하고 있다. 강의한 내용 그대로 영문으로 정리한다.

① Social Qualification;(1 Timothy 3:2)
With respect to relationships within the church, the leader is to be

above reproach.
With respect to relationships outside the church, the spiritual leader is to enjoy a good reputation.

② Moral Qualifications;(1 Timothy 3:2)
Faithfulness to one marriage partner is the biblical norm.
Must be temperate,
Not addicted to alcohol.

③ Mental Qualifications;(1 Timothy 3:2)
Must be ready and able to teach.
Must be respectable.
Possess a sound mind.
A well-ordered life
Should reflect the beauty and orderliness of God.

④ Personality Qualification;(1 Timothy 3:3)
The Christian leader must be genial and gentle, not a lover of controversy.
Must be hospitable.
One who correct and "redresses the injustices of justice"
One who remembers good rather than evil?
Covetousness and the love of money disqualify a person for leader.

⑤ Domestic Qualifications;(1 Timothy 3:3)
The Christian leader who is married must demonstrate the ability to "manage his own family well and see that his children obey him with proper respect."

⑥ Maturity;(1 Timothy 3:10)

Spiritual maturity is indispensable to good leadership.
Qualifications for deacon, Paul urges, "They must first be tested"
A person not ready for leadership "may become conceited and fall under the same judgment as the devil."

9) 섬기는 리더십은 마음으로 성장한다(삼상 16:7)
(Servant leadership grows from the heart not the personality)

"여호와께서 사무엘에게 이르시되 그 용모와 신장을 보지 말라 내가 이미 그를 버렸노라 나의 보는 것은 사람과 같지 아니하니 사람은 외모를 보거니와 나 여호와는 중심을 보느니라"(삼상 16:7).

성격이란 겉으로 드러난 성향을 가리키는 것으로, 수줍음이 많다든가, 유머 감각이 풍부하다든가 하는 것을 성격이라 한다.

본 절은 여호와께서 사무엘 선지자를 통해서 다윗을 새 왕으로 선택하시는 과정을 기록한 구절이다. 하나님께서 성도들을 택하심은 세상의 미련한 것, 약한 것, 천한 것, 멸시받는 것, 없는 것들을 택하심이 그 특징인데 '이는 아무 육체라도 하나님 앞에서 자랑하지 못하게 하려 하심'임을 명심하게 한다(고전 1:29).

인간은 육신의 눈으로 사람을 판단하나 하나님께서는 사람의 생각을 꿰뚫어 보는 영적 눈을 가지고 사람을 판단하시는 것이다(잠 16:2; 롬 8:27; 살전 2:4). 섬기는 리더십은 겉으로 드러나는 성향인 성격이 아니라 마음의 중심으로 성장한다.

10) 섬기는 리더십은 영적 은사에 의해 성장한다(고전 12장)
(Servant leadership grows spiritual gifts not natural talents)

고린도전서 12장은 은사의 다양성과 통일성에 대한 말씀이다. 본장은 크게 세 부분으로 나뉜다.

전반부(1-11절)에서는 성도 각자가 받은 은사의 내용은 다양하지만 이 모든 것이 하나의 성령을 통하여 받은 점에서 통일성(unity)이 있음을 말한다.

중반부(12-27절)에서는 성도는 교회의 유일한 신앙의 대상이라고 말한다. 또한 교회 설립의 유일한 주체이신 한 분 그리스도 안에서 모든 성도가 유기적 통일 관계를 이루고 있는 교회 공동체의 일원임을, 하나의 몸 안에서 여러 지체가 통일을 이루고 있는 사실을 비유를 들어 강조한다. 성도는 그 다양한 은사를 교회 안에서 그리스도와 성도의 유익을 위한 한 목적으로 사용해야 할 필연적 당위성을 암시하기 위해서였다.

후반부(28-31절)는 결론으로, 성도 각자 자신이 받은 다양한 은사를 자랑하거나 불평하지 말고 오직 교회의 유익과 그리스도의 영광을 위하여 사용할 것을 권면하고 있다. 그러므로 다양한 은사를 받은 섬기는 자들의 리더십은 이러한 영적 은사에 의해 성장한다. 섬기는 리더십은 타고날 때부터 소유한 달란트에 의해 성장하는 것이 아니다.

11) 섬기는 리더십은 믿음에 의해 성장한다(잠 29:18)
(Servant leadership grows from faith not program)

"묵시가 없으면 백성이 방자히 행하거니와 율법을 지키는 자는 복이 있느니라"
(잠 29:18).

'묵시'란 본래 꿈이나 계시 혹은 신탁을 가리키는 단어로, 넓은 범위의 예언 중에서도 독특한 양식으로 주로 종말론적 내용을 다루는 좁은 범위의 특정 예언(prophecy)을 가리키는 신학적 용어이다. '방자히 행하다'는 '멸망하다' 혹은 '포로가 되다'란 의미이다.

본 절에서는 어느 때 어느 사회든지 하나님의 말씀을 담대히 외치는 자의 소리가 들리지 않고 하나님의 말씀과 계명이 가르쳐지지 않는 사회는 부패하여 결국 멸망하지만, 하나님의 말씀과 계명이 잘 가르쳐지고 그것을 지키는 사람이 많아지면 그들과 그들이 속한 사회는 만복의 근원이신 하나님으로부터 반드시 복을 받게 된다는 사실을 부각시키고 있다.

섬기는 리더는 하나님의 말씀을 담대히 외치는 자이며 잘 가르치는 자이다. 이러한 자들이 확실한 믿음 아래서 성도들을 섬길 때 리더십은 성장하게 된다.

12) 섬기는 리더십은 성령 충만함에 의해서 성장한다(엡 5:15-20)
(Servant leadership grows from being Spirit-filled not self-seeking)

"술 취하지 말라 이는 방탕한 것이니 오직 성령의 충만을 받으라"(엡 5:18).

'성령 충만'이란 내 안에 거하시는 성령님께 온전히, 그리고 지속적으로 순종함으로써 매 순간 그분의 지배와 인도를 받으며 하나님만 바라보고 사는 삶을 유지하는 상태이다. 하나님의 영이요 그리스도의 영이신 성령 하나님은 나의 의지적인 믿음의 결단을 통해 그리스도를 나의 구세주로 영접할 때 내 안에 거하시기 시작하며, 성령님께서 내 안에 거하실 때 비로소 새로운 생명의 삶, 즉 하나님과 교제하는 삶을 시작하게 된다. 에베소서 5장 15-20절에서 사도 바울은 "술 취하지 말라 이는 방탕한 것이니 오직 성령의 충만을 받으라"고 가르치면서, '성령 충만'이 어떤 일회적 감정의 상태가 아닌 지속적인 간구와 꾸준한 노력을 유지해야 하는 것임을 일깨워 준다.

분명 성령 충만은 하나님께로부터 주어지는 선물이다. 그러나 일방적이고 수동적인 기다림만으로 아무에게나 주어지는 '값싼 은혜'가 아니다. 성령 충만은 이를 받고자 하는 이의 의지적 결단과 간구함을 필요로 한다. 성령 충만은 많은 사람들이 오해하는 것과 같이 감정적인 황홀경에 빠지는 일시적인 현상을 칭하는 말이 아니다. 이것은 일회적으로 끝나버리는 격정적인 감정이나 느낌이 아니라 삶을 살아가는 동안 늘 현재형으로 계속되는 현실이며 상황이다. 성령 충만은 매 순간 성령님의 인도하심을 간구하며 그분의 뜻을 좇아 거룩하게 살면서(갈 5:16, 25) 성령의 열매를 맺어가는 상태요 삶을 뜻한다.

따라서 이것은 언제나 계속적인 자기 부인을 훈련하며, 하나님의 뜻에 순종하며 살고자 하는 치열한 영적 싸움을 동반할 수밖에 없다. 우리 속에 내주하시는 성령님께 지속적으로 순종하며 살아갈 때 강물처럼 넘치는 충만한 삶을 살게 되며, 이러한 성령님의 능력으로 그리스도의 성품이 우리 안에 나타남으로 그리스도의 형상, 즉 창조의 원래 의도에 맞는 참된 인간의 모습을 회복하기 시작한다.

성령 충만을 받고 이러한 삶을 지속적으로 유지하려면 우선 날마다 성령 충만을 간구해야 한다. 이를 위해 꾸준한 하나님과의 교제시간 즉 기도와 말씀 묵상은 필수이다(http://www.koreanbiblestudy.org/). 성령 충만한 삶을 사는 리더는 성령 충만함 속에서 성도를 섬김으로 섬기는 리더십을 성장시킬 수 있다.

13) 섬기는 리더십은 하나님을 의지함으로 성장한다(요 15:5)
(Servant leadership grows from being God dependent not independent)

"나는 포도나무요 너희는 가지니 저가 내 안에, 내가 저 안에 있으면 이 사람은 과실을 많이 맺나니 나를 떠나서는 너희가 아무것도 할 수 없음이라" (요 15:5).

생명의 근원은 예수 그리스도이시다. 예수님께서는 자신을 참 포도나무로, 그리고 성도들을 포도나무의 가지에 비유함과 동시에 성부 하나님을 포도원 농부에 비유하심으로써 상호간의 연합 관계에 대하여 교훈하신다. 성도들은 예수께 전적으로 의존할 때만이 생명을 유지할 수 있다. 그리스도 안에 거한다는 것은 '그가 행하시는 대로 자기도 행하는 것'이다(요일 2:6).

본 장에서 예수님이 말씀하시는 대로 '열매를 맺는 것'이다. 예수께서 하나님 안에 계시듯이 신자들은 그리스도의 주권과 섭리 아래 거해야 하고, 하나님이 예수 안에 계시듯이 성도들은 그리스도를 영접함으로(계 3:20) 우리 안에 그리스도를 모셔야 한다. '나를 떠나서는 너희가 아무것도 할 수 없음'이라고 선언하신다. 섬기는 리더십의 근원이 하나님께 속해 있고, 출발점은 인간의 활동이 아니고 하나님께 있음을 알 수 있다. 성도들을 섬기는 리더들 역시 예수께 전적으로 의존할 때만이 생명을 유지할 수 있다.

14) 섬기는 리더십은 섬김으로 성장한다(요 13:13-15; 마 20:27)
(Servant leadership grows from servanthood not dominance)

"너희가 나를 선생이라 또는 주라 하니 너희 말이 옳도다 내가 그러하다 내가 주와 또는 선생이 되어 너희 발을 씻겼으니 너희도 서로 발을 씻기는 것이 옳으니라 내가 너희에게 행한 것같이 너희도 행하게 하려 하여 본을 보였노라"(요 13:13-15).

그리스도를 본받아 성도들을 섬기는 봉사는 성도들의 삶 가운데 반드시 구현되어야 한다. 15절은 매우 특이한 구절이다. '그리스도가 보이신 본'이라는 의미로는 본 절이 유일한 용례이다. 세족식이 이 당시만 행해진 특별한 사건이 아니라 후대에도 성례전으로 시행된 적이 있음을 교회사를 통해 알 수 있다. 어거스틴 시대에 이미 고난 주간 가운데 목요일에 행해진 세족식을 기념하는 세족 목요일(Maundy Thursday)에 이 의식이 행해졌고 지금까지도 로마 교황에 의해 실행되고 있다. 한동안은 영국교회와 모라비안 교도들도 시행했고 일부 침례교를 비롯한 개신교 일각에서 지금까지도 시행하고 있다.

  하지만 여기서 예수님의 강조점은 세족식의 반복적 성례전화에 있지 않은 것이 자명하다. 세족식에서 우리는 다음 두 가지의 의미를 상기할 필요가 있다. 첫째는 죄 씻음의 상징이고, 둘째는 섬김의 실천적 행동이라는 측면이다. 곧 첫째는 그리스도 예수 아닌 그 어떤 사람(교황이라도)에 의해 실행될 수 없고, 둘째는 반드시 발을 씻기는 섬김만이 아니라 다양한 방법으로서의 섬김의 행동이어야 한다고 확대 해석해야 한다. 그래서 이 '그리스도가 보이신 본'의 실천은 그 의식을 반복하는 것이 아닌 신자들 서로간의 모든 관계에 계속적으로 적용되어야 하는 것이다. 성도들을 섬기는 리더십은 실천적 행동이며 섬김으로 성장한다.

성경적 지시(Biblical Directives)

리더십의 성경적 기능(Leadership Functions)

1) 기도와 말씀의 사역자(Prayer & the ministry of the word, 행 6:1-4)

"형제들아 너희 가운데서 성령과 지혜가 충만하여 칭찬 듣는 사람 일곱을 택하라 우리가 이 일을 저희에게 맡기고 우리는 기도하는 것과 말씀 전하는 것을 전무하리라 하니"(행 6:3-4).

처음으로 교회 조직이 형성되는 과정을 통하여, 교회 직분자의 직무가 복음 전도와 봉사 생활에 있을 보여준다. 초대교회 공동체에서 효과적으로 복음 전파와 봉사를 병행하기 위해 일곱 집사를 임명하는 과정을 6장 1-7절에서 보여주고 있다. 중심 내용은 다음과 같다.

첫째, 일곱 집사를 세우게 된 동기이다. 일곱 집사 선출 동기는 주님의 교회를 하나 되게 하고 사랑으로 서로 섬기기 위한 것이다.

둘째는 일곱 집사의 자격이다. 집사의 자격은 성령과 지혜가 충만하여 칭찬 듣는 사람이다(3절).

셋째는 집사의 직무다(3-4절). 사도들은 기도와 말씀 전파에 전념하고 집사들은 구제와 봉사의 책무를 담당하였다. 그러나 후에 일곱 집사의 비중이 커지면서 점차 말씀 전하는 일(행 7장, 8:40)이나 기사와 표적까지 행하는(행 8:6) 교회 지도자로 성장했다.

넷째가 집사 선출 방법이다(5-6절). 일곱 집사는 온 교인이 참여하는 가운데 택하여졌으며 사도들의 기도와 안수에 의해 인정되었다.

다섯째는 집사의 선출 결과이다(7절). 일곱 집사 선출 후에 교회는 사랑으로 하나가 되었으며, 질적으로나 양적으로나 계속 성장하였고, 심지어 복음 증거를 박해하던 제사장의 무리까지 복음을 받아들이는 놀라운 역사가 일어났다.

2) 감독, 목자, 혹은 본을 보이는 사람(Overseers, shepherds, examples, 행 20:28; 딤전 3:2, 5:7; 벧전 5:1-3)

"너희는 자기를 위하여 또는 온 양 떼를 위하여 삼가라 성령이 저들 가운데 너희로 감독자를 삼고 하나님이 자기 피로 사신 교회를 치게 하셨느니라"(행 20:28).
"그러므로 감독은 책망할 것이 없으며 한 아내의 남편이 되며 절제하며 근신하며 아담하며 나그네를 대접하며 가르치기를 잘하며"(딤전 3:2).
"네가 또한 이것을 명하여 그들로 책망받을 것이 없게 하라"(딤전 5:7).

사도행전 20장 17-38절에서 바울의 인격과 참된 신앙인의 모습을 느낄 수 있다. 바울은 겸손과 눈물과 인내의 사람이었다(19절). 복음을 전파하는 데 용기와 열정을 가진 사람이었다(20-24절). 또 무흠하고 충성스러운 사람이었다(26-27절). 그는 영적 통찰력과 분별력이 있었으며(28-30절), 사심이 없고 사랑과 긍휼을 가진 사람이었다(31-35절). 바울의 이러한 모습은 오늘날 목회자들에게는 물론 모든 성도들에게 어떠한 모습으로 살아야 할지 지표(指標)를 제공한다.

3) 하나님의 치유 사역의 도구(Vessels of God' healing ministry, 마 10:8; 약 5:14)

"병든 자를 고치며 죽은 자를 살리며 문둥이를 깨끗하게 하며 귀신을 쫓아내되 너희가 거저 받았으니 거저 주어라"(마 10:8).
"너희 중에 병든 자가 있느냐 저는 교회의 장로들을 청할 것이요 그들은 주의 이름으로 기름을 바르며 위하여 기도할지니라"(약 5:14).

마태복음 10장 8절에 언급된 네 가지의 이적은 병든 자에 대한 신체적 치유, 죽은 자에 대한 존재론적 치유, 문둥병자에 대한 종교적 의식적 치유, 귀신 들린 자에 대한 영적 정신적 치유로 크게 구분된다. 이러한 이적들은 예수께서 제자들에게 부여하신 권능이 완전한 것이었음을 시사한다. '거저 받았으니 거저 주어라'의 의미가 중요하다. 복음을 전파하는 전도자가 지켜야 할 매우 중요한 규칙으로 '선물로 받았으니 값없이 주라'는 것이다. 이것은 곧 복음 전도를 위한 도구로서의 권능을 사리사욕을 위해 쓰지 말라는 것이다(사 55:1).

4) 훈련시키고 준비시키는 사람(Equippers and trainers for ministry, 엡 4:11-12)

"그가 혹은 사도로, 혹은 선지자로, 혹은 복음 전하는 자로, 혹은 목사와 교사로 주셨으니 이는 성도를 온전케 하며 봉사의 일을 하게 하며 그리스도의 몸을 세우려 하심이라"(엡 4:11-12).

본 절에서는 그리스도께서 각 성도들에게 나눠 주신 각양의 은사에 따라 주신 교회 직분을 소개하고 있다. 여기에 소개되는 교회 직분은 고린도전서 12장 28절에 소개되는 직분과 크게 다르지 않다.

첫째, '사도'이다.

사도는 '보냄을 받은 자'라는 뜻이다. 신약성경에서는 이 단어가 다음과 같은 의미로 사용되었다. ① 모든 그리스도인들에 대하여 사용되어 그리스도의 대사요 증인으로서 세상에 파송됨을 의미(요 13:16, 17:18, 20:21), ② 교회의 사도들로서 교회의 사명을 맡아 교회에 의하여 파송된 자들을 가리키는 말(고후 8:23; 빌 2:35), ③ 그리스도의 사도들로서 예수님의 열두 제자와 바울과 주의 형제 야고보를 포함한 무리를 가리키는 말(행 1:21-22, 10:40-44; 고전 9:1, 15:8-9)이다. 본 절에서는 ③의 의미로 쓰였다.

둘째, '선지자'이다.

구약성경에서 '선지자'는 '여호와의 회의에 참여한 자', '여호와의 입으로부터 말하는 자'로 불렸다(렘 23:16-32). 즉 선지자는 하나님의 대변자요 직접적인 계시의 전달자였다. 이러한 선지자는 초대교회에서 사도직과 함께 매우 중요한 역할을 감당했다. 그들은 때로는 미래를 예견하였고(행 11:28, 21:9, 11), 하나님 말씀을 전달함으로써 인간들로 죄를 깨닫게 하는가 하면(고전 14:24), 훈계의 말씀으로 교회에 새로운 힘을 더하여 주기도 했다(행 15:32). 안디옥 교회의 유다와 실라(행 15:32)를 비롯하여 빌립의 네 딸들(행 21:9) 등은 초대교회의 이름난 선지자들이었다.

셋째, '복음 전하는 자'이다.

이들의 임무는 사도들 밑에서 여러 각지를 순회하면서 전도하는 것이었다. 빌립은 '전도자'라고 불렸고(행 21:8), 디모데는 '전도인의 일을 하라'는 사도 바울의 교훈을 받았다(딤후 4:5).

넷째, '목사'와 '교사'이다.

'목사'는 '목자'라는 뜻이다. 즉 목자장이신 그리스도(히 13:20; 벧전 2:25, 5:4)의 양 무리(요 21:15-17; 벧전 5:2)를 맡아 영적 양식으로 먹이고, 그들을 외부의 위험으로부터 보호하는 직분을 뜻한다. '교사'는 '가르치다'에서 유래된 말로 목사와 거의 같은 의미를 갖는다. '목사'는 직분의 관점에서, '교사'는 목사가 갖는 직무의 한 측면인 가르치는 일을 하는 것과 관련해서 반복하여 기록했다고 본다.

5) 가르치는 자, 제자 삼는 자(Teachers and disciples, 딤후 2:2)

"또 네가 많은 증인 앞에서 내게 들은 바를 충성된 사람들에게 부탁하라 저희가 또 다른 사람들을 가르칠 수 있으리라"(딤후 2:2).

바울은 디모데에게 많은 증인들 앞에서 전해 들은 기독교 진리를 다른 사람들에게 부탁할 것을 권면하고 있다. 바울은 이렇게 기독교 교리를 부탁하는 일은 아무에게나 가볍게 행하여질 수 있는 것이 아니라 충성된 사람에게 한정되어야 한다고 못 박고 있다. 그 이유는 말씀을 부탁받은 자는 또 다른 사람들을 가르쳐야 하기 때문이다. 따라서 그들은 마땅히 다른 사람을 가르칠 수 있는 자격을 갖춘 자들이어야 하며, 기독교 진리를 계승하는 데 열심인 사람이어야 한다.

6) 목장을 보호하는 자(Protectors of flock against error, 행 20:29-31; 딛 1:9)

"내가 떠난 후에 흉악한 이리가 너희에게 들어와서 그 양 떼를 아끼지 아니하며 또한 너희 중에서도 제자들을 끌어 자기를 좇게 하려고 어그러진 말을 하는 사람들이 일어날 줄 내가 아노니 그러므로 너희가 일깨어 내가 삼 년이나 밤낮 쉬지 않고 눈물로 각 사람을 훈계하던 것을 기억하라"(행 20:29-31).

바울은 에베소 교회에 장차 일어날 일을 예견하며 이러한 일을 경계할 것을 권고하고 있다. '흉악한 이리'란 거짓된 교리를 가지고 기독교를 부정하면서 믿는 자들을 넘어지게 하는 영지주의자(Gnostics)나 유대주의자 또는 그 밖의 거짓 선지자들을 의미한다. 또한 교회 내에서도 자기를 추종하게 하려고 복음을 곡해하고 성도를 그릇된 길로 인도하는 내부적인 적이 있을 수 있음을 시사해 준다. 실제로 에베소 교회에는 바울의 예견과 같이 니골라당이라는 이단이 생겨 분열을 획책하였다(딤후 1:15, 2:17; 계 2:1-7).

'일깨어'는 '깨어 있으라'는 말이다. 이는 곧 밖에서의 이리(29절)와 안에서의 거짓 교사(30절)를 생각하면서 항상 영적으로 각성해 있어 주의를 기울여야 한다는 의미다.

7) 성경을 연구하고, 먹이고, 인도하는 자(Laboring in doctrine, feed and lead)(딤전 5:17; 벧전 5:2)

"잘 다스리는 장로들을 배나 존경할 자로 알되 말씀과 가르침에 수고하는 이들을 더할 것이니라"(딤전 5:17).

바울은 장로에 대한 예우 문제에 관해 이야기한다. 이들은 교회를 다스리고 감독의 직을 수행하기도 했다(행 20:17; 딛 1:5-7). 한편 장로는 크게 '가르치는 장로'와 '다스리는 장로'로 구분되었는데, 초대교회에서 이러한 직분이 분명하게 공식적으로 제도화된 것은 대체로 초대교회 형성기를 지나 확장기에 이르렀을 즈음의 일로 추측된다. 치리 장로와 말씀을 가르치는 장로, 즉 목사를 의미한다.

제11부

섬기는 리더십 II
(Servant Leadership II)

리더들이 하기 쉬운 실수
(Deadly Dozen-Ease to Mistake)

1) 팀을 만들지 않는다(Not building a team)

섬기는 리더가 팀 구성을 두려워하는 경우 팀의 발전은 없다. 섬기는 리더는 자신만이 모든 일을 할 수 있다고 생각하고 홀로 팀을 운영하며 이끌어 나가려 할 때 많은 장애물을 만나기 쉽다. 팀워크가 잘 이루어질 때 팀은 부흥한다.

미국 프로 풋볼 경기에서 만년 꼴찌를 벗어나지 못하던 세인트루이스 팀을 슈퍼볼 우승의 주인공으로 만든 딕 버메일 감독(Richard Albert 'Dick' Vermeil)은 "조직을 승리로 이끄는 힘의 25%는 실력이고, 나머지 75%는 팀워크다"라고 말했다.

팀워크 활용의 대표적 성공 사례로 불리는 GE에서는 영업성과를 150% 달성했더라도 팀워크가 미흡한 사람은 즉각 교체 대상이 된다. 만약 그가 팀워크를 적절하게 발휘했다면 150%를 훨씬 넘는 영업성과를 달성할 수 있었을 것으로 판단하기 때문이다. 2012년 발표된 GE의 리더십 철학이 '모두가 함께 상승하다'(Together, We All Rise)라는 점에 비춰보면 이는 그리 놀랄 만한 사실도 아닐 것이다.

예수님도 제자들을 파송할 때에 두 명씩 짝을 지어 보내셨다(막 6:7). 예상되는 핍박과 환난 중에 서로 격려하고(전 4:9), 복음 증거의 유효성을 위해(마 18:16; 요 8:17; 고후 13:1; 딤전 5:19) 둘씩 짝을 지어 파송하신 것이다.

2) 일을 사람보다 중요하게 여긴다(Putting tasks before people)

"인사(人事)는 만사(萬事)다"란 말이 있다. 사람이 어떠한 일보다도 중요하다는 의미다. 모임의 규모가 어느 정도 규모에 도달하면 최고 경영자가 직접 관리할 수 있는 범위는 한계에 이른다. 결국 사람에 의해 조직이 관리되고 최고 경영자는 인재(사람)를 관리하는 역할을 수행해야 한다. 경영은 사람이 완성한 일을 통해서다. 그래서 인재를 찾아내고 인재를 다룰 줄 아는 일이 최고 경영자의 역할이다. 그러기 위해서는 사람을 잘 써야 한다. 집안, 학벌, 출신지를 보지 말고 오직 능력 자체만 보고 고용하라. 믿지 못하면 뽑지 말고, 뽑았으면 믿어라. 완벽한 기준, 완전하게 다재다능한 사람은 없다. 인재를 찾은 후에는 환경이 사람을 만든다.

또한 인재를 정확하게 평가할 수 있어야 한다. 사람이 회사(모임)를 만든다. 현재 같이 일하고 있는 사람들 가운데서 묻혀 있는 인재를 찾는 일도 중요하다. 다른 능력을 가진 사람을 다양하게 구사할 수 있다면 최고 경영이다.

고용한 후 혹은 그룹이 만들어진 후에는 사람을 믿어라. 그들에게 일을 맡겨라. 말하기는 더디 하고 듣기는 빠르게 하라는 충고를 잊지 마라(약 1:19). 하나님의 말씀과 충고에 귀를 막지 마라(잠 28:9). 인덕(빌 4:8) 있는 사람을 중요한 자리에 놓아야 한다. '도리불언하자성혜'(桃李不言下自成蹊)[137]는 '복숭아(도, 桃)와 오얏(리, 李)은 꽃이 곱고 열매의 맛도 좋으므로 오라고 하지 않아도 찾아오는 사람이 많아 그 나무 밑에는 길이 저절로 생긴다'는 뜻으로, 덕이 있는 사람이 스스로를 드러내지 않아도 사람들이 그를 따른다는 말이다.

친분 있는 사람끼리 한곳에 모아 두지 마라. 패거리를 만들면 분열이 생긴다. 능력을 파악하는 데도 둔해진다. 인재는 회사가 어려울 때 드러나는 법이다. '천하사 득인이임지 사과반의'(天下事 得人而任之 思過半矣)는 '인재를 잘 고용하면 절반의 일은 성공이다'라는 문구이다. 섬기는 리더는 이러한 충고를 잊지 말아야 한다.

---

[137] 김광우, "사람들은 덕 있는 사람을 따른다", 광우의 문화 읽기, 2015년 7월 12일. http://blog.daum.net/misulmun49/15966215,

3) 권위 남용 (Abusive authority)

운동 경기(축구나 농구)를 보다 보면 가끔씩 실수로 선수가 자기 팀의 골문에 공을 넣는 경우가 있는데 그것을 우리는 '자살 골'이라 부른다. 섬기는 리더가 리더라는 권위를 남용하는 경우를 허다히 볼 수 있다. 강압적으로 구성요원들을 대하는 태도가 바로 권위 남용이라 하겠다. 이것은 리더로서 '자살 골'을 넣는 경우이다.

우리는 사회에서 이러한 경우를 허다하게 본다. 요즘 한국에서 가장 많이 사람들 입에 오르내리는 말 중의 하나는 '갑질'이다. 이것은 '자살 골'이다. 조현아 대한항공 부사장의 항공기 불법 회항 지시 사건, 일명 '땅콩 회항' 사건 때문에 도드라진 표현이다. 한국에서 계약을 체결할 때 계약서 첫머리에 반드시 갑(甲)과 을(乙)이 등장한다. 계약 당사자를 간단히 표시하는 글자다. '갑'은 대개 계약을 주는 쪽이고 '을'은 계약을 받는 쪽이다. 그래서 대체로 '갑'이 더 힘이 세다. 그러므로 계약서는 '갑'에게 유리하게 작성되게 마련이고, '갑'이 부당한 요구를 해도 '을'은 따라갈 수밖에 없다. 이런 '갑'의 횡포를 '갑질'이라 하는 것 같다. '갑'처럼 오만하게 행동한다는 뜻일 것이다.

섬기는 리더는 이러한 일에 민감해야 한다.

4) 부정적인 태도 조성하기 (Developing a negative attitude)

성공적인 신앙생활을 위해서는 무엇보다도 우리가 일상생활에서 사물을 긍정적으로 볼 수 있는 태도에 세심한 주의를 기울여야 한다.

성경에 기록된 위대한 믿음의 선배들인 신앙인들은 모두 적극적이고 긍정적이며 창조적인 태도를 소유한 사람들이었다. 그중 대표적인 사람이 여호수아와 갈렙이다(민 14장). 다른 열 명의 정탐꾼들이 가나안 땅을 악평하고 자신들을 가리켜 '메뚜기 같다'고 비하했을 때, 그들은 그 땅의 아름다움과 비옥함을 말하면서 '그 땅의 백성들은 우리의 밥'이라고 승리와 자신에 가득 찬 긍정적인 태도를 보였다(민 14:7-8). 똑같은 기간 동안 똑같은 땅을 보았는데도 그들의 태도는 이처럼 전혀 달랐다. 그 결과 부정적인 보고를 한 자들은 광야에서 죽고 말았지만, 여호수아와 갈렙은 이스라엘의 지도자가 되어 약속의 땅 가나안을 유업으로 받을 수 있었다.

그러므로 우리는 비관과 낙심, 불평과 불만으로 가득 찬 태도를 버리고 믿음과 소망, 사랑과 감사로 가득 찬 태도를 취해야 하겠다. 대부분 부정적인 태도를 취하는 사람들은 자신이 부정적인 태도를 소유하고 있기 때문이다. 섬기는 리더는 어떠한 경우라도 부정적인 태도를 유발하는 일이 있어서는 안 된다. 하나님의 말씀을 철저히 믿는 긍정적인 태도만이 섬기는 리더가 소유할 덕망이다.

5) 성취를 간과하는 일(Overlooking accomplishments/failing to praise)

많은 직장인들이 상사가 자신의 공을 빼앗아 갔다고 느낄 때 대단히 분개한다. 나의 피땀 어린 노고로 만든 업적을 가로채고, 내 아이디어를 마치 자신의 아이디어인 양 떠벌리는 상사는 매우 파렴치한 인간이라고 생각한다. 자신은 땀 흘려 재주 넘는 곰에 불과하고, 상사는 곰의 노고를 모른 척하고 그 열매만을 챙기는 장사꾼 같다는 생각이 들면 그를 위해 일하고 싶다는 생각이 더 이상 들지 않는다. '절도범(Thief)'은 남의 소유물을 슬쩍 가져가는 사람을 말하며, 멸시하는 말이다. 남의 업적을 가로채는 일은 바로 도둑이 하는 일이기 때문이다. 곡식을 99섬 가진 사람이 한 섬밖에 갖지 못한 사람의 곡식을 빼앗아 100섬을 채우려는 심보이다.

> "모든 것이 가하나 모든 것이 유익한 것이 아니요 모든 것이 가하나 모든 것이 덕을 세우는 것이 아니니 누구든지 자기의 유익을 구치 말고 남의 유익을 구하라"(고전 10:23-24).
>
> "각각 자기 일을 돌아볼 뿐더러 또한 각각 다른 사람들의 일을 돌아보아 나의 기쁨을 충만케 하라"(빌 2:4).

이 말씀들은 다른 사람을 넘어지게 하면서 자신의 유익을 구하는 행위에 대한 경고다. 자기 유익이란 우상의 제물을 먹고 일시적으로 정신적, 육체적으로 만족함을 얻는 것을 가리킨다. 한양대학교 고전문학 전공인 정민 교수의 말이다.

"춘추시대 진(晉)나라에서 범 씨(范氏)가 쫓겨났다. 이에 한 백성이 그 집안의 종(鐘)을 훔쳐 달아나려 했다. 종이 너무 커 운반할 수가 없어서, 그는 종을 깨서 옮기려고 망치로 쳤다. 그러자 큰 소리가 났다. 그는 남이 이 소리를 듣고 제 것을 빼앗아갈까 봐 황급히 제 귀를 막았다. 귀를 막고 종을 훔친다는 '엄이도종'(掩耳盜鐘), 또는 '엄이투령'(掩耳偸鈴) 고사가 여기서 나왔다. 《여씨춘추》 '자지'(自知) 편에 나온다. 큰 소리가 나니 엉겁결에 제 귀를 막은 것은 제 귀에 안 들리면 남도 못 들을 줄 안 것이다. 《여씨춘추》는 글 끝에 '남이 듣는 것을 싫어한 것은 그렇다 쳐도 자기에게 들리는 것조차 싫어한 것은 고약하다'라는 평어를 덧붙였다. 자신의 도둑질을 남이 알게 하고 싶지 않은 심정은 알겠으나 사실 자체를 아예 인정치 않으려는 태도는 더욱 나쁘다는 지적이다."

섬기는 리더들은 동료의 훌륭한 성취를 도용해서는 안 되며, 남을 칭찬하는 일을 게을리해서도 안 된다. 위에 설명한 고사성어를 깊이 숙지할 필요가 있다.

6) 대화 혼돈(Communication chaos)

공동체에서 구성원들에게 가장 중요한 것은 인간관계이다. 다른 구성원들과의 협동과 교제는 협동 생활에서 반드시 필요하다. 그러기 위해서는 먼저 원활한 의사소통이 전제되어야 하는데 의사소통의 기본은 대화이다. 대화를 할 때는 상대에 따라 호칭과 말씨가 달라져야 하고, 나타내려는 의사에 따라 말쓰임이 달라져야 한다. 특히 여러 다른 사람들이 모여 함께 사역하는 공동체에서는 윗사람이든 아랫사람이든 대화의 예절을 잘 지켜야 인간관계가 원활해지며, 그럼으로써 사역이 보다 효율적으로 수행될 수 있다. 대화 예절에서 우선 갖추어야 할 것은 겸손한 말과 바른 말씨이다. 대화를 할 때는 상대방의 입장에서 생각하는 자세가 선행되어야 하고, 처지를 바꾸어 생각한다는 '역지사지'(易之思之)는 대화를 할 때 갖추어야 할 마음가짐의 중요한 부분이다.

하나님께서 우리들에게 관계 형성에 대하여 말씀하셨다. 이것은 우리에게 주신 두 가지의 큰 계명이다. 하나는 하나님과 우리의 관계이고(막 12:30; 마 22:37; 눅 10:27), 다른 하나는 우리와 이웃의 관계이다(막 12:31; 마 22:39; 눅 10:27).

> "네 마음을 다하고 목숨을 다하고 뜻을 다하고 힘을 다하여 주 너의 하나님을 사랑하라 하신 것이요 둘째는 이것이니 네 이웃을 네 몸과 같이 사랑하라 하신 것이라 이에서 더 큰 계명이 없느니라"(막 12:30-31).

자기 자신을 아끼듯이 이웃을 아끼고 사랑하지 않는다면 이웃과의 관계가 형성되지 않으며, 이웃의 입장에서 생각하는 자세가 선행되어야 관계가 개선되고 대화가 이루어진다. 섬기는 리더는 항상 이러한 관계 형성을 기억하여야 한다.

7) 훈련 실패(Failing to train)

훈련이란 영적 훈련을 의미한다. 영적 훈련은 하나님의 은혜의 통로다.[138] 하나님께서 영적 삶의 훈련을 통로로 정하시고 우리는 그 통로로 말미암아 하나님이 우리를 축복하실 수 있는 곳에 놓이게 된다. '은혜'는 값을 내지 않고 거저 받는다는 의미가 있고, '훈련'은 우리에게 무엇인가 할 바가 있다는 의미이다.

우리가 영적으로 성장하기를 원한다면 우리는 의식적으로 일련의 선택적 행동을 지속해야 한다. 이것이 영적 훈련의 목적이다. 하나님의 사람이라면 이 영적 훈련을 의무적으로 해야 한다는 의미다. 복싱 경

---

138) 리처드 포스터,《영적 훈련과 성장》, 권달천, 황을호 역(서울: 생명의 말씀사, 2006), 24.

기에서 시합 전에 계체량을 한다. 선수가 게을러 몸 관리를 못하여 체중이 한계를 넘어섰을 때는 실격이다. 이는 선수로서의 직무유기다. 어느 형사가 도망치는 좀도둑을 보고 방관했다면 이 또한 직무유기다. 섬기는 리더가 어떤 이유에서든지 영적 훈련을 기피한다든가 아예 하지 않는다면, 이는 하나님의 입장에서 볼 때 직무유기(dereliction of his duty)이다. 이는 섬기는 리더로서 퇴출의 명분이 된다.

8) 문제점에만 집착(Concentrating on problems rather than potential)

영적 리더의 일차적인 목표는 목표 달성이 아니라 하나님의 뜻을 이루는 것이다. 맥스 디프리(Max Depree)는 "목표 달성은 연간 계획이지만 평생 목표가 될 만한 것은 사람의 잠재력 실현이다"라고 말했다. 리더는 목표를 달성하고도 하나님의 뜻에서 벗어나 있을 수 있다. 목표 달성이 반드시 하나님이 복 주시는 징표도 아니다. 영적 리더는 자기 목표를 이루려고 사람들을 이용하지 않는다. 사람이 곧 그들의 목표이기 때문이다. 영적 리더가 하나님께 받은 책임은 최선의 노력으로 사람들을 움직여 하나님 일을 하게 하는 것이다.

9) 목표의식 부족(Not setting goals)

조직이 회사든 교회든 상관없이 영적 리더가 가져야 할 최소한의 세 가지의 정당한 목표가 있다.[139]

첫째, 영적 성숙으로 이끌어야 한다. 영적 리더십의 궁극적 목표는 숫자적 결과의 성취나 완벽한 일처리가 아니라, 사람들을 현재의 자리에서 하나님이 원하시는 자리로 데려가는 것이다. 즉 사람을 향한 하나님의 일차적 관심은 결과가 아니라 관계다. 하나님과 바른 관계를 맺어야 하는 소명이 직업보다 우선한다. 영적 조직은 모든 구성원이 하나님의 음성을 분명히 들을 줄 알고 기꺼이 순종으로 반응할 때만 잠

---

[139] 헨리 블랙커비,《영적 리더십》, 윤종석 역(서울: 두란노서원, 2011), 127.

재력이 극대화될 수 있다. 리더가 하나님께 들은 메시지를 사람들에게 전달하는 것으로는 부족하다. 모든 사람이 하나님의 음성을 식별하고 말씀 듣는 법을 배워야 한다. 그렇게 될 때 리더는 자신의 비전을 주입하지 않아도 된다.

둘째, 차기 리더를 키워야 한다. 리더들이 범하는 가장 비참한 실수 중의 하나는, 자기가 없으면 아무 일도 안 되게 만드는 것이다. 이런 리더십은 기회를 혼자 독점하거나 조직 내 차기 리더들을 키우는 데 시간을 투자하지 않는다. 자기가 없으면 아무 일도 안 되는 상태를 즐기는 것이다. 예를 들면, 조지 마샬 장군(George Marshall)은 장차 리더십의 유망주라 생각되는 군인들을 수첩에 쭉 적어 두고 리더십 자질이 보이는 사람을 만날 때마다 이름을 추가했다. 장교들 중 공석이 생기면 그는 그 수첩을 보았다. 거기에는 자격을 갖춘 후보가 즐비하게 적혀 있었다. 이렇게 해서 마샬은 수완과 능력을 갖춘 장교들로 가득한 거대한 군사 조직을 키울 수 있었다.

이렇게 리더를 세우기 위해 리더는 꾸준히 시행해야 할 습관이 최소한 네 가지가 있음을 기억하자. 리더는 위임한다. 리더는 실수를 허용한다. 리더는 타인의 성공을 인정한다. 그리고 리더는 격려하고 지원한다.

셋째, 마지막으로 하나님께 영광을 돌려야 하는 목표이다. 이는 조직의 궁극적 목표이다. 리더는 조직을 이끄는 방식을 통해 하나님께 영광을 돌리는 것이어야 한다. 하나님이 바라시는 것은 당신을 믿고 순종하는 사람과 조직을 통해 세상에 당신의 영광을 드러내시는 것임을 잊지 마라.

10) 무엇이든지 평범하게 보는 것(Tolerating mediocrity)[140]

일하러 가고 집으로 오고, 일하러 가고 집으로 오고, 또 직장과 집

---

140) Jeremy Unruh, "Great leaders do not tolerate mediocrity," Toolbox.com, 2011년 3월 1일. http://hr.toolbox.com/blogs/360-degree-feedback/great-leaders-do-not-tolerate-mediocrity-44665

을 오가며 매일 반복한다. 반복은 사람을 편안한 곳에 안주하게 만든다. 안전하기 때문이다. 사람들은 위험을 감수하려 하지 않는다. 실패를 경험하려 하지 않는다. 세상은 그런 사람들을 그냥 지나치게 마련이다(This repetition can cause people to settle and stay in a comfort zone, which makes them feel safe and secured. They don't take risks but they also won't experience failure. The world passes them, as they stay stagnant).

대부분의 경우, 안전한 곳에 머물면 평범한 사람이 된다. 그들은 그냥 평범하지만 훌륭하지는 않다. 그들의 일은 빠뜨리기 일쑤이고 활기가 없는 실적을 올린다. 일하는 현장에서 무엇이든 평범하게 보이면, 이것은 회사의 문화(분위기)와 책임감 같은 일이 썩어 문드러지는 것이다(엉망으로 만든다)(In most cases, when people stay within their comfort zone they become mediocre employees - they are okay but never really that great. Their work eventually starts to slip and they produce lackluster performances. When mediocrity is tolerated in the workplace, it can erode the company's culture of productivity and accountability).

이러한 활기 없는 실적은 당연히 리더(매니저)에게 부담으로 남는다. 리더(매니저)가 멤버(직원)들로부터 최대치를 얻어내지 못한다면 멤버(직원)들에게 높은 수준의 실적을 올리기 위해 그 어떤 영감도 주지 못한다. 생각해 보라. 리더가 무엇이든 평범하게 본다면, 리더의 리더십 스타일은 과연 어떤 것일까?(These lackluster performances fall on the shoulders of the manager. If the manager is not getting the best out of the employees, it may not inspire the employees to perform at higher levels. Think about it - leaders that tolerate mediocrity, what does that say about their leadership style?)

리더로서 실적에 대한 기대치에 대하여 일관되어야 하고 분명해야 한다. 당신의 일터에서 이러한 평범함이 유행병이 되기 전에 평범하게 보는 그 자체와 싸워야 한다. 여기서 기억할 만한 조언이 있다(As a leader, you must be clear and consistent about performance expectations. You need to fight mediocrity before it becomes an epidemic in the workplace. Here are some development tips to remember).

확실한 것은, 자기 스스로 자신의 실적 기대치에 대해 항상 염려해야 한다는 것이다. 다른 사람들이 그런 당신의 모습을 보았을 때, 당신을 롤 모델로 삼을 것이다(Make sure you are meeting your own performance expectations. When people see you working hard and meeting your expectations, they are more likely to use you as a role model).

당신의 단체에서의 당신이 세워 놓은 구체적이고 분명한 목표를 시행하기 위해 평가 시스템을 좀 더 효과적으로 사용하라. 매월 진전에 대한 평가를 논의해야 한다(Use your organization's appraisal system more effectively to enforce the clear and specific goals you have established, but not just annually. You may need to review progress on a monthly basis).

당신이 원하는 결과를 얻기 위해 가고 있는지 확인하라. 그리고 결과를 얻기 위한 방향으로 가고 있는 길에 장애물이 있으면 제거하라(Identify the critical path to your desired results and then remove the obstacles that get in the way).

팀의 목표와 목적 설정을 할 때 일하는 사람들을 개입시키고, 결과를 항상 추적하라. 그 팀이 성공한다면 일하는 모든 이들에게 보상을 함으로 인정하라(Involve employees in setting the team's goals and objectives. Track results. Recognize and reward employees for their contribution to the success of your team).

어느 일이 먼저인지에 대하여 적절하게 긴급성에 대해 대화하라. 모든 일이 긴급한 것이라면 사람들은 순서를 정할 수 없다. 아무것도 긴급한 것이 아니라면 마감은 없다(Make sure you communicate the appropriate sense of urgency. If everything is urgent, people can't prioritize. If nothing is urgent, deadlines are often not achieved).

11) 지위를 주지 않고 이용만 하는 것(Manipulating instead of empowering)

리더들이 범하는 가장 비참한 실수 중 하나는 자기가 없으면 아무 일도 안 되게 만드는 것이다. 어느 누구도 더 유능하거나 훌륭해 보이지 않도록 모든 리더십 기회를 혼자 독점하거나, 조직 내 차기 리더들을 키우는 데 시간을 투자하지 못하는 리더나 마찬가지다. 어느 경우든 자기가 없으면 아무 일도 안 되는 상태를 즐기는 것이다. 그들은 조직에서 각광받는 유일한 사람이 되기를 좋아한다. 그러나 차기 리더들을 키우지 못한 것은 리더에게 막대한 실수다.

마태복음 10장 1절을 보면 예수님께서 열두 제자를 파송하는 말씀이 있다. 하나님께서는 복음의 일꾼들에게 각자의 사명에 적합한 권능을 허락하신다. 비록 보잘것없는 출신 성분을 지닌 제자들이었지만 예수 그리스도의 사도로서 천국 복음을 전파하기 위해 각처로 파송될 수 있었던 것은, 그들이 '권능'을 받았기 때문이다. 성도들을 충성되이 여기셔서 복음 증거의 직분을 맡기시는(딤전 1:12) 주님께서는 성령을 통하여 권능을 주심으로써 능히 사명을 감당할 수 있도록 만드신다(행 1:8).

사무엘은 이스라엘 역사상 가장 경건한 리더였다. 곁에서 함께 일한 사람 중 어느 누구도 사무엘이 은퇴할 때까지 한 가지 흠도 찾지 못했다(삼상 12:1-5). 그럼에도 불구하고 사무엘은 결국 리더로서 실패했다. 후계자를 준비시키지 않았기 때문이다. 늙어 두 아들(요엘과 아비야)이 사사가 되었으나 그들은 아비의 행위를 따르지 않고 뇌물을 취하며 잘못된 판결을 내렸다. 결국 사무엘은 아버지로서 실패했고 리더로서 실패했다.

12) 위임 부족(Lack of delegation)

차기 리더들을 키우려면 리더는 위임해야 하고, 일단 위임한 일은 간섭하지 말아야 한다. 리더가 끊임없이 간섭하는 것보다 더욱 사기를 떨어뜨리는 일은 없다. 일단 누군가에게 맡겼다면 그 일은 그 사람 소관이 되어야 한다. 리더가 다름 사람이 내린 결정을 계속 비판한다면 그들은 결정 내리는 일을 그만둘 것이다. 직원들이 제안하는 아이디어와 방법이 리더가 선호하는 방향과 다른 것은 불가피하다. 그때 직원들에게 일을 맡길지, 아니면 자기가 원하는 방식대로 할 것인지 각각 가치를 따져 보아야 한다. 양쪽 다 가질 수는 없다. 위임이 부족한 리더는 자질 부족임을 알아야 한다. 리더는 아랫사람들의 일을 간섭하고 싶은 유혹을 물리쳐야 한다.

맥스웰이 주장하는 5단계의 섬기는 리더십
(Maxwell's 5 Levels of Servant Leadership)

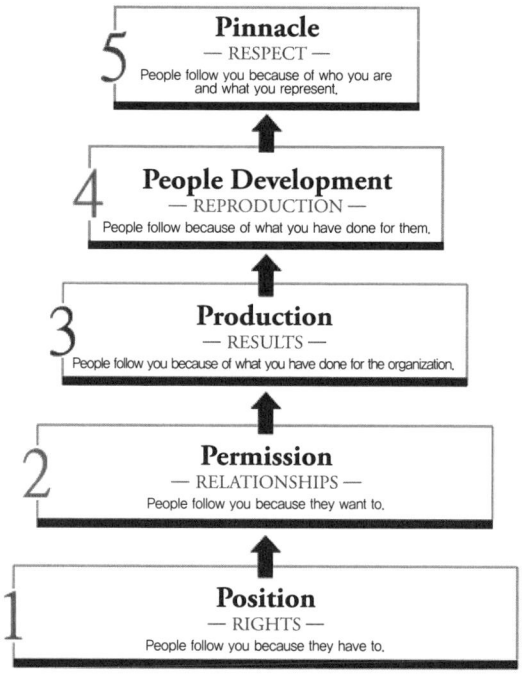

　연설가와 리더십 전문가로서 세계적으로 인정받는 존 맥스웰(John C. Maxwell)은 1천만 부 이상 판매 부수를 올린 베스트셀러 필자이다. 그는 개인이나 가족, 교회, 그리고 공동체를 더 행복하고 건강하게, 보다 더 신뢰하는 관계로 변화시키기 위해 격려의 본질을 어떻게 효과적으로 활용할 수 있는지 실제적으로 조언하고 있다. 〈뉴욕 타임스〉, 〈월

스트리트 저널〉, 〈비즈니스 위크〉가 뽑은 베스트셀러 작가인 그는 '아마존닷컴 10주년 명예의 전당'에 오른 25명 작가와 예술가 중 한 사람이기도 하다. 저서로는 《360도 리더》,《최고의 나》,《팀워크를 혁신하는 일곱 가지 불변의 법칙》,《리더십 21가지 법칙》 등이 있다.

맥스웰의 리더십 5단계[141]는 당신의 리더십 성장을 조직화하고 이해하는 방법을 나타내고 있다. 각각의 단계는 앞에 있는 단계와 연결되어 있고, 앞의 단계에 대하여 완전히 완성되면 다음 단계로 진행할 수 있다. 여러분의 리더십이 좀 더 서비스 지향적이 되었을 때 높은 단계로 올라가는 것은 그만큼 여러분의 영향력이 자라고 있음을 의미한다.

맥스웰은 "마지막 단계까지 오르는 데 당신이 생각하는 것보다 더 많은 시간이 걸리고, 대부분의 사람들이 마지막 단계까지 가지는 못한다"라고 말한다. 동시에 아래로 내려오는 것(아래로 떨어지는 일)은 매우 급속하다. 그러나 다른 사람들과 바른 관계를 유지 발전시키면 그들이 당신이 실수를 좀 하더라도 당신을 도와줄 것이다.

(The 5 Levels express a way to understand and organize your leadership growth. Each of the levels build on the previous one and you can only progress to the next level once you have mastered the previous level. As you go higher it is easier to lead because your influence grows as well, as your leadership becomes more service oriented. Maxwell says it takes longer than you think to get to the top level—and many never do.

At the same time, you can go down very quickly. But if you have developed the right kinds of relationships with others, they will support you through your missteps and fumbles.)

맥스웰의 5단계에서 각각의 단계를 설명할 때 존 맥스웰의 또 다른 저서를 인용하였다.[142]

---

141) Jeremy Unruh, "Great leaders do not tolerate mediocrity," Toolbox.com, 2011년 3월 1일. http://hr.toolbox.com/blogs/360-degree-feedback/great-leaders-do-not-tolerate-mediocrity-44665
142) John C. Maxwell, *Developing The Leader Within You*(Nashville: Thomas Nelson, 1993), 5.

1) 지위(Position – 'Rights' 의무)

첫째 단계는 지위(position) 단계이다. 당신의 직위에서만 리더십이 발휘된다. 이 단계에서 사람들은 그들의 의무감 때문에 지도자를 따른다. 당신의 영향력은 당신의 지위로부터 온다. 리더십은 관계성이다. 리더들은 그들과 관계를 유지하며 그들의 사역을 할 것이다.

'지위'는 가장 낮은 수준의 리더십이다. 입문 수준이다. 1단계에 있는 사람이 보스일 수도 있으나 리더는 아니다. 그들은 몇 명의 사람들을 데리고 있으나 정규 멤버는 아니다. 1단계에 속한 보스는 사람들을 부리기 위해 규칙, 규정 정책, 조직 차트에 의지한다. 1단계에 있는 보스들이 가지고 있는 사람들은 단지 그들에게 주어진 권위의 범위 내에서만 따른다.

1단계에 속한 보스는 성취하려는 노력이나 능력이 요구되지 않는 수준의 단계이다. 이 단계에는 누구나 임명될 수 있다. 1단계는 시작하는 단계이며, 모든 리더는 1단계를 넘어서서 성장하려고 갈망하고 있다.

(As shown above, the first level is POSITION. At this level, people follow you because they have to. Your influence comes from your position. Leadership is about relationships and leaders will make it their business to develop them. This is the lowest level of leadership—the entry level. People who make it only to Level 1 may be bosses, but they are never leaders. They have subordinates, not team members. They rely on rules, regulations, policies, and organization charts to control their people.

Their people will only follow them within the stated boundaries of their authority.

Position is the only level that does not require ability and effort to achieve. Anyone can be appointed to a position. This means that position is a fine starting point, but every leader should aspire to grow beyond Level 1.)

2) 허용(Permission – 'Relationship' 관계성)

두 번째 단계는 '허용'이다. 리더십에 첫발을 들여놓는 수준이다. 사람들이 원하기 때문에 여러분을 추종한다. 허용 단계는 관계성을 형성하는 단계이다. 개인 각각의 가치에 초점을 맞추고 대화를 시작하는 데 초점을 둔다. 다른 사람들과의 연결은 그 연결로 시작하며, 그 연결로 당신이 성장하는 것이다. 내가 잘 지내야 할 제일 첫 번째 사람이 바로 나이고, 문제점을 만드는 첫 번째 사람도 나이고, 변화를 해야 할 첫 번째 사람도 나이다. 변화를 만들 수 있는 첫 번째 사람도 바로 나라는 것을 이해하라.

(The second level is PERMISSION. People follow you because they want to. Permission is about building relationships. It focuses on the value of each person and opens up communication. Connecting with others begins with connecting with and growing yourself.

Understanding that the first person I must get along with is me, the first person to cause me problems is me, the first person that must change is me, and the first person that can make a difference is me.)

사람들은 자신들이 원해서 지도자를 따른다. 프레드 스미스(Fred Smith)는 다음과 같이 말한다. "리더십이란 사람들이 의무적으로 하지 않아도 될 일을 당신을 위해 하도록 만드는 역량이다." 이것은 영향력이라는 리더십의 두 번째 수준에 올라갈 때만 가능하다. 사람들은 당신이 그들에게 얼마만큼의 관심을 가지고 있는지를 알기 전까지는 당신이 얼마만큼 알고 있는지 관심이 없다. 리더십은 마음에서 시작된다. 결코 머리가 아니다. 리더십은 더 많은 규칙이 아니라 의미 있는 관계를 통해 형성된다.

견고하고 지속적인 관계를 형성할 수 없는 사람은 자신이 장기적이고도 효과적인 리더십을 유지할 수 없음을 곧 발견하게 된다. 관계란 삶에 필요한 결속력을 제공해 주며 장기적이고도 지속적인 성과를 위해 내구력을 공급해 주는 과정을 포함한다.

3) 생산(Production – 'Results' 성과)

세 번째 단계는 '생산'이다. 관계성 하나만으로는 충분치 않다는 것을 인정하라. 리더는 일을 완성하는 것이 임무다. 생산 단계에 있는 리더들은 리더가 조직을 위해 무엇인가 완성했기 때문에 사람들이 따른다. 단지 결과를 만든 능력이 당신을 리더로 만들지는 않는다. 리더는 전체 그룹이 성취한 것에 의해서 측정되고, 한 사람이 책임지고 그 개인의 노력에 의한 것은 아니다. 리더는 그들의 사람들이 한 팀을 이루어 결과를 같이 내도록 해야 한다. 다음 단계로 가기 위해서는 당신의 사람을 키워야 한다.

이 단계에서는 좋은 일들이 생기기 시작한다. 수익이 증가한다. 사기가 올라간다. 이동률이 낮아진다. 사람들의 필요가 채워지며 목표가 달성된다. 이러한 성장에 수반되는 일이 있다. 커다란 힘, 영향력이다. 다른 사람을 인도하며 영향을 준다는 것은 즐거운 일이다. 최소한의 노력으로 문제가 해결된다. 모든 사람들은 결과 지향적이다. 사실상 결과를 얻는 것이 활동의 주된 이유다.

1단계에서는 리더십에 이르는 관문이라면, 두 번째 단계는 리더십의 기초가 된다고 할 수 있고, 세 번째 단계는 리더십의 집을 짓는 것이다.

(Level three -PRODUCTION – recognizes that relationships alone are not enough. A leader is tasked with getting things done. Production level leaders are followed because of what they have done for the organization. The ability to get results alone doesn't make you a leader.

Leaders are measured by what the entire group accomplishes and not by the individual efforts of the person in charge. Leaders develop their people into a team to get results. To get to the next level you must develop your people. People follow because of what you have done for organization.)

4) 지도자 계발(People Development – 'Reproduction' 재생산)

네 번째 단계는 '사람을 양육'하는 단계이다. 리더는 다른 사람에게 임무를 줌으로써 유명해진다. 생산은 게임에 이긴다. 그러나 다른 사람을 양육하는 것은 챔피언이 되는 것이다. 사람을 양육하는 단계는 성장이 지속적인 것을 확인시킨다. 이기적이고 확신이 가지 않는 리더는 양육하는 이 단계를 무시한다.

(The fourth level is PEOPLE DEVELOPMENT. Leaders become great because they empower others. They develop more leaders. "Production may win games, but People Development wins championships." People development assures that growth can be sustained. Self-centered, insecure leaders neglect this stage in their development. People follow because of what you have done for them personally.)

지도자는 위대하다. 그것은 지도자 자신이 능력이 있어서가 아니라 사람들에게 일을 하도록 만드는 그의 능력 때문이다. 그러므로 계승자 없는 성공은 실패다. 노동자의 주된 책임은 스스로 일하는 것이다. 그러나 지도자의 주된 책임은 사람들이 일을 잘할 수 있도록 계발시키는 것이다. 지도자에 대한 충성은 피지도자가 지도자의 훈육을 통해 개인적으로 성장할 때 그 극치를 이룬다.

다음과 같은 과정을 주목하라. "두 번째 단계에 이르면 피지도자는 지도자를 사랑하게 된다. 세 번째 단계에 도달할 때 피지도자는 지도자를 존경하게 되고, 네 번째 단계에서는 피지도자가 지도자에게 충성을 하게 된다."

그것은 지도자 당신이 사람들을 성장하도록 도와줌으로써 그들의 마음을 감동케 하였기 때문이다. 당신을 따르는 사람들 가운데 핵심이 되는 지도자들은 당신이 개인적으로 감동을 주었거나 아니면 어떤 형태로든 리더십이 계발되도록 도와준 사람들이어야 한다. 그렇게 될 때 당신과 가장 가까이 있는 사람들, 그리고 당신의 그 핵심 지도자로부터 감동을 받은 이들에게서 사랑과 충성심이 표출되어 나온다. 사람들은 당신이 그들을 위해 행한 일로 인해 당신을 따르게 된다.

5) 정점(Pinnacle – 'Respect' 존경)

모든 리더 중에 1% 미만만이 5단계, 곧 정점에 도달한다. 이 단계에 도달한 리더들은, 리더십의 가장 높은 목표가 더 많은 리더들을 양육해야 하는 것임을 안다. 일을 한다든가 추종자를 더 얻는 것은 아니다. 5단계에 있는 리더는 4단계에 있는 리더를 양육한다.

리더를 양육할 수 있는 리더를 양육하는 일은 일도 많이 해야 하고 기술, 집중하는 일, 그리고 평생 헌신에 많은 노력이 들어간다. 이러한 리더들이 5단계의 조직을 만들어낸다. 그들이 다른 리더들이 만들어내지 못하는 일을 해내는 것이다. 5단계에 있는 리더들은 다른 사람들을 통해서 자신들의 리더십을 지렛대로 삼는다. 사람들은 이러한 리더들의 됨됨이와 리더들이 보여주는 것들로 인해 추종한다. 당신은 일을 그냥 끝낸 것 혹은 비전을 완수한 것에 초점을 두어서는 안 된다.

(Maxwell estimates that less than 1 percent of all leaders ever reach Level 5 – THE PINNACLE. Leaders at this level understand that the highest goal of leadership is to develop more leaders, not to gain followers or do work. Level 5 leaders develop Level 4 leaders. Developing leaders that can in turn develop leaders is hard work and takes a great deal of skill, focus, and a lifetime commitment. But those leaders that do create Level 5 organizations. They create opportunities that other leaders don't. Level 5 leaders leverage their own leadership through others. People follow these leaders because of what they are and what they represent. "When you lead an organization, you can't be focused on just fulfilling the vision or getting work done." People follow you because of what you are and what you represent.)

섬기는 리더의 열 가지 특성들
(Ten Characteristics of the Servant Leader)[143]

로버트 그린리프(Robert K. Greenleaf)는 1970대에 그가 이끌고 있는 사람들을 위해서 '리더는 섬기는 사람이 되어야 한다'는 생각을 가지고 있었다. 그 후 그린리프 리더십(Greenleaf Servant Leadership)의 CEO였던 래리 스피어스(Larry Spears)가 1990년경에 그 아이디어를 확장했다. 스피어스가 확장한 '섬기는 리더의 열 가지 특성'을 구체적으로 살펴보면 다음과 같다.

1) 경청(Listening)

리더는 상대방의 말을 경청하는 데 많은 노력을 기울여야 한다. 또한 듣는 것은 상대방의 음성, 정신 및 마음이 전달되는 과정을 이해하는 것을 포함한다. 경청은 주기적인 사색과 함께 섬기는 리더의 성장에 있어서 필수다. 경청이란 단순히 상대방의 이야기를 건성으로 듣는 것이 아니라 귀담아듣는 것을 의미한다. 귀담아듣는 태도는 상대방의 인격을 존중하는 동시에 나의 의사를 귀담아 줄 것을 요구하는 나의 작은 정성이 담겨 있는 행위이다.

2) 감정 이입(Empathy)

섬기는 리더는 상대방의 입장에서 생각해보며 공감대를 형성함을 말

---

143) Larry Spears, "On Character and Servant Leadership: Ten Characteristics of Effective, Caring Leaders ("The Journal of Virtues and Leadership," Vol. 1, Issue 1.)," 〈The Journal of Virtues and Leadership〉, 2010. http://www.maxwideman.com/guests/servant/characteristics.htm. 참고문헌: 연구논문 〈정부학 연구〉 제14권 제3호(2008). 163-186, "섬기는 리더십(Servant Leadership)이 상관에 대한 만족에 미치는 영향", 안대영, 배태영, 정홍상.

한다. 공감대란 상대방의 입장에서 그가 처한 상황을 '내가 그의 상황이라면 어떻게 할까?'라고 이해하려는 역지사지(易地思之)의 태도를 통해 이루어진다. 섬기는 리더는 상대방의 노력이나 성과가 자신의 입장에서 본다면 설사 부족한 면이 있다 하더라도 상대방의 입장을 바꾸어 생각해 봄으로써 이를 이해하고 포용하려는 태도를 보이는 리더이다.

3) 치유(Healing)

섬기는 리더는, 사역에서 발생하는 정신적·육체적 스트레스, 그리고 가족, 직장동료들과의 관계 악화 등에서 발생하는 공동체 구성원들의 감정적 아픔이나 좌절감 등을 단순히 인식한다. 섬기는 리더는 상처받은 감정과 치유되지 못한 기억들을 목회적인 차원에서 돌보아 주고 그 치유를 위해 기도해 줌으로써 내적 치유를 돕는 리더이다.

4) 인식(Awareness)

여기에서 이야기하는 인식은, 동일한 조건에서 다른 사역 구성원들보다 더 많은 것을 확인하고 깨닫는 능력이다. 이와 같은 인식, 즉 인지력(認知力)을 갖춘 섬기는 리더는 예기치 않은 상황에 직면하더라도 의연함과 초연함을 잃지 않는다.

5) 설득(Persuasion)

섬기는 리더는 지시나 지도를 통해 자신이 원하는 어떤 것을 상대방에게 일방적(一方的)으로 요구하지 않는다. 대신 쌍방적(雙方的) 의사소통을 통해 자신의 의견을 개진하고, 자신이 역지사지(易地思之)로 상대방을 이해하려고 노력하듯 상대방 또한 역지사지의 자세를 가지게 함으로써 자신의 입장을 이해하도록 유도한다.

6) 비전 제시(Conceptualization)

곧 개념화를 이야기한다. 섬기는 리더는 조직의 나침반과 같은 미래의 청사진을 구성원들에 분명하게 나타내 보이는 리더이다. 섬기는 리더는 위대한 꿈을 꿀 수 있는 능력을 키우는 리더이다. 비전의 제시를 통해 조직 구성원들에게 도달해야 할 사역의 목표가 무엇인지를 알게 하고 자신들의 사역 목표의 달성에 일치시키는 역할을 수행한다.

7) 통찰력(Foresight)

통찰력, 곧 선견지명(先見之明)이란 과거로부터의 교훈, 현재의 현실 및 하나의 결정에 따른 미래의 가능한 결과를 이해하는 능력을 의미한다. 다시 말해서 '미리 아는 능력'이다. 경험과 직관을 통해 앞으로의 일을 미리 살필 줄 아는 선견지명을 지니고 있는 리더를 말한다. 스피어스가 말하는 섬기는 리더는, 이러한 맥락에서 사역 구성원들로 하여금 미래의 일을 걱정하지 않고 부여된 자신의 사역에 충실함을 기할 수 있도록 유도하는 리더이기도 하다.

8) 청지기 의식(Stewardship)

성서적으로 말하면, 리더들은 하나님으로부터 시간, 기회, 재능, 재산, 세상의 축복들과 그 자원들을 위탁받은 하나님의 청지기들이다. 섬기는 리더는 '소유'의 개념을 가지고 있는 리더가 아니다. 위에 말한 내용들을 관리하는 '관리자'(管理者)란 인식을 가지고 있는 리더이다. 곧 '관리자'로서 위탁받아 자신의 임무는 관리라는 책임의식을 완수하기 위해 사역지의 부흥 발전에 노력을 기울이는 리더이다.

9) 사람을 성장시키기 위한 헌신(Commitment to the growth of people)

섬기는 리더는 구성원들이 새로운 일에 도전하여 이를 성취함으로써 자기 성장을 스스로 도모하게 하는 것을 중시하는 리더이다. 자기 성장에 무엇보다 필요한 것은 성장에 필요한 환경의 조성이고 기회의 부여이다. 이러한 측면에서 섬기는 리더는 구성원에게 재량권을 부여하고, 업무 수행 능력을 향상시키기 위한 각종의 학습 기회 등을 제공하여 구성원 스스로가 능동적으로 과업을 수행할 수 있도록 여건을 조성하는 데 노력을 기울인다.

10) 공동체 형성(Building Community)

공동체란 '나'(I)와 '너'(You)의 상호작용 속에서 '우리'(We)가 형성되고, 형성된 '우리'(We) 안에서 '나'(I)와 '너'(You)가 다시 자리매김되는 역동적 관계 시스템이다. 이와 관련하여 섬기는 리더는 공유(共有)의 메커니즘을 작동시키는 리더, 다시 말해서 '나'(I)와 '너'(You) 간의 활발한 의사소통을 촉진하여 '우리'(We)를 형성하고, 형성된 '우리'(We) 안에서 '나'(I)와 '너'(You)가 다시 자리 매겨지도록 유도하는 역할을 수행하는 리더이다.

폴라드(C. William Pollard)의 인생[144]

빌 폴라드는 1977년에 서비스마스터(ServiceMaster) 사에 입사했다. 오랜 세월이 흐르는 동안 그는 두 번씩 CEO(최고경영자)를 지냈고, 1990년부터 2002년까지는 이사회 회장으로 공헌했으며, 현재는 고문으로 봉사하고 있다. 그가 봉직하는 동안 서비스마스터 사는 포춘 500개 사 중에서 서비스 회사로는 1위로 선정되었다.

휘튼 대학을 졸업하고 노스웨스턴 법과대학에서 법학박사 학위를 취득했다. 1963년부터 1972년까지는 변호사 생활을 했는데 금융과 세금 분야의 전문변호사였다. 또한 휘튼 칼리지에서 교수와 부총장을 역임했다.

다양한 경험으로부터 나온 그의 명언은 다음과 같다.

To honor God in all we do(우리가 할 수 있는 모든 것을 하나님께 영광)
To help people develop(사람을 돕되 발전하도록)

---

[144] Bill Pollard is Chairman of Fairwyn Investment Company. Over a twenty-five year period Bill participated in the leadership of ServiceMaster serving not once but twice as its Chief Executive Officer. During his leadership, the Company was recognized as the #1 service company among the Fortune 500, was identified as a "star of the future" by The Wall Street Journal, and as one of the most respected companies in the world by the Financial Times. Bill has years of experience serving on boards of directors of public companies and charitable, religious, and educational organizations. He is the author of several books including the best seller The Soul of the Firm. Bill has been recognized for his leadership in business, ethics, and corporate governance including the Hesburgh Award for Business Ethics from Notre Dame and recognition by Harvard Business School as a business leader of the twentieth century who helped shape the way people live, work, and interact. A native of Chicago, Bill and his wife, Judy, have been married for over 50 years. They have four adult children and fifteen grandchildren.

To pursue excellence(추구하되 최상을)

To grow profitability(자라게 하되 유익성 있게)

그가 그의 경험으로부터 배운 내용은 다음과 같다(Things I've learned).

① 인간은 각자가 가지고 있는 유일의 기능과 재능을 가진 것으로 평가하라(To value each person as an individual with unique skills and talents).

② 다양성에서 오는 현실과 이윤을 인정하라(To recognize the benefit and reality of diversity).

③ 공동의 목표에 대한 위력을 이용하라(To harness the power of a common purpose).

④ 일에 대해, 생산에 대해, 이윤에 대해 축하하라(To celebrate work, productivity, and profit).

⑤ 권한 부여, 주인의식, 책임에 대하여 용기를 불어넣어 주라(To encourage empowerment, ownership, and accountability).

⑥ 평생학습을 인정하라(To recognize that learning is a lifelong experience).

⑦ 리더십의 필요성을 배우고, 봉사를 하되 모범을 보이라(To demand of leadership, service by example).

⑧ 평범한 사람들로부터 나오는 능력을 키워 주고 인정해 주며, 결과로 탁월한 성과를 기대하라(To accept and build on the abilities of ordinary people and expect extraordinary performance).

리더로 섬기는 자에게 주는 권면
(Servant as Leader)

바울은 그리스도인의 원칙(엡 4:17-24), 그리스도인과 이웃의 관계(엡 4:25-32), 그리스도인과 하나님의 관계(엡 5:1-14)에 대하여 말씀하고 있다. 이 혼탁한 세상에 살고 있는 그리스도인들에게 그리스도인들의 개인적 생활에 대하여 권면하고 있다(엡 5:15-21).

에베소서 5장 15-21절에서는 리더로서 섬기는 자에게 '지혜 안에 거하라'고 권면하고, 에베소서 4장 11-16절에서는 리더로 섬기는 자에게 '교회의 일치'를 위해 노력하라고 권면한다.

1) 지혜 안에 거하라(Walk in Wisdom)

"그런즉 너희가 어떻게 행할 것을 자세히 주의하여 지혜 없는 자같이 말고 오직 지혜 있는 자같이 하여 세월을 아끼라 때가 악하니라 그러므로 어리석은 자가 되지 말고 오직 주의 뜻이 무엇인가 이해하라 술 취하지 말라 이는 방탕한 것이니 오직 성령의 충만을 받으라 시와 찬미와 신령한 노래들로 서로 화답하며 너희의 마음으로 주께 노래하며 찬송하며 범사에 우리 주 예수 그리스도의 이름으로 항상 아버지 하나님께 감사하며 그리스도를 경외함으로 피차 복종하라"(엡 5:15-21).

권면의 말씀을 요약하면 다음과 같다.

- 시간을 규모 있게 써라(16절).
- 주님의 뜻을 분별하여 그 뜻에 맞게 살아라(17절).

- 성령 충만한 삶을 살아라(18절).
- 주께 찬양하는 삶을 살아라(19절).
- 항상 하나님께 감사하는 생활을 하라(20절).
- 피차에 복종하는 삶을 살아라(21절).

2) 영적 은사(Spiritual Gifts)

"그가 혹은 사도로, 혹은 선지자로, 혹은 복음 전하는 자로, 혹은 목사와 교사로 주셨으니 이는 성도를 온전케 하며 봉사의 일을 하게 하며 그리스도의 몸을 세우려 하심이라 우리가 다 하나님의 아들을 믿는 것과 아는 일에 하나가 되어 온전한 사람을 이루어 그리스도의 장성한 분량이 충만한 데까지 이르리니 이는 우리가 이제부터 어린아이가 되지 아니하여 사람의 궤술과 간사한 유혹에 빠져 모든 교훈의 풍조에 밀려 요동치 않게 하려 함이라 오직 사랑 안에서 참된 것을 하여 범사에 그에게까지 자랄지라 그는 머리니 곧 그리스도라 그에게서 온몸이 각 마디를 통하여 도움을 입음으로 연락하고 상합하여 각 지체의 분량대로 역사하여 그 몸을 자라게 하며 사랑 안에서 스스로 세우느니라"(엡 4:11-16).

본문에서 주목해야 할 사실은, 여기서 말하는 교회의 일치나 통일성이 모두가 획일적으로 동일한 존재가 되는 단일화를 의미하는 것이 아니라는 점이다. 이는 다만 우리의 몸이 하나의 개체로 존재하기 위해서는 각 지체의 조화로운 연합이 있어야 하듯 교회도 그리스도의 몸으로 온전히 세워지기 위해서는 각 지체로서의 성도들이 유기적으로 연합하여 한 통일체를 이루어야 한다는 말이다. 따라서 몸의 각 지체가 다양하듯 통일된 교회 안에서는 각각의 다른 은사와 직분을 받은 성도들의 다양성이 무시되지 않는다. 우리의 몸이 다양한 지체들의 조화로운 연합으로 성장하듯 교회 안의 성도들의 다양성은 교회를 온전히 세우는 것이다.

그러므로 성도들은 성도 각자의 다양성을 인정하며, 교회 안에서 그들이 받은 직분에 높고 낮음이 없음을 알아 서로 반목과 질시를 피하고, 사랑 안에서 온전히 합하여 하나님의 교회를 온전히 세워 나가기를 힘써야 한다(골 2:19; 벧전 4:7-11).

그리스도께서 성도 각자에게 나누어 주신 교회 직분을 소개하고 있다. 여기 소개되는 교회 직분은 고린도전서 12장 28절에 소개되는 직분과 거의 차이가 없다.

① 사도(ἀπόστολος, 아포스톨로스): '보냄을 받은 자'라는 뜻이다. 그리스도의 사도들로서 예수님의 열두 제자와 주의 형제 야고보를 포함한 무리를 가리키는 말이다(행 1:21, 22, 10:40, 41; 고전 9:1, 15:8, 9).

② 선지자(προφήτης, 프롭헤테스): 구약성경에서는 '여호와의 회의에 참여한 자' 또는 '여호와의 입으로부터 말하는 자'로 불렸다(렘 23:16-32). 선지자는 하나님의 대변자요 직접적인 계시를 전달하였던 자들이다. 미래를 예견하고(행 11:28, 21:9, 11), 하나님의 말씀을 전달함으로써 인간들의 죄를 깨닫게 하고(고전 14:24), 훈계의 말씀으로 교회에 새로운 힘을 더하여 주기도 했다(행 15:32). 신약의 선지자의 직분으로는 안디옥 교회의 유다와 실라(행 15:32)를 비롯하여 빌립의 네 딸(행 21:9) 등은 초대교회의 이름난 선지자들이었다.

③ 복음 전하는 자(εὐαγγελιστής, 유앙겔리스테스): 이들의 임무는 사도들 밑에서 여러 각지를 순회하면서 전도하는 것이었다. 빌립은 '전도자'라고 불렸고(행 21:8), 디모데는 '전도인의 일을 하라'는 사도 바울의 교훈을 받았다(딤후 4:5).

④ 목사와 교사: '목사'(ποιμήν, 포이멘)는 '목자'라는 뜻이다. 즉 목자장이신 그리스도(히 13:20; 벧전 2:25, 5:4)의 양 무리(요 21:15-17; 벧전 5:2)를 맡아 영적 양식으로 먹이고 그들을 외부의 위험으로부터 보호하는 직분이다. 교사(διδάσκαλος, 디다스칼로스)는 '가르치다'(διδάσκω, 디다스코)에서 유래된 말이다. 목사와 거의 같은 의미이다. 즉 '목사'는 직분의 관점에서, '교사'는 목사가 갖는 직무의 한 측면인 가르치는 일을 하는 것과 관련해서 반복하여 기록했다는 것이다.

세 가지 중요한 것(Three Necessary Things[145] by Max DePree[146])

요즘에 와서 리더십의 역할이나 역할을 수행하는 데 있어서의 기대치들은 대단히 높다. 다음 세 가지는 매우 중요하다. 아직 우리는 리더십에 대해서 무엇을, 어떻게 측정해야 하는지는 확실치 않다. 그래도 다음 세 가지는 리더십에서 매우 중요하다고 생각한다(The role of leadership, and the expectations carried with it, are subject to extensive consideration today, and yet we are very unsure of what to measure about leadership, and how. Three things should be placed at the top of leaders' lists: an understanding of the fiduciary nature of leadership; a broadened definition of leadership competence; and the enlightenment afforded leaders by a moral purpose. This statement is from abstract of the book).

1) 리더십의 본질은 맡겨진 것이라는 것을 이해하는 것이다(An understanding of the fiduciary nature of leadership)

리더십은 자리가 아니다(Leadership is not a position). 사람들과 함께 배우고 일하는 것이라는 데 초점을 맞추어야 한다(Focus on people's learning and collaboration). 공동체의 개념과 개인에게 주어지는 기회가 균형을 이룬다(Balance individual opportunity and concept of community). 격려해 주고 신뢰를 증진시키며 맡겨진 지도력은 훌륭한 유산을 남긴다(Fiduciary leadership leaves a honoring legacy).

---

145) Max DePree, "The Leadership Quest: Three Things Necessary," *Business Strategy Review* March 1993, 69-74. Volume 4, Issue 1.
146) Max DePree (born October 28, 1924) is an American businessman and writer. A son of D. J. DePree, founder of Herman Miller office furniture company, he and his brother Hugh DePree assumed leadership of the company in the early 1960s, Hugh becoming CEO and president in 1962. Max succeeded his brother Hugh as CEO in 1980 and served in that capacity to 1987, and he was a member of the company's Board of Directors until 1995.[1] His book Leadership is an Art has sold more than 800,000 copies. In 1992, DePree was inducted into Junior Achievement's U.S. Business Hall of Fame. He has been involved with the Max DePree Center for Leadership(established in 1996 as the DePree Center) since its establishment.

2) 리더십 능력에 대한 폭넓은 정의가 있다(A broadened definition of leadership competence)

유능한 리더십은 현실을 명확히 하고, 이해하고, 정의해야 한다(Competent leadership perceives, defines, and expresses reality). 또한 중요한 사람을 어디에 배치해야 하는지를 알아야 한다(Competent leadership knows where to place key people). 유능한 리더십은 개인의 책임감을 충분히 알고 이해하고 있으며, 조직에 있는 사람들의 모든 잠재력을 개발시켜 줌으로써 창조적인 사람들이 되게 하여야 한다(Competence leadership bears personal responsibility for knowing, understanding, and enabling the people in the organization to be creative to develop their full potential).

유능한 리더십은 사람들의 은사에 따라 그들에게 무한한 자유를 주어야 한다(Competence leadership unleashes people according to their giftedness).

3) 리더들은 도덕적으로 계발에 유념해야 한다(The enlightenment afforded leaders by a moral purpose)

인간의 신뢰성을 성의 있게 수용할 수 있어야 하고(Wholehearted acceptance of human authenticity), 언약적인 관계를 증진하며(Promotes covenantal relationships), 조직을 통해서 진실을 확인해야 한다(Affirms truth throughout the organization). 도덕적인 목적을 확고히 하는 것은 리더십에서 가장 공격당하기 쉬운 곳에 유연성을 부여한다. 즉 도덕적으로 깨끗하면 무서울 게 없음을 말한다(Moral purpose makes room for leadership vulnerability). 조직에서 발생하는 유익을 공평하게 분배할 줄을 알아야 하고(Equitable distributes the benefits of the organization), 개인적으로 공적으로나 사적으로나 신중함에 익숙해져야 한다(Personal restraint is exercised in public and private).

미래의 섬기는 리더의 열 가지 특성들(Ten Traits of Tomorrow's Servant Leaders by Dr. Warren Bennis[147])

성공적인 섬기는 리더들(Successful servant leaders)은 어떠해야 할까? 우선 자신을 알아야 한다(Have self-awareness). 리더 자신이 자신을 모르고 남을 섬긴다는 것은 어리석은 일이다. 자신을 아는 문제는 쉬운 일이 아니다. 섬기는 리더들은 자신이 하나님을 믿는 믿음 안에서의 삶을 살고 있는지 스스로를 판단해 보아야 한다. 리더에게는 경계선이 존재해서는 안 된다(Ensure that boundaries are porous and permeable). 생각의 경계, 도전의 경계, 위험의 경계가 그어져서는 안 된다. 경쟁적인 유익은 여성들에게 능력을 줄 것으로 기대하며, 여성들의 활동범위와 그들의 능력을 무시하지 말아야 한다(See that a competitive advantage will be the empowerment of women). 섬기는 리더들은 목적과 비전을 확실하게 정의할 수 있는 감각이 있어야 하며(Have a strongly defined sense of purpose and vision), 강한 신뢰성을 쌓아야 한다(Generate a strong sense of trust). 행동이 조금이라도 빗나가면 그것을 감지해야 한다(Have a bias toward action). 또한 단지 비전만 만들어내기보다는 그 의미와 중요성도 함께 만들어야 한다(Create not just a vision, but a vision with meaning and significance). 섬기는 리더는 세상의 기술의 흐름이 얼마나 급속히 변하고 있는지도 알아야 한다. 그래서 진보된 기술에도 뒤떨어지지 말아야 한다(Must become very comfortable with advancing technology). 당신을 따르는 사람들이 작다면 크게 행동하고, 그들이 크다면 작게 행동할 수 있어야 한다(Must act big if they are small, and small if they are big). 연합은 유연성 있게 해야 한다

---

147) Warren Gamaliel Bennis (March 8, 1925-July 31, 2014) was an American scholar, organizational consultant and author, widely regarded as a pioneer of the contemporary field of Leadership studies. Bennis was University Professor and Distinguished Professor of Business Administration and Founding Chairman of The Leadership Institute at the University of Southern California. "His work at MIT in the 1960s on group behavior foreshadowed -- and helped bring about -- today's headlong plunge into less hierarchical, more democratic and adaptive institutions, private and public," management expert Tom Peters wrote in 1993 in the foreword to Bennis' *An Invented Life: Reflections on Leadership and Change*.

는 것을 잊지 마라(Make flexible federations of corporations).

왜 교회는 팀 사역을 개발해야 하는가?(Why should churches develop team ministry?)

교회의 사역자는 교회의 팀 사역의 중요성을 잘 알고 있다. 그러면서도 팀 사역이 쉽다고 생각하는 사역자는 거의 없다. 또한 매우 교회적이면서 하나님 보시기에 아름답게 팀 사역이 잘 운영되는 교회는 흔치 않다. 그렇다고 팀 사역을 포기할 수 없는 이유는, 먼저 교회의 일은 혼자 할 수도 없고 혼자 해서도 안 되기 때문이다. 출애굽 후 모세 혼자서 백성들을 다스릴 수 없어 장인인 이드로의 조언을 듣고(출 18:1-27) 천부장, 백부장, 오십부장, 그리고 십장을 세운 것이 팀 사역이다.

> "이에 모세가 자기 장인의 말을 듣고 그 모든 말대로 하여 이스라엘 무리 중에서 재덕이 겸전한 자를 빼서 그들로 백성의 두목 곧 천부장과 백부장과 오십부장과 십부장을 삼으매 그들이 때를 따라 백성을 재판하되 어려운 일은 모세에게 베풀고 쉬운 일은 자단하더라"(출 18:24-26).

바울 사도의 사역을 볼 때 그에게는 많은 믿음의 동역자들이 그의 옆에 있었음을 알 수 있다. 바나바는 바울로 하여금 사역을 할 수 있도록 그를 추천한 장본인이었고, 안디옥에서 함께 사역하였다. 그러면서 항상 바울의 옹호자요 협조자로서, 자기를 내세우지 않고 바울과 더불어 일을 하면서도 바울에게 양보하면서 지원하고, 바울로 하여금 마음 놓고 사역할 수 있도록 도와주었다.

실라는 신임을 받는 사람이었다. 그래서 예루살렘 회의가 끝난 후, 예루살렘 교회의 사도들과 장로들의 택함을 받아 바울과 바나바와 함께 안디옥을 가게 되었기에, 바울이 바나바의 후임으로 그를 택하였다. 실라는 고난과 핍박을 무릅쓰고 바울과 함께 사역하면서 예수 그리스도를 만백성에게 전하여, 유대인이든 이방인이든 막론하고 복음을 전하기 위하여 일생을 바쳤다.

디모데는 가정에서부터 신앙의 훈련을 잘 받은 청년이었다. 디모데는 바울의 1차 선교여행 중 루스드라에서 복음을 듣고 유대교에서 기독교로 개종한 사람이다. 디모데는 신실하고 정직하며, 또한 충성스러운 주 예수 그리스도의 종이었다. 스승 바울로부터 가장 신임을 받는 유능한 협력자이자 동역자가 되었으며, 또한 능력 있는 설교자와 유력한 감독이 되었다.

그 외의 동역자들도 많았다. 누가는 바울이 '사랑받는 의원 누가'라고 불렀던 것처럼 매우 충성스러운 사람으로서 바울과 함께 어려움을 견디어 가며 일하였다. 마가 요한은 처음에는 경험이 적은 청년으로서 바울과 바나바를 따라 전도여행에 함께했으나 중도에 낙심하고 두려워하여 포기하고 말았다. 그 일로 인하여 후에 제2차 여행 때 바울과 바나바가 결별하기까지 하였다. 그러나 후에는 바울이 옥중에서 디모데에게 편지할 때 "마가를 데리고 오라 저가 나의 일에 유익하니라"(딤후 4:11)고 하였다. 그리고 디도, 빌레몬, 두기고, 브리스길라와 아굴라, 아볼로, 데마 등도 바울의 사역을 도왔다.

이처럼 성경적 사실로 볼 때 교회 일도 사역자 부부만이 할 수 있는 일이 아니기에 팀 사역이 될 수밖에 없다. 그리고 팀 사역은 성경적인 원리이기 때문이다. 예수님께서도 제자들을 두 사람씩 파송하셨다(막 6:7; 눅 10:2; 마 21:1). 교회를 이루는 우리들이 예수 그리스도의 지체이므로 교회를 통해 하나님의 일을 함께하는 것은 지극히 당연한 일이다.

소그룹에 대한 소견

2005년경 자그마한 교회에서 전도사 사역을 하던 때에, 이곳 LA에서는 각 교회마다 셀 목장이 붐을 이루고 있었다. 어느 목회자라도 셀 목장에 대하여 알기를 원했고, 각 교회마다 구역예배에서 셀 목장으로 변형되어가던 시절이었다. 전 교인들을 12명 정도씩 묶어 한 소그룹으로 만들고, 소그룹 리더들을 훈련시키며, 적어도 2주에 한 번씩은 예배, 찬양, 성경 공부, 친목을 목적으로 모이도록 권장하였다. 물론 소그룹 리더들을 훈련했고, 전 교인에게 셀 목장을 이해시키기 위해 사전에 외부 강사를 모시고 세미나도 하고, 그룹으로 MT도 다녀오며, 많은 준비 끝에 셀 목장을 시작하였던 것을 기억한다.

나는 셀 목장을 통해 소그룹이 가지는 장단점을 알게 되었다. 소그룹이 가지는 가장 중요한 역동성은 '관계의 성숙'이다. 관계가 단절된 현대사회의 구조 속에서 소그룹은 한 사람 한 사람을 인격적인 장에서 만날 수 있으며, 치유와 회복의 현장이 된다. 또 전도가 중심이 되며, 평신도 리더를 통해 평신도 사역이 활성화되는 장점도 있다. 소그룹은 성경적인 근거가 있다. 열두 제자를 통한 예수님의 방법이며 사도 바울의 방법이기도 하다. 또 초대교회는 가정에서 모인 소그룹 운동이었다. 한국교회에서 여의도순복음교회 조용기 목사는 소그룹의 개척자이다. 그는 가정에서 모이는 소구역 예배조직을 시작하였고, 나중에는 5만 개의 소구역을 가졌고, 약 70여만 명이 모이는, 세계 최대의 교회로 성장했다.

그러나 소그룹이 만사형통은 아니다. 필자가 사역하던 곳은 LA에서 북쪽으로 좀 떨어져 있었기 때문에 교인들의 이민 역사가 그리 짧은 가정들만이 아닌데도 2주에 한 번씩 모이는 일이 쉽지 않았고, 한국 사람들의 음식 문화는 세계 최고 수준이기에 모일 때면 저녁 식사 준비가 만만치가 않았다. 부부 모두가 직장생활을 하다 보면 12명의 식사를 준비한다는 것이 쉽지가 않았다. 장소 또한 문제였다. 아파트에서는 소음에 민감하다 보니 모여서 통성기도와 찬송가를 부르다 보면 매니저의 눈총을 받곤 하였고, 자녀들을 데리고 와야 하는데 이 또한 한 방에 여러 아이들을 둘 수가 없어서 곤란을 겪는 가정도 있었다. 또 동료 집사가 먼저 훈련을 받아 목회자에게서 받은 말씀 내용을 전달하는 수준에 머무르므로 동료 소그룹 회원 간에 눈에 보이지 않는 알력 같은 것이 소록소록 생성되기도 했다. 소그룹의 중요성이 강조되지만 이를 도입하여 성공시키는 것은 쉬운 일이 아니다. 또 셀 교회를 하면 당장 교회가 성장할 것이라는 착각을 버려야 할 것이다.

여기에서는 팀 리더들이 알아야 할 사항, 팀 사역에 있어서 중요한 요소들, 새로운 리더를 세울 때 여러 가지 고려 사항들과 왜 교회가 팀 사역을 개발하지 않고 있는가 하는 주제를 다룬다.

팀 사역- 중요한 구성요소(Team Ministry Key Competencies)

팀 사역에서 가장 중요한 요소 가운데 하나는 팀 멤버 전체가 성공적인 비전을 나눌 수 있어야 한다는 것이다(Successful vision casting). 팀 전체가 비전을 함께 공유해야만 하며, 팀 리더는 리더십을 개발하는 데 우선순위를 두어야 한다(Priority given to leadership development). 무엇보다 중요한 것은 프로그램보다 사람이라는 인식이다. 멤버인 사람의 능력을 계발하고 리더십을 개발하는 것은 멤버 자신도 노력을 해야겠지만 그보다도 팀 리더가 의도적으로 리더십 개발에 우선을 두어야 한다. 분명한 동기에서 팀을 구성하고 팀 멤버 사이의 대화를 위한 정규적인 전략을 세울 수 있어야 한다(Motivational recruitment and communication strategies). 효과적이고 단순한 방법으로 참여하도록 독려하라(Efficiency and simplicity in mobilizing participation). 적용하기 위해서는 적절한 심사도 필요하다(Appropriate screening and application process). 일에 대한 내용 기대치가 정확하게 서술되어야 하며(Clearly defined job description with delineated expectation), 계속 격려해 주고 본을 보여주는 지도 전략이 있어야 한다(Coaching strategy through modeling and ongoing encouragement). 영적 개발 전략의 집대성이 있어야 하며(Integration of spiritual formation strategy), 의도적으로 관계를 개발할 수 있는 전략을 수립해야 한다(Intentional relationship development strategy). 팀 멤버들이 사역하고 있는 환경 또한 무시할 수가 없다. 사용 공간과 필요(한 자원에 대해)에 따른 적절한 사용과 배분에 팀 리더는 신경을 써 주어야 한다(Appropriate utilization and allocation of necessary resources and facility space). 개인과 사역 성장을 격려하기 위한(의도적인) 의미 있는 접근도 필요하며(Motivation approaches that encourage individual and ministry growth), 모든 팀 멤버가 비전을 전하는 사람이고 신입회원을 뽑는 자임을 인식시킬 필요가 있다(Every team member a recruiter and vision multiplier). 마지막으로 지속적인 사역의 평가와 새로운 혁신에 도전과 적용이 필요함을 인지하여야 한다 (On-going ministry evaluation, innovation and adaptation).

왜 교회가 팀 사역을 개발하지 않고 있는가?(Why Churches Don't Develop Team Ministry)

① 혼자서 하는 것이 쉽다고 생각하기 때문이다(It is easier to just do it yourself).
② 다스리려는 유혹이 있기 때문이다(The need for control).
③ 자신의 자존감을 높이고 칭찬받고자 하는 유혹 때문이다(The need for personal affirmation and esteem).
④ 적은 숫자로 사역하면 더 효과적이라고 생각하기 때문이다(It is more efficient to involve less people).
⑤ 전통적으로 목회자만 사역을 해야 한다고 생각하기 때문이다 (Tradition has the pastor doing all the ministry).
⑥ 사람들이 훈련에 참석을 꺼리고 있기 때문이다(People don't come with training).
⑦ 팀의 개념이 비전의 한 부분이 아니라는 생각 때문이다(Team concept is not part of the vision).
⑧ 활기 넘치는 소그룹이 필요하기 때문이다(Necessitates small group dynamic).
⑨ 리더십을 개발하는 데 많은 투자가 요구되기 때문이다(Involves a lot of investment in leadership development).
⑩ 당파나 나눔이 생길 위험 때문이다(Risk of factions and division).

새로운 리더들을 세울 때 생각할 것들(Emerging Leaders Considerations)

① 하나님 나라의 목표를 염려하고, 다른 면을 보여주며, 다른 사람

을 이끌며, 기꺼이 따라오고자 하는 사람을 인정하라(Recognizing those who care about Kingdom goal, are making a difference, are leading others, and are willing to follow).

② 그들에게 한계를 길게 주고, 충분한 공간을 주라(Give them a long tether, they need space to soar).

③ 그들이 하고 있는 분야에 대해 책임을 맡기라(Give them responsibility of something they can own).

④ 그들의 생각을 주의 깊이 듣고, 격려하라(Listen to their ideas and give them encouragement).

⑤ 성장할 수 있는 시간과 책임감 있는 자유를 주라(Give them accountable freedom with time to grow).

⑥ 무겁게 제도화되는 것과 여러 단계를 거쳐 관리되는 것을 피하라(Avoid creating heavy bureaucracy, layers of management).

⑦ 당신의 강점과 약점을 모방하는 사람을 선택하지 않도록 하라(Do not choose only people who duplicate your strengths and weaknesses).

권한을 위임할 때(Delegation That Empower)[148]

위임이란 한 사람으로부터 다른 사람에게 구체적인 행사나 구체적인 업무와 그에 대한 책임을 이양하는 과정을 말한다. 또한 임무를 위임받는 사람이 구체적인 목적을 완수하도록 동기를 부여한다(Delegation is the process of transferring the responsibility for a specific activity or task from one person to another and empowering that individual to accomplish a specific goal).

위임하는 일에 대한 장애물들(Barriers to Delegation)

때때로 리더들은 위임하는 일에 대해 마음이 편하지 않다. 다음

---

148) TOASTMASTERS INTERNATIONAL P.O. Box 9052 · Mission Viejo, CA 92690 · USA Phone: 949-858-8255 · Fax: 949-858-1207. www.toastmasters.org/members

몇 가지 이유 때문이다(Sometimes leaders may feel uncomfortable about delegating, for several reasons):

① 자신감 부족(Lack of confidence): 어떤 리더는 팀 멤버들이 필요한 업무를 수행하는 것에 대한 능력을 믿지 못한다(Some leaders simply do not believe team members have the ability to do the necessary tasks).

② 다스림(Control): 때때로 리더들은 자신의 권위와 다스림을 잃어버리는 일에 대하여 두려워한다(Sometimes leaders are afraid of losing authority and control).

③ 이기주의(Selfishness): 때때로 리더들은 인정받는 것을 나누고 싶어하지 않는다(Some leaders don't want to share credit).

④ 확신 부족(Insecurity): 리더들은 팀 멤버가 너무도 일을 잘해서 자기들의 일을 가져갈까 두려워한다(Leaders fear that a team member may do so well that the team member may take their job).

⑤ 주저함(Reluctance): 많은 리더들이 부가적인 책임을 다른 사람들에게 부탁하는 것에 주저한다. 이런 사람들은 모든 일을 혼자서 한다(A few leaders are reluctant to ask others to take on additional responsibility. These individuals end up doing all of the work themselves).

위임에 대한 5단계(Five Steps of Delegation)

위임은 다음과 같은 5단계로 구성된다(The delegation process consists of five steps).

1) 우선순위를 매겨라(Prioritize)

전반적인 업무량을 조사하고 위임된 일을 확인하라(Review the overall workload and identify things that can be delegated).

2) 유용성과 재능이 필요에 잘 어울리는가?(Match needs to availability

and ability)

책임에 대한 요구조건에 합당한 사람이 있는지, 있다면 그들이 무엇을 할 수 있는지를 잘 검토하라. 이 조항에서는 다음에 어울리는 사람인가를 고려해야 한다(Match the requirements of each responsibility with who is available and what they can handle).

- 박식한가?(Knowledgeable): 팀 멤버가 그 업무를 수행할 지식이 풍부한가를 확인하라(Make sure the team member has the knowledge needed to do the task).
- 동기 부여가 되어 있는가?(Motivated): 팀 멤버가 박식할 수는 있지만 리더의 목적을 믿지 않거나 별 흥미를 못 느낄 수도 있다. 이런 사람들은 별로 노력하지 않을 것 같고 업무를 완수할 것 같지도 않다(The team member may be knowledgeable, but if he or she does not believe in the leader's goals or just isn't interested, it is unlikely that person will make the effort needed to accomplish the task at hand).
- 재능은 있는가?(Able): 만일 그 멤버(위임받을 사람)가 리더의 목적과 다른 또 다른 책임을 맡고 있다면 부여된 업무에 공헌할 충분한 시간이 부족해 낭패일 수 있다(If the team member has other responsibilities not related to the leader's goals, he or she may not have the time to devote to the assigned task or may not be able to give it the attention it needs).

3) 책임을 부여하라(Assign responsibility)

팀 멤버가 책임질 업무와 기대하는 결과에 대하여 확실한 설명이 필요하다(Clearly explain the tasks for which the team member is responsible and the expected results).

이 사항에서는 다음의 단계가 필요하다(Follow these steps):

- 업무에 대한 사항과 결과에 대한 내용을 상세하게 기술할 것(Fully describe the task and expected results. Give all the information necessary to get the task started, or tell the team member where it can be obtained. State who else will be involved and describe their roles, too).
- 훈련이 필요함을 확인하라(Identify training needs. If the team member needs special training or help to accomplish the task, provide it).
- 자원에 대해서도 확인하라(Identify resources. Make sure the team member knows the materials, information, and budget available).

4) 권리 부여와 권위 부여(Empower/grant authority)

그 멤버에게 원하는 결과를 얻기 위해 결정할 수 있고 자원을 얻을 수 있는 권한을 부여하라. 위임되는 권한의 정도를 확실히 해두라. 예를 들면 천 달러 이상을 소비할 때에는 당신의 사전 허락을 받아야 한다는 내용을 그가 확실히 알게 하라(Give the team member the authority to gather resources and make the necessary decisions to achieve the desired results. But also specify the amount of authority being delegated. For example, if the team member must get your approval for expenditures over $1000, be sure he or she knows this).

5) 책임을 확립하라(Establish accountability)

서로 완성하기로 약속한 업무를 완성하는 일에 대한 책임을 확실 해두어라(Hold team members accountable for completing the tasks they agreed to complete. Agree on performance standards and timetables for completion. Prepare a report timetable. State the amount and frequency of progress reports desired).

제12부

멘토와 멘토링
(Mentor & Mentoring)

멘토 (Mentor)

멘토 혹은 멘토링에 대해 알고자 한다면 먼저 예수님의 멘토링이 기준이어야 한다. 예수님의 제자 훈련 방식은 교실 학습 형식이 아니었다. 멘토링에 가깝다고 보아야 한다. 예수님은 자신과 같이 있도록 하기 위해 제자들을 택하셨다(막 3:14). 갈릴리 해변으로 지나가다가 시몬과 그 형제 안드레가 바다에 그물을 던지는 것을 보시고 '나를 따르라'고 하여 제자를 삼으셨다(막 1:16-17). 좀 더 걸어가다가 세베대의 아들 야고보와 그 형제 요한이 그물을 깁고 있는 것을 보시고는 곧 불러서 제자를 삼으셨다(막 1:20). 이런 형태로 제자들을 세우셨다.

부활하신 후에 베드로에게 나타나셔서 함께 대화를 나누셨다. 주님을 세 번이나 부인한 베드로가 마음 아파하고 괴로워하는 것을 보시고 다시 만나 주신 주님은, 그에게 '네가 나를 사랑하느냐'고 물으신다(요 21:15-18). 주님이 매우 자연스러운 삶의 정황 아래서 한 사람을 키워가셨던 모습을 볼 수 있다.

바울 사도의 제자 양육 방법도 학습 훈련보다는 삶의 동행에 근거한 멘토링이었다. 디모데, 디도, 브리스길라, 아굴라, 오네시모 등등 바울은 이들을 '나의 제자'라고 부르기보다는 '내 형제', '내 아들', '동역자'라고 표현하였다. 이것은 학습을 통하여 맺어진 것이 아니라 삶을 통해 맺어진 관계임을 알 수 있다.

구약성경에 나오는 인물들의 모습을 보자. 모세는 40여 년간을 여호수아와 동고동락한 관계이다. 성공과 실패, 희열과 좌절을 같이 겪어가며 여호수아를 2인자로 만들어낸 것이다. 엘리야와 엘리사의 관계도 마찬가지다. 이것은 멘토링에 가까운 도제(apprentice)이다.

우리는 이곳에서 예수님은 과연 어떤 형태의 멘토셨는지를 심도 있게 공부해 보자.

예수님의 멘토 모델(Jesus' Mentor Model)
예수님은 어떤 형태의 멘토이셨는가?

1) **주도권**(Initiative, 눅 6:12-13)

"이때에 예수께서 기도하시러 산으로 가사 밤이 맞도록 하나님께 기도하시고 밝으매 그 제자들을 부르사 그중에서 열둘을 택하여 사도라 칭하셨으니"(눅 6:12-13).

예수님은 제자들이 자기에게 올 때까지 기다리지 않으셨다. 그는 사람들을 양육하시기 위하여 그의 위치를 뒤로하고 떠나기로 하시고, 밤새 기도하고 적은 무리를 선택하셨다(Jesus didn't wait for disciples to approach Him. He was determined to leave His legacy behind through developing people. He prayed all night and then He selected a few).

2) **근접**(Proximity, 막 3:14; 눅 8:1)

"이에 열둘을 세우셨으니 이는 자기와 함께 있게 하시고 또 보내사 전도도 하며"(막 3:14).
"이후에 예수께서 각 성과 촌에 두루 다니시며 하나님의 나라를 반포하시며 그 복음을 전하실새 열두 제자가 함께하였고"(눅 8:1).

'그와 함께'라는 원리를 이용, 그의 멘토링은 제자들이 그의 일상생활을 봄으로써 그들이 예수와 함께 걷는 것으로 이루어졌다(Jesus employed the "with Him" principle. Much of His mentoring was done through the disciples merely observing His daily life; they were walking alongside of

Him on a regular basis).

3) 친구 관계(Friendship, 요 15:15)

"이제부터는 너희를 종이라 하지 아니하리니 종은 주인의 하는 것을 알지 못함이라 너희를 친구라 하였노니 내가 내 아버지께 들은 것을 다 너희에게 알게 하였음이니라"(요 15:15).

그는 제자들을 친구라 부르셨다. 그들을 친구로 여겨 즐겁지 않다면 어떤 사람의 멘토가 되는 것은 어려운 일이다. 예수님은 이러한 것을 그의 사랑, 시간, 투명성을 통하여 보여주셨다(Jesus called His disciples "friend." It is difficult to mentor someone if you don't enjoy them as friends. He demonstrated this through His love, time and transparency).

4) 본보기(Example, 요 13:15)

"내가 너희에게 행한 것같이 너희도 행하게 하려 하여 본을 보였노라"(요 13:15).

그는 제자들에게 본보기로 자신의 목숨을 기꺼이 주셨다. 제자들에게 말로 하는 것보다는 보여주심으로써 제자들이 빨리 배울 것임을 아셨다(Jesus deliberately gave the disciples His life as an example to watch. He knew they would learn faster if He would show them, not just tell them. He taught them through His public and private life).

5) 헌신, 약속(Commitment, 마 16:24; 요 13:1)

"유월절 전에 예수께서 자기가 세상을 떠나 아버지께로 돌아가실 때가 이른 줄 아시고 세상에 있는 자기 사람들을 사랑하시되 끝까지 사랑하시니라"
(요 13:1).
"이에 예수께서 제자들에게 이르시되 아무든지 나를 따라오려거든 자기를 부인하고 자기 십자가를 지고 나를 좇을 것이니라"(마 16:24).

그는 자신을 열두 제자와의 관계에 헌신하셨고 그들에게도 같은 헌신을 요구하셨다. 멘토링은 상호 헌신 없이는 이루어지지 않는다 (Jesus both committed Himself to His relationship with the twelve, and asked for this same commitment from them. Mentoring doesn't work without mutual commitment).

6) 책임감을 주는 멘토(Responsibility, 막 6:7)

"열두 제자를 부르사 둘씩 둘씩 보내시며 더러운 귀신을 제어하는 권세를 주시고"(막 6:7).

그는 제자들에게 하나님 나라의 도래를 앞당기기 위해서 책임감을 나누어 주셨다. 그는 권위와 위임을 통해서 그 사역의 모든 주권을 제자들에게 주셨다(Jesus soon transferred the responsibility He felt for advancing God's Kingdom to His disciple. He gave them all ownership of the ministry through delegation and authority).

7) 능력을 주는 멘토(Power, 요 20:22; 행 1:8)

"오직 성령이 너희에게 임하시면 너희가 권능을 받고 예루살렘과 온 유대와 사마리아와 땅 끝까지 이르러 내 증인이 되리라 하시니라"(행 1:8).

제자들을 사역장으로 보내기 전에 그들에게 능력을 주셨다. 또한 예수님은 지상사역을 마무리하시며 제자들에게 성령님께서 권능으로 임하실 것을 확인시켜 주셨다(Jesus made sure to "empower" His disciples before launching them into their ministry. At the close of His ministry, He ensured that the Holy Spirit was upon them in power).

8) 지식을 주는 멘토(Knowledge, 눅 8:9-10)

"제자들이 이 비유의 뜻을 물으니 가라사대 하나님 나라의 비밀을 아는 것이 너희에게는 허락되었으나 다른 사람에게는 비유로 하나니 이는 저희로 보아도 보지 못하고 들어도 깨닫지 못하게 하려 함이니라"(눅 8:9-10).

그는 제자들에게 하나님 나라에 대하여 가르치셨고, 토론하셨다. 예수님의 멘토링이 그의 의도적인 가르침이 있었기에 제자들에게는 말씀보다 더 의미가 있었다(Jesus taught and discussed Kingdom issues with the twelve. While His mentoring was much more than "words," It did involve intentional instruction on His part).

9) 신뢰를 보여준 멘토(Trust, 마 10:1-10)

"예수께서 그 열두 제자를 부르사 더러운 귀신을 쫓아내며 모든 병과 모든 약한 것을 고치는 권능을 주시니라 열두 사도의 이름은 이러하니 베드로라 하는 시몬을 비롯하여 그의 형제 안드레와 세베대의 아들 야고보와 그의 형제 요한, 빌립과 바돌로매, 도마와 세리 마태, 알패오의 아들 야고보와 다대오, 가나안인 시몬과 및 가룟 유다 곧 예수를 판 자라 예수께서 이 열둘을 내어보내시며 명하여 가라사대 이방인의 길로도 가지 말고 사마리아인의 고을에도 들어가지 말고 차라리 이스라엘 집의 잃어버린 양에게로 가라 가면서 전파하여 말하되 천국이 가까웠다 하고 병든 자를 고치며 죽은 자를 살리며 문둥이를 깨끗하게 하며 귀신을 쫓아내되 너희가 거저 받았으니 거저 주어라 너희 전대에 금이나 은이나 동이나 가지지 말고 여행을 위하여 주머니나 두 벌 옷이나 신이나 지팡이를 가지지 말라 이는 일꾼이 저 먹을 것 받는 것이 마땅함이니라"(마 10:1-10).

예수님은 제자들에게 신뢰를 보여주심으로써 제자들에게 가장 큰 선물을 주셨다. 그는 제자들에게 그의 사역을 나누어 주실 정도로 신뢰하셨다. 그래서 그는 제자들을 그의 이름으로 보내신 것이다(Jesus gave one of His greatest gifts to the disciples when He exhibited trust in them. He trusted them enough to give them a part in His ministry. He sent them out in His name).

10) 평가를 하는 멘토(Evaluation, 눅 10:17-24)

"칠십 인이 기뻐 돌아와 가로되 주여 주의 이름으로 귀신들도 우리에게 항복하더이다 예수께서 이르시되 사단이 하늘로서 번개같이 떨어지는 것을 내가 보았노라 내가 너희에게 뱀과 전갈을 밟으며 원수의 모든 능력을 제어할 권세를 주었으니 너희를 해할 자가 결단코 없으리라 그러나 귀신들이 너희에게 항복하는 것으로 기뻐하지 말고 너희 이름이 하늘에 기록된 것으로 기뻐하라 하시니라 이 때에 예수께서 성령으로 기뻐하사 가라사대 천지의 주재이신 아버지여 이것을 지혜롭고 슬기 있는 자들에게는 숨기시고 어린아이들에게는 나타내심을 감사하나이다 옳소이다 이렇게 된 것이 아버지의 뜻이니이다 내 아버지께서 모든 것을 내게 주셨으니 아버지 외에는 아들이 누군지 아는 자가 없고 아들과 또 아들의 소원대로 계시를 받는 자 외에는 아버지가 누군지 아는 자가 없나이다 하시고 제자들을 돌아보시며 종용히 이르시되 너희의 보는 것을 보는 눈은 복이 있도다 내가 너희에게 말하노니 많은 선지자와 임금이 너희 보는 바를 보고자 하였으되 보지 못하였으며 너희 듣는 바를 듣고자 하였으되 듣지 못하였느니라" (눅 10:17-24).

예수님은 제자들과의 사역과 관련된 일들을 평가하셨다. 그는 제자들에게 일을 맡기셨을 때 그들의 행동에 대한 객관적인 평가가 필요하다는 것을 아셨다(Jesus also performed the related task of assessment and evaluation. Once He trusted them with tasks, He knew they would need objective accountability on their performances).

11) 목표를 보인 멘토(Goal, 마 4:19; 요 4:35)

"말씀하시되 나를 따라오너라 내가 너희로 사람을 낚는 어부가 되게 하리라 하시니"(마 4:19).

애초부터 예수님은 제자들에게 그의 목표를 보여주셨다. 그들이 어떤 사람들이 될 것인가를 알려 주셨는데, 제자들을 처음 초청할 때 이 부분을 말씀하셨다(From the very beginning, Jesus kept His goal before the disciples; that they would be making disciples on day themselves. He made this part of His invitation to them).

12) 파송(Launch, 마 28:18-20)

"예수께서 나아와 일러 가라사대 하늘과 땅의 모든 권세를 내게 주셨으니 그러므로 너희는 가서 모든 족속으로 제자를 삼아 아버지와 아들과 성령의 이름으로 세례를 주고 내가 너희에게 분부한 모든 것을 가르쳐 지키게 하라 볼지어다 내가 세상 끝 날까지 너희와 항상 함께 있으리라 하시니라"(마 28:18-20).

예수님은 마지막 만남에서 마지막 도전을 주셨다. 그들이 예수님과 함께 한 일을 그대로 할 것임을 알리셨다. 곧 멘토링을 받는 사람이 멘토가 될 것이라는 사실이다(Jesus initiated one final contact and gave one final challenge to His disciples: that they duplicate what He had just done with them. The mentees must become mentors).

멘토링(Mentoring)

멘토로서의 기본 자세(Qualifications for Being a Mentor)

멘토링(mentoring)이란 원래 풍부한 경험과 지혜를 겸비한 신뢰할 수 있는 사람이 1:1로 지도와 조언을 하는 것이다. 그리스 신화에서 유래한 말로 조력자의 역할을 하는 사람을 '멘토'(mentor)라고 하며, 조력을 받는 사람을 멘티(mentee)라고 한다. 멘토링은 일반적으로 기업체, 학교 등에서 우수한 경력과 풍부한 경험을 가진 선배가 후배나 신입원들의 능률과 적응력의 향상을 돕기 위해 활용하고 있다.

멘토는 멘티가 꿈을 이루는 것뿐만 아니라 사람 사이의 관계를 이어나가는 데도 도움을 줄 수 있다. 이러한 관점에서 생각해 볼 때 멘토의 의미는 다양한 분야에서 활약하고 있는 전문가로 정의 내리는 것이 가능하다. 그렇기에 삶에 있어 수많은 선택의 순간에 놓이게 되었을 때 보다 먼저 그 순간을 경험했던 이들, 즉 멘토에게서 받은 조언을 통해 어려운 시간을 헤쳐 나갈 수 있다.

사역이나 업무적인 측면뿐만 아니라 인생 선배로서 삶의 순간순간 아낌없는 충고를 제시해 줄 수 있다는 점 또한 멘토의 장점이라고 이야기할 수 있다. 멘티 스스로가 한 단계 더 성장해 나갈 수 있도록 함께 해 줄 멘토가 있다면 어떤 분야에서든 성공에 이르는 길이 멀지 않다는 예측이 가능하다.

특히 신학교 재학생들이라면 대학교 재학 기간에 경력과 경험이 풍부한 교수를 멘토로 삼으면 사역하는 동안 그분과 제반 사역과 사역장에서의 생활에 대하여 자문을 구할 수 있다.

멘토로서의 기본 자세들

① 멘티의 말을 경청할 수 있어야 한다(Listen): 귀를 기울여 들어 주어라. 조언이 필요 없을 수도 있다.(Can you offer an ear, and not necessarily advice?)

② 멘티가 접근하기 쉬워야 한다(Are Accessible): 멘티가 필요할 때마다 시간을 할당할 수 있어야 한다.(Does your schedule permit a mentoring relationship?)

③ 공유할 수 있어야 한다(Share): 멘토는 지식이나 전문 기술, 기술이나 시간을 멘티와 기꺼이 공유할 수 있어야 한다.(Are you willing to share your knowledge, expertise, skills, and time?)

④ 동기를 부여할 수 있어야 한다(Motivate): 멘티의 충분한 잠재력을 발휘하도록 동기를 부여할 수 있어야 한다.(Can you motivate the mentee to reach their full potential?)

⑤ 통찰력을 공급할 수 있어야 한다(Provide Insight): 멘티가 실수하지 않도록 도와주고 훌륭한 결정을 내리도록 멘토의 경험을 살려 도와줄 수 있어야 한다.(Can you use your personal experience to help your mentee avoid mistakes and learn from good decisions?)

⑥ 안내(Guide): 멘티가 바른 결정을 하도록 인도할 수 있어야 한다. 설교 형식으로 하지 말고 강압적으로 하지도 말아야 한다.(Can you guide the mentee to determine his/her right course of action; not preach or dictate?)

⑦ 긍정적인 영향력을 제공해야 한다(Provide a Positive Influence): 멘토는 긍정적이고 낙관적인 이미지를 예상해야 한다.(Do you project a positive, upbeat image? Are you a positive role model?)

⑧ 정직하고 개방적이어야 한다(Are Honest and Open): 멘티에게 당신의 생각과 건설적인 반응이 나오도록 정직하고 개방적이어야 한다.(Can you offer your thoughts and constructive feedback honestly and openly?)

⑨ 신선한 견해를 제공해야 한다(Provide a Fresh Perspective): 멘토는

멘티가 처한 상황을 신선한 눈으로 보도록 도와야 한다.(Can you help your mentee see a situation with fresh eyes?)

⑩ 조언 제공(Offer Advice): 조언을 제공할 수 있다. 만일 멘티가 당신의 의견을 원한다면, 멘티는 멘토로 인해 그가 원하던 문제점들이 잘 해결되기도 원한다. 그들은 때로는 그들이 원하는 문제점에 대한 결론을 가지고 당신을 만나고 있을지도 모른다(Can you offer advice only if asked? Your mentee may want a sounding board to help him/her work out issues and come to their own conclusion).

⑪ 당신은 격려자임을 잊지 마라(Are Cheerleaders): 당신은 멘티를 신나게 해주는 사람이고 돕는 사람임을 알라.(Can you offer support and encouragement?)

(출처: Richard M. De Vos, Join MentorCity™)

멘토와 멘티의 관계

- 올바른 질문 하는 것을 도와달라고 의뢰(질문은 미리 요약하여 준비)하라.
  (Ask him or her to help you ask right questions, search in the right places and stay interested in the right answers).
- 종속적이고 배우려는 자세, 정중한 태도가 필요하다.
  (Accept a subordinate, learning position. Don't let ego get in the way of learning. Don't try to impress the mentor with your knowledge or ability.)
- 멘토를 존경하되 우상화하지 마라.
  (Respect your mentors, but don't idolize them. Respect allows us to accept what they're teaching; making them idols removes our ability to adapt their content to our situation.)
- 배운 것을 즉시 적용하라.
  (Put into effect immediately what you are learning. The best mentoring is

intensity in a narrow field. Learn, practice and assimilate.)

- 멘토와의 관계를 위해 훈련 프로그램을 만든다. 상호 충분한 시간을 잡아라. 주제는 미리 정하라. 대화에서 결정된 사항은 즉시 실행으로 옮기라.

  (Set up a discipline for relating to the mentor. Arrange for a sufficient and consistent time schedule, select the subject matter in advance and do your homework to make the sessions profitable.)

- 진보함으로 멘토에게 보상하라.

  (Reward your mentor with your own progress. If you show appreciation but make no progress, the mentor knows he or she has failed. Progress is the highest reward.)

- 결정적인 질문을 하는 것을 배우라. 중언부언하지 마라. 중요한 요건만 질문하라.

  (Learn to ask crucial questions – questions that prove you have been thinking between sessions, questions that show progress in your perception.)

- 포기하겠다고 엄포를 놓지 마라.

  (Don't threaten to give up. Let your mentor know you're determined to progress and grow. Then he or she knows you're not wasting his or her time.)

멘티에게 주시는 하나님 말씀

"훈계 받기를 싫어하는 자는 자기의 영혼을 경히 여김이라 견책을 달게 받는 자는 지식을 얻느니라"(잠 15:32).

사람을 생명의 길로 인도하는 지혜의 교훈을 말하고 있다. 이러한 훈계를 싫어하는 것은 자기 영혼 곧 생명을 가볍게 여기는 것과 같다. 왜냐하면 훈계를 싫어하는 것은 생명의 길을 따르지 않는 것이요 스스로를 멸망으로 이끄는 행동이기 때문이다.

"친구의 통책은 충성에서 말미암은 것이나 원수의 자주 입맞춤은 거짓에서 난 것이니라"(잠 27:6).

사랑하는 마음을 가지고 꾸짖는 친구의 경책은, 비록 일시적으로 심한 마음의 상처를 입히기도 하나 궁극적으로는 그의 사랑을 실감할 수 있을 정도로 유익을 얻게 된다는 사실을 나타낸다. 그러나 원수가 자주 하는 입맞춤은 비록 표면적으로는 존경과 감사의 표시이지만 실제적으로는 상대방이 망하기를 바라며 그 기회를 기다리는 악한 의도에서 비롯된다. 둘을 대조함으로써 사람의 중심을 바로 살피는 신중한 자세가 자신에게 유익을 가져다주는 지혜로운 생활임을 교훈하고 있다.

찰스 스펄전의 충고(Charles Spurgeon)

"당신의 결점을 말해 줄 수 있는 친구를 얻으라, 당신을 날카롭게 바로 보다가 잔인하게 쏘는 적을 용납하라. 현명한 사람에게는 자극적인 비판이 축복임을, 어리석은 자에게는 받아들일 수 없는 불쾌감임을 알게 된다"(Get a friend to tell your faults or still, welcome an enemy who will watch you keenly and sting you savagely. What a blessing such an irritating critic will be to a wise man, what an intolerable nuisance is a fool).

제13부

행정
(Administration)

행정의 원리들
(Principles of Administration)

교회 행정[149]

아담스(Arther M. Adams) 교수는 "교회 행정은 사람들을 통하여 그 사람들과 함께해야 할 일을 수행하는 것이다"라고 정의한다.

오늘날의 목회는 다원화(多元化)되었다고 보아야 한다. 이로 인해 사역자의 업무량은 현저히 증가하였고, 이 가운데 교회 행정이 중심을 이룬다. 현대의 과학기술 문화는 하루가 다르게 발전하고 있으며 이에 대응하여 교회 행정 역시 다양화되어 가고 있다. 사역자가 수행하여야 할 행정적인 업무와 책임은 날로 증가하고 있다. 교회 행정은 하나님 중심적이며, 성령 지도적이고, 인간 지향적이어야 한다. 교회 행정은 하나님께서 교회를 통하여 하고자 하시는 모든 일들이기 때문이다.

교회 행정의 성경적 근거[150]

성경은 교회 행정이란 주제를 중심으로 기록된 책이 아니다. 교회 행정에 대해 체계적이고 종합적인 내용이 성경에 일목요연하게 제시되어 있지 않다. 그러나 단편적이기는 하지만 성경에는 교회의 지도자들이 어떻게 교회를 돌보고 섬기고 지도해야 하는가(교회 행정)에 대해 많은 가르침이 나타난다.

1) 구약

---

149) 이주영, 《현대 목회학》(서울: 성광문화사, 1985), 246.
150) 복음주의 실천신학회, 《복음주의 실천신학개론》(서울: 도서출판 세복, 1999), 324.

(1) 모세

구약성경에서 교회 행정의 근간이 되는 조직 체계를 분명히 보여주는 곳은 출애굽기 18장 13-27절이다. 출애굽한 이스라엘 백성들이 광야에서 머물 때 그들 사이에서 각종 소송 사건들이 생겼다. 이러한 문제들을 모두 모세 한 사람에게 가져와 판단을 해 달라고 요청했다. 200만 명이 넘는 백성들 사이에서 발생하는 송사를 한 사람이 처리한다는 것은 불가능했다.

출애굽 후 모세 혼자서 백성들을 다스릴 수 없어 장인인 이드로의 조언을 듣고(출 18:1-27) 천부장, 백부장, 오십부장, 그리고 십장을 세워 체계적으로 백성들을 돌아보도록 했다. 이후 효과적인 관리가 이루어졌다.

"이에 모세가 자기 장인의 말을 듣고 그 모든 말대로 하여 이스라엘 무리 중에서 재덕이 겸전한 자를 빼서 그들로 백성의 두목 곧 천부장과 백부장과 오십부장과 십부장을 삼으매 그들이 때를 따라 백성을 재판하되 어려운 일은 모세에게 베풀고 쉬운 일은 자단하더라"(출 18:24-26).

(2) 느헤미야[151]

교회 행정의 가장 체계적인 모델을 제시하는 구약성경은 아마도 느헤미야서가 될 것이다. 느헤미야는 그가 예루살렘 성벽 재건을 자신의 목표로 갖게 된 과정에서 시작하여, 그 일을 이루어 가는 과정과 성벽 재건 완공 후의 그의 사역을 자세히 보여주고 있다. 느헤미야는 하나님의 경영학 교과서로 불릴 만큼 교회 행정에 도움이 되는 교훈들을 많이 제시하고 있다. 예를 들면 다음과 같다.

하나님의 백성들의 형편에 깊은 관심을 가져라(1:2 이하).
하나님의 은혜를 구하면서 계획을 세우라(1:4 이하).
기회를 포착하고 활용하라(2:1 이하).

---
151) Ibid., 326.

자원을 동원하라(2:7 이하).
현실을 파악하라(2:12 이하).
비전을 나누라(2:7 이하).
일을 조직하고 분담하라(3장).
외부로부터의 조롱과 위협에 대처하라(4장).
내부적 갈등을 관리하라(5:1 이하).
지도자로서 청렴결백하라(5:14 이하).
목숨을 아까워하지 마라(6:1 이하).
후속조치를 철저히 하라(7:1 이하).
축제의 이벤트를 만들라(12:27 이하).
질서를 확립하라(12:44 이하).

2) 신약

신약에서는 예수님의 행정적인 면모와 서신서를 통해 사도들을 중심한 교회 행정의 예를 볼 수 있다.

(1) 예수님의 행정적인 면모[152]

예수님은 장기적인 계획을 따라 그의 공생애를 이루어 가신 흔적들을 볼 수 있다. 예수님은 그의 제자들을 동심원 형태의 조직을 형성하여 훈련시키셨다. 예수님은 베드로를 중심으로 야고보와 요한을 중심원에 두시고 그 외의 아홉 제자를 그다음 원(circle)에 두셨다. 또한 재정은 가룟 유다에게 맡기시어 일을 분담케 하신 것을 알 수 있다. 열두 제자 외에 70인의 제자를 두시고 양육하셨다.

어느 정도 훈련이 되었을 때 예수님께서는 두 사람씩 파송하신 사실을 알 수 있다(막 6:7; 눅 10:2; 마 21:1). 그리고 열둘을 보내시고, 또 70인의 제자들을 전도를 위해 파송하셨다.

---

152) Ibid., 327.

(2) 서신서에서[153]

바울 서신서에는 교회 행정에 관하여 많은 교훈들이 있다. 그중에서도 목회 서신인 디모데전후서와 디도서는 더욱 그러하다. 교회 행정과 관련된 내용들을 다음과 같이 분류할 수 있다.

① 인사 관리: 장로(딤전 3:1-7; 딛 1:5-9)와 집사(딤전 3:8-13)의 자격
② 갈등 관리: 교회 내에서 일어나는 분쟁이나 파쟁을 관리하는 방법(고전 1:10-17; 빌 2:1-11 등)
③ 재정 관리: 헌금하는 방법과 자세와 헌금을 관리하는 자의 자세(고전 16:1-4; 고후 8-9장 등)
④ 교인 관리: 은사를 개발하여 교회의 덕을 세우도록 하며, 모든 일을 사랑으로 행할 것(고전 12-14장 등), 소송 문제(고전 6장), 결혼 문제(고전 7장), 우상의 제물 문제를 중심으로 믿음이 연약한 자에 대한 자세(고전 8장), 음행을 비롯한 범죄자에 대한 처리(고전 5장)와 이단에 대한 처리(유다서 등)

리더십과 경영력의 다른 점(Leadership & Management Distinctive)

리더와 매니저는 어떻게 다를까? 그들은 누군가? 사회 공동체와 기독교 공동체에서 어느 누가 리더이고 매니저는 누구일까? 사회 공동체에는 사장이라는 최고 경영자가 리더라 할 수 있다. 그는 몇 명의 부사장을 거느린다. 아마 이들은 매니저 급일 것이다. 그 이하의 직원들은 각각 부사장의 지휘하에서 각자의 전문 분야에서 종사하는 또 다른 매니저 급일 것이다.

기독교 공동체를 보면 담임목사님이 리더일 것이고 다수 혹은 소수의 부목사님들이 각각 행정 전문 분야별로 맡아 일반 직원들과 함께 리더가 준 비전을 가지고 그 비전을 성취하기 위해 사역할 것이다.

---

153) Ibid., 329.

리더와 매니저의 기능을 표로 만들었다. 각각의 기능과 역할을 이해하는 일에 도움이 되었으면 한다.

Leaders	Managers
비전이 있다(Have the vision)	주어진 비전을 완성하기 위해 계획을 세운다(Have the plan to fulfill the vision)
목표 지향적(Goal oriented)	결과 지향적(Results oriented)
다른 사람을 인도(Leads others)	다른 사람을 감독한다(Supervises others)
불명확한 것을 받아들임(Tolerate ambiguity)	명령을 실행함(Strive for order)
실패자를 성공자로(Turn failures into successes)	실패를 바로잡음(Correct failure)
사람들을 감동시킴(Inspire people)	시스템에 의존한다(Depend on system)
변화를 시도하는 열망(Desire to create change)	변화에 순응하려 노력(Try to adapt to change)
올바른 일을 행하려는 열망(Desire to do the right things)	모든 일을 옳게 하려 노력한다(Desire to do things right)

경영에 동기를 부여하는 것들(Management Motivators)

1) 사회 공동체에서

사회 공동체에서 직원들의 동기 부여란 어느 때에나 필요하지만, 특히나 최근의 금융위기처럼 세상이 어지러울 때 더 필요한 것이 아닐까 싶다. 다음은 〈하버드 비즈니스 리뷰〉(Harvard Business Review) 2008년 7-8월호의 "Employee Motivation"을, www.hnr.org에 실린 내용을 재구성하고 요약하여 소개한다.

(1) 네 가지 욕구 충족을 통한 동기 부여[154]

이번 글은 기존에 논리적 관점에서 임직원 동기 부여에 접근하던 것을 두뇌과학적(신경과학, 생물학, 진화심리학 등)으로 분석하여 해법을 제시하는 글이다. 두뇌과학 접근방법에 대해서, 필자가 그동안은 자동차

---

154) Nitin Nohria, Boris Groysberg, and Linda-Eling Lee, "Employee Motivation," 〈Harvard Business Review〉, 2008년 7-8월, www.hbr.org.

의 움직임만을 보고 작동원리를 이해하려고 했던 것을 이제 후드를 열고 내부를 이해함으로 작동원리를 이해하게 되었다고 표현하고 싶다. 우리의 머릿속에 뿌리 깊게 박혀 있는 네 가지 추진 동력, 곧 성취감(Acquire), 소속감(Bond), 지적 성장감(Comprehend), 방어감(Defend, 정의를 위해 방어·수호하고자 하는 욕구)에 대한 욕구를 고루 활용할 때에 더 높은 동기 부여 효과가 있다는 것이다. 네 가지를 고루 관리해야 한다는 것이 포인트이다. 왜냐하면 각 욕구는 우선순위가 없고, 서로 대체될 수 없으며, 보완관계에 있는 욕구가 아니기 때문이다. 일례로, 연구 조사에서 지적 성장감(Comprehend)만 1포인트 향상시켰을 경우 동기 부여는 5%, 기업 동기 부여 점수는 50에서 56으로 상승했으나, 네 가지 모두 개선시켰을 경우 동기 부여는 21%, 동기 부여 점수는 50에서 88로 대폭 상승한 사례도 있다.

직원들에게 동기 부여를 하는 욕구 충족 방법을 살펴보자.

기업인은 직원들의 네 가지 욕구를 충족시키는 데 활용할 수 있는 기본적인 수단을 갖고 있다.

(2) 네 가지 욕구를 만족시키기 위해 어떤 정책을 수립해야 하는가?

① 성취감(Acquire) 충족을 위한 동기 부여 방법-보상 체계(Reward system)

보상 체계(Reward system)란 성과가 좋은 사람과 나쁜 사람을 판별하고, 성과와 보상을 밀접하게 연결시키며, 최고의 인재에게 승진의 기회를 부여하는 것을 말한다.

영국 RBS(Royal Bank of Scotland)는 낫웨스트(NatWest)를 인수한 후 낫웨스트의 보상 체계를 개혁하였다. 이는 임직원들의 성취에 대한 동기 부여로 작용하여 낫웨스트 직원들이 통상적인 합병 사례보다 새 회사를 더 빠르게 받아들이게 되었다.

미국 소노코(Sonoco, 중소 포장용기 업체)는 개별 직원과 부서의 실적에 기반한 성과 보상 체계를 도입하여 임직원 만족도와 참여도가 크게 개선되었으며, 2005년에는 미국 20대 우수 역량 관리 조직에 선정되었다.

② 소속감(Bond) 충족을 위한 동기 부여 방법-조직 문화(Culture)
팀워크, 협업, 개방과 동료애를 장려하는 조직문화를 조성해야 한다. 영국 RBS와 낫웨스트 직원들이 함께 프로젝트에 참여함으로써 기존의 관계를 깨고 새로운 결속력을 다지도록 장려하고, 솔선수범으로 양사 경영진이 매주 월요일 아침마다 함께 모여 논의하는 경영회의를 개최하였다.

또 웨그먼스 슈퍼마켓 체인(Wegmans supermarket chain)은 가족적인 조직문화를 강조하고 경영진과 직원 간, 직원들 간의 관리를 주기적으로 리포팅하여 팀워크와 소속감을 높였다.

③ 지적 성장감(Comprehend) 충족을 위한 동기 부여 방법-업무 설계(Job Design)
의미 있고 재미있으며 도전해 볼 만한 업무를 설계해야 한다.
RBS의 경우, 비용 집행에는 엄격했지만 회사에 인접하여 직원들이 찾아갈 수 있는 최신 비즈니스스쿨 시설에는 투자를 아끼지 않았다. 이는 직원들의 소속감과 결속력을 다지는 데도 도움이 되었고, 직원들이 동료, 고객, 투자자들을 위해 좀 더 폭넓게 생각할 수 있는 기회를 제공하는 효과가 있었다. 또 태양의 서커스(Cirque du Soleil)는 고된 리허설과 공연 스케줄에도 불구하고 창의성을 발휘할 수 있도록 해주고 완벽한 작품을 만들도록 지지해 줌으로 좋은 단원들을 끊임없이 끌어들이고 유지하고 있다.

④ 방어감(Defend) 충족을 위한 동기 부여 방법-성과 관리와 자원 배분(Performance Management & Resource Allocation Process)
공정하고 신뢰성 있으며 투명한 성과 관리, 자원 배분 프로세스는

직원들의 방어에 대한 욕구를 충족시키는 데 도움이 되었다.

RBS, 직원들이 수긍하지 않는 프로세스는 충분한 배경 설명을 하고, 새로운 기술 개발 프로젝트를 진행할 때는 여러 부서 직원들로 구성된 팀이 분명한 기준을 가지고 검토하는 등 명료한 의사 결정 프로세스를 만들기 위해 노력했다. 설문조사 결과 직원들은 프로세스가 공정하고 펀딩 기준이 투명하다고 응답했다.

위의 내용을 표로 만들면, 각각의 욕구 충족에 맞게 활용되는 수단은 무엇이며, 사용 가능한 도구를 최대한 활용하기 위해 어떤 조치를 취할 수 있는지를 이해하게 된다.

욕구	기본적 수단	조치
성취	보상 시스템	– 성과 좋은 직원과 나머지 직원을 뚜렷하게 구분 – 성과와 보상을 확실히 연결 – 경쟁사만큼의 급여 지급
결속	기업문화	– 동료간 상호 의지 강화 및 동료애 조성 – 협력과 팀워크 중시 – 우수 관행 공유 장려
이해	업무 설계	– 조직에서 차별되고 중요한 업무 설계 – 의미 있는 업무 설계 및 조직에 대한 기여의식 고취
방어	성과 관리 및 자원 배분 프로세스	– 모든 프로세스의 투명성 제고 – 프로세스의 공정성 강조 – 공정하고 투명한 보상 및 인정을 통한 신뢰 구축

기독교 공동체에서

기독교 공동체에서도 별로 다를 바 없다. 사역장에서 담임목사와 같이 사역하고 있는 부목사님 혹은 전도사님 중에서 재정적으로 풍족한 곳에서 사역하는 경우는 극히 소수일 것이다. 재정적으로 풍족하지는 않지만 하나님으로부터 소명을 받고 하나님을 위한 사역을 하고 있다. 그러나 그들도 인간인지라 실생활을 하다 보면 재정 문제에 어려움을 당할 때가 있다. 이렇게 어려움에 직면할 때 담임목사님으로부터 듣는 한마디 격려의 말은 그들이 힘을 내는 원동력이 될 수 있다.

사회 공동체들이 사원들을 격려해 주는 방법은 여러 가지가 있을 수 있지만 앞에서 제시한 방법을 기독교 공동체에 접목해 보았더니 다음의 세 항목이면 충분하다고 생각이 든다.

격려하기(Encouraging)

1) 성취감(Acquire) **충족을 위한 동기 부여 방법-보상 체계**(Reward system)

노동법에 의하면 주당 40시간이 정규 일하는 시간이다. 그러나 퇴근 시간을 넘기며 열심히 사역하는 분들이 많다. 정규 시간 이외의 시간을 그린 타임(Green Time)이라 한다. 매일 그린 타임을 컴퓨터에 입력해 두었다가 6개월 혹은 4개월에 한 번씩 통계를 내어, 직원들에게 보너스 시간으로 계산하여 격려 차원에서 이에 해당하는 휴가를 줌으로써 동기 부여를 한다(Recognition, praise and unexpected rewards).

2) 소속감(Bond) **충족을 위한 동기 부여 방법-조직 문화**(Culture)

기독교 공동체는 공동체 비용으로 사역자들과 그들의 온 가족들을 위한 MT나 혹은 피크닉(Environment that is joyful)을 같이함으로써 협력(Special team building activities)과 상호 이해(Team prayer & devotions)와 팀워크(Small group interactions)를 형성하는 계기를 마련한다. MT나 피크닉은 1년에 두 번쯤이 적당하며 간단한 기도와 예배의 순서를 잊지는 말아야 한다.

3) 지적 성장감(Comprehend) **충족을 위한 동기 부여 방법- 업무 설계**(Job Design)

연말이 되면 다음 해에 대한 전반적인 업무에 대한 설계를 한다. 우선 다음 해의 목표를 정하고, 여러 활동을 정한 후 이에 해당되는 예산을 편성할 것이다. 다음 해를 위한 비전이나 목표는 총체적 리더인 담임목사님이 오랜 기도와 준비로 정하는 것이 보통이고, 이에 대한 실천 방안을 부목사님들에게 하달한다. 각 부서장들은 부서장대로 다음 해를 위한 활동 계획서와 예산을 준비하여 당회에 올린다.

이러한 다양한 활동을 위하는 회의에 모든 사역자들이 자신에게 주어진 부서에 참여하여 같이 의논함으로써 교회 전체의 운영의 흐름과 재정의 투명성을 인식(Opportunities to learn new things)하게 된다. 학문적인 성장을 위하여 학업에 정진할 때 학비의 절반을 학기 시작과 함께 공동체에서 지불해 주고 학위를 완성했을 때에 나머지를 공급해 주는 제도는 많은 이들의 환영을 받을 것이고 훌륭한 동기 부여가 될 것이다.

낙담하게 하는 일들(Discouraging)

공동체의 시작은 관계 형성부터 시작된다. 하나님께서 인간을 창조하셨을 때 우리 인간을 하나님과 관계를 맺도록 지으셨다. 하나님과 인간의 관계뿐만 아니라 인간과 인간 사이에도 관계를 형성하도록 인간을 지으셨다. 낙담은 자신의 보스와의 관계에서 보스로부터 오는 낙담뿐만 아니라 나와 동료 관계에서부터 오는 낙담도 있고, 자신이 스스로 세운 목표를 달성하지 못함에서 오는 낙담도 있다. 낙담이란 '겁을 먹음', '두려워함', '의기 소침', '부담감' 혹은 '실의' 등등 여러 단어로 표현이 가능하다.

하나님은 우리에게 고린도후서 5장 7절 말씀을 주신다.

"이는 우리가 믿음으로 행하고 보는 것으로 하지 아니함이로라."
(우리는 믿음으로 살아가지, 보는 것으로 살아가지 아니합니다.)

세상을 살아가는 두 가지 모습이 있다는 것이다. 하나는 당장 눈에 보이고 느껴지는 것에 반응하며 사는 삶이다. 당장 눈에 보이는 것에 반응하며 사는 삶(불안한 삶, 희비의 심한 곡선, 근시안적, 조그만 일에 쉽게 실망하고 좌절하며 절망함)은 삶의 안정감이 없다. 조그만 환경의 변화에도 불안을 느낀다. 환경과 조건의 변화에 따라서 심한 희비의 곡선을 그린다. 어떤 때는 환경과 조건에 상관없이 심한 감정의 희비를 경험하기도 한다. 이런 사람들은 근시안적이다. 멀리 볼 줄 모른다. 그래서 당장에 눈앞에서 벌어지는 일들만 보고서 실망하고 슬퍼하고 좌절하며 절망한다.

또 하나는 그러한 환경과 조건에 지배를 받고 사는 것이 아니라 하나님을 믿는 믿음으로 사는 것이다. 하나님을 믿는 믿음으로 환경과 조건을 극복하며 사는 삶(환경과 조건에 흔들리지 않는 '전천후 신앙', 하나님의 섭리를 멀리 바라보는 성숙한 신앙, '여호와 이레'의 신앙)이다. 이러한 삶을 사는 사람들은 환경과 조건에 의해서 흔들리지 않는다. 그들에게는 멀리 바라볼 수 있는 지혜가 있다. 모든 것을 합하여 선을 이루어 주시는 하나님의 섭리를 믿는 믿음이 있다. 저들의 모든 앞길을 준비하여 주시는 '여호와 이레의 하나님'을 믿는 믿음이 있다. 우리는 그들이 가진 신앙을 '전천후 신앙'이라고 부른다(안명훈 목사님의 설교문에서, 아콜라연합감리교회 NJ).

공동체 생활에서 낙담하게 하는 요소는 다양하지만 자신이 영적으로 자라지도 않고 풍요롭지도 않다고 느낄 때(No spiritual nurture, enrichment), 공동체의 환경이 일만 죽도록 하게 되어 있을 때(Environment the promotes workaholism), 동료 직원들이 모이기만 하면 남의 험담만 늘어놓는 분위기(Communicating disrespect), 공개적으로 남을 비판하는 일들이 허다할 때(Public criticism), 동료들 간에 서로 견제하며 대화가 단절되었을 때(Non communication), 공동체의 리더가 아주 소소한 일까지 너무 간섭할 때(Micromanagement of overseers), 진실을 말하는 친구보다 나를 이해해 주는 친구가 없을 때(Rigidity and negativity), 공동체의 리더가 항상 직원들의 능력을 비교할 때(Comparisons between workers), 공동체에서 개인주의가 만발하고 팀 멤버 간에 이탈의 조짐이 보일 때(Individualism and disengagement) 낙담한다.

히브리서 기자는 11장 27절에서 모세의 믿음을 말하면서 우리들에게 참 믿음의 삶을 사는 방법을 분명하게 말씀하고 있다.

> "믿음으로 애굽을 떠나 임금의 노함을 무서워 아니하고 곧 보이지 아니하는 자를 보는 것같이 하여 참았으며."

믿음으로 사는 삶의 전형적인 모범은, 현재 우리에게 없는 것을 있는 것으로 여기고, 눈으로 보이지 아니하는 것을 마치 눈에 환하게 보는 것처럼 여기고 살아가는 것이다. 보이지 않는 사람은 하나님을 의미한다. 하나님은 육의 눈으로 보이지 않는다. 영적인 존재이다(약 1:17). 믿음은 하나님을 보게 하는 특수 렌즈 역할을 한다. 모세는 믿음의 눈으로 하나님을 보았다. 우리도 이러한 믿음을 가지고 살자.

시간 관리(Time Management)

사역자의 시간 관리는 목회의 큰 몫을 차지한다. 사역자에게 시간을 관리해 주거나 감독해 주는 사람이 없는 것이 문제가 될 수 있다. 출근 시간도 퇴근 시간도 없는 스케줄이 목회자를 게으르게도 만들고 부지런하게도 만든다. 그러므로 자신을 쳐서 복종하는 훈련이 안 된 목회자들은 시간 관리 때문에 많은 어려움을 겪게 된다. 목회자는 하나님께서 주신 시간을 아끼며 잘 활용하는 지혜가 필요하다. 다음 충고를 기억하라.

- 계획을 세워라(Planning).
- 영적 훈련에 게으르지 마라(Spiritual Disciplines).
- 하나님의 소명을 항상 기억하라(Know your calling).

- 매일 매일 해야 할 일의 리스트를 만들어라(Daily, Monthly "to do" lists).
- 우선순위를 정해 놓으라(Establish priorities).
- 가능하면 대리인을 세워라(Delegate when possible).
- 여유 있는 계획을 세워라(Plan in flexible).
- 개인적인 에너지 용량을 고려하라(Consider personal energy capacity).
- 메모지를 활용하라(Note pad for thoughts/ideas).
- 항상 문제점들이 있을 것을 예상하여라(Anticipate problems).

갈등 해소(Conflict Resolution Considerations)

공동체 내에서 생활하는 데 도움이 되는 기술들(Core Skills)에 대하여 살펴보자.

공동체 내에서의 생활은 동료들과의 대화로 시작된다. 거의 매일 8시간 이상 대화를 하면서 생활한다. 대인관계는 공동체에서 매우 중요한 역할을 하며, 그런 이유로 동료들과의 대화는 무척 중요한 요소이다.

대화의 기초 원리는 눈높이를 맞추고 주의 깊게 경청하는 일이다. 동료는 이야기를 열심히 하고 있는데 상대방이 딴전을 부린다든지 주의 깊게 경청하지 않는 것은 무례한 일이다. 대화는 상호 이해를 기본으로 한다. 상대방이 나에게 이야기한다는 것은 나의 이해와 나의 동의를 얻기 위함이다. 겸손한 언행과 차분한 분위기에서 조리 있게 말하는 것은 말하고 듣는 기술임에 틀림없다.

대화 내용은 간결하고 사실 자체를 놓고 대화를 해야 하며, 어떤 문제점에 대하여 대화를 할 경우 그 문제점 자체의 정의를 바로 전달하고 이해되어야 한다. 상대방을 비방하는 내용이나 가십으로 문제의 핵심을 흐리는 일은 금물이다. 논쟁적이거나 부정적인 관심을 강하게 표현한다든가, 강한 자신의 감정을 포함시켜 문제를 확대하는 일도 금물이다.

이러한 내용들을 요약하면 다음과 같다.

- 주의 깊게 들어라(Listen carefully).
- 상호 이해를 구하라(Seek for mutual understanding).
- 말하고 듣는 것도 기술이다(Speaker/Listener technique).
- 사실 자체를 얻는 데 노력하라(Obtain the facts).
- 문제를 정의할 수 있어야 한다(Define problem).
- 비난 대신에 해결을 위해 함께 노력하라(Work towards solution rather than blame).
- 논쟁과 부정적 관심, 강한 개인 감정 표현, 자기 방어적인 대화는 문제를 겉돌게 한다(Avoid arguing, negative labels, strong emotions, convoluting the issues, etc.).

대화 중 갈등을 조장하는 어휘들(Basic Conflict)

다음 어휘들은 대화 중 갈등을 조장하는 어휘들로, 상대방을 난처하게 만들곤 한다.

- 부정(Denial) - "나는 아무 문제가 없다"("I don't have a problem").
  이 말은 자신은 초연해지려는 대화이다.
- 비방(Blame) - "이것은 당신의 실수이다"("It is your fault").
  자신은 이 문제점에 대해 책임이 전혀 없고 모든 것이 상대방의 책임이라고 비방해서는 안 된다. 협력해서 선을 이루도록 하여야 한다.
- 합리화(Rationalization) - "모두가 이렇게 한다"("Everyone doing it").
  '남이 이렇게 하니까 나도 이렇게 한다'는 것은 전혀 창조적인 태도가 아니며 게을러 보이는 태도이다.
- 뒤로 빠짐(Withdrawal) - "나는 절대 할 수 없다"("I can't do anything about it").
  무능한 행위이고 비겁한 행위이다. 이러한 얌체 행위는 갈등을 조장한다.

조직(제도) 중심주의(Institutionalism)

사회의 공동체는 조직 중심주의에 속한다. 그러므로 계급에 따라 그들의 임무도 당연히 다르다.

일반 사원 위에는 계장이 있고, 그 위는 과장이 있고, 차장, 부장, 이사, 상무, 전무 등등 계단이 올라갈수록 연륜과 임무와 책임 한도가 서로 다르다. 엄연히 상하가 존재한다.

그렇다면 조직 중심주의의 공동체는 어떠한 체계일까?

조직을 사람보다 더 중요시한다(The organization is more important than the people). 개인의 기능을 기계의 톱니바퀴로 보며(Individual function as cogs in a machine), 개인적인 특성과 창조성이 무시되기도 한다(Individuality and creativity is lost). 주위 환경이 열리고 지지해 주기보다 위협적으로 변하기도 한다(Atmosphere becomes threatening rather open and supportive). 사람들은 목적보다 그 조직을 더 섬기게 되며(People serve the organization more than the objectives), 대화는 종종 두절된다(Communication often breaks down). 사람들은 맡겨진 일에 노예가 되고(People become prisoners of their producers), 지도력의 계급화 현상이 커진다(A hierarchy of leadership develops). 윤리가 저하되고 사람은 적극성을 잃어버린다(Moral degenerates, people lose initiative). 목표에 대항하는 단합이 약해지고, 세워진 목표보다는 개인의 일과 관심이 우세하게 된다(Lack of unity, personal agendas & special interests begin to take precedence over primary goals). 그래서 사역하는 기독교 공동체는 제도적 혹은 조직 중심적이어서는 안 된다.

조직 중심주의의 모형과 기독교 공동체에서 모범적인 모형 비교

Institutional Model	Equipping Model
포커스를 다스린다 (Control focus)	포커스에 올인한다 (Enabling focus)

Institutional Model	Equipping Model
권위를 강조한다 (Emphasis on authority)	상호 의존 합의를 한다 (Emphasis on mutuality, consensus)
모든 의사과정은 위에서 아래로 지시된다(Top/down process)	의사 결정의 집중을 배제하고 구체화한다(Decentralization incarnational)
분산된다(Disengaged/separateness)	대화식 과정을 거친다 (Interactive process)
제도가 중심이다(Institute centered)	사람이 중심이다(Person centered)
생존에 중점을 둔다 (Survival oriented)	성장과 개발에 중점을 둔다 (Growth/development oriented)
프로그램 중심(Program oriented)	과정 중심(Process oriented)
정책에 초점이 있다 (Focus on policy and rules)	성장을 위한 풍토에 초점이 있다 (Focus on a climate for growth)
기계적(Machine model)	유기적(Organism model)
지배(Rule, Matt. 20:25)	섬김(Service, Matt. 20:26)

선교를 위한 행정 조직[155]

제이 아담스 교수는 《Shepherding God's Flock》에서, 교회의 선교적 사명을 잘 감당하려면 행정적인 조직이 완벽하게 구성되어야 한다고 피력하면서 두 가지의 교회 선교적 모델을 제시했다.

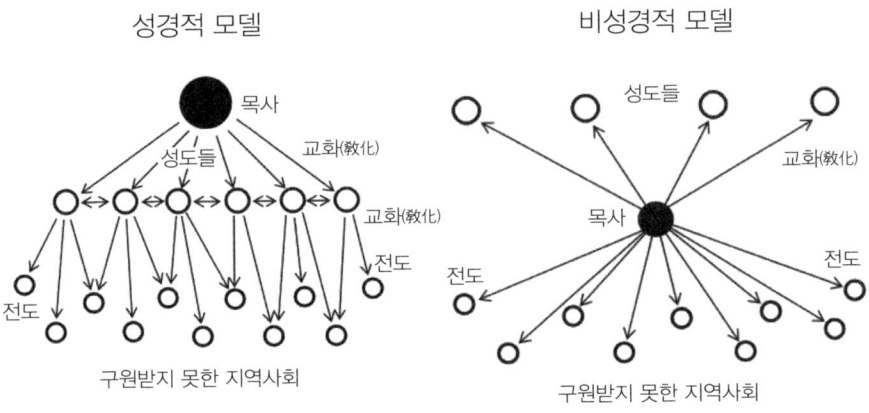

---

155) Jay E. Adams, *Shepherding God's Flock*(Grand Rapids: Zondervan Publishing House, 1978), 344.

1) 성경적 모델

누가복음 9장 1-2절(마 10:5; 막 6:7)을 보면 예수님께서 열두 제자를 파송하시고, 10장 1절에서는 70인의 제자들을 파송하시는 장면을 볼 수 있다.

> "예수께서 열두 제자를 불러 모으사 모든 귀신을 제어하며 병을 고치는 능력과 권세를 주시고 하나님의 나라를 전파하며 앓는 자를 고치게 하려고 내어 보내시며"(눅 9:1-2).
> "이후에 주께서 달리 칠십 인을 세우사 친히 가시려는 각동 각처로 둘씩 앞서 보내시며"(눅 10:1).

갈릴리 사역을 보면 1차는 누가복음 4장 14절에서 6장 16절까지, 2차는 누가복음 7장 1절에서 8장 56절까지 있었고, 본 절은 제3차인 갈릴리 사역을 소개하고 있다. 제3차 갈릴리 사역은 예수 그리스도의 전도사역의 절정기라 할 수 있다. 이후로는 예수님께서 지상에서의 마지막 사역인 예루살렘에서의 십자가 수난을 향하여 나가시게 된다.

본문은 예수님께서는 열두 제자를 복음 전파의 일꾼으로 파송하시는 장면이다. 예수님께서 열두 제자를 파송하기 전에 제자들에게 축사(逐邪)의 능력과 병 고침의 능력을 주시고, 하나님 나라 전파를 위해 사용하도록 하셨다(1-2절). 이것은 공생애 말기에 이르러 훈련된 제자들에게 예수님의 사역을 계승하게 하시고 십자가의 죽음과 부활의 영광으로 지상의 사역을 마치시기 위함이다. 이후로 제자들은 예수님의 뜻대로 복음을 널리 전하였고 초대교회의 기둥이 되어 하나님 나라를 확장시켜 나갔다.

앞의 성경적 모델에서 목사님(여기서는 예수님)이 성도들(여기서는 열두 제자)을 훈련시켜 구원받지 못하는 지역사회로 보내는 것이 예수님의 파송방법이다.

이전의 사역에서는 예수님 혼자 복음을 전하시고 권능을 행하셨지만 이제는 본격적으로 하나님 나라의 확장을 위해 열두 제자로 하여금 복음을 전하게 하고 권능을 행하게 하신 것이다.

2) 비성경적 모델(창립 초기 단계의 모델)

목회자 혼자 모든 사역 전체를 감당하는 모습을 본다. 비능률적이란 것을 목회자도 인지할 것이다. 이곳 LA 근교에서 교회 개척하는 모습을 많이 보아왔다. 여러 형태의 모양새를 가지고 개척하고 있는데, 예를 들면 어느 중형 교회에서 부목사로 사역하며 웃어른 되시는 장로님들에게 성실함을 인정받으면 한두 명의 장로님들과 안수집사, 그리고 당사자인 목사가 마음을 같이하여 사역하던 담임목사님의 눈치를 봐가며 성경공부를 시작한다. 그러다가 20명 정도 모이면 그 그룹과 함께 마음을 같이하는 분들을 모시고 사역하던 교회를 등진 채 개척예배를 드린다.

이런 경우는 그래도 운이 좋은 경우이다. 멤버를 구성하고 시작하니까 말이다. 이보다 못한 경우도 허다하게 보아 왔다. 나는 필자로서 '비성경적 모델'이라는 선교 모델의 이름을 다시 부르고자 한다. '창립 초기 단계의 모델'이라 칭하면 어떨까? 목회자 누구에게라도 '비성경 모델'은 비능률적이요 인정하기 싫은 모델이다. 목회자 혼자 모든 일을 하도록 그려졌기 때문이다. 그러나 어느 누구든지 교회 창립 초기 단계에 있는 교회는 이 선교 모델을 거치지 않을 수 없다. 초기 단계 모델에서는 담임목사 혼자 주일 본예배 설교 하나와 각 가정 심방만이라도 충분히 하기를 원하며, 일대일 양육이라든지 성경공부 등 이론적으로나 실질적으로 부목사로 사역할 때에 훈련받은 모든 프로그램을 실천하기란 요원하기 때문이다.

창립 초기 시절이 지나 교회도 부흥하고 더불어 조직적으로 성경 공부를 시켜 제자들을 양육하면 자연적으로 '성경적인 모델'로 조직화되어 선교사역에 있어서 하나님께 합당한 조직이 형성되리라 믿는다.

| 후기 |

    나는 참으로 축복받은 교수다. 28여 년간 보잉 사(Boeing)에서 엔지니어(Engineer)로 근무하게 해주시고, 인생 경험을 많이 하게 하신 후 늦은 나이에 제2생명(신장 이식)을 주시고 신학을 하도록 불러 주신 하나님께 감사드린다. 이것은 말할 나위 없는 하나님의 은혜이다. 아주사 신학대학교에서 훌륭한 여러 교수들을 만나게 하심도 하나님의 은혜다. 특히 아주사 박사 코스에서 금세기의 영성 대가이신 달라스 윌라드(Dallas Willard) 교수를 만날 수 있었던 일은 나에게 특별하다.

    위기에 처한 수많은 목회자들을 위하여 조금이나마 위로의 기도를 하기 위해 짧은 학문이지만 글을 쓰도록 건강을 주신 하나님께 감사드린다. 위기에 처한 목회자들에게, 2013년 5월 8일 하나님 품으로 먼저 가신 달라스 윌라드 교수님이 하신 말씀을 들려 드리고 싶다.

위기를 만났을 때

    서로 분리할 수 없고 깊은 관계가 있는 필수적인 세 측면을 논한다(It is repeatedly discussed in the Bible under three essential aspects, each inseparable from other, all interrelated).

    윌라드 박사님(Dr. Willard)은 이 삼각형을 '영성 형성을 위한 골든 삼각형'(Golden Triangle of spiritual transformation)이라 했지만 나는 위기에 처해 있는 많은 사역자들에게 이를 위로 말씀으로 드리고 싶다.

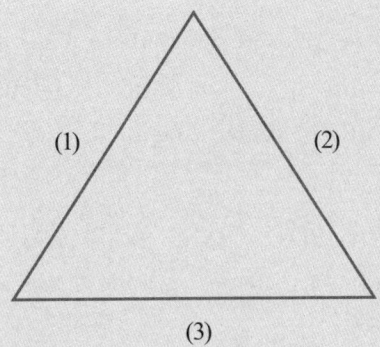

1) 매일 당면하는 문제들을 믿음으로 받아들이라(The faithful acceptance of everyday problems)

① 시험을 참아라. 우리는 일상생활에서 하나님의 다스림이 충만하다는 확신에 도달할 수 있다(By enduring trials with patience, we can reach an assurance of the fullness of heaven's rule in our lives).

② 시험을 친구로 여겨라. "내 형제들아 너희가 여러 가지 시험을 만나거든 온전히 기쁘게 여기라"(약 1:2)("When all kinds of trials and temptations crowd into your lives, my brothers, don't resent them as intruders, but welcome them as friends!).

③ 시험은 너희의 믿음을 시험하기 위함이라는 것을 인정하라 (Realize that they come to test your faith and to produce in you the quality of endurance"(James 1:2-3).

시험을 주는 이유도 말씀하신다.

"인내를 온전히 이루라 이는 너희로 온전하고 구비하여 조금도 부족함이 없게 하려 함이라"(약 1:4) [(When endurance or patience has been given full play in the details of day-to-day existence, it will make us "perfect and complete, lacking in nothing"(James 1:4)], 하시며 여러분에게 시험이 오는 것은 인내를 함으로 온전하고 완전하게 하여 부족함이 없게 하려는 뜻임을 알자.

2) 두 번째로 시험을 이기는 방법은 우리와 함께하시는 성령님과 교제하는 일이다(Interaction with God's Spirit in and around us)
바울은 이렇게 말했다.

① 성령님과 교제하면 성령으로 행하며(Living in the Spirit allows us to "walk in" the Spirit; 갈 5:25),
② 우리를 진리 가운데로 인도하시기 때문이다(The presence of the Holy Spirit can always be recognized by the way He moves us toward what Jesus would be and do; 요 16:7-15).

그렇다면 성령님이 내재함을 어떻게 알 수 있을까? 우리 안에 사랑하고 기쁘고 평화로움을 느끼면 우리 안에 성령님이 역사하심을 알 수 있다. 그러므로 성령님이 우리 안에 계시면 우리는 사랑하고 기쁘고 평화스럽다(When we inwardly experience the heavenly sweetness and power of life - the love, joy, and peace - that Jesus knew, that is the work of the Spirit in us).
그 결과 성령의 열매가 우리 안에 열린다(갈 5:22-23). 성령의 열매는 성품이 변화된 확실한 증거로 주시는 것이다(The fruit of the Spirit gives a sure sign of transformed character).

"오직 성령의 열매는 사랑과 희락과 화평과 오래 참음과 자비와 양선과 충성과 온유와 절제니"(갈 5:22-23).
[(The outcome of Christ living within us through the Spirit is fruit: "love, joy, peace, patience, kindness, generosity, faithfulness, gentleness, and self-control"(Galatians 5:22-23; John 15:8)].

3) 영성 훈련이 필요하다[(The Discipline of Christ-likeness(spiritual disciplines)]

훈련에는 여러 종류의 영성 훈련이 있다. 즉 혼자 있기, 묵상, 금식, 검소, 순결, 비밀로 행하기, 예배 등이다(These are special activities, many engaged in by Jesus himself, such as solitude and silence, fasting and frugality, chastity, secrecy, and worship).

훈련의 목적

"너희가 서로 거짓말을 말라 옛 사람과 그 행위를 벗어 버리고 새사람을 입었으니 이는 자기를 창조하신 자의 형상을 좇아 지식에까지 새롭게 하심을 받는 자니라"(골 3:9-10).
(They are ways in which we undertake to follow the New Testament mandate to put to death or "make no provision for" the merely earthly aspects of our lives and to put on the new person).

- 옛 사람과 행위를 버리기 위해서이다.
- 훈련을 하면 새사람을 입기 때문이다.

- 하나님의 형상을 좇으라.
- 지식을 새롭게 하신다.

"너희는 유혹의 욕심을 따라 썩어져 가는 구습을 좇는 옛 사람을 벗어 버리고 오직 심령으로 새롭게 되어 하나님을 따라 의와 진리의 거룩함으로 지으심을 받은 새 사람을 입으라"(엡 4:22-24).

- 구습을 좇는 옛 사람을 버려라.
- 성령으로 새롭게 되라.
- 새사람을 입으라.

그러나 노력한다고 해도 하나님의 은혜 없이는 아무것도 할 수 없음을 알아야 한다. 그래도 우리에게는 노력이 필요하다(Without grace we can do nothing, but our action is also required. "Try your hardest," Peter directs us)(벧후 1:5).

우리에게 권면하신다

"이러므로 너희가 더욱 힘써 너희 믿음에 덕을, 덕에 지식을, 지식에 절제를, 절제에 인내를, 인내에 경건을, 경건에 형제 우애를, 형제 우애에 사랑을 공급하라 이런 것이 너희에게 있어 흡족한즉 너희로 우리 주 예수 그리스도를 알기에 게으르지 않고 열매 없는 자가 되지 않게 하려니와 이런 것이 없는 자는 소경이라 원시치 못하고 그의 옛 죄를 깨끗케 하심을 잊었느니라 그러므로 형제들아 더욱 힘써 너희 부르심과 택하심을 굳게 하라 너희가 이것을 행한즉 언제든지 실족지 아니하리라"(벧후 1:5-10).

[(We are to add virtue to our faith, knowledge to our virtue, self-control to our knowledge, patience to our self-control, godlikeness to our patience, brotherly love to our godlikeness, and agape to our brotherly love(2 Peter 1:5-7)].

결과는 어떠한가?

"이같이 하면 우리 주 곧 예수 그리스도의 영원한 나라에 들어감을 넉넉히 너희에게 주시기"(벧후 1:11) 때문입니다.

결과로 다음과 같은 삶을 살아라

"이는 너희가 흠이 없고 순전하여 어그러지고 거스리는 세대 가운데서 하나님의 흠 없는 자녀로 세상에서 그들 가운데 빛들로 나타내며"(빌 2:15).
[(Show yourselves guileless and above reproach, faultless children of God in a warped and crooked generation, in which you shine like stars in a dark world(Phi. 2:15)].
"너희 중에 고난당하는 자가 있느냐 저는 기도할 것이요 즐거워하는 자가 있느냐 저는 찬송할지니라"(약 5:13).

아멘!

위기의 목회자와 섬기는 리더십

1판 1쇄 인쇄 _ 2016년 4월 20일
1판 1쇄 발행 _ 2016년 4월 30일

공　저 _ 최선영·미키 스토니어(Dr. Mickey stonier)
펴낸이 _ 이형규
펴낸곳 _ 쿰란출판사

주소 _ 서울특별시 종로구 이화장길 6
편집부 _ 745-1007, 745-1301~2, 747-1212, 743-1300
영업부 _ 747-1004, FAX 745-8490
본사평생전화번호 _ 0502-756-1004
홈페이지 _ http://www.qumran.co.kr
E-mail _ qrbooks@gmail.com / qrbooks@daum.net
한글인터넷주소 _ 쿰란, 쿰란출판사
등록 _ 제1-670호(1988.2.27)
책임교열 _ 김영미, 박은아

© 최선영, 미키 스토니어 2016　ISBN 978-89-6562-875-0 93230

책값은 뒤표지에 있습니다.
이 출판물은 저작권법에 의해 보호를 받는 저작물이므로 무단 복제할 수 없습니다.
파본(破本)은 구입처에서 교환해 드립니다.